STUDIEN ZUR ZEITGESCHICHTE

Herausgegeben vom Institut für Zeitgeschichte

D1672489

ALEXANDER FISCHER

Sowjetische Deutschlandpolitik im Zweiten Weltkrieg 1941 – 1945

1975

DEUTSCHE VERLAGS-ANSTALT STUTTGART

Lektorat: Christoph Weisz

© 1975 Deutsche Verlags-Anstalt GmbH., Stuttgart. Umschlagentwurf: Edgar Dambacher.
Satz und Druck: Brönner & Daentler KG, Eichstätt.
Printed in Germany. ISBN 3 421 01739 5

Inhalt

Vorwort

Illusionslos schrieb der deutsche Sozialdemokrat Willy Brandt im Jahre 1944 in der schwedischen Emigration seine Gedanken über „eine realistische Politik für Nachhitler-Deutschland" nieder. Ihm war lange vor Kriegsende bewußt geworden, daß sich „die deutsche Umgestaltung" ganz gewiß „nicht im luftleeren Raum, nicht unabhängig von den internationalen Kräfteverhältnissen" entwickeln konnte. Nüchtern stellte er für die Nachkriegspolitik in Rechnung, daß der Krieg voraussichtlich von einer Koalition gewonnen werden würde, die „in sich keineswegs einheitlich" sei und deren reale oder vermeintliche Interessengegensätze nach der deutschen Kapitulation noch klarer zu Tage treten würden. Gefahr für ein neues Deutschland erblickte er vor allem darin, daß sich bei einer möglichen Aufteilung des Landes in eine englische, eine russische und eine amerikanische Besatzungszone „unterschiedliche Entwicklungsbedingungen auf Grund differenzierter Politik der einzelnen Mächte" ergeben könnten. In einem solchen Falle schien es ihm sehr naheliegend, daß „die demokratische Entwicklung und Geschlossenheit" eines neuen Deutschland bedroht und darüber hinaus sogar Tendenzen zu befürchten seien, „die zu einer dauernden Zersplitterung führen könnten".[1]
Drei Jahrzehnte später ist aus dieser bloßen Befürchtung längst eine bittere Realität geworden. Derselbe Willy Brandt, der im Jahre 1944 vor den möglichen Folgen eines Auseinanderbrechens der Anti-Hitler-Koalition für den Bestand des deutschen Einheitsstaates gewarnt hatte, glaubte im Jahre 1969 als Bundeskanzler einer sozialliberalen Regierungskoalition ein Zeichen setzen zu müssen, um „ein weiteres Auseinanderleben der deutschen Nation" zu verhindern. Mit einem fundamentalen Neuansatz in der Bonner Ost- und Deutschlandpolitik sollte erreicht werden, „die Einheit der Nation dadurch zu wahren, daß das Verhältnis zwischen den Teilen Deutschlands aus der gegenwärtigen Verkrampfung gelöst wird".[2] Der nach wie vor umstrittene Vorgang auf der politischen Bühne unserer unmittelbaren politischen Gegenwart macht deutlich, daß es auf die Dauer nicht ohne Folgen bleiben konnte, wenn sich „die Machtblöcke und die gegensätzlichen sozialen Gefüge" in der Mitte Europas am unmittelbarsten und am härtesten auf den Leib gerückt waren und in Deutschland „eine starre Teilungslinie" gezogen wurde, die nicht nur Deutsche von Deutschen, sondern auch von „jenen baltischen, westslawischen und südslawischen Völkern" trennte, „die immer ein Teil Europas waren". Ohne die soziale Anfälligkeit im ostmitteleuropäischen Raum, die destruktive Wirkung ungelöster Nationalitätenprobleme und die mögliche Anziehungskraft eines „mit älteren östlich messianischen Gedanken" verbundenen kommunistischen Systems gering zu schätzen, stand für kritische Beobachter der politischen Szene nach 1945 fest, daß die Grenzen und Trennungslinien der europäischen Nachkriegsordnung „das Ergebnis von Diplomatie und Machtpolitik" waren, wobei ihnen zusätzlich auffiel, daß das Sowjetsystem, was seine äußeren Grenzen und Europa betraf, „nicht um einen Zentimeter weiter vorgerückt" war, „als der Machtbereich der Roten Armee sich erstreckt hat".[3]
Die wachsende Distanz zu diesem Vorgang der Teilung Europas, hier und da als „Ende der Nachkriegszeit" beschworen, bot die Gelegenheit, die Frage nach der Verantwor-

tung für die deutsche Spaltung erneut zu stellen und im Blick auf die sowjetische Deutschlandpolitik neu zu überdenken. Bisher ist es im Zuge einer notwendigen Bewältigung der jüngsten deutschen Vergangenheit geradezu selbstverständlich gewesen, der abenteuerlichen Politik Hitlers die alleinige Schuld für das Scheitern der nationalstaatlichen Existenz des deutschen Volkes zu geben. Hitler habe mit seinem Angriff auf die Sowjetunion, so stellte beispielsweise der renommierte Publizist Wolfgang Wagner unumwunden fest, die kriegführenden Westmächte in „eine widernatürliche Allianz" mit Moskau getrieben und damit letztlich den sowjetischen Vormarsch in die Mitte Europas ausgelöst. Durch die Verbindung dieser beiden gegensätzlichen politischen Systeme in der Anti-Hitler-Koalition sei jenes geschichtliche Ereignis eingetreten, welches heute das politische Antlitz Europas bestimme: „Auf dem Boden ihres gemeinsamen Feindes haben sich die gegensätzlichen Verbündeten getroffen, und wo sie aufeinanderstießen, brach der Kontinent in zwei Teile auseinander."[4] Es könne nicht geleugnet werden, so faßte Hans Rothfels eine gängige Meinung zusammen, „daß die Macht- und Gesellschaftsrevolution in der Mitte Europas, daß die trennende Linie von Nord nach Süd, eben weil mit Gewalt gezogen, Folge des Zweiten Weltkrieges, Folge der Öffnung des Deiches im Osten, zunächst mit dem Ribbentrop-Molotow-Pakt, dann mit dem Juni 1941, und damit im nächsten Kausalzusammenhang, Folge deutschen Angriffs und deutscher Niederlage war, daß sie, tiefer gesehen, aber auch Rückschlag war auf die Hybris einer östlichen Großraumpolitik, auf den Herrenanspruch über angeblich minderwertige Rassen, ja auf den totalen Anspruch der Verfügung über den Menschen überhaupt".[5]

So unumstritten die Schuld der nationalsozialistischen Außenpolitik „mit ihrer gewalttätigen Vermessenheit"[6] an der nationalen Katastrophe des Jahres 1945 ist, so strittig blieb die Frage nach der Verantwortung für die Auflösung des einheitlichen deutschen Staatsverbandes nach dem Ende des Zweiten Weltkrieges. Aus dem Lager der marxistisch-leninistischen Geschichtswissenschaft und Publizistik sind in den letzten beiden Jahrzehnten Behauptungen zuhauf für die These aufgestellt worden, daß die westliche Seite die alleinige Verantwortung für die deutsche Spaltung nach 1945 zu tragen habe: Nachdem das Deutsche Reich „mit seinen Hitlerarmeen" im Feuer des Zweiten Weltkrieges untergegangen sei, so faßte der Erste Sekretär der SED, Walter Ulbricht, am 12. Dezember 1969 diese Argumentation zusammen, hätten „die USA-Imperialisten und die reaktionären Kräfte Westdeutschlands" im Jahre 1949 die deutsche Nation und die Restbestände an Zusammenhang, die zwischen den Besatzungszonen zeitweilig noch bestanden, zerrissen.[7] Unter dem Eindruck der Interventionspolitik der Vereinigten Staaten in Vietnam haben in den letzten Jahren zunehmend auch amerikanische Wissenschaftler, die Vertreter der sogenannten revisionistischen Schule, die These zu untermauern versucht, daß die politische Strategie der westlichen Führungsmacht im Zweiten Weltkrieg in erheblichem Maße für das Entstehen des Ost-West-Konflikts im allgemeinen und für die deutsche Spaltung im besonderen verantwortlich zu machen sei.[8]

Demgegenüber steht die Tatsache, daß zwar wie im Jahre 1812 die russischen Armeen auch im zweiten, dem „Großen Vaterländischen Krieg" die Grenze des eigenen Reiches nach Westen überschritten, „um die Völker Europas zu befreien". Aber anders als zu den Zeiten Alexanders I. war „die Befreiung für alle Befreiten gleichbedeutend mit Auferlegung der russischen Macht". Der Sieg der Sowjetunion war „nicht nur ein militärischer, sondern auch in unerwartetem Ausmaß ein politischer, und dieser politische Sieg wurde nicht nur über den deutschen Gegner errungen, sondern auch über die eigenen Alliierten".[9] Angesichts der neuen Rolle als internationale Ordnungsmacht, in die der größte Flächenstaat der Erde während des Krieges und in verstärktem Maße nach 1945 hineinwuchs, erschien es aufschlußreich, die im Koordinatensystem zwischen ideologischem Kampf und machtpolitischem Kalkül[10] erfolgten sowjetischen Bemühungen um Macht und Einfluß in Europa während des Zweiten Weltkrieges zu klären und ihre Auswirkungen auf die Nachkriegszeit festzustellen. Für die zu diesem Zweck vorgenommene Beschränkung auf das Beispiel der Moskauer Deutschlandpolitik[11] sprach die historische Erfahrung, daß Deutschland „als Subjekt und Objekt der Weltpolitik im Denken und Handeln der führenden Gestalten und Gestalter der Geschicke Sowjetrußlands durchgängig zentrale Bedeutung" zukam. Die Moskauer Politik in der „deutschen Frage" kann daher nicht nur ganz allgemein als „einer der wichtigsten Schlüssel zum Verständnis der Außenpolitik der europäischen Vormacht des Kommunismus überhaupt" gelten[12], sondern auch Aufschluß über das Maß an Verantwortung für das deutsche Nachkriegsschicksal vermitteln, das die Sowjetunion auf sich nahm, als sie es „im Geiste des proletarischen Internationalismus" der „deutschen Arbeiterklasse und allen Werktätigen" ermöglichte, „ein neues, demokratisches und friedliches Leben" in Deutschland aufzubauen.[13]

Die politische Relevanz dieser Fragestellung für die deutsche Nachkriegsgeschichte hat es nach 1945 nicht an Versuchen von Wissenschaftlern und Publizisten fehlen lassen, über allgemeine Studien zur politisch-diplomatischen Geschichte der Anti-Hitler-Koalition und der Außenpolitik des Zweiten Weltkrieges hinaus[14] den speziellen Anteil der UdSSR am „Spiel um Deutschland" zu ergründen und zu bemessen.[15] Schon im Jahre 1953 schloß der zeitweilig dem deutschen diplomatischen Dienst angehörende Völkerrechtler Boris Meissner eine Untersuchung ab, die er vor allem denjenigen Rechtsproblemen widmete, welche „mit der sowjetischen Interventionsbesetzung Mitteldeutschland, der Annexion der deutschen Ostgebiete durch Sowjet-Rußland und -Polen, einem Friedensvertrag mit Gesamtdeutschland und dem Strukturwandel des europäischen Staatensystems" zusammenhingen.[16] Der Verfasser, der nach eigenen Angaben „auf Grund des zugänglichen Quellenmaterials um eine dokumentarisch belegte und exakte Darstellung der deutsch-russischen Beziehungen von Stalingrad bis zu den westmitteleuropäischen Integrationsverträgen" bemüht war, betonte den zeitgeschichtlichen Charakter seiner Abhandlung, erhob freilich nicht den Anspruch, „eine abgeschlossene Geschichte der deutsch-russischen Beziehungen und der sowjetischen Deutschlandpolitik der letzten zehn Jahre" erarbeitet zu haben. Um eine solche schreiben zu können, so betonte er ausdrücklich, bedürfe es „abgesehen von dem notwendigen zeitlichen Abstand noch der Kenntnis der vollständigen Konferenzprotokolle sowie sonstiger wichtiger Aktenstücke", von denen er seinerzeit annehmen mußte, daß diese der wissenschaftlichen Forschung in absehbarer Zeit wohl kaum zugänglich werden würden.[17]
Wie die lange Zeit als Standardwerk geltende Untersuchung Meissners konnten und wollten auch die folgenden zeitgeschichtlichen Analysen der sowjetischen Deutschlandpolitik ihre Entstehung vor dem Hintergrund der deutschen Teilung und des „Kalten Krieges", der weltweiten ideologischen und machtpolitischen Auseinander-

setzung zwischen Ost und West, nicht verleugnen. Mancher Autor, etwa der Journalist Richard Thilenius, verstand seine Studie von vornherein als „bescheidene Hilfe" zur politischen Urteilsfindung im deutschen Volk und wollte damit auf seine Weise Voraussetzungen für die Beendigung der Teilung Deutschlands schaffen helfen.[18] Dagegen versuchte Ernst Deuerlein mit seiner zusammenfassenden Darstellung „der Erörterung und Behandlung der Einheit Deutschlands auf den Kriegs- und Nachkriegskonferenzen 1941–1949" erstmalig, den geschichtlichen Tatbestand der „Deutschland-Frage" aus der größeren Distanz des Historikers zu ermitteln und zu würdigen.[19] Ohne das Verdienstvolle eines solchen Vorhabens schmälern zu wollen, muß gesagt werden, wie sehr dem Autor damals bewußt gewesen ist, daß seine Studie unter dem Mangel an hinreichendem Quellenmaterial von sowjetischer Seite litt. Die Auffassung und Haltung der UdSSR müsse, so bekundete Deuerlein freimütig eine Schwäche seiner Untersuchung, „nach ihrer Spiegelung in den westlichen Darstellungen beschrieben werden".[20] Auch Wolfgang Marienfeld vermochte diesem Übelstand nicht abzuhelfen, als er einige Jahre später seine Darstellung der alliierten Deutschlandplanung und -politik zwischen 1941 und 1949 auf der Grundlage einer intensiven Auswertung der amtlichen Publikationen des State Department in Washington vorlegte.[21]

Den bisher bemerkenswertesten Versuch einer weiterführenden systematischen Analyse der alliierten und damit der sowjetischen Deutschlandpolitik des Zweiten Weltkrieges unternahm der Politologe Hans-Peter Schwarz.[22] Er entwarf hypothetisch vier verschiedene Möglichkeiten sowjetischer Deutschlandinitiativen: die „Vernichtung und Ausbeutung des Deutschen Reiches im Bunde mit den angelsächsischen Großmächten", ein „irgendwie geartetes Arrangement mit einer von ihrem Willen unabhängigen, aber nicht sowjetfeindlichen Reichsregierung", die „Unterwerfung und Sowjetisierung des ganzen Reiches" und die „Teilung Deutschlands und Sowjetisierung der sowjetischen Besatzungszone bei gleichzeitigem Griff nach dem unter Viermächteverwaltung stehenden Berlin".[23] Wenn Schwarz mit Hilfe seiner typologisierenden Bemühung „um die maßgebenden Ideen und um die großen Alternativen"[24] zu dem Ergebnis gelangte, daß die Sowjetunion in ihrer Deutschlandpolitik während des Zweiten Weltkrieges insgesamt gesehen „ein deutliches Bestreben" gezeigt habe, „sich jederzeit möglichst alle Alternativen offenzuhalten"[25], dann unterstellte er für den Zeitraum der Anti-Hitler-Koalition eine Bandbreite der Moskauer Außenpolitik gegenüber dem deutschen Gegner, wie sie im „Großen Vaterländischen Krieg" tatsächlich bestanden hat. Gerade für die Zeit zwischen dem deutschen Überfall am 22. Juni 1941 und dem Kapitulationsvorgang vom 8./9. Mai 1945 in Berlin-Karlshorst läßt sich der Nachweis führen, daß sich die sowjetische Deutschlandpolitik ständig zwischen dem Willen zur Vernichtung des deutschen „Faschismus" im Bunde mit den angelsächsischen Partnern einerseits und irgendeinem Arrangement mit einer deutschen Reichsregierung ohne Hitler andererseits bewegt hat und darüber hinaus den in der Schwarz'schen Skala fehlenden ideologischen Kampf nie außer acht ließ.

Diese geschichtswissenschaftliche Untermauerung eines nach wie vor fundamentalen politologischen Werkes zur Geschichte der deutschen Nachkriegszeit ging einher mit der Erschließung einer Reihe von neuen Quellen und Dokumentationen aus sowjetischen und DDR-Archiven. Dieses Quellenmaterial stellt zwar immer noch keine optimale Basis für eine vollkommen gesicherte Beurteilung der sowjetischen Deutschlandpolitik während des „Großen Vaterländischen Krieges" dar, ist aber immerhin geeignet, sowohl alte Erkenntnisse zu überprüfen als auch neue Einsichten zu gewinnen. Es handelt sich um die sowjetischen Protokolle von den Vollsitzungen der Kriegskonferenzen der „Großen Drei" in Teheran, Jalta und Potsdam[26], um die deutschlandpolitischen Schlüsseldokumente der Kommunistischen Partei Deutschlands (KPD), die Beschlüsse der „Brüsseler" und der „Berner" Parteikonferenzen der Jahre 1935 und 1939[27], sowie vor allem um Dokumente, Materialien und Erinnerungen von prominenten Politikern der Moskauer KPD-Emigration wie beispielsweise Wilhelm Pieck, Wilhelm Florin, Walter Ulbricht, Anton Ackermann, Edwin Hoernle und Hermann Matern.[28] Insbesondere die Auswertung des zuletzt genannten Quellenmaterials und der einschlägigen, hierzulande lange Zeit kaum beachteten DDR-Literatur[29], wie sie mit anderer Fragestellung auch von Arnold Sywottek[30], Horst Duhnke[31] und Gert Robel[32] vorgenommen worden ist, machte es möglich, die mit Hilfe der deutschen Kommunisten im Jahre 1944 vorangetriebene sowjetische Deutschland*planung* erstmalig detailliert darzustellen und darüber hinaus die Zielvorstellungen der sowjetischen Deutschland*politik* im Jahre 1945 bis zum Zusammenbruch des „Dritten Reiches" und der Kapitulation Deutschlands deutlicher als bisher herauszuarbeiten.

Bei der vorliegenden Untersuchung handelt es sich um die für den Druck überarbeitete Fassung meiner Habilitationsschrift, die im Sommersemester 1972 unter dem Titel „Antifaschismus und Demokratie. Planung und Politik der UdSSR in der Deutschland-Frage von 1941 bis 1945" vom Fachbereich Geschichtswissenschaften der Johann-Wolfgang-Goethe-Universität Frankfurt a. M. angenommen wurde. Sie entstand in einer Zeit hochschulpolitischen Umbruchs, als es an vielen Universitäten und Hochschulen der Bundesrepublik Deutschland, nicht zuletzt in Frankfurt, mit den äußeren Voraussetzungen für eine kontinuierliche wissenschaftliche Arbeit nicht immer zum besten bestellt war. Um so dankbarer erinnere ich mich der wohltuend um Wissenschaftlichkeit, Toleranz und Kollegialität bemühten Atmosphäre, die im Frankfurter Seminar für osteuropäische Geschichte unter seinem damaligen Direktor, Herrn Prof. Dr. Klaus Zernack, herrschte und die eine unerläßliche Vorbedingung für das Gelingen des Vorhabens bildete. Als nicht minder wertvoll erwies sich die großzügige und verständnisvolle Unterstützung, die mir bei der Sammlung des Quellenmaterials in den Archiven zuteil wurde: im Politischen Archiv des Auswärtigen Amtes, Bonn, hier insbesondere durch Herrn Dr. Gehling; im Bundesarchiv/Militärarchiv, Freiburg/Brsg.; und im Institut für Zeitgeschichte, München, hier insbesondere durch Herrn Hermann Weiß. Besonderen Dank schulde ich in diesem Zusammenhang der Deutschen Forschungsgemeinschaft, Bonn-Bad Godesberg, die durch eine Sachmittelbeihilfe diese Archivreisen erst möglich machte. Für die kritische Durchsicht des Manuskripts möchte ich Herrn Prof. Konrad Barthel (Frankfurt a. M.), Herrn Prof. Dr. Karl Dietrich Erdmann (Kiel), Herrn Prof. Dr. Klaus Hildebrand (Frankfurt a. M.) und Herrn Prof. Dr. Georg Stadtmüller (München) meinen herzlichen Dank sagen. Auch sollte nicht unerwähnt bleiben, in welch uneigennütziger Weise Herr Privatdozent Dr. Bernd Martin (Freiburg/Brsg.) mir für eine spezielle Thematik Hinweise gab und Unterstützung gewährte. Herrn Prof. Dr. Martin Broszat, dem Direktor des Münchner Instituts für Zeitgeschichte, danke ich für die Aufnahme des Manuskripts in die Reihe der „Studien zur Zeitgeschichte". Schließlich soll der bedeutsame Anteil erwähnt werden, den Fräulein Helga Klarl und Herr cand. phil. Peter Böttger vom Frankfurter Historischen Seminar/Osteuropäische Geschichte bei der technischen Herstellung des Manuskripts und beim Lesen der Korrekturen hatten.

Frankfurt a. M., im April 1975   *Alexander Fischer*

I. Reaktionen auf den deutschen Überfall (1941)

1. Mobilisierung von Komintern und KPD

Im Morgengrauen des 22. Juni 1941 zerstob im konzentrierten Feuer der deutschen Angriffsdivisionen die außenpolitische Konzeption Stalins, den Sowjetstaat unter allen Umständen aus einem Krieg herauszuhalten, den potentielle Gegner der UdSSR miteinander führten. Bestürzt mußte sich der sowjetische Parteichef eingestehen, daß mit dem Vertragsbruch Hitlers seine sorgfältig kalkulierten Bemühungen, die Kräfte seines Landes für den in Moskau auf die Dauer als unvermeidlich angesehenen Konflikt mit der „bürgerlich-kapitalistischen" Welt zu schonen, gescheitert waren.[1] V. M. Molotov, der Volkskommissar für Auswärtige Angelegenheiten, konnte seine starke innere Erregung nur schwer verbergen, als ihm der deutsche Botschafter Graf von der Schulenburg in den frühen Morgenstunden des Angriffstages den Beschluß der Reichsregierung mitteilte, gegen den angeblich unerträglichen Umfang von sowjetischen Truppenansammlungen an der Grenze zum deutschen Hoheitsgebiet „geeignete Gegenmaßnahmen" zu ergreifen. Wenn die Reichsregierung gegen die Truppenansammlungen etwas einzuwenden gehabt hätte, so entgegnete er dem Diplomaten, dann hätte sie dies der Sowjetregierung nur mitzuteilen brauchen, damit Abhilfe geschaffen worden wäre. Statt dessen, so ließ der Volkskommissar seiner Entrüstung freien Lauf, entfessele Deutschland einen Krieg mit allen seinen Konsequenzen. „Das haben wir nicht verdient", lautete die wörtlich überlieferte Stellungnahme von Stalins Stellvertreter zur deutschen Kriegserklärung.[2] Bei Stalin selbst sprechen sogar Anzeichen dafür, daß er nach dem deutschen Überfall einen psychischen Kollaps erlitt, „der einem völligen Nervenzusammenbruch nahekam".[3] Die Mitglieder des Politbüros, die Volkskommissare der Sowjetregierung und der Chef des Generalstabes der Roten Armee mußten ebenso wie die ratlosen Funktionäre der Partei tagelang vergeblich auf ein klärendes Wort ihres obersten Kriegsherrn warten.[4] Die aufgeschreckte, in hohem Maße verunsicherte sowjetische Öffentlichkeit[5] wurde nämlich am Mittag des Angriffstages[6] nicht von Stalin, sondern von seinem Stellvertreter Molotov „mit ernster, etwas feierlicher Stimme", wie sich ein Ohrenzeuge erinnert[7], über den Rundfunk vom Ernst der Lage unterrichtet.[8]

Der Volkskommissar hielt eine der kürzesten Ansprachen, die jemals in der Geschichte der UdSSR von Repräsentanten des Staates oder der Partei gehalten worden sind.[9] „Heute früh um 4 Uhr", so eröffnete er den gespannt lauschenden „Bürgern und Bürgerinnen der Sowjetunion" die Nachricht vom Beginn des Krieges, „haben, ohne irgendwelche Forderungen an die Sowjetunion zu erheben und ohne Kriegserklärung, die deutschen Truppen unser Land angegriffen, unsere Grenzen an vielen Stellen überschritten und mit ihren Flugzeugen unsere Städte bombardiert." Eine Erklärung für „diesen unerhörten Überfall", der nach seiner Meinung „in der Geschichte der zivilisierten Nationen ohne Beispiel" sei, wußte er nicht zu nennen: „Unser Land wurde überfallen", so stellte er fest, „obwohl zwischen der UdSSR und Deutschland ein Nichtangriffspakt abgeschlossen wurde und die Sowjetregierung sämtliche Bedingungen dieses Vertrages mit großer Gewissenhaftigkeit eingehalten hat." Bis heute ist Molotovs Feststellung über die Schuld am Ausbruch dieses Krieges unumstritten: „Die gesamte Verantwortung für diesen räuberischen Überfall auf die Sowjetunion", so lautete sein Urteilsspruch, „fällt voll und ganz auf die deutschen faschistischen Herrscher."[10]

Aufmerksame Zuhörer dieser Rede in der Sowjetunion, so wird glaubhaft berichtet, seien unwillkürlich zusammengezuckt, als sie das Wort „faschistisch" nach fast zwei Jahren erstmalig wieder im Moskauer Rundfunk hörten.[11] Es war ein untrügliches Zeichen dafür, daß vom Tage des Kriegsbeginns an auch von Moskau aus der zwei Jahre verschwiegene ideologische Gegensatz zwischen dem nationalsozialistischen Deutschland und der kommunistischen Sowjetunion sofort als propagandistische Waffe eingesetzt wurde. Die Hinwendung der überraschten Sowjetführung zu den vertrauten Klischeebildern ihrer Ideologie unterstrich Molotov nachhaltig mit seiner Unterscheidung von Volk und Regierung in Deutschland: „Dieser Krieg", so erläuterte er seinen Zuhörern, „wurde uns nicht vom deutschen Volk, nicht von den deutschen Arbeitern, Bauern und Angehörigen der Intelligenz aufgezwungen, deren Qualen wir wohl ermessen können."[12] Er machte für den deutschen Vertragsbruch eine „Clique blutdürstiger faschistischer Herrscher"[13] verantwortlich und schuf damit die Basis für eine prinzipielle Neueinschätzung des europäischen Krieges: Mit dem 22. Juni 1941 war für die Sowjetunion aus dem bisher „imperialistischen Krieg" schlagartig ein „vaterländischer Krieg" und ein „Befreiungskrieg" geworden.[14]

Der auf den deutschen und internationalen „Faschismus" zielende Schuldspruch Molotovs blieb für die Moskauer Außenpolitik nicht ohne weitreichende Konsequenzen: Er beendete eine im Grunde auch in den eigenen Reihen als widernatürlich angesehene Allianz der UdSSR mit den deutschen „Faschisten"[15] und ermöglichte dadurch die Wiederbelebung jener Doppelstrategie aus diplomatischem Spiel und ideologischem Kampf[16], die für die internationalen Beziehungen des Sowjetstaates seit seiner Gründung stets charakteristisch gewesen ist. Durch den deutschen Angriff von der Bürde des Bündnisses mit Hitler befreit, zögerte die Moskauer Regierung nicht, ihre auf dem Gebiet des ideologischen Kampfes zurückgewonnene Handlungsfreiheit in der Auseinandersetzung mit dem „Dritten Reich" vorrangig zu nutzen. Während die sowjetischen Diplomaten im Ausland noch tagelang auf die notwendigen Sprachregelungen aus dem Volkskommissariat für Auswärtige Angelegenheiten warten mußten[17], wiesen die Funktionäre der Kommunistischen Internationale mit einem außenpolitischen Aktionsprogramm schon den vermeintlich erfolgversprechenden Weg der politisch-ideologischen Offensive.

Bereits am frühen Morgen des 22. Juni 1941 war Georgi Dimitrov, der Generalsekretär der Komintern, im Kreml mit führenden Politikern der Sowjetunion zusammengetroffen und hatte mit ihnen die künftigen Aufgaben seiner Organisation erörtert.[18] Eine kurz darauf einberufene erweiterte Sitzung des Sekretariats des Exekutivkomitees der Komintern (EKKI)[19] sorgte zunächst einmal dafür, daß „die operative Verbindung" zu den sowjetischen Partei- und Regierungsstellen maximal gesichert wurde, „um deren größtmögliche Einflußnahme unter den Bedingungen des Krieges zu gewährleisten".[20] Bei der Festlegung der Aufgaben des EKKI und der ihm verpflichteten kommunistischen Parteien war es von sowjetischer Seite offenbar als selbstverständlich angesehen worden, daß unter den neuen

Bedingungen die Sicherung der Existenz und „die Gewährleistung des Sieges" der UdSSR absoluten Vorrang erhielt.[21] Dimitrov nannte diese Forderungen „eine Voraussetzung für die Freiheit aller Völker"[22] und veranlaßte seine Genossen, zum Maßstab ihres politischen Handelns all das zu erklären, „was der Sowjetunion hilft und die Vernichtung des Faschismus beschleunigt".[23] Unter dem frischen Eindruck des deutschen Überfalls wurde unter Rückbesinnung auf außenpolitische Prinzipien der dreißiger Jahre beschlossen, sich auf zwei Aufgaben zu konzentrieren: Zum einen sollten in allen von deutschen Truppen besetzten Ländern − mit den Kommunisten „als führender Kraft" und im „Volksfront"-Bündnis mit Kleinbürgertum, Intelligenz und Bauernschaft − „nationale Befreiungsbewegungen gegen den Faschismus" organisiert werden.[24] Zum anderen wurden die Führungen der kommunistischen Parteien auf die sowjetische Forderung nach einer neuen Art von kollektiver Sicherheit vorbereitet. Offensichtlich sollte in diesem Zusammenhang eine Kampagne für die Bildung einer festen „Einheitsfront der Staaten" begonnen werden. Aus Dimitrovs Ausführungen ging hervor, daß England, die USA und die Regierungen anderer Länder, „die den Kampf gegen das faschistische Deutschland führen", als Bündnispartner der UdSSR ins Auge gefaßt worden waren.[25] Man werde „in dieser Etappe", so steckte Dimitrov zugleich die taktische Marschroute der kommunistischen Weltbewegung am Beginn des „Großen Vaterländischen Krieges" ab, „weder zum Sturz des Kapitalismus in den einzelnen Ländern noch zur Weltrevolution aufrufen". Es gehe jetzt vielmehr um „den Kampf gegen die nationale Unterdrückung, gegen das Regime der Versklavung durch die Okkupanten, um den Kampf für die nationale Freiheit".[26] Damit war nicht nur Molotovs Formel vom „gerechten, vaterländischen Krieg"[27] auf die internationale Ebene gehoben und den Kommunisten die führende Rolle in einem imaginären nationalen Befreiungskampf zugewiesen, sondern auch die programmatische Grundlage für die Erprobung der ideologischen Variante sowjetischer Deutschlandpolitik gelegt worden, als deren ausführendes Organ sich die im Moskauer Exil residierende Kommunistische Partei Deutschlands (KPD) anbot.

Für eine Partei, deren Funktionären damals wohl bewußt gewesen ist, daß das weitere Schicksal des Kommunismus in Deutschland nunmehr vor allem vom Kriegsglück der Roten Armee abhing, bildete die von Dimitrov intern ausgegebene Perspektive eine besondere Verpflichtung. In ihrer ersten öffentlichen Stellungnahme nach Kriegsbeginn ließ die KPD denn auch keinen Zweifel daran, daß sie es als ihre dringendste Aufgabe ansah, alles zu tun, um „den Krieg durch die militärische Niederlage [Hitler-Deutschlands] zu beenden".[28] In der Erklärung ihres Zentralkomitees vom 24. Juni 1941, einem Aufruf „An die Schaffenden aller Berufe" in Deutschland[29], war nun nicht mehr − wie noch drei Monate zuvor − von einer prinzipiellen Bekämpfung des Imperialismus oder Kapitalismus die Rede. Es war auch nichts mehr davon zu hören, daß es gelte, die „Plutokraten" zu entmachten, die imperialistische Kriege anzettelten. Entsprechend dem Feindbild Molotovs lastete die KPD den Überfall auf die Sowjetunion in erster Linie den „Führern der Nationalsozialistischen Partei", insbesondere Hitler persönlich an.[30] Waren bisher die Politiker in Paris und vor allem in London für den Kriegsausbruch in Europa verantwortlich gemacht worden[31], so rückten nun die Politiker in Berlin in die Rolle der „Kriegsbrandstifter" ein. Ihnen wurde vorgeworfen, weder die Traditionen „segensreicher" deutsch-russischer Freundschaft seit der „Befreiung von der napoleonischen Fremdherrschaft" noch das „Vermächtnis eines der bedeutendsten Staatsmänner Deutschlands, des Reichskanzlers Bismarck", und schon gar nicht die „Genugtuung des deutschen Volkes über den deutsch-sowjetischen Nichtangriffspakt" geachtet zu haben. Um so eindringlicher wurden die Deutschen nun von ihrer Kommunistischen Partei aufgefordert, „durch die Tat die Freundschaft zwischen dem deutschen und dem Sowjetvolk zu bekräftigen".[32] Bei dieser Gelegenheit, so versprach die KPD, werde Deutschland „aus der Knechtschaft eidbrüchiger Brandstifter" befreit werden, denn der gemeinsame Sieg „der Roten Armee und der um ihre nationale Freiheit kämpfenden unterdrückten Völker" sei auch „der Sieg unseres deutschen Volkes".[33]

Zweifel an der Bereitschaft der Deutschen, dieser unverhohlenen Aufforderung zum Aufstand gegen das Hitler-Regime Folge zu leisten, scheinen nicht existiert zu haben. Gewiß spürten Wilhelm Pieck und seine Genossen die Last, die Hitlers Vertragsbruch dem deutschen Namen aufgebürdet hatte.[34] Aus Tagebuchaufzeichnungen des damaligen Politbüromitgliedes Walter Ulbricht[35] wissen wir, wie sehr sie es beklagten, daß „die deutsche Arbeiterklasse" nicht imstande gewesen war, „die Kriegsvorbereitungen des Hitlerfaschismus zu durchkreuzen und den Überfall auf das Land des Sozialismus zu verhindern".[36] Dennoch regte sich bei den Moskauer „Politemigranten" der KPD die Hoffnung auf ein baldiges Ende der Herrschaft Hitlers und seines „nationalen Sozialismus": In dem erwähnten ZK-Aufruf vom 24. Juni 1941 wurde der Eindruck erweckt, als warteten die „Werktätigen" in Deutschland nur auf ein Zeichen, um den Widerstand gegen die „den Namen unseres Volkes beleidigende Herrschaft des blutbesudelten Faschismus" zu beginnen.[37]

Auch den Parteivorsitzenden Wilhelm Pieck verführten die ideologischen Prämissen seines Deutschlandbildes zu den hoffnungsvollsten Prognosen. Seine Analyse der innerdeutschen Verhältnisse[38], die er kurz nach dem deutschen Überfall veröffentlichte, gründete auf der Annahme, daß zwischen Hitler „und seiner Verbrecherclique" einerseits und dem deutschen Volk andererseits „eine unendliche Kluft" gähne. Er mußte wohl zugeben, daß es den Machthabern in Deutschland gelungen war, „einem Teil der deutschen Jugend den Pestbazillus des Faschismus einzuimpfen und sie so zu einer Horde verzweifelter und fanatischer Mordbuben zu machen".[39] Gleichwohl glaubte er versichern zu können, daß im deutschen Volk der Haß „gegen das faschistische Regime" ständig wachse: „Je mehr die Kriegsmaschine des Faschismus ins Wanken gerät, um so mehr entfalten sich die Kräfte des deutschen Volkes, um so leichter wird der Kampf gegen den Todfeind, gegen den Faschismus, im eigenen Lande." Auch für ihn war der Zeitpunkt herangereift, „in dem jeder ehrliche Deutsche seinen Beitrag zur Sache des ganzen Volkes, zum schonungslosen Kampf gegen das verhaßte Regime leisten" müsse. Sein Aufruf zur Fahnenflucht und Sabotage ging demzufolge weit über die Appelle zur Verbrüderung zwischen Rotarmisten und deutschen Soldaten hinaus, wie sie etwa im Ersten Weltkrieg erfolgt waren: „Alle ehrlichen deutschen Patrioten in der deutschen Armee, alle treuen Söhne des deutschen Volkes", so verdeutlichte er den Unterschied der Losungen eines nationalen Verteidigungskrieges zu denen eines imperialistischen Krieges, „müssen auf die Seite der Roten Armee übergehen. Von den vom Faschismus versklavten Arbeitern der Rüstungswerke hängt die Zerstörung der Unterdrückungsmaschine ab, die sie so viele Jahre niederhielt. In ihrem eigensten Interesse werden sie Hand anlegen, damit die faschistischen Henker keine Waffen erhalten." Schon heute, so gab sich der Parteivorsitzende der KPD optimistisch, lockere der Kampf des Volkes gegen seine faschistischen Unterdrücker „hier eine Schraube, da eine Mutter, dort ein Rädchen", und aus diesen Tausenden von Einzelaktionen entstünden für das Regime immer ernstere Schwierigkeiten.[40]

Piecks Optimismus schien nicht unberechtigt, wenn man den von der sowjetischen Presse in den ersten Kriegstagen besonders herausgestellten Berichten über deutsche Überläufer Glauben schenkte. In einem der ersten Kriegskommuniqués wurde von einem Gefreiten namens Alfred Liskow, Angehöriger eines Pionierzuges des Infanterieregiments 222, berichtet[41], der in der Nacht vom 21. auf den 22. Juni 1941 in der Nähe von Sokal' den Bug durchschwommen hatte, um die Rote Armee vor dem deutschen Angriff zu warnen.[42] Weitere Meldungen dieser Art[43] lösten, wie Wolfgang Leonhard in seinen Erinnerungen berichtet, bei den deutschen und sowjetischen Stellen „eine Welle von Zuversicht" aus.[44] Die Illusion, die vorrückenden deutschen Truppen propagandistisch beeinflussen und dadurch in ihrer Kampfmoral entscheidend schwächen zu können, verbreitete sich bei den Funktionären der KPD rasch. Sie, die jahrelang auf die vermeintliche „Achillesferse des Naziregimes" — den Widerspruch „zwischen den imperialistischen Eroberungsinteressen und den Lebensinteressen des werktätigen Volkes" — hingewiesen hatten[45], fühlten sich nun durch die Meldungen von den Überläufern in dieser Auffassung bestätigt. Gemeinsam mit ihren sowjetischen Genossen gingen sie daran, den vermeintlich einsetzenden Zersetzungsprozeß der deutschen Truppen mit Hilfe einer verstärkten propagandistischen Beeinflussung zu beschleunigen.[46]

2. Kriegspropaganda im Verband der Roten Armee

Die propagandistische Gegenoffensive setzte, wie in einem zusammenfassenden Geheimbericht des OKW über die sowjetische Rundfunkpropaganda vermerkt wurde, nach kurzer Anlaufzeit mit einer solchen Flut von Material ein, „als wäre nun endlich der Damm gebrochen, den der deutsch-russische Vertrag von 1939 aufgerichtet hatte, und als hätte man eine Fülle von Versäumtem nachzuholen".[1] Verantwortlich dafür zeichnete ein mit den Rechten einer Abteilung des ZK der KPdSU ausgestattetes Sonderbüro der Politischen Hauptverwaltung der Roten Armee (GlavPURKKA).[2] K. L. Seleznev, ein führender Mitarbeiter dieser psychologischen Kriegführung, erinnert sich daran, daß es unter den anfänglich äußerst ungünstigen Bedingungen der militärischen Lage einige Schwierigkeiten bereitete, mit der Agitations- und Propagandaarbeit „in die breiten Massen der 4,6 Millionen Mann zählenden an der Ostfront eingesetzten Armee des faschistischen Deutschlands sowie die 900 000-Mann-Armee der Verbündeten Hitlers einzudringen". Als beispielsweise die von Molotov abgegebene Erklärung der Sowjetregierung als Flugblatt gedruckt werden sollte, „damit die Soldaten des Gegners die Wahrheit über die Kriegsursachen erfahren", gelang es den Verantwortlichen nur mit Mühe, den Text in ein gutes Deutsch übersetzen zu lassen. Es erwies sich als unerläßlich, für die ideologische Kriegführung zunächst einmal qualifizierte Kader zu gewinnen, „die perfekte Sprachkenntnisse besaßen, gute Kenner der Länder des aggressiven Blocks waren sowie literarische Fähigkeiten und propagandistische Erfahrungen hatten".[3] Einen Ausweg aus diesem Dilemma wies ein Beschluß der Sekretariatssitzung des EKKI vom 22. Juni 1941, über den Dimitrov die kommunistischen Parteiführungen in Moskau noch am gleichen Tage unterrichtete: Die Abmachung besagte, daß die im Apparat der Komintern tätigen Funktionäre einige ausländischer kommunistischer Parteien sowie eine Reihe weiterer politischer Emigranten der Roten Armee zu unterstellen seien, um die propagandistischen Bemühungen der GlavPURKKA wirkungsvoller zu gestalten.[4]

Es versteht sich fast von selbst, daß die Moskauer „Politemigranten" der KPD die Hauptbetroffenen dieser Maßnahme waren.[5] Ihre Haupttätigkeit habe von nun an vornehmlich, wie Walter Ulbricht in seinen Tagebuchaufzeichnungen berichtet, „in der Aufklärung der deutschen Bevölkerung und der deutschen Soldaten über das Kriegsverbrechen Hitlers" sowie in der Unterstützung der Politischen Hauptverwaltung der Roten Armee „bei der Ausarbeitung von Informationen über den Zustand der deutschen Truppen sowie von Flugblättern gegen die abenteuerliche Politik des Hitlerfaschismus" bestanden.[6] Über die inhaltliche Ausrichtung dieser Bemühungen wurde in dem schon erwähnten Rundfunkpropaganda-Lagebericht des OKW richtig festgestellt, daß ihr Ziel sowohl die „Herbeiführung der militärischen Niederlage Deutschlands durch Demoralisierung der deutschen Wehrmacht und des deutschen Volkes, insbesondere des deutschen Rüstungsarbeiters", als auch der „Zusammenbruch des nationalsozialistischen Staatsgefüges" gewesen sei.[7] Weil das Feindbild der Roten Armee wie ihrer deutschen Helfer offenkundig von der Überzeugung getragen war, daß im Falle eines Krieges mit Deutschland bald eine Revolution gegen das Hitler-Regime ausbrechen werde[8], richteten die sowjetischen und deutschen Propagandisten der GlavPURKKA ihr Hauptaugenmerk folgerichtig zunächst „auf die eigentliche Zersetzungstätigkeit", wie die unverhüllten Aufforderungen zu Desertion und Sabotage in dem OKW-Bericht genannt wurden.[9] So kam es vor, daß die — gelegentlich sogar als „Genossen" angesprochenen — deutschen Soldaten „in dutzendfacher Wiederholung" aufgefordert wurden, zur Sowjetarmee überzulaufen, die Waffen umzukehren und für ein sozialistisches Deutschland zu kämpfen.[10] Außerdem ergingen an die deutschen Rüstungsarbeiter bis ins einzelne gehende Anweisungen, „was zu tun und zu lassen sei, damit die deutsche Kriegsmaschine zum Entgleisen gebracht wird, damit Räder und Getriebe stehen bleiben, Eisenbahnzüge zusammenstoßen und damit der Prozentsatz von Ausschuß und Blindgängern in der Rüstungsproduktion hoch ist".[11]

Als unter dem Druck der immer weiter vorrückenden deutschen Truppen der Verdacht aufkeimte, daß es Hitler gelungen sein könnte, „das Klassenbewußtsein der [deutschen] Arbeiter völlig auszulöschen"[12], und die kurzfristig vorhandene Hoffnung auf eine „bürgerliche" Opposition im „Dritten Reich"[13] sich ebensowenig erfüllte wie die mit der illegalen Entsendung von erfahrenen Parteifunktionären nach Deutschland verbundene Erwartung einer Aktivierung und Verbreiterung der „antifaschistischen Widerstandsfront"[14], forderte Dimitrov dazu auf, „mit allen zur Verfügung stehenden Mitteln" die Lage im deutschen Hinterland zu sondieren und festzustellen, „was über die Tätigkeit der antifaschistischen Kräfte, Sabotage- und Diversionsakte sowie über die Stimmung der Bevölkerung bekannt ist".[15] Damit rückte neben Frontagitation und Rundfunkpropaganda[16] auch die Arbeit unter den Kriegsgefangenen gleichrangig in den Aufgabenbereich der deutschen „Politemigranten". In den Lagern erhofften sie sich eine Antwort auf die Frage, „warum die Arbeiterklasse im Lande von Marx und Engels, an deren Spitze die

Partei Thälmanns stand, nicht imstande gewesen war, die Aktionseinheit der Arbeiter herzustellen und die Widerstandsbewegung in Deutschland so zu entfalten, daß Hitler den Überfall auf die Sowjetunion nicht hätte wagen können".[17]
Für die KPD besaß die Frage, wie es hatte dazu kommen können, daß Hitler und seine Komplizen „ihren Schweinerüssel in den freien Sowjetgarten stecken" konnten[18], nicht nur theoretische Bedeutung. Von ihrer Beantwortung hing für Männer wie Walter Ulbricht oder Wilhelm Pieck, die weiter auf eine erfolgreiche Erhebung „des revolutionären deutschen Proletariats" gegen Hitler setzten, nicht nur „das weitere Schicksal der demokratischen und sozialistischen Entwicklung Deutschlands", sondern auch die eigene Glaubwürdigkeit ab. Um gesicherte Aussagen über den weiteren Verlauf des Krieges und seine Dauer, aber auch über die Zukunft Deutschlands machen zu können, mußten sie sich Gewißheit darüber verschaffen, ob es im Lande selbst Kräfte gab oder sich solche in nächster Zukunft herausbilden konnten, „die fähig waren, sich zum Kampf gegen den verbrecherischen, räuberischen Krieg, gegen das faschistische Terror- und Gewaltregime zu erheben".[19] Nicht ohne Grund schrieb der ehemalige kommunistische Reichstagsabgeordnete Georg Kaßler in einem im Juni 1941 abgefaßten Bericht über seine Vorstellungen von der Aufklärungsarbeit in den Gefangenenlagern, daß die Frage der Kriegsgefangenen für die Arbeiterbewegung noch nie eine solche Rolle gespielt habe wie in der jetzigen Situation.[20]
Die Parteiführung der KPD machte sich diese Auffassung Kaßlers voll zu eigen. Sie ließ rasch erkennen, daß sie neben der Arbeit unter den deutschen Soldaten und Offizieren an der Front auch ihre Aktionen in den Gefangenensammellagern als ein Mittel betrachtete, „die militärische Niederlage des Hitlerfaschismus zu beschleunigen, das heißt den Krieg zu verkürzen und die in Gefangenschaft gekommenen deutschen Soldaten und Offiziere so aufzuklären, daß sie nach dem Sturz des Hitlerfaschismus als überzeugte Antifaschisten am Aufbau des neuen Deutschlands mitarbeiten" können.[21] Im Rahmen ihrer Aktivität in der Politischen Hauptverwaltung der Roten Armee entsandte die KPD in fast alle mit deutschen Kriegsgefangenen belegten Lager eigene Funktionäre, die dort als Politinstrukteure tätig wurden. Auch führende Vertreter ihres Zentralkomitees, vor allem Wilhelm Pieck, Walter Ulbricht und Wilhelm Florin, reisten durch die Kriegsgefangenenlager der UdSSR, sprachen auf Lagerversammlungen, führten Einzeldiskussionen „und gaben den deutschen Antifaschisten Ratschläge und Anleitung für die weitere Arbeit".[22]
In den vertraulichen Berichten der deutschen Kommunisten über ihre politischen Diskussionen mit kriegsgefangenen Offizieren und Soldaten der Wehrmacht im Jahre 1941 war freilich nur in geringem Maße von Erfolgen die Rede. Ihre optimistische Vorstellung, mit Rundfunkpropaganda, Flugblattaktionen und Lageransprachen, später auch mit einer eigenen Kriegsgefangenenzeitung[23], könne die deutsche Aggression gestoppt und der „Hitlerfaschismus" erledigt werden, mußten sie nach und nach revidieren. Nach einwöchiger Tätigkeit im Straflagerbezirk von Temnikov in der Mordvinischen ASSR mußte beispielsweise Ulbricht im August 1941 feststellen, daß es unter den Gefangenen nur „einige wenige Arbeiter und Angestellte" gab, „die Kommunisten oder Antifaschisten sind und jetzt schon offen gegen den Hitlerfaschismus auftreten".[24] In den ersten Monaten des Krieges wirkte vor allem der deutsche Vormarsch erschwerend für die Argumente der aus Moskau

angereisten Propagandisten. Der weitaus größte Teil der deutschen Gefangenen war vom Sieg Deutschlands überzeugt und glaubte, in kurzer Zeit von den eigenen Truppen befreit zu werden.[25] Überrascht mußten die deutschen Kommunisten jedoch auch feststellen, daß die von ihnen immer wieder beschworene Kluft zwischen dem „Willen des werktätigen Volkes" und dem „Nazifaschismus" in der angenommenen Form nicht existierte. In einer Versammlung von etwa tausend jungen Soldaten im Alter bis zu 22 Jahren, so berichtet Walter Ulbricht über seine niederschmetternden Erfahrungen aus dem ersten Kriegsjahr, „phantasierten 90 Prozent über den ‚deutschen Sozialismus'". Begeistert hätten sie davon berichtet, „daß sie mit einem deutschen Schiff nach Norwegen fahren konnten, daß der Unternehmer nicht mehr allein zu bestimmen habe und eine soldatische Ordnung im Betrieb herrsche". Andere zeigten sich erfreut „über die Produktion von Volkswagen, über die angebliche Beschränkung der Gewinne der Aktionäre". Der größte Teil der jungen Arbeiter habe tatsächlich geglaubt, so mußte Ulbricht konstatieren, „daß die parasitären Erscheinungen des verfaulenden Kapitalismus durch die Hitlerregierung beseitigt seien, denn sie führe doch Strafmaßnahmen gegen korrupte Elemente durch". Besonders erschütternd war es für den ehemaligen kommunistischen Reichstagsabgeordneten, „daß junge Metallarbeiter unter den Soldaten waren, deren Eltern Sozialdemokraten waren, die ihnen über die Herrschaft der aggressiven Kräfte des deutschen Monopolkapitals und über die Lüge vom ‚deutschen Sozialismus' keine Aufklärung gegeben hatten". Und auch unter jungen Landarbeitern fand Ulbricht die Meinung verbreitet, „daß Hitler bisher schon alle außenpolitischen Pläne verwirklichen konnte, daß er daher auch diesen Krieg gewinnen werde und daß danach auch die Lage der Landarbeiter sich bessern würde".[26]

Bei einer solchen geistigen Verfassung der meisten deutschen Soldaten gab es in den ersten Monaten nach dem Überfall auf die UdSSR kaum ernsthafte Ansätze einer „antifaschistischen" Bewegung im Sinne der Forderung Dimitrovs nach Bildung „nationaler Befreiungsbewegungen", geschweige denn spürbare Anzeichen einer innerdeutschen Revolution gegen Hitler.[27] Sorgenvoll begann sich die Moskauer Parteispitze der KPD schon zu fragen, ob es etwa für die deutschen Arbeiter keine Schande sei, daß sie Hitler nicht daran gehindert hatten, „gegen den einzigen sozialistischen Staat der Welt Krieg zu führen", und daß sie es seien, die in den Rüstungsbetrieben die Waffen für den Kampf gegen ein Land schmiedeten, „in welchem die Arbeiter und die Bauern die Herren sind". Angesichts dieser negativen Zwischenbilanz hielt es das Zentralkomitee der KPD für erforderlich, sich unter dem Vorzeichen des „Antifaschismus" erneut mit einem Aufruf „an das deutsche Volk und an das deutsche Heer" zu wenden, in dem auf der Grundlage der Beschlüsse der Parteikonferenzen der KPD von 1935 und 1939 „ein klares Aktionsprogramm zum Kampf für den Ausweg aus der Kriegskatastrophe und für die Rettung der Nation" entwickelt wurde.[28]

In der am 6. Oktober 1941 veröffentlichten Erklärung[29] wurde angesichts der offenkundigen Siegeszuversicht der deutschen Truppen nochmals hervorgehoben, daß dieser Krieg für das deutsche Volk „ein hoffnungsloser Krieg" sei. Hitler habe alle seine Reserven gegen die Sowjetunion geworfen, und dennoch werde er nicht die Kraft haben, das Sowjetvolk und die Rote Armee zu überwinden. Die materiellen und moralischen Reserven der Sowjetunion seien unerschöpflich: „Hinter jeder Front erhebt sich eine neue Front. Für jeden Schritt vorwärts zahlen die deutschen

Soldaten mit Blut und Leichen." Und während die deutsche Armee im Krieg gegen die Sowjetunion verblute, sammele England in allen Teilen seines Weltreiches „gewaltige Kräfte" an. Die Vereinigten Staaten von Amerika stellten „ihre gesamte gigantische Kriegsindustrie in den Dienst der Völker, die für die Freiheit kämpfen". Angesichts dieser Tatsachen könne nur ein Verrückter glauben, daß Hitler die Kraft habe, eine solche Weltkoalition zu überwinden. Hitlers Niederlage, so konstatierte die KPD, sei unvermeidlich.[30]

In der Annahme, das deutsche Volk trete „übermüdet von zermürbender Arbeit, hungernd, ohne Schuhe und Kleider, zitternd um das Leben seiner Söhne, erfüllt von tiefer Unruhe" in den dritten Kriegswinter ein[31], hoffte die Moskauer Parteispitze der deutschen Kommunisten auf ein größeres Echo als bisher, wenn sie nun „ein Programm der nationalen Befreiung des deutschen Volkes"[32] vorlegte. Es ging von der Überlegung aus, daß das deutsche Volk nicht länger „die schändliche Rolle eines Würgers und Henkers der freiheitliebenden Völker" spielen dürfe. Wenn es frei sein, wenn es „den Schandfleck der Hitlerverbrechen" von sich abwaschen wolle, so lautete die Alternative aus Moskau, dann müsse es „den Freiheitskampf der Völker Europas und vor allem den großen Befreiungskrieg der Sowjetunion unterstützen". Die einzige Rettung für das deutsche Volk, so beschwor die KPD ihre Landsleute, liege darin, „mit dem Krieg Schluß zu machen". In diesem Zusammenhang wurde kein Zweifel daran gelassen, daß Hitler gestürzt werden müsse, wenn dieses Ziel erreicht werden sollte, weil der Krieg so lange weitergehen werde, „wie Hitler und seine Bande Deutschland regieren".[33] Den Zeitpunkt für einen solchen Umsturz hielt die KPD freilich ausgerechnet in einem Moment für gekommen, als sich die trotz fühlbarer Verluste keineswegs gebrochene Offensivkraft des deutschen Ostheeres auf neue Ziele — die Krim, den Kaukasus, das Donezbecken, die Eroberung Leningrads — richtete.[34] „Die Stunde hat geschlagen", so hieß es dessen ungeachtet in der ZK-Erklärung, „wo unser Volk das Schicksal Deutschlands in seine eigenen Hände nehmen, mit dem Krieg Schluß machen und einen ehrenvollen Frieden erlangen muß. Wir wenden uns an alle Deutschen, denen es über ihre Kräfte geht, die Leiden des Krieges zu ertragen, an die Soldaten der Front, an ihre Familien, an die Arbeiter, die Bauern und das ganze deutsche Volk im Hinterland und rufen ihnen zu: Kämpft für die Einstellung des Krieges, kämpft für die Rettung Deutschlands!"[35]

Um der Aufforderung zur Beendigung des Krieges und dem Aufruf zum Sturz Hitlers zusätzliches Gewicht zu verleihen, entwickelte die KPD erstmalig seit Kriegsbeginn in einer öffentlichen Erklärung vage Vorstellungen von einer neuen deutschen Republik: Da war von einem „eigenen Weg" des deutschen Volkes die Rede, der über die Befreiung „von dem hitlerfaschistischen Unterdrückungsregime" hin zur Erringung eines Deutschlands führe, das es endlich verstehen werde, in Frieden zu leben und „eine Verkörperung des wahren Volkswillens" zu sein. „Das wird ein Deutschland", so faßte der Aufruf die Zielvorstellung dieses „Nationalen Aktionsprogramms" der deutschen Kommunisten vorerst zusammen, „ohne die Herrschaft der plutokratischen Hyänen und der faschistischen Räuber sein, in welchem es keine Arbeitslosigkeit geben wird, in welchem das Recht auf Arbeit garantiert sein wird, in welchem der Bauer die Freiheit haben wird, über die Erzeugnisse seiner Arbeit zu verfügen. Das wird ein Deutschland sein, in welchem mit der faschistischen Barbarei Schluß gemacht ist, ein Deutschland, in welchem nicht die

Reichtümer und die Herkunft, sondern die Fähigkeiten und die Arbeit des Menschen seine Stellung in der Gesellschaft bestimmen werden. Das wird ein Deutschland sein, in welchem es keinen schreienden Widerspruch zwischem dem Reichtum der einen und dem fürchterlichen Elend der anderen gibt. Das wird ein unversehrtes, unabhängiges Deutschland sein, ein Gleiches unter Gleichen, ein Deutschland, das mit allen Völkern in Frieden lebt."[36]

Die verschwommenen Konturen des neuen Deutschland, die hier lebendig wurden, boten nichts grundlegend Neues. Sie waren dem „Berner" Programm der KPD aus dem Jahre 1939 entnommen worden und ließen erkennen, daß es den sowjetischen Propagandaorganen wie den deutschen „Politemigranten" in dieser Phase ihres ideologischen Kampfes nach wie vor in erster Linie um Ziele wie „Demoralisierung der deutschen Truppen" und „Beschleunigung der Niederlage des Faschismus" ging. Die Funktionäre von GlavPURKKA, Komintern und KPD begingen immer noch den Fehler, wie sie sich später eingestanden, den nationalen Charakter der sozialen Gruppen des Gegners zu wenig zu berücksichtigen.[37] Sie achteten nicht darauf, daß ein Soldat nicht nur an sein Schicksal, sondern auch an das Schicksal seiner nächsten Angehörigen und seiner Heimat zu denken begann, wenn er eine politische Entscheidung treffen sollte. Auch wenn den Deutschen nicht nur ihre Verantwortung „für die Greueltaten des Faschismus" vorgehalten wurde, sondern darüber hinaus positive, wenn auch vage Aussagen über „die Existenz der deutschen Nation und des deutschen Staates" erfolgten, trug der Oktober-Aufruf der KPD nationalen Empfindungen in zu geringem Maße Rechnung, um darin eine beginnende Akzentverschiebung in der Zielsetzung der Moskauer Propagandaoffensive erkennen zu können.[38]

3. Die Funktion des „Appells der 158"

Die in dem Aufruf vom 6. Oktober 1941 angedeutete Garantieerklärung für die deutsche Nation und den deutschen Staat erfuhr im ideologischen Kampf von GlavPURKKA, Komintern und KPD vorerst keine weitere Steigerung. Um Einfluß auf die deutsche Öffentlichkeit zu gewinnen, vertrauten die Moskauer Funktionäre vorrangig auf die Wirkung ihrer „antifaschistischen" Diversions- und Aufstandsparolen. Das bezeugt der auf eine Initiative Dimitrovs zurückgehende Plan zur Ausarbeitung „eines bedeutsamen politischen Dokuments", mit dem sich „eine große Gruppe von gefangenen Soldaten" an ihre Kameraden an der Front und im Hinterland wenden sollte.[1] Zu diesem Zweck wurde Ende September 1941 beschlossen, „eine große Brigade, der neben Politfunktionären der Armee auch einige Mitarbeiter der Komintern und von Bruderparteien angehörten", in das Kriegsgefangenenlager Nr. 58 in Temnikov[2] zu schicken, um dort „wichtige politische Veranstaltungen durchzuführen".[3] Der Zeitpunkt dieser Reise Anfang Oktober 1941[4], die Zusammensetzung der Reisegruppe[5], ihre zielstrebige Orientierung „auf die Arbeiter und Bauern im Soldatenrock"[6] aus Deutschland, Österreich, Rumänien, Ungarn, Finnland und „den besetzten slavischen Ländern" sowie nicht zuletzt die während des Aufenthaltes in Temnikov verabschiedeten Appelle und Manifeste[7] lassen den Schluß zu, daß hier von sowjetischem Boden aus der energische Versuch unternommen werden sollte, ein Zeichen für die von Dimitrov proklamierten nationalen Befreiungsbewegungen im „Dritten Reich" Hitlers wie in den von deutschen Truppen okkupierten europäischen Staaten zu setzen.

Ausgerüstet mit dem Entwurf eines „Appells an das deutsche Volk", den die Moskauer Parteiführung der KPD entworfen hatte[8], versuchten die deutschen Delegationsmitglieder mit Walter Ulbricht an der Spitze, in Temnikov „die antifaschistischen Kräfte aufzuspüren und zusammenzuführen, sie mit Argumenten für den ideologischen Kampf auszurüsten, sie in ihrem Glauben an die eigene Kraft zu bestärken", aber auch „die Schwankenden umzustimmen" und sie „nach Möglichkeit dem Einfluß der Nazis zu entziehen".[9] Um jeden einzelnen Gefangenen, so wird berichtet, sei gerungen worden. Im Lager entbrannten „auf Barackenversammlungen, in Beratungen mit einzelnen Gruppen von Kriegsgefangenen und Einzeldiskussionen" heftige Auseinandersetzungen.[10] Eine angeblich begeisterte Zustimmung fanden die Grundideen des in Moskau vorbereiteten Aufrufs nur bei einem 42 Mann starken „Kriegsgefangenenaktiv"[11], das aus den „fortschrittlichsten" Kriegsgefangenen des Lagers bestand und „die antifaschistische Überzeugungsarbeit" der deutschen Kommunisten unter den anderthalbtausend Soldaten[12] bereitwillig unterstützte. Als sich nach knapp einwöchiger Diskussion schließlich weitere 116 Gefangene und damit ingesamt 158 Mann „von der Richtigkeit der im Appell niedergelegten Formulierungen" überzeugt und sich mit seinem Inhalt einverstanden erklärt hatten, war das für die Delegation aus Moskau Beweis genug für einen „sichtbar werdenden Umschwung in den politischen Auffassungen der Masse der Gefangenen".[13] Ulbricht und seinen Helfern Försterling und Ewers[14] verschafften die 158 Soldaten darüber hinaus die Möglichkeit, dem Akt der Unterzeichnung des Appells einen symbolischen Charakter zu verleihen. Die Verabschiedung des Dokuments, „das den Bruch dieser Soldaten mit Hitler und dem faschistischen Regime und den von ihm entfesselten Krieg demonstrieren sollte"[15], fand vom 8. bis 10. Oktober 1941 im Rahmen einer Konferenz statt, die als „erste Beratung antifaschistischer deutscher Kriegsgefangener in der UdSSR" bezeichnet wurde.[16] Dabei erbrachte die sorgfältig nach sozialen Gesichtspunkten getroffene Auswahl der Konferenzteilnehmer nicht nur den erwünschten Nachweis ihrer Herkunft aus den „verschiedensten Klassen und Schichten des werktätigen deutschen Volkes", sondern sicherte auch den Führungsanspruch der „Arbeiterklasse": Von den 158 Gefangenen waren 113 Arbeiter, 13 Landarbeiter, 11 Bauern, 9 Angestellte sowie 7 Angehörige freier Berufe und des Mittelstandes.[17]

Die erste größere Versammlung von deutschen Hitlergegnern im Lager Temnikov stand ganz im Zeichen der Erwartung Ulbrichts und seiner Moskauer Genossen von GlavPURKKA, Komintern und KPD, wenige Monate nach dem deutschen Überfall nun endlich „ein Beispiel der antifaschistischen Volksfront zum Sturz der Hitler-Diktatur" geben zu können.[18] Die 158 Soldaten waren gleichsam dazu ausersehen, eine erste und damit für alle Deutschen richtungweisende Antwort auf die sorgenvolle Frage nach der Widerstandsbereitschaft des deutschen Volkes zu vermitteln, wie sie wenige Tage zuvor in der Erklärung des ZK der KPD aufgeworfen worden war.[19] So ist es kein Zufall gewesen, daß sich in Temnikov alle Diskussionsbeiträge auf die alles beherrschende Frage konzentrierten, wie den Kriegsverbrechen Hitlers ein Ende bereitet werden könne.[20] Einem Metallarbeiter aus den Berliner Borsig-Werken namens Helmuth Fleschner, der als Angehöriger des Infanterieregiments 68 in sowjetische Kriegsgefangenschaft geraten war, fiel die Aufgabe zu, die Konferenz zu eröffnen.[21] Wenn der Redner den zur Unterschrift vorliegenden Text des „Appells an das deutsche Volk" als „die wahre Stimme des deutschen Volkes" bezeichnete, dann brachte er sogleich zum Ausdruck, daß mit der Versammlung von Temnikov der Anspruch verbunden sein sollte, das auszusprechen, was angeblich von Millionen Deutschen an der Front und in der Heimat gedacht wurde.[22] In seinen Ausführungen prangerte er die Kriegsverbrechen Hitlers an und versuchte den Nachweis anzutreten, „daß dieser Krieg von Deutschland niemals gewonnen werden könne, daß er Deutschland in die Katastrophe führe und deshalb schnellstens durch den Sturz der Hitler-Diktatur beendet werden müsse".[23] Dieser Wahnsinn, so rief er aus, müsse gestoppt werden. Bei all seinem Drängen nach sofortigem Handeln verschwieg Fleschner nicht das auch in Temnikov drohende Dilemma eines solchen Vorhabens: Es besteht darin, so drückte er sich aus, daß zwar jedem der Anwesenden die Notwendigkeit der Beseitigung Hitlers einleuchte, daß es darüber hinaus aber nunmehr darauf ankomme, einmal zu beweisen, „daß wir nicht die einzigen sind, die das wünschen". Man müsse endlich zeigen, so begründeten GlavPURKKA, Komintern und KPD durch Fleschner den Sinn eines öffentlichen Appells aus einem Kriegsgefangenenlager, daß die Ablösung Hitlers und seiner Bande „der Wunsch der breiten Masse der arbeitenden Bevölkerung" sei.[24] Deshalb nannte er es die Pflicht „jedes schaffenden Deutschen", der ein sofortiges Ende der Hitler-Diktatur wolle, mitzuhelfen, daß der Appell der 158 Soldaten „in alle Betriebe, in alle Dörfer, in alle Truppenteile, kurz überall dorthin dringt, wo Deutsche sind, die unter Hitlers Kriegswahnsinn leiden".[25] Die nach ihrer Meinung weitgehend berücksichtigten Interessen der Arbeiter, der Bauern, des Mittelstandes und der Intelligenz gaben den Moskauer Funktionären die Zuversicht, von dem Appell den Zusammenschluß all der Kräfte in Deutschland zu erhoffen, „die dem Hitlerschen Kriegswahnsinn ein Ende bereiten wollen".[26]

Fleschners Ausführungen wurden von den folgenden Diskussionsrednern unterstützt und in einzelnen Punkten ergänzt.[27] Der Bauarbeiter Georg Kimmer aus dem württembergischen Leonberg unterstrich die in der KPD geläufige Auffassung, daß Deutschland nicht nur von Hitler „und seiner schurkischen Bande" repräsentiert werde, sondern von den Arbeitern, den Bauern, den Angestellten, den Handwerkern und den Intellektuellen. Wenn Hitler gestürzt werde, so rief er aus, dann werde Deutschland gerettet werden.[28] Auch der Berliner Borsig-Arbeiter Rudolf Zwifelhofer, ein gebürtiger Wiener, wandte sich mit jugendlichem Eifer dagegen, Hitlerdeutschland mit dem deutschen Volk gleichzusetzen. Außerdem wies er darauf hin, daß die Besetzung Frankreichs, Dänemarks, Hollands und Norwegens nicht Siege des deutschen Volkes, sondern der Kriegsgewinnler gewesen seien. Der Sieg sei erst dann errungen, so rief er seinen Kameraden zu, wenn Hitler zum Teufel gejagt wäre.[29] Einen Diskussionsbeitrag besonderer Art leistete der Oberschütze Oskar Erigson. Dieser Pförtner aus Berlin schilderte, wie er als Angehöriger des I.R. 510 zur Roten Armee übergelaufen war, nannte die Motive für seine Fahnenflucht und forderte die deutschen Soldaten auf, seinem Beispiel zu folgen, um auf diese Weise den Krieg zu beenden und ihr Leben zu retten.[30] Für die deutsche Jugend nahm der Student Walter Stenzel aus Solingen das Wort, beklagte den niedrigen Stand des deutschen Bildungswesens, prangerte die Vernachlässigung des kulturellen Erbes unter dem Nationalsozialismus im „Dritten Reich" an und prophezeite, daß die Zukunft der deutschen Jugend in einem Soldatengrab liegen werde, wenn seine Aufforderung zur Einstellung der Feindseligkeiten und sein Appell an den Friedenswillen der deutschen Jugend kein Gehör finden sollten.[31] Nicht minder negativ schilderte der Landarbeiter Heinrich Klassen aus Merzdorf bei Riesa die Situation „des deutschen Landproletariats".[32] Um das Übel bei der Wurzel zu packen, forderte er „seine Klassengenossen" zur Fahnenflucht auf: „Wir Landarbeiter haben nichts vom Krieg. Frieden kann aber erst werden, wenn Hitler weg ist und wenn in unserer Heimat das schaffende Volk bestimmt. Landarbeiter, macht diesen Krieg nicht mehr mit!"[33] Dem Vertreter der Landarbeiter folgte der Kleinbauer Oswald Pahl aus Olscha, der die Bauern zu Hause ermahnte, weniger abzuliefern, damit der Krieg schneller beendet werden könne[34]; der Bäcker Hans Prechtl aus Nürnberg, der seine Kameraden darauf aufmerksam machte, daß Kapitalisten und Naziführer zu Hause herumpraßten, während Arbeiter, Bauern und Angestellte dumm genug seien, ihr Blut für sie zu vergießen[35]; schließlich ein namentlich nicht genannter Vertreter des Mittelstandes, der es fertigbrachte, sich darüber zu beklagen, daß man in Hitlerdeutschland sonntags nicht einmal sein Bier in Ruhe trinken könne, weil man von den Sammlern der NS-Volkswohlfahrt bis in die Gaststätten und Restaurants verfolgt werde.[36] Ehe die Konferenzteilnehmer die vorbereitete Erklärung zu unterschreiben begannen und die Tagung mit dem Gesang von „Brüder, zur Sonne, zur Freiheit" ausklang[37], setzte der Jungarbeiter Eduard Bieringer, ein früheres Mitglied der Bremer Sozialistischen Arbeiter-Jugend (SAJ), einen Schlußpunkt im Sinne der Deutschlandpolitik der KPD vor Ausbruch des Krieges: „Wir früheren Mitglieder der SAJ und SPD sind der Meinung", so hob er die „Aktionseinheit der Arbeiterklasse" als eine aus Moskauer Sicht zentrale politische Parole hervor, „daß alle Arbeiter wie ein Mann zusammenstehen müssen, ob SPD, ob KPD, ob er Mitglied der freien Gewerkschaften war oder ob er Mitglied der Arbeitsfront oder der Hitlerjugend ist. Alle, die gegen Hitlers Kriegsverbrechen sind, müssen sich zusammenschließen."[38]

Der am 10. Oktober 1941 einstimmig angenommene „Appell an das deutsche Volk, unterzeichnet von 158 deutschen Soldaten"[39], unterschied sich in seinen grundsätzlichen Aussagen nicht von vorausgegangenen Erklärungen der KPD aus den Jahren 1939 bis 1941. Seine Verfasser hielten an der illusionären Vorstellung von einer im derzeitigen Deutschland existierenden politischen Alternative zu Hitler fest. „Könnte die Mehrheit des Volkes frei sprechen", so verkündeten sie zuversichtlich, „so würde sie laut und vernehmbar erklären, daß Hitler und seine Nazipartei mit Deutschland nicht gleichgesetzt werden dürfen." Nach wie vor wurde der Eindruck zu erwecken versucht, als stünden sich im „Dritten Reich" zwei Deutschlands gegenüber: das „Deutschland der Nazischmarotzer" und das „Deutschland der Werktätigen", das „Deutschland der vertierten Raub- und Mordgesellen" und das „Deutschland des ehrlichen und fleißigen Volkes", das „Deutschland der faschistischen Barbaren" und das „Deutschland der großen Denker, Erfinder und Dichter, die durch ihre Leistungen die Weltkultur bereichert haben", das „Deutschland größenwahnsinniger Machthaber, die ihre Herrschaft durch einen aussichtslosen Krieg bis zum letzten deutschen Soldaten zu retten versuchen", und „ein anderes Deutschland, das Hitler und seine faschistische Terrorherrschaft verflucht".[40] Ziel dieser Differenzierung war eine „politisch-moralische Aktivierung", die das deutsche Volk veranlassen sollte, „zur militärischen Niederlage Hitlers beizutragen und entschlossen für seinen Sturz zu kämpfen". Es blieb nicht verborgen, daß das Ergebnis dieses

„Volkskampfes" aus Moskauer Sicht „nicht nur die Ablösung Hitlers als Repräsentant Deutschlands sein sollte, sondern zugleich die Umstrukturierung des politischsozialen Systems in Deutschland".[41]

Die Aussagen des Appells von Temnikov über die künftige Gestaltung eines neuen Deutschland bewegten sich auf der Linie der Beschlüsse der „Berner" Konferenz der KPD aus dem Jahre 1939, waren aber wiederum recht vage gehalten.[42] In einem neuen deutschen Staat ohne Hitler, so hieß es unscharf, würden „dem Volke" alle Rechte und Freiheiten „durch eine wahrhaft demokratische Verfassung" gesichert. Auf sozialem Gebiet wurde „eine auf Chancengleichheit zielende Leistungsgesellschaft" angekündigt. Es war die Rede von Verbesserungen in den Organisationen der Arbeiter, Bauern, Angestellten und Geistesarbeiter, von dem Angebote höherer Löhne für Arbeiter und Angestellte, von einer „weitgehenden sozialen Gesetzgebung" und von der Zusicherung, in dem neuen Staat werde es keine Arbeitslosigkeit geben: „Alle Arbeiter werden Arbeit erhalten, und zwar nicht für den Krieg, sondern zum friedlichen Aufbau, zur Hebung der Lebenshaltung und des Wohlstandes des deutschen Volkes." In der bäuerlichen Wirtschaft sollten alle Zwangsmaßnahmen abgeschafft werden. Der deutsche Bauer, so wurde verkündet, werde über die Früchte seiner Arbeit frei verfügen können. Auf dem Gebiet der Kulturpolitik versprach der Aufruf, den Kindern der Arbeiter, Bauern und Angestellten das Studium an den Mittel- und Hochschulen zu erschließen sowie der „faschistischen Unkultur" ein Ende zu bereiten. „Aus dem Schoße unseres an Talenten reichen Volkes", so wurde der Ausblick in eine bessere Zukunft umschrieben, „wird die deutsche Kultur neu erblühen." Besonders blaß blieben die Aussagen über die künftige Wirtschaftspolitik: Der Appell favorisierte eine echte Volksgemeinschaft, die jetzt „durch den faschistischen Terror und die Privilegien der kapitalistischen Plutokraten" verhindert werde und erst „durch die Beseitigung des schreienden Widerspruchs zwischen dem Reichtum der einen und der Armut der anderen" entstehen könne. Die Tendenz des Appells, möglichst breite Bevölkerungskreise anzusprechen, gipfelte in der Aussage, daß im neuen Deutschland weder Herkunft noch Besitz noch Parteiprivilegien für den Aufstieg eines Menschen ausschlaggebend sein würden, sondern „einzig und allein die persönlichen Fähigkeiten, die eigene Tatkraft und Leistung".

Der „Appell der 158" ist von den Mitgliedern der in Temnikov tätigen Brigade sowjetischer und ausländischer Kommunisten als ein großer Erfolg im ideologischen Kampf gegen den „Hitlerfaschismus" eingeschätzt worden. Es habe sich gezeigt, so interpretierte das sowjetische Kommissionsmitglied Seleznev den Schritt der 158 Kriegsgefangenen, daß das System der ideologischen Manipulierung der deutschen Soldaten, das nach der „Machtergreifung" durch die Nazis in Deutschland im Interesse des Imperialismus aufgebaut worden sei, versagt habe. Es erweise sich, so schöpfte der Vertreter der GlavPURKKA im Oktober 1941 neue Hoffnung, daß die Phrasen des Nationalsozialismus, die dem deutschen Volke eingehämmert worden seien, doch nicht so fest im Bewußtsein verankert waren, als daß sie sich nicht „beim Zusammenstoß mit der unerbittlichen Wirklichkeit" verdrängen ließen. Sie könnten, so glaubte Seleznev in Temnikov erkannt zu haben, durch „die mächtigen Ideen des Friedens, der Demokratie und des Antifaschismus" zerschlagen werden. Wenn 158 Menschen, die bisher als „gehorsame Befehlsempfänger der Hitlerclique" nur „blind dienende Werkzeuge ihrer Kriegsmaschine" gewesen seien, nun „gemeinsam offen den Faschismus herausforderten", dann könne man die Gewißheit haben, daß andere unvermeidlich ihrem Beispiel folgen würden.[43] Es ist heute unumstritten, daß die von Seleznev zum Ausdruck gebrachte Zuversicht eine Illusion war. Auch wenn der „Appell der 158" im Rückblick von vielen als „ein wichtiges Zeugnis der deutschen Widerstandsbewegung" verstanden wird[44] oder manchen als ein Meilenstein im ideologischen Kampf erscheinen mag, weil er „die ideologische Plattform für die weitere Entwicklung der antifaschistischen Bewegung der deutschen Kriegsgefangenen" gebildet habe[45], so bleibt die Feststellung, daß er sich im Augenblick seiner Verkündung als ein Aufruf ohne Widerhall erwies.[46] Gleichzeitig entpuppte sich die politisch-ideologische Offensive der Roten Armee und „der antifaschistischen Kräfte des deutschen Volkes" als ein Fehlschlag, weil sie weder als Signal für eine nationale Befreiungsbewegung im Sinne der Forderung Dimitrovs vom 22. Juni 1941 wirkte noch andere spürbare Ergebnisse im Kampf gegen den „Hitlerfaschismus" zeitigte.[47] So erschien es im Herbst des Jahres 1941 nur folgerichtig, den ideologischen Kampf zwar beizubehalten, die weitere Behandlung des deutschen Problems jedoch eher in den Bereich des Bündnisses mit Großbritannien und damit auf die Ebene des machtpolitischen Kalküls zu verlagern. Damit rückte freilich eine schreckliche Vision in den Bereich des Möglichen, die auch im „Appell der 158" eindringlich beschworen worden war: daß nämlich die Deutschen „dem schlimmsten Versailles" entgegengingen, Deutschland „zergliedert" werden würde und das deutsche Volk alle Kriegsschäden bezahlen müsse, wenn es nicht durch Taten beweise, daß es mit Hitler nichts gemein habe.[48]

4. Brüchiges Bündnis mit Großbritannien

Es kann heute als erwiesen gelten, daß die Drohung mit einem neuen „Versailles" für Deutschland, wie sie im „Appell der 158" ausgesprochen wurde, verfrüht gewesen ist. Ein solcher Friedensschluß hätte einen hohen Grad von Einvernehmen in den außenpolitischen Zielvorstellungen der alliierten Kriegskoalition vorausgesetzt, wie er zum Zeitpunkt der Abfassung des Aufrufs von Temnikov zwischen London und Moskau noch nicht existierte.[1] Beim Abschluß des britisch-sowjetischen Abkommens im Juli 1941[2] war eine intensive Diskussion über ein mögliches „unterschiedliches Herangehen an die Fragen des Krieges und der Nachkriegsentwicklung" nicht geführt worden.[3] Nur Churchill hatte in seiner berühmten Rundfunkansprache am Abend des 22. Juni 1941 keinen Zweifel daran gelassen, daß es sein Ziel war, „Hitler und jede Spur des Naziregimes zu vertilgen".[4] Während er damit die Lösung der deutschen Frage in den Mittelpunkt der britischen Politik rückte, scheint der Faktor Deutschland als Objekt alliierter Kriegspolitik oder Friedensplanung in Moskau vorerst nur eine untergeordnete Rolle gespielt zu haben. Wie der Londoner Sowjetbotschafter Majskij bestätigt, gab es dort außer den Volks- und Einheitsfrontparolen von Komintern und KPD keine konkreten Pläne für die politische und staatliche Zukunft des Deutschen Reiches. Stalin habe damals, so erinnert sich der sowjetische Diplomat, neben einem „Vertrag über gegenseitigen Beistand ... für die Kriegs- und Nachkriegszeit" mit Großbritannien nur ein einziges Ziel verfolgt: ein allgemeines Abkommen über die „Gestaltung der Welt nach dem Kriege".[5]

Die anfängliche Favorisierung des ideologischen Kampfes gegen „Hitler-Deutschland" durch die Sowjetunion[6] wie die seit dem Englandflug des Führerstellvertreters Rudolf Heß in Moskau nie ganz abgeklungene Furcht vor einem britisch-deutschen Sonderfrieden[7] verhinderten es bis weit in das Jahr 1941 hinein, Stalins machtpolitisches Kalkül in der Koalition einer ernsthaften Diskussion auszusetzen. Die Gelegenheit hierzu ergab sich erst, als die stagnierende ideologische Offensive der Roten Armee und ihrer deutschen Helfer eine Intensivierung des diplomatischen Dialogs mit London nach sich zog. Das geschah im November 1941 zu einem Zeitpunkt, als sich das Ringen um Moskau immer mehr zuspitzte[8] und sich die düsteren Prognosen amerikanischer Militärexperten zu erfüllen schienen, wonach das Ende des sowjetischen Widerstandes nicht mehr weit sei[9]: In einem ungewöhnlich frostigen Schreiben vom 8. November forderte Stalin den britischen Premierminister auf, zwischen London und Moskau endlich jene Klarheit zu schaffen, „an der es gegenwärtig mangelt". Neben dem Fehlen eines Vertrages über den gegenseitigen militärischen Beistand kritisierte der sowjetische Regierungschef, daß „keine endgültige Verständigung zwischen unseren beiden Ländern über die Kriegsziele und über die Pläne der Friedensregelung nach dem Kriege" existiere. Solange es in diesen zwei Hauptfragen keine Abmachungen gebe, so stellte er unbewegt fest, werde es in den englisch-sowjetischen Beziehungen nicht nur keine Klarheit, „sondern – um ganz offen zu sprechen – auch kein gegenseitiges Vertrauen geben".[10]

Auch ein sowjetischer Diplomat vom Range des Londoner Botschafters war sich seinerzeit offenbar nicht sicher, ob es wirklich zeitgemäß sei, „gerade jetzt rigoros solche großen und komplizierten Probleme aufzuwerfen, zu einem Zeitpunkt, da ... es für uns besonders wichtig war, die (uns nicht befriedigende, aber dennoch notwendige) Zusammenarbeit mit England in jeder Weise zu festigen". Majskij macht kein Hehl aus seiner Auffassung, daß er es für vorteilhafter gehalten hätte, „vorläufig das in den Vordergrund zu rücken, was uns mit England einte, und alles, was uns trennte, zurückzuschieben".[11] Wenn Stalin dennoch zu einem Zeitpunkt härtester Bedrängnis gewissermaßen die Koalitionsfrage stellte, dann sprach das für seine Absicht, in der Allianz mit Großbritannien nicht nur militärische Probleme zu lösen. In der kritischsten Phase des Kampfes um die Existenz des Sowjetstaates ging es dem sowjetischen Partei- und Regierungschef vielmehr auch darum, die politische Einflußsphäre und den territorialen Besitzstand der UdSSR in Ostmitteleuropa zu sichern und darüber hinaus möglichst durch internationale Anerkennung zu legitimieren. Auch nach dem deutschen Überfall, so hat der amerikanische Diplomat und Historiker George F. Kennan schon vor mehr als zehn Jahren nachgewiesen, waren die außenpolitischen Ziele der Sowjetunion „fast haargenau die gleichen wie zur Zeit des deutsch-sowjetischen Nichtangriffspaktes" geblieben: „Stalin wollte den Streifen Land in Osteuropa, den Hitler ihm im Jahre 1939 hingeworfen hatte, behalten. Außerdem wollte er noch alle die Dinge haben, die er 1940 von Hitler gefordert hatte: militärische und politische Kontrolle Finnlands, Rumäniens, Bulgariens und der Türkei; Einfluß auf dem ganzen Balkan und so fort."[12] Nur den Partner, der diese Veränderungen auf der politischen Landkarte Europas garantieren würde, mußte er auswechseln. Nachdem das „Dritte Reich" vom Komplizen zum Todfeind geworden und damit aus dem machtpolitischen Kalkül Stalins vorerst ausgeschieden war, sollte nun Großbritannien mit allen Konsequenzen in die Rolle des europäischen Bündnispartners der UdSSR einrücken.

Churchill erkannte sofort, daß ihn das Ansinnen Stalins nicht nur mit wichtigen praktischen Fragen „über den gegenseitigen militärischen Beistand gegen Hitler in Europa", sondern auch erstmals mit dem Problem einer gesonderten zweiseitigen Regelung „über den Frieden nach dem Kriege" konfrontierte.[13] Er nahm das „zur Kenntnis", wie es in seinem Antwortschreiben vom 21. November lakonisch hieß, zeigte sich jedoch nicht bereit, vor Beendigung des Krieges irgendwelche Beschlüsse über die europäische Nachkriegsordnung zu fassen. Angesichts der von Großbritannien beispielsweise nicht anerkannten Einverleibung der drei baltischen Länder in den sowjetischen Staatsverband und nicht zuletzt wohl auch unter Berücksichtigung der undurchsichtigen Situation an der Front vor Moskau entschloß er sich zu einer zurückhaltenden, eher ausweichenden Antwort: Wenn der Krieg gewonnen sei, so telegrafierte er an Stalin, dann erwarte er, „daß Sowjetrußland, Großbritannien und die USA als die drei Hauptpartner und diejenigen Mächte, die den Nazismus vernichtet haben, am Konferenztisch der Sieger zusammenkommen werden".[14] Stets auf volle Übereinstimmung mit dem Text der Atlantik-Charta bedacht[15], ließ er nur in einem Punkt keinen Zweifel an seinen Vorstellungen von der Zukunft Europas: Selbstverständlich müsse es „die erste Aufgabe" einer solchen Friedenskonferenz sein, „Deutschland und vor allem Preußen daran zu hindern, ein drittes Mal über uns herzufallen".[16] Zu einer weitergehenden Präzisierung der britischen Friedensziele zeigte er sich nicht bereit, kündigte jedoch — auch in der Hoffnung auf eine Verbesserung der gegenseitigen Beziehungen — „in nächster Zukunft" einen Besuch seines Außenministers Eden in der sowjetischen Hauptstadt an. Dieser werde auch in der Lage sein, so unterrichtete er Stalin, „einen guten Plan zur Gewährleistung unserer gegenseitigen Sicherheit und unserer berechtigten Interessen" zu besprechen.[17]

Solche Formulierungen waren nicht dazu angetan, Stalin von seiner Absicht abzubringen, die politische Neuordnung Europas zum Gegenstand von Verhandlungen mit London zu machen.[18] Von Majskij wissen wir, daß der sowjetische Regierungschef für die Zusammenkunft mit Eden die Entwürfe zweier Verträge vorbereiten ließ, die der deutschen Frage eher einen niedrigen Stellenwert einräumten. Der Londoner Sowjetbotschafter erhielt die Texte kurz vor Beginn der ersten Verhandlungsrunde und konnte sie — „mehrere maschinengeschriebene Seiten" — rasch überfliegen. Seinem Bericht zufolge handelte es sich bei dem ersten Entwurf um einen Vertrag für einen Beistandspakt, der an die Stelle des Abkommens vom 12. Juli 1941 treten, auch für die Zeit nach dem Kriege Gültigkeit haben und offenbar das grundsätzliche Einvernehmen der beiden Großmächte dokumentieren sollte. Der zweite Vertragsentwurf behandelte „die Nachkriegsordnung der Welt". Im wesentlichen waren darin, so referiert Majskij seinen Inhalt, „die Wiederherstellung Jugoslawiens, Österreichs, der Tschechoslowakei und Griechenlands in ihren Vorkriegsgrenzen sowie die Übergabe Ostpreußens an Polen und die Abtrennung des Rheingebietes von Preußen vorgesehen". Im Vertrag seien ferner der UdSSR „die Grenzen von 1941 (das heißt unter Einbeziehung Estlands, Lettlands, Litauens, der Westukraine und Westbelorußlands) zuerkannt" und England das Recht zugestanden worden, „in Frankreich, Belgien, Holland, Dänemark und Norwegen die für seine Sicherheit erforderlichen Stützpunkte zu besitzen".[19]

Demgegenüber nahm sich die britische Verhandlungsposition sehr viel bescheidener aus. Bei ihrer Festsetzung war sich das Kriegskabinett im klaren darüber gewesen, daß — wie Churchill es ausdrückte — „rein militärische Verhandlungen angesichts des Geisteszustandes der russischen Führer kaum brauchbare Resultate zeitigen würden".[20] Aus diesem Grunde sollte Eden in die Lage versetzt werden, „in den Moskauer Besprechungen die militärischen und allgemeinen Gesichtspunkte des Krieges von allen Seiten zu erörtern und das Bündnis wenn möglich in eine formelle, schriftliche Vertragsform zu bringen".[21] Stalin wurde darüber informiert, daß die britische Delegation ermächtigt sei, mit der sowjetischen Führungsspitze den Gesamtkomplex der politischen, wirtschaftlichen und militärischen Zusammenarbeit zwischen London und Moskau zu erörtern.[22] Um das Koalitionsklima zu verbessern, billigte das Kabinett auch ein für Stalin bestimmtes Memorandum, mit dessen Hilfe Befürchtungen der Russen zerstreut werden sollten, die westlichen Demokratien könnten die UdSSR von einer Nachkriegsregelung ausschalten, die sowjetischen Interessen bei einem Friedensvertrag nicht berücksichtigen und Deutschland nicht hart genug bestrafen. Zweifellos im Mittelpunkt von Edens Reise stand jedoch seine erklärte Absicht, mit den Russen über die Zukunft des Deutschen Reiches, über seinen Wiederaufbau nach dem Kriege [post war reconstruction], über das Problem der Reparationen und über die Möglichkeit von Konföderationen kleiner Staaten zu diskutieren.[23]

Als die britische Delegation[24] um die Mittagszeit des 7. Dezember 1941 unter strenger Geheimhaltung ihre Reise in die sowjetische Hauptstadt antrat, war sie unverkennbar an der Erreichung kurzfristiger Ziele interessiert: Sie erhoffte sich im Interesse der erfolgreichen Fortführung des gemeinsamen Kampfes gegen Deutschland und seine Verbündeten eine Entspannung und Normalisierung in den beiderseitigen Beziehungen und schloß darüber hinaus eine Erörterung der deutschen Frage nicht aus.[25] Um so größer war die Überraschung für Eden, als er sich nach seiner Ankunft in Moskau mit detaillierten Plänen Stalins für eine langfristige Nachkriegsordnung ganz Europas konfrontiert sah. Schon in der ersten Unterredung am Abend des 16. Dezember 1941, so hielt er in einem ausführlichen Bericht fest, „ließ sich Stalin mit einiger Ausführlichkeit über die von ihm als richtig betrachteten Nachkriegsgrenzen in Europa aus".[26] Edens Bericht an Churchill ergänzt die Angaben Majskijs[27] und läßt die Konturen der von Moskau gewünschten Neuordnung des alten Kontinents noch etwas schärfer hervortreten. Dominierend waren für Stalin offensichtlich zwei Überlegungen: Zunächst galt sein Interesse dem Fortbestand bzw. der Wiedererrichtung der europäischen Kleinstaaten und Mittelmächte. Alle von Deutschland und seinen Verbündeten besetzten Staaten sollten wiedererstehen: Neben Polen wurden Albanien, Jugoslawien, Griechenland und die Tschechoslowakei namentlich genannt. In diesem Zusammenhang gehört auch Stalins bemerkenswerter Vorschlag für Deutschland. Zum ersten Mal wurde von einem verantwortlichen Staatsmann der Anti-Hitler-Koalition unumwunden die Absicht ausgesprochen, das Deutsche Reich aufzuteilen: Stalin schlage, so heißt es in Edens Bericht an Churchill, „die Wiederherstellung Österreichs als unabhängigen Staat vor, die Loslösung des Rheinlandes von Preußen als unabhängigen Staat oder als Protektorat und eventuell die Bildung eines selbständigen Bayern". Darüber hinaus sollte nach diesen Vorstellungen Ostpreußen an Polen abgetreten, das Gebiet von Tilsit der Litauischen Unionsrepublik der UdSSR eingegliedert und das Sudetenland an die Tschechoslowakei zurückgegeben werden.[28] Unzweifelhaft im Vordergrund der sowjetischen Zielvorstellungen stand jedoch die Absicht, den

Besitzstand aus dem Jahre 1941 unbedingt zu wahren: Hinsichtlich der baltischen Staaten, Finnlands und Bessarabiens wünsche Stalin, so hielt es Eden fest, „die Wiederherstellung der Lage von 1941 vorgängig dem deutschen Angriff". Im Blick auf Polen habe er versucht, die „Curzon-Linie" als „eine geeignete Grundlage" für die künftige russisch-polnische Grenze schmackhaft zu machen. Außerdem sollte Rumänien der Sowjetunion „die Errichtung von Stützpunkten erleichtern" und dafür durch Gebiete entschädigt werden, die zu Ungarn gehörten. Eden bestätigte, daß Stalin sich bereit gezeigt habe, eine britische Zustimmung zu den sowjetischen Vorstellungen großzügig zu honorieren: Er wolle, so wurde Churchill von seinem Außenminister unterrichtet, „das Vereinigte Königreich ... unterstützen, falls es in westeuropäischen Ländern – das heißt Frankreich, Belgien, Holland, Norwegen und Dänemark – durch besondere Abkommen Stützpunkte errichten wolle".[29]

Stalins eher macht- und interessenpolitisch als ideologisch orientierten Vorschläge liefen faktisch auf das großzügige Angebot an die Engländer hinaus, sich mit den Russen in die Herrschaft Europas zu teilen. Das im Prinzip fatal an die Verfahrensweise des deutsch-sowjetischen Abkommens vom August 1939 erinnernde, inhaltlich freilich wesentlich erweiterte Angebot stieß jedoch auf wenig Gegenliebe. Der britische Außenminister gab dem hartnäckig auf einen Vertragsabschluß drängenden Stalin mehrmals deutlich zu verstehen, daß seine Regierung das vorgelegte Vertragswerk einschließlich eines Protokolls über die beiderseitigen Einflußsphären nicht unterzeichnen könne.[30] Auch Churchill zeigte kein Verständnis für „die mit heftigen Rufen nach unbegrenzten Materiallieferungen und unmöglicher militärischer Hilfeleistung" gekoppelte „russische imperialistische Expanison".[31] In einer Sprachregelung für die britische Delegation vom 20. Dezember 1941 versuchte er seinen Außenminister zu veranlassen, Stalin darauf hinzuweisen, daß es vorerst gelte, „den Krieg durch harte, unablässige Anstrengungen zu gewinnen". Die Frage, wie eine „strategische Sicherung der russischen Westgrenze" erfolgen könne, wollte er grundsätzlich erst auf einer Friedenskonferenz erörtert wissen. Im übrigen verdeutlichte Churchill bei dieser Gelegenheit mit Nachdruck seine Auffassung, daß eine Erörterung von Kriegs- und Friedenszielen für Großbritannien im Gegensatz zur UdSSR im wesentlichen auf eine Diskussion der Deutschlandfrage hinauslief. Das Ziel einer Friedensregelung müsse es sein, so betonte er nochmals, einen abermaligen deutschen „Ausbruch" zu verhüten. In diesem Zusammenhang kam ihm Stalins Vorschlag einer Aufteilung des Deutschen Reiches offenbar nicht ungelegen: Die Trennung Preußens von Süddeutschland und die territoriale Gestaltung Preußens gehörten auch für Churchill „zu den größten der zu entscheidenden Probleme". Dennoch lehnte er es ab, einen sofortigen Beschluß herbeizuführen. All diese Probleme, so warnte er vor übereilten Abmachungen, müßten der Zukunft überlassen bleiben, die ungewiß sei und vermutlich noch in weiter Ferne liege.[32]

Aus Moskauer Sicht reichte der ständige Verweis auf eine imaginäre Friedenskonferenz nicht für eine positive Bilanz des Eden-Besuches. Allzu deutlich hatte sich im Laufe der Verhandlungen herausgestellt, daß es nicht möglich war, zwischen den beiden Bündnispartnern Übereinstimmung über Kriegsziele und Friedensregelungen zu erreichen. Die von den Briten in den Mittelpunkt gerückte deutsche Frage war nicht das zentrale Problem der Russen, und die weitgehenden territorialen Forderungen der Russen fanden nicht die Zustimmung der Briten. London weigerte sich, die undankbare Rolle einer Garantiemacht für die sowjetische Vormachtstellung in

Ostmitteleuropa zu übernehmen. Im Kommuniqué, das nach dem Treffen der Presse übergeben wurde, verbarg sich die Diskrepanz zwischen den Koalitionspartnern hinter der Versicherung, beide Seiten hätten einheitliche Ansichten zu Fragen festgestellt, „die sich auf die Kriegführung bezogen, insbesondere auf die Notwendigkeit, Hitler-Deutschland zu zerschlagen und danach Maßnahmen zu treffen, die eine Wiederholung der Aggression durch Deutschland in der Zukunft völlig unmöglich machen würden". Für die Russen wog schwer, daß der Meinungsaustausch „zu Fragen der Organisation des Friedens und der Sicherheit nach dem Kriege" wohl „viel wichtiges und nützliches Material" lieferte, dadurch jedoch allenfalls die Aussicht bestand, „im weiteren die Möglichkeit der Ausarbeitung konkreter Vorschläge auf diesem Gebiet" zu erleichtern. Ihr eigentliches Ziel, die Fixierung ihrer westlichen Grenze aus dem Hitler-Stalin-Pakt des Jahres 1939, hatten sie nicht erreicht.[33] Die Enttäuschung darüber brachte Molotov noch während der Moskauer Verhandlungen offen zum Ausdruck: „Wir sind dabei", so erklärte er am 17. Dezember 1941 im Verlauf einer zweiten Gesprächsrunde mit der britischen Delegation, „über gemeinsame Kriegsziele zu sprechen, für die wir beide kämpfen. In einem dieser wichtigen Ziele, unserer Westgrenze, haben wir keine Unterstützung von Großbritannien."[34]

Es war am Ende des Jahres 1941 nicht abzusehen, ob die ablehnende Haltung der Briten gegenüber den sowjetischen Plänen für „den Frieden nach dem Krieg" außenpolitische Konsequenzen haben würde. Auf dem Rückweg von Greenock, wo der Schwere Kreuzer „Kent" nach vier Tagen stürmischer Fahrt von Murmansk am Abend des 29. Dezember 1941 festgemacht hatte, nach London erweckte Majskij im Gespräch mit Eden nicht den Eindruck, als sollte sich im britisch-sowjetischen Verhältnis etwas ändern. Trotz der „Meinungsverschiedenheiten", wie er den Mißerfolg der sowjetischen Diplomatie zu bagatellisieren versuchte, schloß er weitere Verhandlungen nicht aus. Jede Seite, so resümierte er, kenne nun die Haltung der anderen „in einer Reihe wichtiger Fragen" besser, was nach seiner Meinung „eine Vereinbarung über die Strategie und die Politik" nur erleichtern konnte. Wenige Tage später jedoch, am Silvesterabend des Jahres 1941, vermied Majskij jeden Hinweis auf die britisch-sowjetische Allianz. In einer kurzen Ansprache über BBC London nannte er zwar „Hitlerdeutschland" den „Hauptfeind der Völker", bezeichnete die Wehrmacht als die „Inkarnation der bösen Kräfte, die heute das ganze Menschengeschlecht peinigen", und sparte auch nicht mit optimistischen Ausblicken auf den „Weg zum Sieg", nannte aber jede Prophezeiung fragwürdig. „Die Zukunft", so orakelte er auch über die zukünftige Politik der UdSSR, „ist in Nebel gehüllt."[35]

II. Alternativen zur Anti-Hitler-Koalition (1942/43)

1. Sonderfrieden mit dem „Dritten Reich"

a) Mutmaßungen in Berlin und Tokio

So nebulös, wie es nach den Ausführungen Majskijs im Londoner Rundfunk den Anschein hatte, erschien vermeintlichen Kennern der sowjetischen Politik die Zielsetzung des Kreml nicht. Ein deutscher Rußlandsachverständiger zum Beispiel, der sich gegen Ende des Jahres 1941 Gedanken darüber machte, wie die Sowjetunion den Krieg im kommenden Jahr weiterführen könne und werde, schloß bei seinen Überlegungen zum weiteren Verlauf des Krieges zwei Möglichkeiten von vornherein aus: den „innerstaatlichen Zusammenbruch" des sowjetrussischen Gegners und seine Kapitulation bzw. einen Sonderfrieden. Nach den bisherigen Beobachtungen, so hieß es in der möglicherweise von Gustav Hilger für das Berliner Auswärtige Amt verfaßten Denkschrift[1], seien Hoffnungen auf ein staatliches Chaos „nicht allzu begründet". Der sicherlich stark erschütterte Regierungs- und Verwaltungsapparat des Sowjetstaates habe sich krisenfester gezeigt, als vorher allgemein angenommen worden sei: „Die [Moskauer] Regierung hat trotz der geradezu vernichtenden Ereignisse des Jahres 1941 — wenigstens soweit das aus ihren militärischen Maßnahmen zu ersehen ist — die Leitung in Händen behalten." Unter diesen Umständen schien dem Verfasser der Studie ein Zusammenbruch der UdSSR „durch Auflehnung der Bevölkerung und Umsturz" ausgeschlossen. Das sei freilich „von Sachkennern", so wurde nicht ohne Seitenhieb auf entsprechende Erwartungen innerhalb der nationalsozialistischen Führungsspitze betont, schon vor Beginn des Krieges als unwahrscheinlich bezeichnet worden. „Die scharfe, zentrale, diktatorische Leitung durch einen Mann mit Hilfe *der* Staatspartei und das Fehlen jeder Opposition oder auch nur organisierter Unzufriedenheit", so lautete aus dieser Sicht die Begründung für die Stabilität des Sowjetstaates, machten einen Umsturz von innen unmöglich. Der „durch den Einmarsch ermöglichte nähere Einblick in die inneren staatlichen Verhältnisse" habe die Richtigkeit dieser Auffassung nur bestätigt. Aber auch eine Kapitulation oder ein Sonderfriedensschluß wurden in der deutschen Ausarbeitung als undenkbar bezeichnet, „solange ein so harter und entschlossener Mann wie Stalin die Staatsgeschäfte leitet". Er — „ein Mann ganzer Entschlüsse" — wisse, „daß es um den Bestand des sowjetrussischen Reiches geht, und daß eine Kompromißlösung unmöglich ist".[2] Die Prognose, die der Experte der Berliner Wilhelmstraße für die Politik des östlichen Kriegsgegners im kommenden Jahr schließlich wagte, gründete sich im wesentlichen auf die Berücksichtigung militärischer und wirtschaftlicher Faktoren: Die sowjetische „Absicht der weiteren Kriegsführung im Großen", so glaubte er vorhersagen zu können, werde „Kampf um Zeitgewinn" sein.[3] „Wenn ich schon Westrußland verloren habe", so wurde Stalins vermeintlicher Gedankengang kühn interpretiert, „so bin ich noch König von Ostrußland und Sibirien. Von hier aus werde ich mein Reich wieder erobern."[4]

So sehr der deutsche Rußlandexperte mit seiner Behauptung recht behielt, daß mit einem „innerstaatlichen Zusammenbruch" des Sowjetstaates nicht zu rechnen sei, und so sehr sich seine Vermutung bestätigte, daß man sich im Kreml militärisch und ökonomisch auf längerfristige Entwicklungen einzustellen begonnen hatte, so sehr unterschätzte er die Variationsbreite der sowjetischen Deutschlandpolitik. Auf diesem Gebiet war nach den spärlichen Erfolgen der „Politemigranten" von Komintern und KPD nicht nur eine Überprüfung der bei Kriegsausbruch begonnenen „ideologischen Kriegführung" unerläßlich geworden. Die aus Moskauer Sicht über Gebühr zögernde Haltung Großbritanniens gegenüber den sowjetischen Wünschen nach politischer Unterstützung und militärischem Beistand erforderte auch eine Überprüfung der zu Beginn des Jahres 1942 nur lockeren Bindung an die Anti-Hitler-Koalition mit London. Insbesondere die hartnäckige Weigerung des britischen Bündnispartners, die unverändert fortbestehenden Zielvorstellungen Moskaus im westlichen Vorfeld der UdSSR vorbehaltlos zu unterstützen, ließ im Kreml offenbar immer häufiger die Frage aufkommen, ob die Allianz mit London der Verwirklichung der eigenen Zielsetzungen auf die Dauer dienlich sein werde.[5] Im Falle einer Stabilisierung der militärischen Lage im eigenen Frontbereich schien unter diesen Umständen eine Neuorientierung der sowjetischen Deutschlandpolitik nicht ausgeschlossen.

Anlaß für Spekulationen, daß die Sowjetunion nunmehr in der einen oder anderen Form die deutsche Karte zu spielen gedachte, gab Stalin selbst mit seinen international stark beachteten Tagesbefehlen zum 24. Jahrestag der Gründung der Roten Armee am 23. Februar 1942 und zum 1. Mai 1942.[6] Während er in seiner Rede zum 24. Jahrestag der Oktoberrevolution am 6. November 1941 noch stolz die Befreiung aller in Europa unterjochten Völker in Aussicht gestellt hatte[7], hob er im Frühjahr 1942 die begrenzte Zielsetzung der sowjetischen Truppen hervor. Nicht ohne die immer noch fehlende „unmittelbare Waffenhilfe" durch die westlichen Verbündeten zu erwähnen[8], versprach er in den in seiner Eigenschaft als Volkskommissar für Verteidigung erlassenen Armeebefehlen nur die Wiedereroberung des verlorenen Sowjetgebietes: Die Aufgabe der Roten Armee bestehe darin, so betonte nun ihr oberster Kriegsherr unter Hinweis auf die betroffene Bevölkerung Weißrußlands, der Ukraine, Litauens, Estlands, Lettlands, Kareliens, der Krim und der Moldaurepublik[9], „unser Sowjetterritorium von den deutschen Eindringlingen zu befreien, die Bürger unserer Dörfer und Städte, die vor dem Kriege frei waren und ein menschenwürdiges Dasein führten, heute jedoch unterdrückt werden und unter Plünderungen, Zerstörungen und Hunger leiden, vom Joch der deutschen Eindringlinge zu befreien und schließlich unsere Frauen von der Schande und Erniedrigung zu befreien, welche die deutschen faschistischen Unmenschen über sie gebracht haben".[10]

So nachhaltig Stalin seinen Soldaten damit bescheinigte, „einen gerechten Befreiungskrieg" und keinen „imperialistischen Eroberungskrieg" zu führen, so intensiv bemühte er sich um den Nachweis eines differenzierten Verhältnisses zu den Deutschen. Er beließ es nicht bei der seit Kriegsbeginn üblichen Betonung des Unterschiedes zwischen dem deutschen Volk und „den Nazis", sondern wies auch Meldungen „in der ausländischen Presse" scharf zurück, in denen davon „gefaselt" werde, daß die Rote Armee das Ziel habe, „das deutsche Volk auszurotten und den deutschen Staat zu vernichten". Er nannte solche Behauptungen „albernes Geschwätz" und „eine dumme Verleumdung der Roten Armee" und bestritt im übrigen energisch, daß seine Soldaten solche „irrsinnigen Ziele" verfolgten. Stalin schloß zwar politische Veränderungen in Deutschland im Verlaufe dieses Krieges nicht aus, wenn er es als „sehr wahrscheinlich" bezeichnete, daß der Krieg „zur Verjagung oder Vernichtung der Hitlerclique" führen werde.[11] Es sei aber lächerlich, so differenzierte er nunmehr vor der Weltöffentlichkeit sein Verhältnis zu den Deutschen mit einem berühmt gewordenen Ausspruch, „die Hitlerclique" mit dem deutschen Volk und dem deutschen Staat gleichzusetzen: „Die Erfahrungen der Geschichte besagen", so ließ er sich mitten im Kriege orakelhaft vernehmen, „daß die Hitler kommen und gehen, aber das deutsche Volk, der deutsche Staat bleibt."[12]

Während einige zeitgenössische Beobachter Stalins Ausführungen eher als ein taktisches Manöver „in Richtung auf die weitere Zusammenarbeit mit England und Nordamerika" werteten, scheinen andere sie tatsächlich für eine „veränderte Haltung des Kreml" gehalten zu haben.[13] Vor allem in diplomatischen Kreisen boten sie mannigfach Anlaß, über die spektakulärste Alternative der Moskauer Außenpolitik, ein erneutes Übereinkommen mit Deutschland, nachzudenken. So unwahrscheinlich dem heutigen Beobachter eine solche Entwicklung zu einem Zeitpunkt erscheinen mag, da Hitler bei den Feierlichkeiten anläßlich des Heldengedenktages am 15. März 1942 die Vernichtung des russischen Heeres für den kommenden Sommer versprach[14] und die deutschen Truppen in der Tat nach Beendigung der Schlammperiode vor allem im Südabschnitt der inzwischen auf rund 3000 km angewachsenen deutsch-sowjetischen Front erneut die Initiative an sich rissen, so hartnäckig hielten sich besonders während des Jahres 1942 die Gerüchte über Möglichkeiten und Maßnahmen für eine direkte Verständigung zwischen Moskau und Berlin.[15]

Wenn man von diesbezüglichen Meldungen aus diplomatischen Quellen in Kuibyšev sowie von Mitteilungen deutscher V-Männer in Stockholm, Ankara und Istanbul absieht, die das Amt Ausland/Abwehr am 23. März 1942 dem Auswärtigen Amt zur Kenntnis brachte[16], dann fällt die aktive Rolle Japans in diesem diplomatischen Spiel besonders auf.[17] In der Hauptstadt des fernöstlichen Kaiserreiches waren die Bemerkungen des sowjetischen Partei- und Regierungschefs über Deutschland allgemein als zurückhaltend interpretiert und demzufolge besonders stark beachtet worden. In Tokio spukte nämlich, so drückte es der dortige deutsche Botschafter Eugen Ott aus, der Gedanke einer Vermittlungsaktion zwischen Deutschland und der Sowjetunion seit langem in den Köpfen herum.[18] Nach der Erklärung Stalins vom Februar 1942 wurde vor allem in maßgeblichen Kreisen der japanischen Marineleitung die vermeintlich veränderte Tonart gegenüber Deutschland dahingehend interpretiert, „daß in [der] Sowjetregierung [ein] Wandel [in der] Auffassung über [die] Fortführung [des] Krieges mit Deutschland eingetreten sei".[19] Der Wunsch Moskaus, so versuchte der Leiter der Attachégruppe der japanischen Marine den deutschen Marineattaché in Tokio zu überzeugen, den auf die Dauer allzu kostspieligen Krieg möglichst zu beenden und zu einem Frieden mit Deutschland zu kommen, sei erheblich größer geworden. Der überraschende Optimismus der Japaner gründete sich auf die Beobachtung, daß Stalin im Gegensatz zu vorjährigen Ausführungen dieses Mal „nicht mehr von einer Vernichtung Deutschlands, sondern vom notwenigen Wiederaufbau Rußlands gesprochen" hatte. Als Ursachen für den sowjetischen Sinneswandel glaubte man in Tokio die aussichtslose militärische Lage der Roten Armee, die Enttäuschung über das Unvermögen der Angelsachsen, wirksame Hilfe und Entlastung zu leisten, und die außerordentlich ernüchternd wirkenden japanischen Erfolge anführen zu können.[20] Das handfeste Interesse der japanischen Marine[21] an einem deutsch-sowjetischen Ausgleich trug nicht unwesentlich dazu bei, das Netz von Spekulationen um einen Separatfrieden zwischen Moskau und Berlin immer dichter werden zu lassen. Das seit dem Ausbruch des deutsch-sowjetischen Konflikts nie verstummte Raunen um geheime Beziehungen zwischen den beiden Kontrahenten erreichte im Frühjahr 1942 mit Meldungen von der angeblichen Reise eines ehemaligen japanischen Außenministers in die sowjetische Hauptstadt einen ersten Höhepunkt. Trotz aller Dementis hielt sich hartnäckig das Gerücht, „Matsuoka habe sich zur Friedensvermittlung nach Moskau begeben".[22] Auch die Ersetzung des seit 1940 in der Sowjetunion residierenden japanischen Botschafters Tatekawa durch den Vertreter Tokios in Paris, Sato, Anfang März 1942 belebte die Welle der Spekulationen. Schon am 12. März 1942 sah sich Staatssekretär v. Weizsäcker vom ungarischen Gesandten „auf das japanisch-russische Verhältnis angesprochen": Wie aus einem Aktenvermerk des deutschen Beamten hervorgeht, schien der Magyar zu glauben, „daß sich in Moskau eine japanische Vermittlungsaktion anbahne".[23] Wenige Tage später, am 19. März 1942, registrierte der deutsche Gesandte in Helsinki, Wipert v. Blücher, eine spürbare Nervosität der Amerikaner „wegen [der] Möglichkeit [eines] deutsch-russischen Friedens": Aus einer diplomatischen Quelle in der amerikanischen Bundeshauptstadt verlaute, so berichtete er nach Berlin, daß der neue japanische Botschafter Sato die Aufgabe habe, „in Moskau Frieden zwischen Hitler und Stalin zu vermitteln".[24] Schließlich berichtete Ende März 1942 der deutsche Gesandte in Genf unter Berufung auf einen zuverlässigen diplomatischen Vertrauensmann von einem „starken Druck", den die Japaner angeblich auf die Sowjetregierung ausübten, „um [einen] deutsch-russischen Sonderfrieden zu ermöglichen". Die Spekulationen hatten sich auch in diesem Fall an der Ernennung Satos zum neuen japanischen Botschafter in Moskau entzündet, dem nachgesagt wurde, er sei stets für eine japanisch-russische Verständigung eingetreten.[25] Ende April 1942 wurde erstmals die schwedische Hauptstadt Stockholm ins Gespräch gebracht: Aus Helsinki meldete der deutsche Gesandte Zechlin von umlaufenden Gerüchten, die sein Gewährsmann freilich sogleich „als reinen Klatsch" disqualifizierte, „wonach Baron Schröder sich in Stockholm befindet, um Friedensverhandlungen zwischen Deutschland und [den] Sowjets zu vermitteln".[26]

Geht man den Ursachen dieser Gerüchte und ihrem Wahrheitsgehalt nach, dann scheidet Deutschland als Entstehungsort mit hoher Wahrscheinlichkeit aus. Auf deutscher Seite waren damals keinerlei Anzeichen für eine Bereitschaft zur Verständigung mit Moskau zu erkennen. „Deutschland", so instruierte Ribbentrop Anfang März 1942 im Vorgefühl des militärischen Sieges den deutschen Botschafter in Tokio, „sehe von seinem Standpunkt bei der derzeitigen Lage nicht die Möglichkeit, mit Rußland einen Frieden zu schließen, der die Voraussetzungen schafft, die für die Rückendeckung Deutschlands bei seiner weiteren Kriegsführung gegen die Angelsachsen und für seine Sicherung im Osten schlechthin unerläßlich sind." Man sei in Berlin allerdings der Auffassung, so hob der deutsche Außenminister hervor, „daß die in diesem Jahr kommenden neuen Schläge Rußland endgültig in die hoffnungslose Lage versetzen werden, die die Sowjetregierung zwingen wird, um Frieden zu bitten". Unter diesen Umständen hielt er es selbstverständlich für ausgeschlossen,

„daß Deutschland jemals die Initiative zur Herbeiführung einer Verständigung mit der Sowjetunion ergreife".[27]

Diesen Standpunkt bekräftigte Ribbentrop Mitte März 1942 nochmals gegenüber dem japanischen Botschafter in Berlin, Hiroshi Oshima.[28] Entgegen allen umlaufenden Gerüchten müsse festgestellt werden, so wurde dem Japaner die offizielle deutsche Auffassung erläutert, „daß zurzeit die Möglichkeit eines Friedensschlusses zwischen Deutschland und der Sowjetunion nicht bestehe". Deutschland sei operativ gezwungen, so begründete der Außenminister diese Ansicht militärisch, „den Weg zur Herstellung der Verbindung mit den japanischen Streitkräften nicht allein über Afrika und das östliche Mittelmeer, sondern auch über den Kaukasus zu nehmen". Ribbentrop hielt es für ausgeschlossen, daß Stalin „bei dem heutigen Stand der Dinge" diesen Weg in einem Friedensschluß freiwillig öffnen werde. Deutschland könne sich „diesen Durchgang nur mit Waffengewalt erzwingen". Zudem müsse berücksichtigt werden, daß Deutschland und seine europäischen Bundesgenossen Friedensbedingungen stellen würden, „die Rußland jetzt noch nicht freiwillig akzeptieren werde". Er nannte in diesem Zusammenhang die „Schließung von Murmansk und Archangelsk" sowie „territoriale Abtretungen". Ribbentrop bezeichnete es gegenüber Oshima als wichtigstes Kriegsziel Deutschlands und seiner Verbündeten in Europa, „in diesem Jahr Rußland als Kriegsfaktor auszuschalten, so daß die zu errichtenden Stellungen im Osten mit einem Bruchteil der deutschen Armeen gehalten werden könnten". Man fühle sich mit seinen Bündnispartnern in Europa stark genug, um die Entscheidung zu erzwingen „und sich im Verlauf dieser Operationen auch den Weg nach dem Vorderen Orient zu öffnen".[29] Unter diesen Umständen müsse ein Separatfrieden „von vornherein ausscheiden", weil er nur eine „Vertagung der endgültigen Niederzwingung Rußlands" sei und diesem „die Möglichkeit einer Wiedererstarkung, sei es aus eigenen Kräften, sei es aus fremden Zufuhren, ermöglichen könnte".[30]

Im Gegensatz zu Deutschland besaß Japan ein so vitales Interesse an einem deutsch-sowjetischen Ausgleich, daß dem deutschen Außenminister zuzustimmen ist, wenn er hinter den sich ständig wiederholenden Gerüchten von einem Sonderfrieden zwischen Deutschland und der Sowjetunion vor allem japanische Quellen vermutete.[31] In der Tat waren die Japaner daran interessiert, eine grundsätzliche Überprüfung und Neuorientierung der deutschen Kriegszielpolitik gegenüber der Sowjetunion zu erreichen. Sie fürchteten den „Ermattungskrieg im russischen Riesenraum" und hielten im Gegensatz zu ihrem Bündnispartner die totale Niederwerfung der Sowjetunion nicht für kriegsentscheidend. In ihren Augen konnte der Krieg erst dann gewonnen werden, wenn England geschlagen war und den Vereinigten Staaten die Nutzlosigkeit seiner Fortsetzung klar vor Augen stand.[32] Vor allem die japanische Marine neigte deshalb stets dazu, „in England den eigentlichen Gegner zu sehen und ihre Strategie dementsprechend einzurichten".[33] In dem starken militärischen Engagement der Deutschen in der Sowjetunion erblickten die Japaner ein Hindernis für die Verwirklichung ihrer Ziele. Weil sie andererseits „aus vielem", wie ihr Außenminister Togo sich gegenüber dem deutschen Botschafter äußerte, zu spüren glaubten, „daß die Sowjetunion über die mangelnde Unterstützungsbereitschaft und -fähigkeit der Angelsachsen schwer enttäuscht sei und ... ihnen kein Vertrauen entgegenbringe", sahen sie offenbar Chancen für ein Arrangement zwischen Berlin und Moskau.[34]

Bei der entschieden ablehnenden Haltung Ribbentrops zu allen Sonderfriedens-plänen hätte es freilich exakterer Beweise für entsprechende Initiativen der Sowjet-union bedurft, um die japanischen Argumente für einen deutsch-sowjetischen Ausgleich glaubwürdig erscheinen zu lassen. Diese Beweise existierten im Frühjahr 1942 nicht. Auf eine ausdrückliche Anfrage des deutschen Außenministers in Tokio vom 7. März 1942, „ob etwa die Sowjets direkt oder indirekt die Initiative ergriffen haben, um den Japanern Kenntnis von ihrem Wunsch zu geben, mit Deutschland jetzt zum Frieden zu kommen"[35], mußten die Japaner zugeben, daß sich ihre Annahme „nur auf Vorfälle, wie die letzte Rede Stalins, Glückwünsche hoher russischer Offiziere zu japanischem Sieg, Gerüchte über die Reise Matsuokas nach Moskau usw." stütze.[36] Auch Außenminister Togo selbst mußte zugeben, daß es sich bei den Hoffnungen auf eine deutsch-sowjetische Friedensregelung um ein spekulatives Element japanischer Politik handelte: Offizielle oder inoffizielle Friedensfühler der Sowjetunion seien bisher, so versicherte er dem deutschen Botschafter Ott Ende März 1942, „nicht bekannt geworden".[37] In der Tat konnte erst am 17. April 1942 der deutsche Botschafter in Rom, Hans Georg v. Mackensen, von undurchsichtigen Anzeichen einer solchen Aktivität berichten: Nach Hinweisen, die der Königlich Italienischen Botschaft in Tokio „aus streng vertraulichen Quellen" zugegangen seien, „sollen Sato vage Andeutungen gemacht worden sein über die Rolle, die Tokio eventuell einmal zu spielen berufen sein könnte bei einer künftigen Regelung der deutsch-russischen Beziehungen".[38] Auch diese wenig aussagekräftige Meldung ändert jedoch nichts an der Tatsache, daß die Gerüchtewelle um einen separaten Friedensschluß zwischen Deutschland und der Sowjetunion vom Frühjahr 1942 in erster Linie als ein Produkt japanischen Wunschdenkens angesehen werden muß.

b) Kontakte in Stockholm

Ernsthaftere Anzeichen für die Bereitschaft der Sowjetunion zu Gesprächen über die Bedingungen einer erneuten Verständigung mit dem „Dritten Reich" lassen sich allenfalls seit dem Herbst 1942 registrieren.[1] Bereits im August dieses Jahres, als die Offensive der deutschen Truppen im Südabschnitt der sogenannten Ostfront mit den Vorstößen zur Wolga und in den Kaukasus ihren Höhepunkt erreichte, kursierten in diplomatischen Kreisen Gerüchte um eine unmittelbar bevorstehende separate Friedensregelung zwischen Moskau und Berlin.[2] Solche Meldungen wurden unverkennbar durch die immer wieder auftauchenden Nachrichten über ernsthafte Spannungen in der Anti-Hitler-Koalition ausgelöst.[3] Bis zum Oktober 1942 war in Tokio offenbar eine solche Fülle von Informationen „aus verschiedenen Haupt-städten Europas" über Friedenssondierungen „einmal zwischen Berlin und Moskau, ein andermal zwischen Berlin und den angelsächsischen Hauptstädten über neutrale dritte Mächte" eingegangen[4], daß sich die Japaner entschlossen, ihre seit den ver-geblichen Überredungsversuchen vom Frühjahr 1942 zu beobachtende Zurückhal-tung[5] aufzugeben und den deutschen Verbündeten für einen neuen Ausgleich mit der Sowjetunion zu gewinnen: Der Botschaftssekretär Uchida von der Japanischen Bot-schaft in Berlin, ein enger Mitarbeiter des Botschafters Oshima, suchte am 10. Okto-ber 1942 „einen ihm persönlich sehr nahestehenden deutschen Vertrauensmann" auf, um „die innere Übereinstimmung der deutschen und japanischen Kriegsfüh-rung" wiederherstellen zu helfen.[6] Der Diplomat bemängelte die unzureichende

Ausrichtung der gemeinsamen Kampfanstrengungen auf „die angelsächsische Weltherrschaft", die er als den eigentlichen Hauptfeind bezeichnete, und gab seinem Gesprächspartner zu verstehen, daß in Tokio „eine leichte Besorgnis" darüber bestehe, „daß zugunsten des Angelsachsentums sich die deutsche Kraft nunmehr im Ostkampf verzehre".[7] Zugleich ließ er jedoch vorsichtig erkennen, welche Möglichkeit aus japanischer Sicht existierte, um das von Deutschland auf die Sowjetunion konzentrierte strategische Schwergewicht zu verlagern: Es sei „doch nicht ganz abwegig", so drückte sich Uchida aus, „wenn man eine evtl. Initiative Stalins, mit dem Reich zu einem Frieden zu kommen, auf seiten der deutschen Führung interessiert aufnehmen würde". Auf die Frage des deutschen Gesprächspartners, ob denn für eine solche Haltung Stalins überhaupt eine Annahme gerechtfertigt sei, meinte der japanische Diplomat, „daß das seiner Meinung nach möglich sein dürfte". Dabei spielte er darauf an, „daß die japanische Diplomatie in Samara und Tokio die Gelegenheit haben würde, mit der sowjetischen Diplomatie Fühlung zu nehmen, da die diplomatischen Beziehungen zwischen Japan und der UdSSR ja vorläufig noch fortbestehen".

Als Grund für die japanischen Hoffnungen auf die Chance einer deutsch-sowjetischen Wiederannäherung wurde auch von Uchida in erster Linie die Enttäuschung Moskaus über die Westmächte angeführt. Nach japanischen Informationen, so erläuterte er seinem deutschen Vertrauensmann, sei Stalin nicht nur über die mangelhafte angelsächsische Hilfeleistung erbittert, sondern „überhaupt eigentlich ein Gegner des angelsächsischen Kapitalismus". Dem durchreisenden japanischen Außenminister Matsuoka habe er einmal erklärt, daß er die Engländer am meisten hasse.[8] Im übrigen vertrat Uchida die Auffassung, daß die Sowjetunion militärisch und kriegswirtschaftlich schon so geschwächt sei, „daß sie von diesem Krieg nichts Gutes mehr zu erwarten habe". Eine Unterwerfung unter die Politik Hitlers würde dagegen Stalin wenigstens die Chance lassen, „sich in einem zwar beschränkten, aber doch noch großen Raum zu behaupten". Deshalb kam Uchida auch wiederholt darauf zu sprechen, daß er es nicht für aussichtslos halte, von Stalin „eine abermalige vollständige Revision der sowjetischen Politik" zu erwarten. Stalin sei im Grunde genommen in seinem Lande „von allen Faktoren unabhängig, um alles machen zu können, was er wolle".[9] Man sei doch auch in Deutschland der Auffassung, so argumentierte der Japaner unter Anspielung auf eine Rede Görings[10], „daß Stalin eine ungewöhnliche Persönlichkeit sei, die die Nullen auf angelsächsischer Seite vollkommen überschatte". Weil der sowjetische Partei- und Regierungschef augenscheinlich ein solches Format habe, äußerte sich Uchida überzeugt davon, daß Stalin auch die Voraussetzungen dafür besitzen müsse, sich nochmals mit dem nationalsozialistischen Reich zu arrangieren.[11]

Es ist heute kein Geheimnis mehr, daß es die von den Japanern gewünschten deutsch-sowjetischen Kontakte und Gespräche über eine Verständigung mitten im Kriege auch ohne Vermittlung des fernöstlichen Achsenpartners gegeben hat. Die Geschichte „eines der rätselhaftesten Ereignisse auf der geheimen diplomatischen Bühne des zweiten Weltkrieges"[12] begann ernstlich offenbar Ende November des Jahres 1942, als sich Dr. Peter Kleist[13], seinerzeit Leiter der „Zentralstelle Osteuropa" in der Dienststelle Ribbentrop, auf eine Reise nach Finnland und Schweden begab, um sich ein eigenes Bild vom Fortgang der Umsiedlung der Ingermanländer und der sogenannten Inselschweden zu verschaffen.[14] Als er seine Fahrt antrat, war die

6. Armee des Generaloberst Paulus bei Stalingrad bereits eingekesselt, der deutsche Vorstoß in den Kaukasus ins Stocken geraten und die Landung der Westalliierten im maghrebinischen Nordafrika erfolgt. Nicht zuletzt unter dem Eindruck dieser Ereignisse, aber auch in Kenntnis von Versuchen der deutschen Opposition gegen Hitler, über die Schweiz, Portugal und Schweden Kontakte zu den Westmächten zu knüpfen[15], stand es für den eigenwilligen Kleist fest, seine Gedanken einmal „in einer anderen Atmosphäre und in anderer Umgebung" zu überprüfen. Sein Streben war nicht etwa von vornherein darauf ausgerichtet, Verbindungen mit Moskau anzubahnen. Ihm ging es nach seiner eigenen Aussage ausschließlich um die Klärung zweier Fragen: „Das war erstens: besteht auch jetzt noch die Möglichkeit, durch eine radikale Umkehr in den politischen Methoden das Kriegsglück im Osten zu wenden? Und zweitens: wird der Westen bei einer so veränderten Situation einlenken und auch seinerseits zu einer Umstellung seiner Politik gegenüber Deutschland bereit sein?"[16]

Während schwedische Bekannte Kleists vergeblich darum bemüht waren, die gewünschten Kontakte zu britischen und amerikanischen Kreisen herzustellen, geschah „das Erstaunliche": Kleist berichtet, daß sich „in der östlichen Mauer", die er soeben noch „für undurchdringlich angesehen" hatte, „ein Tor zu öffnen schien, oder wenn nicht ein Tor, so doch ein kleines Pförtchen sich zu einem schmalen Spalt auftat".[17] Ohne zu diesem Zeitpunkt ein Interesse Moskaus an einem deutsch-sowjetischen Ausgleich generell ausschließen zu können[18], besteht freilich kein Anlaß, hinter dem sich anbahnenden Stockholmer Vorgang vom November 1942 geradewegs eine Initiative sowjetischer Diplomaten oder Agenten zu vermuten. Organisator dieses Kontaktversuchs war vielmehr der seit Anfang des Krieges als V-Mann der deutschen Abwehr in der schwedischen Hauptstadt residierende Werner G. Boening, den Kleist seit Jahren von gemeinsamen Studien an der Berliner Hochschule für Politik und zeitweilig gemeinsamer beruflicher Tätigkeit her kannte.[19] Boening wies den kontaktfreudigen Mitarbeiter Ribbentrops auf den ihm dienstlich verbundenen und darüber hinaus persönlich befreundeten, seit dem Frühjahr 1941 ebenfalls als V-Mann in Stockholm tätigen Edgar Klaus hin, von dessen privaten Bemühungen um eine deutsch-sowjetische Wiederannäherung er ebenso wußte wie von seinen bisher vergeblichen Versuchen, „eine politische Verbindung nach Berlin" zu bekommen.[20] Von Klaus versprach sich Boening, daß seine Bekanntschaft für den Besucher aus Deutschland „gewiß von größtem Interesse und Nutzen" sein werde.[21] Schließlich stand sein Mitarbeiter sowohl in Berlin wie in Stockholm in dem Ruf, „beste Beziehungen" zur sowjetischen Vertretung in der schwedischen Hauptstadt zu besitzen, und zwar „erwiesenermaßen ... sowohl zu Madame Kollontai, als auch zu dem ersten Botschaftsrat der Sowjetgesandtschaft, Semjonow".[22]

Der Gedanke, „Beziehungen zu Madame Kollontai aufzunehmen", scheint für Kleist „nicht ohne Reiz" gewesen zu sein.[23] Umlaufende Gerüchte, die von einer oppositionellen Haltung der bekannten Sowjetdiplomatin gegenüber Stalin wissen wollten[24], mögen ihn in seiner Entscheidung bestärkt haben, den empfohlenen Gesprächspartner zu akzeptieren. Ohne besondere Vorsichtsmaßregeln einzuhalten, traf er am 14. Dezember 1942 in einem an der Ostsee gelegenen Blockhaus Boenings mit Klaus zusammen.[25] Kleist schildert seinen Gesprächspartner als einen mittelgroßen, untersetzten, dunkelhaarigen, tadellos angezogenen Mann mit ungezwungenen Manieren, der in der zunächst geführten allgemeinen Konversation „eine Fülle von Neuigkeiten über Politik und Kriegführung der Sowjetunion" zu berichten gewußt habe. Bald habe er sich jedoch ohne große Umschweife als Vermittler einer deutsch-sowjetischen Verständigung angeboten: Er sei zwar Geschäftsmann und interessiere sich nicht für Politik, so versuchte er dem Gesprächspartner aus Berlin seine Beziehungen zum Amt Ausland/Abwehr von Admiral Canaris zu verschleiern, gab aber im gleichen Augenblick zu verstehen, daß er den Eindruck gewonnen habe, auf sowjetischer Seite bestehe ernsthaft die Bereitschaft, „einen Ausgleich mit Deutschland zu suchen, um diesen verlustreichen Krieg so schnell wie möglich zu beenden". Er sei gewillt, so versicherte Klaus, dieses heiße Eisen aufzugreifen und die ihm „zugefallene Mittlertätigkeit" zu übernehmen, und erklärte sich sofort bereit, jederzeit „einen Kontakt mit den Leuten in der Sowjetbotschaft zu arrangieren".[26] Kleist war von dem flotten Tempo, das Klaus anschlug, ziemlich überrascht. Er mußte seinem Gesprächspartner zunächst einmal verdeutlichen, daß dieses Treffen für ihn „ein Abenteuer auf eigene Faust" war, dessen persönliche und sachliche Folgen überhaupt nicht abzusehen seien: „Ich berichtigte Clauss vor allem darin", so erinnert er sich, „daß ich mit ihm lediglich aus rein persönlichem Interesse spreche und weder selbst noch etwa auf Veranlassung irgendeiner deutschen Stelle einen Kontakt mit den Sowjets suche." Klaus bedauerte das, scheint aber entschlossen gewesen zu sein, den Kontakt mit Berlin unter allen Umständen fester zu knüpfen: „Ich garantiere Ihnen", so lockte er mit einem angeblichen sowjetischen Verhandlungsangebot, „wenn Deutschland auf die Grenzen von 1939 eingeht, so können Sie in acht Tagen Frieden haben."[27]

Zu den wenigen Männern, mit denen Kleist nach seiner Rückkehr nach Deutschland den „Fall Klaus" besprach, gehörten Adam von Trott zu Solz, damals wissenschaftlicher Hilfsarbeiter in der Informationsabteilung des Auswärtigen Amtes, und Friedrich Werner Graf von der Schulenburg, der letzte deutsche Botschafter in Moskau vor Ausbruch des deutsch-sowjetischen Krieges. Beide Diplomaten sprachen sich dafür aus, den Kontakt aufrechtzuerhalten.[28] Trott, der selbst in Stockholm um einen Weg „ins gegnerische Lager" bemüht war[29], scheint überhaupt keinen Zweifel an den Angaben Kleists gehabt zu haben und meinte, man müsse „jeder auch noch so ungewissen Möglichkeit nachgehen, die sich uns bietet".[30] Auch Schulenburg bezweifelte nicht, daß der Stockholmer Kontaktmann Klaus offensichtlich Verbindungen zur sowjetischen Gesandtschaft in Schweden besaß. Die Stockholmer Mission, so gab er zu bedenken, sei durch Aleksandra Kollontaj „mit einer sehr hochgestellten Sowjetfunktionärin" besetzt und könnte also für besonders wichtige Aktionen benutzt werden. Im übrigen glaubte er, daß sich bei der ersten Probe aufs Exempel herausstellen werde, ob Klaus' Behauptung, Moskau wünsche einen Kontakt mit Deutschland, falsch sei. Wenn sie sich aber als richtig erweise, dann müsse man sehr ernsthaft zu ergründen suchen, was Stalin wohl damit im Schilde führe. Schulenburg selbst nannte zwei Gründe für die überraschende Initiative: Entweder wollte Stalin „den Krieg mit Deutschland wirklich beenden, um zum Status quo und zu seinem inneren Aufbau zurückzukehren", oder er beabsichtige, „in seinem Mißtrauen gegen die westlichen Alliierten ein Spiel mit Deutschland zu treiben, um die Westmächte mit der Drohung eines deutsch-sowjetischen Augleichs zu erpressen". Der erfahrene Diplomat machte kein Hehl daraus, daß viel für die zweite Vermutung spreche und Deutschland sich in ein heikles Spiel begeben würde, wenn es auf die sowjetische Initiative eingehe. Hitler, so befürchtete er, werde kaum „die notwendige Raffinesse" für das diplomatische Kunststück aufbringen, das sich hier vielleicht anbahne. Dennoch trat auch er für eine Aufrechterhaltung der Kontakte ein: „Wir wurden uns klar darüber", so erinnert sich Kleist, „daß man die Verbindung mit Clauss auf das sorgfältigste im Auge halten und abtasten müsse, um auch die vageste Möglichkeit auszunützen, die Rote Armee auf irgendeiner Grenzlinie vor den Toren Europas aufzuhalten."[31]

Weil der Interessenausgleich mit dem „Dritten Reich" Hitlers in den Überlegungen der Verantwortlichen für die sowjetische Außenpolitik seinerzeit offenbar eine ernsthafte Rolle spielte, ließen offizielle Proben auf das private Exempel von der Art des Stockholmer Kontaktversuchs im November 1942 nicht lange auf sich warten. Nachdem sich in Moskau die Überzeugung durchgesetzt hatte, daß mit der Einschließung der deutschen Truppen bei Stalingrad ein Wendepunkt des Krieges erreicht und damit die Gewißheit gegeben war, daß die Sowjetunion nicht mehr besiegt werden könne[32], begann nach der Jahreswende 1942/43 „die intriganteste Periode der sowjetischen Kriegsdiplomatie".[33] Sie wurde von dem Wunsch nach einem Waffenstillstand und nach Verhandlungen bestimmt, wie er offenbar im Januar von der Botschafterin Kollontaj im Beisein des Militärattachés Nikitušev gegenüber Hauptmann Wennerström, dem schwedischen Luftwaffenattaché in Moskau, zum Ausdruck gebracht wurde.[34] Bemerkenswerte Verlautbarungen Stalins und des stellvertretenden Volkskommissars für Auswärtige Angelegenheiten, A. E. Kornejčuk, begleiteten den diplomatischen Vorstoß in Stockholm. Kornejčuk machte am 20. Februar in einem Artikel des Parteiorgans „Prawda" die unterschiedlichen Auffassungen in der Anti-Hitler-Koalition über die polnische Frage deutlich und erinnerte damit indirekt an das deutsch-sowjetische Einvernehmen aus dem Jahre 1939.[35] Drei Tage später ließ Stalin seiner tiefen Enttäuschung über die Kriegführung seiner westlichen Bundesgenossen freien Lauf, wenn er in einem Tagesbefehl zum 25. Jahrestag der Gründung der Roten Armee die Alliierten mit keinem Wort erwähnte und den Krieg gleichsam zu einer rein deutsch-sowjetischen Angelegenheit erklärte.[36]

Während sich Berlin und Moskau noch öffentlich gegenseitig die Verantwortung für die Massenmorde von Katyn zuschoben, tauchten in der skandinavischen Presse bereits wieder Gerüchte über Bemühungen „um einen deutsch-russischen Sonderfrieden" auf.[37] Wie aus Unterlagen des amerikanischen Geheimdienstes hervorgeht, scheint es tatsächlich im April 1943 zu einem ersten direkten Kontakt zwischen deutschen und sowjetischen Diplomaten gekommen zu sein. Das Treffen zwischen drei namentlich nicht bekannten deutschen Vertretern und den sowjetischen Diplomaten Michail Nikitin, Aleksej Taradin und Boris Jarcev soll auf einem Landgut außerhalb Stockholms stattgefunden haben. Die mehrere Tage dauernden Gespräche, an denen einmal auch die beiderseitigen Stockholmer Gesandten Thomsen und Kollontaj teilgenommen haben sollen, scheiterten vermutlich an zu weitreichenden territorialen und ökonomischen Forderungen der deutschen Seite und wurden deshalb von den sowjetischen Teilnehmern Anfang Mai abgebrochen.[38]

Es ist nicht auszuschließen, daß einzelne Passagen aus Stalins Tagesbefehl zum 1. Mai 1943[39] schon eine erste Reaktion auf die gescheiterten Verhandlungen in Stockholm darstellten. Die sowjetische Öffentlichkeit wurde bei dieser Gelegenheit immerhin erstmalig von einem „Friedensgeschwätz im Lager der Faschisten" unterrichtet: Wenn man nach Meldungen der Auslandspresse urteile, so wälzte Stalin alle Verantwortung für mögliche Sonderfriedenskontakte auf die Deutschen ab, dann könne man den Schluß ziehen, „die Deutschen möchten zum Frieden mit England und den Vereinigten Staaten von Amerika kommen, vorausgesetzt, daß diese von der Sowjetunion abrücken, oder, umgekehrt, sie möchten zum Frieden mit der Sowjetunion kommen, vorausgesetzt, daß diese von England und den Vereinigten Staaten von Amerika abrückt".[40] Er selbst erweckte in einem Zeitraum, da westliche Journalisten die sowjetische Haltung gegenüber den Westmächten eher als „verwirrend und voller offenkundiger Widersprüche" empfanden[41], kurzfristig den Eindruck betonter Bündnistreue. Sein plötzliches Eingehen auf die von Roosevelt und Churchill wenige Monate zuvor in Casablanca formulierte Forderung nach der bedingungslosen Kapitulation Deutschlands; sein deutlich geäußerter Wunsch nach vermehrter militärischer Kooperation, „damit die Katastrophe Hitlerdeutschlands zur Tatsache wird"[42]; und nicht zuletzt die im Mai 1943 verfügte Auflösung der Kommunistischen Internationale[43] signalisierten eine auffällige Wendung im offiziellen Verhalten Moskaus gegenüber London und Washington.[44]

Es zeigte sich jedoch rasch, daß die den Alliierten entgegengebrachte Herzlichkeit[45] weitere Kontakte mit dem „Dritten Reich" Hitlers durchaus nicht ausschloß. Ihr Zustandekommen hing zu diesem Zeitpunkt freilich nicht mehr nur von annehmbareren Bedingungen Berlins für eine deutsch-sowjetische Wiederannäherung ab[46], sondern auch von der Entschlossenheit der westlichen Alliierten, ihren Moskauer Verbündeten von der Sorge zu befreien, daß die Rote Armee „die ganze Schwere des Krieges"[47] allein tragen müsse. Unter dieser Voraussetzung war es in dem Moment mit den schönen Worten Stalins für seine Verbündeten vorbei, als ihn Roosevelt Anfang Juni 1943 davon unterrichtete, daß an die Errichtung einer zweiten Front in Westeuropa erst im Frühjahr 1944 zu denken sei.[48] Es erübrige sich wohl, so verbarg er in seiner Antwort an den Präsidenten nur mühsam seine Enttäuschung und Verärgerung, auf die Tatsache einzugehen, welchen „überaus negativen Eindruck" in der Sowjetunion dieser erneute Aufschub der Landung in Frankreich hervorrufen werde.[49] Gegenüber Churchill ging er in seiner Stellungnahme einen Schritt weiter, bezeichnete die Verschiebung des Invasionstermins als Vertrauensbruch und kündigte Konsequenzen an: „Es bedarf keiner Worte", so schrieb er verbittert am 24. Juni 1943 nach London, „daß sich die Sowjetregierung mit einer solchen Mißachtung der lebenswichtigen Interessen der Sowjetunion im Krieg gegen den gemeinsamen Feind nicht abfinden kann."[50]

Es spricht vieles dafür, daß die Konsequenzen Stalins nicht nur in der demonstrativen Rückberufung und späteren Ablösung seiner als Verfechter einer engen Bindung der Sowjetunion an die Westmächte bekannten diplomatischen Vertreter in Washington und London bestanden[51], sondern in der zweiten Junihälfte des Jahres 1943 auch darauf abzielten, einen energischen Versuch zur Wiederannäherung an Deutschland zu wagen. Am 16. Juni 1943 erregte die schwedische Tageszeitung „Nya Dagligt Allehanda" mit der Meldung großes Aufsehen, daß deutsche und sowjetische Vertreter in der Nähe Stockholms zu Friedensverhandlungen zusammengetroffen seien.[52] Beobachter des amerikanischen Geheimdienstes machten das Ostseebad Saltsjöbaden als den Treffpunkt der Unterhändler aus und identifizierten diese als Michail Nikitin von der sowjetischen Gesandtschaft in Stockholm und Paul Schmidt von der Presse- und Informationsabteilung des Berliner Auswärtigen

Amtes. Auch die britische Regierung erhielt Informationen aus der schwedischen Hauptstadt, wonach sich Schmidt mit zwei Angehörigen der Stockholmer Sowjetgesandtschaft in einem Privathaus getroffen und der sowjetische Diplomat Jarcev eine Schlüsselrolle beim Zustandekommen dieses Treffens gespielt habe.[53] Von einem weiteren sowjetischen Versuch, „den direkten Draht zur Wolfsschanze" herzustellen[54], wußte sogar die deutsche Gesandtschaft in Stockholm zu berichten: Sie meldete am 21. Juni 1943 nach Berlin, daß ein Gewährsmann des deutschen Geheimdienstes mitgeteilt habe, ein Beamter des Moskauer Volkskommissariats für Auswärtige Angelegenheiten mit Namen Aleksandrov habe den Wunsch geäußert, „mit einem ihm bekannten Herrn des Deutschen Auswärtigen Dienstes zusammenzutreffen, jedoch nicht mit [dem] Gesandten Schnurre oder [dem] Generalkonsul Nöldecke".[55] Mit ziemlicher Sicherheit kann angenommen werden, daß es in diesem Falle nicht Paul Schmidt, sondern Peter Kleist war, den Aleksandrov treffen wollte. Kleist hatte sich die Gelegenheit geboten, im Juni 1943 wiederum über Helsinki nach Stockholm zu reisen. Er stieg am 17. Juni 1943 in dem gediegenen, ruhigen „Strandhotel" am Nybrokajen ab. Schon am Tage darauf, am 18. Juni, so erinnert er sich, sei zu seinem Erstaunen Edgar Klaus auf seinem Hotelzimmer erschienen und habe ihn mit der Aufforderung überrascht, mit Aleksandrov zusammenzutreffen, der sich auf der Reise nach London befinde und am 7. Juli wieder nach Stockholm zurückkehren wolle.[56]

Bei der Suche nach den Gründen für das sowjetische Interesse an Verhandlungen mit dem „Dritten Reich" mitten im Kriege darf der Hinweis auf die offensichtliche Wiederbelebung ideologischer Grundpositionen in der Moskauer Außenpolitik nicht fehlen. Die Sowjets hätten argumentiert, so erinnert sich Werner G. Boening von der deutschen Abwehr in Stockholm, „daß ihnen jeder Tag Mittel und Menschen koste und daß sie letzten Endes zumindest zunächst nur den Sieg der kapitalistischen Welt förderten".[57] Das Land könne zwar unter Inanspruchnahme seiner letzten Reserven und mit Hilfe der westlichen Materiallieferungen den deutschen Heeren Widerstand leisten und sie „vielleicht sogar in einem mörderischen Kampfe schlagen", so gab Klaus die sowjetische Argumentation wieder, aber über die Leiche des vernichteten Deutschland hinweg werde „die erschöpfte, aus vielen Wunden blutende Sowjetunion" dann „den blanken, von keinem Hieb abgestumpften Waffen der Westmächte entgegentreten müssen".[58] Der Platz am Rande des Kampfgeschehens zwischen den sogenannten imperialistischen Achsenmächten und den sogenannten monopolkapitalistischen Westmächten, wie er von der Sowjetunion in den Jahren 1939 bis 1941 eingenommen worden war, galt in Moskau offenbar immer noch als eine ideale Position für den einzigen angeblich sozialistischen Staat der Erde. Schließlich war der „weltrevolutionären Entwicklung" eher gedient, „wenn die Kräfte der kapitalistischen Staaten sich gegeneinander wenden und aneinander aufreiben, anstatt mit dem stärksten militärischen Faktor als Speerspitze gegen das Kernland der proletarischen Weltrevolution zu stoßen".[59]

Aus den Aufzeichnungen und Notizen, die der Stockholmer Kontaktmann Klaus „an Hand zweier längerer Diskussionen mit Angehörigen der Sowjetgesandtschaft" gemacht haben will und in dem Gespräch mit Kleist am 18. Juni 1943 benutzte[60], geht aber ebenso deutlich hervor, daß der unmittelbare Anlaß für die entschlossenen Schritte Moskaus in Richtung auf eine direkte Verständigung mit Berlin die tiefe Enttäuschung über die Koalitionskriegführung der beiden westlichen Bündnispartner gewesen ist.[61] Klaus konnte zwei, nach sowjetischer Auffassung offenbar besonders charkateristische Beispiele für das unkorrekte Verhalten der Westmächte anführen: den Fall Rudolf Heß und das Problem der ungleich verteilten Kriegslasten. Heß, so zitierte Klaus seine sowjetischen Gesprächspartner, werde in England „nicht wie ein gefangener Kriegsverbrecher, sondern wie ein Kavalier behandelt". Weil alle Anfragen der Russen, was mit dem ehemaligen Führerstellvertreter geschehen werde, von den Engländern angeblich hinhaltend beantwortet wurden, blieb das Mißtrauen Moskaus gegen den britischen Bündnispartner stets wach. Wie Klaus zu berichten wußte, nahm es durch die ständige Verschiebung des Invasionstermins stark zu. Die Landung in Afrika erschien aus Moskauer Sicht eher als „Flankendeckung gegenüber der Sowjetunion" denn als Angriff auf die Achsenmächte: „Eine zweite Front muß den Gegner in die Zange nehmen, sie darf ihn nicht nur in die Seite kitzeln." Weil zudem die Anglo-Amerikaner „mit keiner garantierbaren Erklärung über Kriegsziele, territoriale Abgrenzungen, Friedensgestaltung etc. etc. hervorgetreten" seien, sei es die Absicht der Russen gewesen, „möglichst wenig Haare zu lassen". Die Sowjetunion wolle deshalb, so konnte Klaus in Stockholm erklären, „auch nicht eine Minute ... länger als notwendig" für die Interessen Englands und Amerikas kämpfen.[62]

Will man den Angaben von Klaus vertrauen, dann wurde die sowjetische Neigung zu Kontakten mit Deutschland in dem Moment noch verstärkt, als die Russen bei Verhandlungen mit westlichen Politikern und Militärs deren Absicht erkannten, eine dem Kreml offenbar höchst unerwünschte zweite Front auf dem Balkan zu eröffnen. Dabei sei man in Moskau von der Überlegung ausgegangen, daß sich Deutschland „im Besitz von vielen Tausenden von Quadratkilometern [befinde], die die Rote Armee Fuß um Fuß unter enormen Verlusten von Menschen, Material und Zeit" erst zurückerobern müsse. Berlin habe damit ein Verhandlungsobjekt in der Hand, „über das sich sofort ein konkretes Geschäft abschließen läßt". Wenn es zustande komme, so zitierte Klaus aus seinen Notizen, dann gab es nach sowjetischer Auffassung sogar „zwei Garantien für die Erhaltung des Friedens": „Die erste liegt in der Notwendigkeit für die Sowjetunion, ihre Wunden zu heilen, die Kriegsschäden auszubessern und ihren industriellen Aufbau weiterzuführen. Die zweite Garantie ist die wirtschaftliche Hilfe, die Deutschland dabei leisten kann."[63] Die beiden Friedensgarantien konnten ebensowenig Wirkung erzielen wie angebliche sowjetische Friedensfühler vom Juli 1943 in Tokio[64] und Sofia[65], weil bei Hitler damals keinerlei Bereitschaft zu ernsthaften Verhandlungen mit Moskau bestand.[66] Unter Anspielung auf die angeblich jüdische Abstammung von Klaus und Aleksandrov soll er den Stockholmer Kontaktversuch vom Sommer 1943 als „dreiste jüdische Provokation" bezeichnet und mit einem Wutanfall reagiert haben.[67] Der deutsche Staatschef bestätigte damit nicht nur die Kleist gegenüber geäußerten Befürchtungen Schulenburgs, daß er diesem diplomatischen Pokerspiel nicht gewachsen sein werde[68], sondern bereitete auch — sieht man einmal von dem undurchsichtigen Kontaktversuch vom September 1943 ab[69] — der wohl spektakulärsten, bis heute in allen ihren Einzelheiten nicht voll aufgeklärten Alternative Moskaus zur Anti-Hitler-Koalition ein schnelles Ende.

2. Appelle an die deutsche Nation zum Sturze Hitlers

a) Ernst Hadermanns „Manneswort eines deutschen Hauptmanns"

Nach dem Scheitern der deutsch-sowjetischen Sonderfriedensbemühungen richtet sich der Blick wieder auf jene Methode sowjetischer Deutschlandpolitik, die in Moskau nach dem deutschen Überfall zwar energisch propagiert, in den Kriegsgefangenenlagern jedoch nur mit geringem Erfolg praktiziert worden war: die Methode des ideologischen Kampfes. Ihre von Dimitrov beschriebene Zielsetzung, sowohl in Deutschland als auch in allen von deutschen Truppen besetzten Ländern „nationale Befreiungsbewegungen zu evozieren, sie zu fördern und sich führend in sie einzuschalten"[1], war nie umstritten. Diese „Konzeption der Herbeiführung eines Friedens nach einer Ablösung des Hitlerregimes und des freiwilligen Rückzugs der deutschen Armee"[2] blieb in ihrer Existenz auch von den Bemühungen der Diplomaten um einen Separatfrieden völlig unberührt. Jedoch wurden um die Jahreswende 1941/42 Änderungen im taktischen Kalkül der sogenannten antifaschistischen Bewegung erkennbar: Durch die Einbeziehung von Offizieren und Unteroffizieren sollte offenbar ein glaubwürdigeres Bild von der angestrebten Volksfront vermittelt werden.[3] Um „die innerdeutsche Opposition für die Forderung nach Frieden" endlich zu mobilisieren[4], war außerdem im Frühjahr 1942 das ZK-Mitglied Manuil'skij verstärkt in die politische Aufklärungsarbeit unter den deutschen Truppen wie unter der deutschen Bevölkerung eingeschaltet worden.[5] Seinem Einfluß ist es möglicherweise auch zuzuschreiben, daß die seit dem deutschen Angriff im wesentlichen von den Moskauer Emigranten der KPD repräsentierte Gruppe der Hitlergegner unter ausdrücklicher Zurückdämmung der klassenkämpferischen Akzente im Mai 1942 eine bemerkenswerte Erweiterung durch sogenannte bürgerliche Kräfte erfuhr.

Bei der neuen, als Teil der angestrebten Volksfront umworbenen Gruppe handelte es sich um einen Kreis von etwa zwanzig deutschen Offizieren aus dem Kriegsgefangenenlager Nr. 95 in Elabuga[6] unter der Führung von Dr. Ernst Hadermann, der schon im Juli 1941 als Hauptmann in einem Artillerieregiment schwerverwundet in sowjetische Gefangenschaft geraten war.[7] Der Kasseler Studienrat Hadermann war „nicht blind genug, um die in den Gefangenenlagern oft diskutierte kommunistische Gefahr nicht als Frage zu empfinden". Indessen glaubte er „an eine zumindest zeitweilig geltende Identität der deutschen und sowjetischen Interessen".[8] Deshalb war er von den Russen dazu ausersehen worden, nationale Töne in das klassenkämpferische Einerlei der sowjetischen Propaganda an der Front und in den Gefangenenlagern einzuführen. Ende Mai 1942 brachte der deutsche Artilleriehauptmann seine politische Überzeugung in einer Rede auf der ersten Konferenz kriegsgefangener deutscher Offiziere in der Sowjetunion[9] zum Ausdruck. Ihr Text wurde wenige Monate später, versehen mit einem Vorwort des kommunistischen Schriftstellers Erich Weinert und möglicherweise überarbeitet, gedruckt und als „Manneswort eines deutschen Hauptmanns" bekannt.[10]

Von tiefer Sorge über die Lage der deutschen Nation erfüllt, forderte Ernst Hadermann seine „Kameraden an der Front" dazu auf, das deutsche Volk „durch den Sturz Hitlers, die Wiederherstellung der Freiheit des deutschen Volkes, und den Abschluß eines rechtzeitigen, ehrenvollen Friedens" vor „der ungeheuersten Katastrophe seiner Geschichte zu retten".[11] Früher und klarer „als unsere von der

Goebbelspropaganda eingehüllte Wehrmacht und unser Volk" meinte er erkannt zu haben, daß Hitler Deutschland einer Katastrophe entgegenführe und diese nur „durch den sofortigen Sturz der Hitlerregierung" abgewendet werden könne.[12] Dabei war er sich dessen bewußt, daß er Ungewöhnliches, ja, daß er die Revolution forderte, glaubte das aber mit der außergewöhnlichen Situation hinreichend begründet. „Unerhört wird Ihnen dieser Schritt erscheinen", so gestand er seinen gefangenen Offizierskameraden im Offizierslager Elabuga zu, um jedoch sogleich auf das ebenso Unerhörte in der Lage des deutschen Volkes hinzuweisen. Ein einziger Mann, so schilderte er die bedrückende Situation der Deutschen, der zudem noch durch Frevel zur unumschränkten Macht gekommen sei, habe ein stolzes, freies 80-Millionen-Volk „in Fesseln gelegt" und führe es „dem Abgrunde zu".[13] Rein militärisch sei der Krieg nämlich nicht nur aussichtslos geworden, sondern ins Maßlose ausgeweitet: „Gegen uns stehen in Waffen: die Sowjetunion, Großbritannien, USA. Aber als wirtschaftliches Reservoir stehen diesen Mächten zur Verfügung drei Kontinente: ganz Amerika, Afrika, Australien und sogar ein bedeutender Teil Asiens. Wer kann noch glauben, daß Deutschland diese Mächtegruppierung niederringen kann?"[14] Warnend wies der deutsche Hauptmann seine Landsleute auch auf die Maßlosigkeit in der politischen Zielsetzung Hitlers hin, die „eine Maßlosigkeit des Hasses gegen uns hervorgerufen" habe: „Eine Mauer des Hasses steht um unser Volk, nicht nur in Europa; verhaßt sind wir bei allen freiheitsliebenden Völkern der Welt. Wehe uns, wenn dieser Haß über unser Volk hereinbrechen sollte!"[15] Schließlich machte er besonders eindringlich auf die Maßlosigkeit des Nationalsozialismus „in der Anwendung von Gewalt" aufmerksam. Hadermann erinnerte nicht nur an den Reichstagsbrand, an den Röhm-Putsch und an die brutalen Verfolgungen politischer Gegner des Nationalsozialismus in Deutschland, sondern führte die Linie weiter „bis zu den Gewalttätigkeiten in diesem Krieg, besonders in Polen und Sowjetrußland".[16]

Entgegen dem herkömmlichen Schema der kommunistischen Propaganda mit ihrer „leblosen Phraseologie" (Scheurig) analysierte Hadermann, der „Weisheit der Bergpredigt" verpflichtet, die Ursachen des deutschen Niedergangs eigenwillig und unbefangen. Für den Humanisten war die nach seiner Meinung allerorts sichtbare Maßlosigkeit kein Zufall. Der Hang dazu, so erklärte er, sei tief „in dem dynamischen Charakter des deutschen Wesens" begründet. Diese Dynamik verleihe dem deutschen Volk Kraft und Tiefe, aber sie könne auch zerstörerisch und selbstzerstörerisch wirken, „wenn sie nicht geklärt und gebändigt wird durch das Maß der Antike, beruhigt und geheiligt durch den Geist der christlichen Religion". Alle wahren Hüter des deutschen Geistes hätten darum gewußt und dem deutschen Volk „durch Verbindung mit dem Geiste der Antike und des Christentums" Dauer zu verleihen gesucht. Erst der Nationalsozialismus habe diese Bindungen als „Überfremdungen" abgeschüttelt und versucht, „die deutsche Art in ihrer ,germanischen Ursprünglichkeit' wiederherzustellen". „Das aber", so beschwor Hadermann das Menetekel der Geschichte, „bedeutet Wiederherstellung der Maßlosigkeit der Völkerwanderungszeiten, das bedeutet Gotenschicksal, das bedeutet tragisch-heroischen Untergang unseres Volkes – nach schweifend-abenteuerlichen Zügen, anfänglichen Siegen – vor den Mauern der feindlichen Hauptstadt: Guiscard-Schicksal vor den Mauern von Byzanz."[17]

Wirklichkeitsnäher als die „Politemigranten" der KPD bei ihren Aufklärungseinsätzen in den Lagern differenzierte Hadermann im Verhältnis Hitlers zum deutschen Volk. Wenn Hitler behaupte, er und seine Regierung verkörperten den Willen des deutschen Volkes, dann nannte er das „eine gefährliche Lüge", ohne freilich einen Zweifel daran zu lassen, daß diese Aussage nur für die unmittelbare Gegenwart Gültigkeit haben könne: Hitler und das deutsche Volk seien „nie ganz eins gewesen", so unterschied er genauer, und heute „vollends zweierlei". Aus dieser Tatsache und dem Faktum, daß „unserem Volke der Mund verbunden ist", daß es „weder politisch reden noch politisch handeln" könne, leitete er für die Kriegsgefangenen — „eine erstmalige und, wie wir hoffen, einmalige Situation in der deutschen Geschichte" — Anspruch und Auftrag zum Handeln ab. Gerade „politisch frei geworden" und die „drohende Gefahr des Untergangs" vor Augen, war es Hadermann ein nationales Anliegen, „unserer Wehrmacht, unserem Volke rechtzeitig den Blick frei zu machen, damit sie die unser Vaterland bedrohende tödliche Gefahr in ihrer ganzen Furchtbarkeit erkennen und handeln können, ehe es zu spät ist". Wenn das deutsche Volk nicht eines Tages für die Untaten Hitlers büßen solle, so warnte er eindringlich vor den Folgen einer Mißachtung seiner Mahnung, dann müsse es sich von Hitler lossagen und die Verantwortung für seine Frevel rechtzeitig von sich weisen.[18]

Die scharfe Absage an Hitler und den Nationalsozialismus verband Hadermann nicht mit einem ausgefüllten Programm nationaler Erneuerung. Im Gegensatz zu den kommunistischen Agitatoren bot er auf der Suche nach dem neuen Deutschland keine Patentrezepte an. „Die Wahl der Staatsform", so stellte er lapidar fest, „ist Sache des deutschen Volkes."[19] Im übrigen erinnerte der deutsche Artilleriehauptmann an „die großen geistigen Führer unserer Nation" und nannte neben Stefan George („der geistige Wegbereiter unserer völkischen Bewegung") noch Lessing („der Lehrer der Toleranz und Humanität, der Vorkämpfer der Geistesfreiheit"), Herder („der uns den Stimmen der Völker lauschen lehrte"), Schiller („der Dichter der Freiheit"), Goethe („der Hüter edelster Menschenbildung"), dazu „Denker von der Weltweite" Leibniz' und Kants, schließlich Stifter, Raabe und Hölderlin, „den holdesten der Sänger". Das Antlitz der deutschen Nation, das wahre Antlitz des deutschen Volkes vermochte er nicht in den Gesichtern „unserer heutigen deutschen ‚Führer'" zu erblicken. Wenn Hadermann seine Kameraden aufforderte, sich „der Köpfe unserer Führer in den Freiheitskriegen, eines Moltke und Bismarck, ja der vielgeschmähten politischen Führer und der Geheimräte der wilhelminischen Epoche, der Porträts, die uns die Malerei des 19. Jahrhunderts hinterlassen hat", bewußt zu werden[20], dann hielt er an einem Bild von Deutschland fest, „in dem Weimar, Potsdam und Wien lebendig bleiben sollten".[21] Deutlicher konnte kaum zum Ausdruck gebracht werden, daß in Moskau seinerzeit nach wie vor die Vorstellung existierte, sich in Deutschland einen politischen Spielraum schaffen zu können, der nicht allein von den deutschen Kommunisten der Moskauer Emigration, sondern in erster Linie von einer Sammlungsbewegung aller Hitlergegner, einer Volksfront auf breitester Grundlage, ausgefüllt werden würde.

b) Die Sammlung aller „Anti-Hitler-Kräfte" und die KPD

Wenn der eigenwillige, von der leblosen Phraseologie der bisherigen „ideologischen Kriegführung" befreite Aufruf Hadermanns auch ohne großes Echo über den Schützenlöchern der Front und den Appellplätzen der Kriegsgefangenenlager verhallte[1], so erwies er sich auf die Dauer doch als eine von Manuil'skij geschickt kalkulierte Herausforderung an die Moskauer Parteiführung der KPD. Diese war auf ihre „dogmengebundene Aufklärungspropaganda" (Scheurig) fixiert geblieben und hatte sich bisher nicht in der Lage gezeigt, unter taktischen Gesichtspunkten Zugeständnisse etwa an einen bürgerlichen Patriotismus von der Art Ernst Hadermanns und seiner Offiziersgruppe zu machen. Mitte Januar 1942 verdeutlichte ein Bericht Walter Ulbrichts über seine Tätigkeit unter den Kriegsgefangenen des Lagers Spaskij Zavod vielmehr, daß die direkte oder indirekte Propaganda für eine Sowjetmacht, „wie sie in der UdSSR verwirklicht ist", im Mittelpunkt der sogenannten antifaschistischen Lagerarbeit der KPD stand.[2] Fragen wie die nach der Gestaltung des künftigen Deutschland, die erwiesenermaßen bei den Kriegsgefangenen „ein besonders großes Interesse" hervorriefen[3], wurden mit stereotypen Formeln und unverbindlichen Schlagworten abgetan: „Wir haben in unserer Propaganda hervorgehoben", so schrieb Ulbricht in seinem Bericht zu diesem zentralen Problem, „daß künftig das Volk, die Arbeiter und Bauern, bestimmen muß". Über die Herrschaftsform, so fügte er hinzu, habe man sich „nur allgemein" geäußert. Wie er zugab, geschah das nicht zuletzt in der Hoffnung, daß unter den Kriegsgefangenen „eine Verbindung zwischen der gerechten Ordnung in der Sowjetunion und der künftigen Ordnung in Deutschland" zustande gekommen sein möge, weil „vor dem Vortrag über das künftige Deutschland der Vortrag über die Sowjetunion gehalten wurde".[4]

Auch im weiteren Verlaufe des Jahres 1942 zeigte es sich, daß es den deutschen Kommunisten nicht leicht fiel, ihren politischen Aussagen eine stärker patriotische Note zu verleihen und auf Teile ihrer ideologisch fixierten Grundposition wenigstens zeitweilig zugunsten nationaler Leitsätze zu verzichten. Als im Frühjahr dieses Jahres „neue Schritte zur Verwirklichung der antifaschistischen Einheits- und Volksfrontpolitik" eingeleitet werden sollten[5], gelang es offenbar nur „mit Unterstützung führender Genossen der KPdSU und der Komintern" wie Georgi Dimitrov, Dmitrij Z. Manuil'skij, Klement Gottwald, Johann Koplenig und José Diaz, die KPD auf eine politische Programmatik zu verpflichten, die die Schaffung eines „nationalen Zentrums" aller „Anti-Hitler-Kräfte" in der Sowjetunion ermöglichen konnte.[6] Die Teilnehmer einer Sitzung des Politbüros des ZK der KPD einigten sich zu diesem Zweck am 3. April 1942 darauf, „auf dem Gebiet der UdSSR eine antihitlerische Konferenz von Kriegsgefangenen und Emigranten aus allen Klassen und Schichten des deutschen Volkes einzuberufen, die sich mit einem programmatischen Aufruf an das deutsche Volk wenden sollte, und einen Vorbereitenden Ausschuß für die Gründung eines deutschen Nationalkomitees oder gleich ein solches Nationalkomitee zu wählen".[7] Mit dieser organisatorischen Maßnahme glaubte die Parteiführung offenbar, ihrer nationalen Pflicht bereits Genüge getan zu haben: „Wir sind überzeugt", so ließ sie selbstsicher erklären, „daß ein solcher Schritt eine große Bedeutung für die Weitertreibung der Mobilisierung der Massen gegen den Krieg erlangen kann, insbesondere auch zur Zersetzung der Armee beitragen wird."[8]

Es ist zweifellos bemerkenswert, daß „die Idee der Bildung eines deutschen und nationalen Komitees aus alten und neuen Hitler- und Kriegsgegnern"[9] schon im Frühjahr 1942 entstand und das Politbüro seinerzeit sogar einen „Ausschuß zur Schaffung eines Nationalkomitees" wählte, das „die Führung des Kampfes des deutschen Volkes für die Befreiung Deutschlands von der barbarischen Hitlerherrschaft und für die sofortige Beendigung des Krieges" übernehmen sollte.[10] Diese Maßnahme bewirkte freilich keineswegs automatisch eine taktische Umstellung in der politischen Programmatik der Moskauer KPD. Von einer Anpassung an die eher national gefärbten Parolen Ernst Hadermanns und seiner Offiziersgruppe war in dem am 3. April 1942 vom Politbüro verabschiedeten Grundsatzdokument noch wenig zu spüren: In dieser Ausarbeitung, die immerhin „das Programm des neuen Deutschland" zum Ausdruck bringen sollte[11], blieb die Diktion des „ideologischen Kampfes" der vergangenen Monate mit polemischen Ausfällen etwa gegen „die millionenreichen Kriegsinteressenten" und die „adligen Großgrundbesitzer" vorherrschend, wobei — neben Hitler und Göring — Krupp, Flick, Zangen, Poensgen und die Grafen von Donnersmarck namentlich aufgeführt wurden.[12] Die politische Grundlinie des Aufrufs war von Forderungen bestimmt, die eher Erinnerungen an den dogmatischen Antifaschismus des „Appells der 158" als an den bürgerlichen Patriotismus Ernst Hadermanns weckten. Die Forderung nach einer Volksfront, nach einem „Zusammenschluß aller ehrlichen Deutschen zum gemeinsamen Kampf für den Sturz des blutigen Kriegstreibers und Volksfeindes Hitler" richtete sich zwar an „Arbeiter und Bauern, Angestellte und Beamte, Mittelständler und Geistesarbeiter und andere Freunde des Friedens" ungeachtet „ihrer früheren und jetzigen politischen Auffassungen und Organisationszugehörigkeit", wirkte aber blaß und im Sinne der Bildung eines nationalen Zentrums für den Kampf gegen Hitlerdeutschland wenig überzeugend.

Die Aussagen über die Staats- und Wirtschaftsform eines neuen Deutschland unterschieden sich kaum von jenen Thesen, mit denen bisher politische Aufklärungsarbeit an den Fronten und in den Gefangenenlagern in Wort und Schrift betrieben worden war. Allein die bislang übliche Betonung einer engen Bindung des künftigen deutschen Staates an die Sowjetunion wich dem unverfänglicheren Hinweis auf Freundschaft und Unabhängigkeit: Der Abschluß eines Friedens sollte „durch die gewählten Vertreter des deutschen Volkes auf der Grundlage des Verzichts auf Annexionen und auf der Grundlage der Gleichberechtigung und nationalen Unabhängigkeit Deutschlands und der Freundschaft mit der Sowjetunion und den demokratischen Ländern" vollzogen werden. Nach wie vor jedoch operierte die KPD mit dem fragwürdigen Begriff der „Volksrepublik Deutschland", „in der die demokratisch gewählten Vertreter des Volkes bestimmen": „Durch die Herstellung der Volksrechte in Staat und Gemeinde", so hieß es dazu erläuternd in dem Dokument des Politbüros, „der Presse-, Vereins- und Versammlungsfreiheit, der gesetzlich gewährleisteten Rechte der Betriebsräte und freien Gewerkschaften sowie durch die Ersetzung der Polizei durch die Volksmiliz und die Einführung einer neuen Rechtsordnung wird die freie Entwicklung aller gesunden Kräfte des deutschen Volkes und der friedliche Aufstieg unseres Volkes gesichert."

Als weitere Merkmale des von den nicht näher definierten „gesunden Kräften" des deutschen Volkes zu gestaltenden neuen Staats wurden unter anderem genannt: die Sicherstellung der Lebensmittel- und Rohstoffversorgung „durch den friedlichen Warenaustausch deutscher Qualitätsprodukte gegen die Erzeugnisse anderer Länder"; die Sicherung von Arbeit, Brot, besserem Einkommen und Aufstieg für „das schaffende Volk"; die Beseitigung der Kriegsschäden „auf Kosten der Kriegsgewinnler"; die Einführung des achtstündigen Normalarbeitstages und der Arbei-

terschutzbestimmungen; die Lohnfestsetzung im Einvernehmen mit den Betriebsräten und Gewerkschaftsvertretern; der Schutz des „kleinen Eigentums"; Verbesserungen auf dem Gebiet der Landwirtschaft „durch bessere Preise, gesicherten Ab-
satz und Senkung der Steuerlasten"; sowie ungehinderte Entfaltung von Handwerk
und Handel. Darüber hinaus bedeutete die Preisgabe des revolutionären Pathos
noch nicht, daß die KPD auf eine grundlegende Umgestaltung der Gesellschaft im
neuen Deutschland verzichten wollte. Man werde, so hieß es an einer Stelle des
Aufrufs unmißverständlich, „durch Enteignung und Entmachtung der faschistischen
imperialistischen Kriegsinteressenten in Staat, Wirtschaft und Armee" einen dauerhaften Frieden sichern. Außerdem werde die Wirtschaft, so wurde an anderer Stelle
ergänzt, „in den Dienst des Volkes gestellt durch die Beseitigung der Naziparasiten
und die Nationalisierung der großen Konzerne und Banken".[13]

Heute wird gelegentlich behauptet, dieser Aufruf sei ein wichtiger Schritt „zur
programmatischen, politischen und organisatorischen Vorbereitung der deutschen
Antihitlerkoalition" gewesen.[14] Indessen dürften erhebliche sowjetische Interven-
tionen erforderlich gewesen sein, um die Voraussetzungen für eine Koalition zwischen den kommunistischen „Politemigranten" und den eher bürgerlich-konservativ
orientierten kriegsgefangenen Soldaten und Offizieren zu erzwingen: den Abbau
zumindest von Bruchstücken der überkommenen Ideologie und die Unterordnung
der kommunistischen Propaganda unter nationale Parolen, „deren Pathos auf
vaterländische Gefühle einwirken solle".[15] Einen ersten, wenn auch widerwilligen
Versuch in diese Richtung unternahm der kommunistische Schriftsteller Erich
Weinert im August 1942. In einem knappen Vorwort zu der von ihm und seinen
Genossen negativ beurteilten, auf sowjetische Veranlassung aber schließlich doch in
einer Auflage von 500 000 Exemplaren gedruckten Ausgabe der Rede Ernst Hadermanns vom Mai 1942[16] versuchte er eine Brücke zu den patriotisch gesinnten Offizieren zu schlagen und unterstützte deshalb „die leidenschaftliche, männliche und
menschliche Stimme des vaterlandsliebenden Soldaten und Staatsbürgers". Diese
Stimme werde nicht die einzige bleiben; „der Widerhall von tausenden" werde ihr
antworten[17], so prophezeite er. Weinert fügte Hadermanns Aufruf in eine bemerkenswerte Traditionslinie ein, die für das spätere Nationalkomitee „Freies Deutschland" richtungweisend sein sollte: Er wies darauf hin, daß der Aufruf von dem-
selben Moskau ausgehe, „von wo aus der aufrechte deutsche Patriot Ernst Moritz
Arndt die deutschen Soldaten beschwor, ihr Vaterland höher zu stellen als den
Gehorsam gegenüber den Verderbern Deutschlands". Es sei auch in Moskau und in
Petersburg gewesen, so fügte er hinzu, „wo Clausewitz und Freiherr vom Stein für
die Freiheit Deutschlands kämpften und gegen die unwürdigen politischen Zustände
in ihrem Vaterland aufriefen".[18]

Weinerts Ausführungen bedeuteten nicht, daß die Helden der Befreiungskriege
schon damals zum propagandistischen Allgemeingut der deutschen Kommunisten
gehört hätten. Immerhin lassen sich jedoch im Laufe des Herbstes 1942 Veränderungen in ihrer politischen Argumentation erkennen, die darauf hindeuten, daß
sich die KPD in Moskau nunmehr verstärkt um die Bildung jener „nationalen Befreiungsbewegung" bemühte, die Dimitrov im Jahre zuvor propagiert hatte. Zunächst publizierte Wilhelm Pieck die Vorstellungen der Moskauer KPD-Spitze
über Ziele, Aufgaben und Organisation einer solchen Bewegung.[19] Um Deutschland
und das deutsche Volk vor der Katastrophe zu bewahren, forderte er die „Schaf-

fung einer einheitlichen Kampffront" zum „Sturz der Hitlerregierung und der Hitlerdiktatur".[20] Die außenpolitischen Voraussetzungen für „eine vom Ausland unbeeinflußte innerdeutsche Auseinandersetzung"[21] sah er als gegeben an, weil Stalin ausdrücklich erklärt habe, „daß das russische Volk nicht die Absicht habe, das deutsche Volk und den deutschen Staat zu vernichten", und auch in dem sowjetisch-britischen Bündnisvertrag vom 26. Juni 1942 festgelegt worden sei, „daß beide Staaten sich nicht in die inneren Angelegenheiten Deutschlands einmischen werden und keine territorialen Erwerbungen für sich anstreben".[22] Den organisatorischen Rahmen der Befreiungsbewegung sollte ein Netz illegaler Komitees bilden: Pieck plädierte für Volkskomitees in allen Orten zur „Organisierung und Führung der Agitation, des Widerstandes und des Kampfes gegen den Krieg"; für Betriebskomitees in jedem Betrieb und in allen größeren Betriebsabteilungen zur „Schwächung und Lahmlegung der Kriegsproduktion"; für Dorfkomitees, Landarbeiterausschüsse und einheitliche Gewerkschaftsgruppen auf den größeren Gütern; für Kampfkomitees zur Organisation der Gewerbetreibenden „gegen die kriegswirtschaftlichen Maßnahmen und den Krieg"; für Kampfkomitees der Geistesarbeiter zum „Kampf um die Freiheit der Meinung, der Wissenschaft und Kunst"; vor allem jedoch für Soldatenkomitees, weil sie „mit den Waffen in der Hand" den Verbrechen „der Hitlerbande" am schnellsten ein Ende machen könnten.[23] Nach Piecks Vorstellungen sollte es das Ziel dieser Komitees sein, „eine wahre Volksrevolution" vorzubereiten, mit deren Hilfe „die Hitlerclique hinweggefegt" werden müsse.[24] Erst danach werde sich das deutsche Volk „aus den Besten seines Volkes eine wahrhaft nationale Friedensregierung" schaffen und in Deutschland eine „echte, wahre Volksgemeinschaft auf der Grundlage gleicher Rechte und Pflichten aller deutschen Bürger" entstehen können.[25] Die politische Führung im Deutschland nach Hitler sollte bei der Einheitsfront liegen, deren Organisationsform jedoch nicht näher beschrieben wurde.[26] Immerhin erscheint es in diesem Zusammenhang bemerkenswert, daß als einzige politische Gruppierung außer den Gewerkschaften, die Pieck als den „Motor der großen nationalen Volksbewegung gegen die plutokratisch-faschistischen Volksfeinde" bezeichnete[27], die deutschen Kommunisten hervorgehoben wurden. Ihnen schrieb Pieck bei der Befreiung Deutschlands vom nationalsozialistischen Regime die „hohe heilige Pflicht" zu, „sich mutig und entschlossen für die Mobilisierung der werktätigen Massen und die Herbeiführung ihrer einheitlichen Kampffront einzusetzen".[28]

Neben der Broschüre Piecks markierte das am 6. Dezember 1942 in Moskau veröffentlichte „Friedensmanifest an das deutsche Volk und an die deutsche Wehrmacht" die Veränderungen in der politischen Programmatik der deutschen Kommunisten am deutlichsten.[29] Dieses „Aktionsprogramm der nationalen Friedensbewegung", wie es von seinen Verfassern auch bezeichnet wurde, verzichtete auf den umstrittenen Begriff der „Volksrepublik" für eine Kennzeichnung des neuen Deutschland. Statt dessen war von der „Schaffung einer nationalen demokratischen Friedensregierung" die Rede, die ein neues Deutschland erstrebe: einen „wahrhaft demokratischen Staat, ein Reich des Friedens und der Freiheit". Die Weimarer Republik wurde bei diesem Blick „in eine schönere deutsche Zukunft" nicht bedingungslos als Vorbild hingestellt: „Das neue, demokratische Deutschland", so wehrte man ungute Erinnerungen ab, „wird nicht Schwäche und Wehrlosigkeit sein, sondern ein Reich, stark durch die Einheit und Freiheit des Volkes." Dennoch waren

Anleihen bei der parlamentarischen Demokratie Weimarer Prägung unverkennbar, als es darum ging, die Merkmale des neuen Staates zu kennzeichnen. Es überwogen im allgemeinen charakteristische Merkmale der bürgerlichen Demokratie wie Freiheit der Meinung, der Presse, der Versammlung, der Organisation, des Glaubens und der Weltanschauung; ungehinderte Ausübung des Gottesdienstes; Wiederherstellung der Freiheit der bäuerlichen und gewerblichen Wirtschaft und des freien Handels; Einberufung einer aus freien, gleichen, direkten und geheimen Wahlen hervorgehenden neuen deutschen Reichsversammlung, „die eine demokratische Reichsverfassung beschließt und die verfassungsmäßigen und materiellen Garantien für Recht, Gesetz und Ordnung schafft".[30]

Der weitgehende Verzicht der Moskauer KPD-Führung auf die bisher übliche klassenkämpferische Diktion ließ zwar noch nicht den gewünschten Eindruck „einer echten nationalen Alternative" entstehen[31], machte aber wenigstens deutlich, daß für die Herbeiführung des Friedens mit Deutschland „die revolutionäre Umgestaltung nicht als unabdingbar für einen formalen Friedensschluß angesehen" wurde.[32] Damit begann ein langwieriger, vom Stand der militärischen Operationen im allgemeinen wie vom Schicksal der deutsch-sowjetischen Friedensfühler bzw. vom Zustand der Anti-Hitler-Koalition im besonderen abhängiger Prozeß, an dessen Ende Stalin weltweit den Eindruck erweckte, als wolle er mit jenen national gesinnten Kräften innerhalb und außerhalb Deutschlands Politik betreiben, „die einen Sturz des nationalsozialistischen Regimes am ehesten beschleunigen konnten und zugleich einer Zusammenarbeit selbst mit einem bolschewistischen Rußland nicht abgeneigt waren".[33]

c) Die Bewegung „Freies Deutschland"

Der politisch-propagandistische Eifer von GlavPURKKA und KPD im ideologischen Kampf gegen den „Faschismus" gewann für Stalin in dem Moment wieder an Gewicht, als er sich nach dem Scheitern der Stockholmer Sonderfriedensgespräche im Sommer 1943 vor die Alternative gestellt sah, seine außenpolitischen Ziele mit Hilfe einer nationalen Sammlungsbewegung deutscher Hitlergegner oder mit der militärischen und politischen Unterstützung seiner westlichen Bündnispartner durchzusetzen. Angesichts der anhaltenden Enttäuschung über die Kriegführung seiner westlichen Alliierten gab es für ihn allen Grund, auch weiterhin auf die deutsche Karte zu setzen. Diese Entscheidung fiel um so leichter, nachdem ihm Anfang Juni 1943 mitgeteilt worden war, daß der Termin für die Errichtung einer zweiten Front in Nordfrankreich erneut verschoben werden müsse.[1] Mit Hilfe der von langer Hand in den Führungsgremien der Moskauer Führungsspitze der KPD und in den Kriegsgefangenenlagern vorbereiteten Sammlungsbewegung von ehemaligen Wehrmachtsangehörigen und „Politemigranten"[2] holte er zum Gegenschlag aus: Ohne sich auch nur im geringsten um die erst ein halbes Jahr zuvor, am 24. Januar 1943, von Präsident Roosevelt in Casablanca verkündete deutschlandpolitische Standardformel der Anti-Hitler-Koalition von der „bedingungslosen Kapitulation" zu kümmern[3], „hißte er die deutschnationale Fahne und die Flagge deutschrussischer Freundschaft".[4]

Spektakulärer Ausdruck dieser patriotischen Variante sowjetischer Deutschlandpolitik war der im Juli 1943 von den sowjetischen Behörden gestattete „Zusammenschluß antifaschistischer Kräfte" zur Bewegung „Freies Deutschland", bestehend aus dem offiziell am 12. und 13. Juli 1943 von kriegsgefangenen Angehörigen der Wehrmacht und kommunistischen deutschen Emigranten gegründeten Nationalkomitee „Freies Deutschland" und dem am 11. und 12. September 1943 ins Leben gerufenen „Bund Deutscher Offiziere".[5] Die große Publizität in Rundfunk und Presse, die der ohnehin aufsehenerregenden Gründungsversammlung des Nationalkomitees im Stadtsowjet von Krasnogorsk von sowjetischer Seite sogleich verschafft worden ist[6], hat frühzeitig den Eindruck entstehen lassen, als habe es sich bei der Bewegung „Freies Deutschland" vor allem um ein Druckmittel der sowjetischen Politik gegenüber den westlichen Alliierten gehandelt.[7] Dieser Effekt mag von den sowjetischen Initiatoren dieser Gründung, zu denen wohl auch Stalin selbst gerechnet werden muß, eingeplant, vielleicht sogar gewünscht worden sein. Indessen sprechen manche Anzeichen dafür, daß in erster Linie die deutsche Wehrmachtführung oder eine innerdeutsche Opposition dazu veranlaßt werden sollte, „zu dem Anschlag gegen Hitler auszuholen, der 1943 noch im russischen Interesse lag".[8] Weil die Hitlerregierung nicht freiwillig abtreten werde, so erläuterte Wilhelm Pieck in Krasnogorsk den Sinn des Nationalkomitees, müßten Mittel und Wege gefunden werden, um ihr die Fortsetzung des Krieges unmöglich zu machen. Das konnte nach seiner Meinung nur „durch das sofortige Aufgeben des Kampfes an der Front und in der Heimat" geschehen: „An der Front muß jetzt von den Offizieren das getan werden, was schon gegenüber dem Befehl Hitlers an die 6. Armee im Stalingrader Kessel hätte getan werden müssen: seinen verbrecherischen Befehlen den Gehorsam verweigern."[9] Durch die sensationelle, dem deutschlandpolitischen Prinzip der Anti-Hitler-Koalition zuwiderlaufende Gründung des Nationalkomitees wollte Moskau diesen Schritt erleichtern und dem deutschen Volk offenbar seine grundsätzliche Bereitschaft zu einer politischen Zusammenarbeit mit einem künftigen deutschen Staat ohne Hitler dokumentieren. Vor allem sollte der Wehrmacht oder einer innerdeutschen Fronde das Zeichen gegeben werden, um durch den Sturz des Diktators die Voraussetzungen für eine sofortige Beendigung der Kampfhandlungen zu schaffen.[10] Es scheint, als habe die Sowjetunion als einzige der gegen Deutschland kämpfenden Mächte dem innerdeutschen Widerstand „einen deutlichen Hinweis" geben wollen, daß sie bereit sei, „mit einer deutschen Widerstandsregierung über einen Waffenstillstand zu verhandeln".[11]

In der Tat gab es Anzeichen dafür, daß die Sowjetunion damals „keinen revolutionären Umschwung in Deutschland verlangte, sondern bereit war, mit einem demokratisch regierten Reiche Frieden zu machen", wie es ein führendes Nationalkomiteemitglied, der ehemalige Generalmajor Dr. Otto Korfes, ausdrückte.[12] Sieht man von einer nüchternen Analyse der außenpolitischen und militärischen Interessenlage der Sowjetunion einmal ab, die eine solche Interpretation als haltbar erscheinen läßt[13], dann wären hier zu nennen das „nach eingehenden Beratungen mit dem Nationalkomitee und den Generalen des Offiziersbundes" offenbar geäußerte Einverständnis der sowjetischen Regierung, „daß Nationalkomitee und Offiziersbund das deutsche Heer aufforderten, die Waffen zu behalten, unter seinen Führern diszipliniert zusammen zu bleiben und gesondert zur Grenze zurückzugehen"[14]; ferner die im Auftrag der sowjetischen Regierung von Oberst Mel'nikov an General v. Seydlitz gemachte Zusicherung, Moskau werde sich bei einer erfolgreichen Aktion der Wehrmachtführung gegen Hitler für ein Reich in den Grenzen von 1937 einsetzen und als Bedingung lediglich „eine bürgerlich-demokratische

Regierung" fordern, „die durch Freundschaftsverträge mit dem Osten verbunden sein sollte"[15]; aber auch die verstärkten Versuche politisch-ideologischer Einflußnahme auf die Truppen und die Bevölkerung des Gegners durch sogenannte Frontorganisationen des Nationalkomitees[16]; vor allem jedoch die Unerbittlichkeit D. Z. Manuil'skijs, des verantwortlichen Vertreters des ZK der KPdSU in der Politischen Hauptverwaltung der Roten Armee, gegenüber den klassenkämpferischen Intentionen der kommunistischen Emigranten, die sich in der Ablehnung von Ulbrichts Entwurf für den Gründungsaufruf des Komitees durch A. Ja. Gural'skij, einen maßgeblichen sowjetischen Berater, der sich damals Prof. Arnold nannte, ausdrückte; kurzum: die entscheidende Rolle sowjetischer Funktionäre beim Zustandekommen dieser deutschen „Anti-Hitler-Koalition".[17] Nicht minder bemerkenswert bleibt in diesem Zusammenhang die psychologisch geschickte Behandlung der zweitausend in der Schlacht um Stalingrad gefangengenommenen Offiziere, die nach sowjetischer Ansicht die besten Voraussetzungen schuf, „um einen erheblichen Teil des gefangenen Offizierskorps für eine spätere Einwirkung auf die deutsche Front und Heimat zu gewinnen".[18] Schließlich haben das sichere Gefühl, mit dem Sieg an der Wolga eine entscheidende Wende in der militärischen Auseinandersetzung mit Deutschland errungen zu haben, und die schon erwähnte enttäuschende Koalitionskriegführung der Westmächte einen wesentlichen Einfluß auf die neuerliche deutschlandpolitische Wendung der Sowjetunion ausgeübt.

Daß das Nationalkomitee nicht unmittelbar von Beginn an als Keimzelle eines künftigen kommunistischen Deutschland angelegt war[19], wird auch aus den Reden und Manifestationen des Gründungskongresses von Krasnogorsk ersichtlich.[20] Für die kommunistischen Emigranten war durch die befohlene Partnerschaft mit Schwarz-Weiß-Rot „ein Gipfelpunkt der Selbstverleugnung"[21] erreicht, als Erich Weinert, der Vorsitzende des Vorbereitenden Ausschusses und nachmalige Präsident des Komitees[22], in seiner Eröffnungsansprache mit pathetischen Worten das Nationalkomitee „Freies Deutschland" ins Leben rief: „Hier handelt es sich um Männer", so versuchte er den Brückenschlag zu den versammelten Offizieren und Soldaten, „die nicht darauf warten, daß für sie Kampfbefehle ausgearbeitet werden, nach denen sie marschieren. Hier handelt es sich um Männer der selbständigen Tat, die nur dem Befehl ihres nationalen Gewissens folgen. Es wäre aber auch andererseits der Sache wahrhaftig nicht gedient, wenn wir ein Gremium von Leuten darstellten, die, in der Befürchtung, der Sache zu schaden, nun ihre Vorbehalte, ihre Kritik, ihr Mißtrauen aus falscher Disziplin verbergen. Nein, das werde zur Lähmung der lebendigen Kräfte führen, die sich hier entfalten sollen. Zum Kämpfer gehört der ganze Mann, der aus seiner Meinung kein Hehl machen soll. Wer bei unserer Sache der Freiheit ist, wird wissen, daß alle aus Stand, Bildung und Bekenntnis hervorgegangenen Verschiedenheiten überhaupt nicht von Gewicht sind gegenüber der großen einigenden Aufgabe, der Rettung Deutschlands und der Wiedergeburt unseres Vaterlandes als einer freien und unabhängigen Nation, deren Bürger einmal gelernt haben werden, stolz zu sein darauf, daß sie sich selbst regieren und niemals zulassen werden, daß ihre Tugenden von Scharlatanen, Abenteurern und politischen Glücksspielern mißbraucht werden und der Bestand der Nation aufs Spiel gesetzt wird."[23]

Weinert machte die doppelte Zielvorstellung des Nationalkomitees gleich zu Beginn seiner Existenz deutlich. Wenn man von den schwer faßbaren außenpolitischen, auf die westlichen Verbündeten der Sowjetunion gerichteten Auswirkungen einmal absieht[24], dann sollte es in erster Linie auf die Deutschen in der Heimat, an der Front und in den Kriegsgefangenenlagern als ein Fanal des beginnenden Befreiungskampfes von der Herrschaft Hitlers wirken. „Welcher Deutsche könnte noch schweigen", so rief Weinert aus, „wenn er sieht, wie unaufhaltsam die Fahrt in den Abgrund der Verachtung geht, wie bald unser Volk da angekommen sein kann, wo es in seiner Ohnmacht und Entehrung sich jedes Recht verwirkt haben wird, am Tag des militärischen Zusammenbruchs Hitlers über seine eigenen Geschicke mitzubestimmen." Wenn „die größte nationale Katastrophe Deutschlands in seiner ganzen Geschichte" abgewendet werden solle, dann müsse das deutsche Volk „die Fahne der Erhebung gegen Hitler" ergreifen, dann dürfe es keine Hand mehr für diesen Krieg rühren und müsse den Völkern das Gericht über Hitler und seine Komplizen abnehmen. Der Redner ging davon aus, daß die Deutschen diesen „Weg der Ehre" gehen wollten: „Wir wissen: an Hitler kleben heute noch seine Mitverschworenen und Mitschuldigen. Unser Volk will diese erniedrigende Last abschütteln. Lieber heut als morgen. Aber Furcht und Kleinmut, Unklarheit und Unentschlossenheit, die unseligen Erbübel unseres Volkes, lähmen noch seinen Mut und seine Entschlüsse. Es bedarf erst einer sichtbaren, gesammelten Kraft, es aus seiner tödlichen Agonie zur Aktion zu treiben."[25]

Weinert ließ keinen Zweifel daran, daß für ihn das Nationalkomitee die Verkörperung dieser Kraft sei: „Unsere Bewegung ‚Freies Deutschland', verkörpert in den Männern des Volkes, die hier versammelt sind, ist eine organisierte Kraft zur Rettung Deutschlands vor der Katastrophe, in die Hitler und seine Hintermänner es treiben. An dieser jungen Flamme soll sich der Widerstandswille im Lande und an der Front entzünden. Diese neue Front ist kein Aufgebot im luftleeren Raum, sie ist ein untrennbarer Teil der großen, noch unterirdischen Bewegung in der Heimat und an der Front. Mit der Schaffung dieser organisierten Kraft treten wir in einen Wendepunkt des Krieges ein!"[26] Hinter solchem Optimismus verbarg sich die schon während der geheimen Vorbereitung des Nationalkomitees gehegte Hoffnung, die „Sammlung aller Kräfte des deutschen Volkes in der nationalen Friedensbewegung" könne „für den Sturz der Hitlerclique und für die rascheste Beendigung des Hitlerkrieges" sorgen. Weinert unterstrich die Erwartung der Initiatoren des Nationalkomitees, „durch Einstellung der Kriegshandlungen durch die deutschen Truppen selbst, durch unverzügliche Räumung der besetzten Gebiete und durch die eindeutige Ablehnung aller Ansprüche auf Eroberungen fremder Gebiete" könnte „der sofortige Friede" herbeigeführt werden.[27] „Bringen wir das bröckelnde Gestein ins Rollen", so nährte er die Hoffnungen auf einen baldigen Umsturz in Deutschland, „und über Nacht wird das Land widerhallen vom Donner der Lawine, die eine verfaulte Epoche begräbt."[28]

Aufgabe des Nationalkomitees sollte nach dem Willen seiner Initiatoren jedoch nicht nur „die Abwendung der Katastrophe" sein, sondern darüber hinaus auch „die Schaffung einer Grundlage, auf der ein freies Deutschland erblühen kann". Weinert, der auch hierzu bemerkenswerte Ausführungen machte, wollte das neue Deutschland aus der freien Willensäußerung all seiner Bürger und Bürgerinnen hervorgehen sehen. Nicht nur die politischen und sozialen Rechte, die in früheren Verfassungen nur auf dem Papier gestanden hätten, sondern wirkliche Rechte und Freiheiten galt es nach seiner Meinung zurückzuerobern: Er nannte „das Recht des

Zusammenschlusses nach freiem Willen, die Freiheit des Wortes und der Presse, des Gewissens und der Bekenntnisse, die Freiheit des schöpferischen Wirtschaftslebens, Handels und Gewerbes, den Schutz der Arbeit der Schaffenden in Stadt und Land, das Recht für jeden auf Arbeit, Bildung und Erholung und eine wahre soziale Gesetzgebung". Im übrigen malte er das Bild des neuen Deutschland als das eines einheitlichen Nationalstaates in den kräftigsten Farben: „Unser neues Deutschland", so wies er die Pessimisten zurück, die eine politische Abhängigkeit des neuen Staates von der Sowjetunion befürchteten, „wird souverän und unabhängig sein." Es werde frei sein von der Bevormundung durch andere Staaten, „wenn es sich selbst jeder Bevormundung und Beleidigung anderer Völker enthält", und dabei „in freiem Güteraustausch mit anderen Ländern leben" können, der „einzigen gesunden Grundlage eines gesicherten nationalen Wohlstandes".[29]

Einem gelehrigen Antifa-Schüler, dem Oberleutnant Fritz Rücker, einem Sozialdemokraten und ehemaligen Oberstudienrat aus Berlin[30], blieb es vorbehalten, Weinerts grobe Konturen eines freien Deutschland noch etwas schärfer zu umreißen: Wenn man für ein demokratisches Deutschland eintrete, wie es im vorbereiteten Gründungsmanifest des Nationalkomitees gefordert war, dann meine man nicht einen Staat, in dem die Reichen immer reicher werden, keinen Staat, der die Großbetriebe und Banken wachsen lasse, während die Inflation mühsam erspartes Geld fraß, auch keinen Staat, der Einzelstaaten und nicht den sehnsüchtigen Herzens erstrebten Einheitsstaat schuf, keinen Staat schließlich, der die Erziehung zum Staatsbürger „den alten Mächten" anvertraue, den Geschichtsunterricht in den alten Geleisen weiterlaufen und die Symbole der Republik in den Schmutz ziehen lasse. Eine solche Demokratie, so distanzierte sich der Sozialdemokrat Rücker vom Weimarer Staat, dürfe nie wiederkommen. Er trat für eine starke Demokratie ein, in der die Regierung die Machtmittel haben müsse, „ihren Willen unter allen Umständen durchzusetzen", für eine Demokratie, „die unserer Art, unserer Geschichte und unserer Zeit entspricht".[31]

So eindeutig damit die parlamentarische Demokratie der Weimarer Republik als Vorbild für das neue, freie Deutschland abgelehnt worden war, so wenig läßt sich aus den Worten Weinerts, Rückers und anderer Diskussionsteilnehmer eine Hinwendung zu einer sozialistischen Demokratie nach sowjetischem Muster erkennen. Eine ausdrückliche Anordnung Stalins hatte vielmehr dafür gesorgt, daß in dem in Krasnogorsk verabschiedeten „Manifest an die Wehrmacht und an das deutsche Volk" keine sozialistischen Forderungen enthalten waren und die Existenz von deutschen Kommunisten nicht einmal andeutungsweise erwähnt wurde.[32] Zu den charakteristischen Merkmalen des Aufrufs gehörte vielmehr „eine starke Betonung des nationalen Selbsterhaltungswillens gegenüber der Katastrophenpolitik und Strategie Hitlers, die Berufung auf Stein, Clausewitz und Yorck, die betonte Aufforderung, die Armee zu erhalten, die Distanzierung von Weimar und das Fallenlassen aller klassenkämpferischen Losungen, soweit sie sich nicht in der Forderung nach Bestrafung und Enteignung der Kriegsschuldigen verbargen".[33] Die Forderungen nach einer starken demokratischen Staatsmacht („die nichts gemein hat mit der Ohnmacht des Weimarer Regimes"), nach der restlosen Beseitigung aller auf Völker- und Rassenhaß beruhenden Gesetze, nach der Wiederherstellung und Erweiterung der politischen Rechte und sozialen Errungenschaften der Schaffenden, darunter der Freiheit des Wortes, der Presse, der Organisation, des Gewissens und der Religion, ferner nach der Freiheit der Wirtschaft, des Handels und Gewerbes (einschließlich der Sicherung „des rechtmäßig erworbenen Eigentums"), nach der sofortigen Befreiung und Entschädigung aller Opfer des Hitlerregimes und schließlich nach einem gerechten und schonungslosen Gericht über die Kriegsverbrecher, „die Deutschland ins Verderben, in Schuld und Schande stürzten", wobei jedoch eine Amnestie für alle Hitleranhänger vorgesehen war, „die sich rechtzeitig durch ihre Taten von Hitler lossagten und der Bewegung für ein freies Deutschland anschließen" — diese Forderungen waren, so erinnert sich Wolfgang Leonhard, so breit formuliert, „wie es mir damals überhaupt möglich schien — offensichtlich mit dem Ziel, alle Anti-Hitler-Kräfte anzusprechen".[34]

Die für die nationale und staatliche Zukunft Deutschlands nicht hoffnungslosen Aussagen des Manifests von Krasnogorsk waren freilich mit der schweren Hypothek belastet, auf die Wilhelm Pieck während der Diskussion in der Gründungsversammlung unmißverständlich aufmerksam machte: Es gebe nicht nur Anzeichen dafür, so führte er aus, daß der Krieg verloren sei. Es sei auch erkennbar, so warnte er zum wiederholten Male, „daß der Krieg mit der Vernichtung der Wehrmacht und mit der Zertrümmerung des Deutschen Reiches enden wird, wenn nicht das deutsche Volk selber durch den Sturz der Hitlerregierung dem Krieg ein Ende macht".[35] Wenn sich Deutschland weiter willenlos und widerstandslos ins Verderben führen lasse, so hieß es dementsprechend unheildrohend in dem Aufruf, dann werde es mit jedem Tag des Krieges nicht nur schwächer und ohnmächtiger, sondern auch schuldiger: „Dann wird Hitler nur durch die Waffen der Koalition gestürzt. Das wäre das Ende unserer nationalen Freiheit und unseres Staates, das wäre die Zerstückelung unseres Vaterlandes."[36]

Piecks Mahnung machte deutlich, daß das Nationalkomitee „Freies Deutschland" wie der Bund Deutscher Offiziere unter einem unerbittlichen Erfolgszwang standen. Sie offenbarte jedoch unwillkürlich auch die Möglichkeiten sowjetischer Deutschlandpolitik im Sommer 1943. Auf der einen Seite gaben sowjetische Dienststellen die Bereitschaft ihrer Regierung zu erkennen, unter Umständen eine eigene Politik gegenüber Deutschland zu führen und durch das Angebot erträglicherer Bedingungen als direkter Rivale der Westmächte aufzutreten.[37] Man schien in Moskau dazu bereit, die zu Beginn des Jahres in Casablanca von Roosevelt und Churchill erhobene Forderung nach bedingungsloser Kapitulation Deutschlands fallenzulassen, wenn die über den deutschen Linien millionenfach abgeworfenen Flugblätter, die in ganz Europa vernehmbare Stimme des Senders „Freies Deutschland" oder die zahlreichen persönlichen Briefe kriegsgefangener Generale an ihre Kameraden auf der anderen Seite der Front den von sowjetischer Seite geforderten Rückzug der deutschen Truppen, den „Rächermarsch der Wehrmacht gegen Hitler"[38], zur Folge gehabt hätte. Unter Berücksichtigung der anhaltenden, seinerzeit sogar in aller Öffentlichkeit diskutierten Verstimmung zwischen der Sowjetunion und den Westmächten[39] schien sich für ein Deutsches Reich ohne Hitler die Chance abzuzeichnen, mit dem östlichen Gegner zu einem allerdings nicht näher bestimmten und von der Überzeugungskraft des Nationalkomitees abhängigen Arrangement zu gelangen. Auf der anderen Seite ließ die Sowjetunion keinen Zweifel daran, daß sie von ihren militärischen Machtmitteln rücksichtslos Gebrauch zu machen und den Frieden mitzubestimmen[40] gedachte, wenn die Bemühungen der deutschen „Anti-Hitler-Koalition" in „einen Wald des Schweigens" (Gerlach) fallen sollten. „Zögert unser

Volk die Entscheidung noch länger hinaus", so ließ sich Erich Weinert im „Freien Deutschland" vernehmen, „so läuft es Gefahr, daß es zu dem verlorenen Kriege auch noch den Anspruch verliert, über sich selbst zu bestimmen." Dann könne es dazu kommen, so malte der Präsident des Nationalkomitees das Schreckgespenst eines von den „Großen Drei" diktierten Karthagofriedens an die Wand, „daß Deutschland jenes Schicksal ereilt, das es anderen Ländern zugedacht hatte: unter langer und demütigender Vorherrschaft zu leben".[41] Demnach erweckte Moskau den Eindruck, als sei es den Deutschen selbst überlassen, zwischen diesen Alternativen sowjetischer Deutschlandpolitik zu wählen, ehe sich die Westmächte nicht nur zu einem stärkeren militärischen Engagement in Europa, sondern auch zu einer engeren Zusammenarbeit mit ihrem sowjetischen Koalitionspartner in Fragen der künftigen Gestaltung dieses Kontinents entschlossen.

III. Anzeichen einer interalliierten Solidarität (1943/44)

1. Moskauer Zustimmung zur Deutschlandkonzeption Washingtons

Wenn bei dem heutigen Beobachter der Eindruck entstehen kann, als habe bis weit in das Jahr 1943 hinein das Ziel der sowjetischen Deutschlandpolitik vornehmlich darin bestanden, aus dem militärischen Gegner einen politischen Verbündeten zu machen, dann waren daran die westlichen Bündnispartner der UdSSR nicht ohne Schuld.[1] Die Russen hatten „ein gewisses Recht", wie John R. Deane, der Leiter der Moskauer Militärmission der Vereinigten Staaten in den Jahren 1943 bis 1945, zugibt, die Aufrichtigkeit ihrer westlichen Alliierten in bezug auf die Errichtung einer zweiten Front in Europa anzuzweifeln. Zunächst habe man sich in London und Washington dafür entschieden, so erläuterte der amerikanische General das gelegentlich unaufrichtige, zumindest jedoch Mißtrauen erweckende Taktieren der Westmächte in dieser Frage, nur „eine Invasion in kleinerem Maßstabe" durchzuführen. Ihr Ziel sei im Herbst 1942 die Errichtung eines Brückenkopfes auf dem Kontinent gewesen, der im darauffolgenden Frühjahr entsprechend ausgebaut werden sollte. Als jedoch im November 1942 die afrikanischen Operationen in Gang gekommen seien, habe die Invasion auf den Herbst verschoben werden müssen. Als man sich schließlich dazu entschlossen habe, die Erfolge in Nordafrika durch eine Invasion Siziliens und Sardiniens auszunutzen, sei die Operation „Overlord" auf 1944 verschoben worden. Nach jeder großen Konferenz des Präsidenten, des Premierministers und ihrer Generalstäbe sei der letzte Punkt der Tagesordnung stets die Abfassung einer Botschaft an Stalin gewesen, um ihn von den gefaßten Beschlüssen zu unterrichten. Diese Mitteilungen seien in Wendungen gehalten worden, so muß Deane zugeben, „die bei den Russen vielleicht mehr Hoffnung auf eine zweite Front hervorriefen, als gerechtfertigt war". Es habe dann natürlich große Enttäuschung ausgelöst, wenn unweigerlich wenige Monate später eine weitere Botschaft gefolgt sei, „die eine Verzögerung anzeigte".[2]

Als nicht minder schwerwiegend erwies sich ein zweites Versäumnis der Westmächte: Trotz eindringlicher Aufforderungen und Mahnungen Stalins, die bis in den frühen Herbst des Jahres 1941 zurückreichen, hatten es seine beiden Verbündeten bisher unterlassen, dem östlichen Koalitionspartner detaillierte Vorstellungen von der Behandlung Deutschlands nach dem Kriege zu übermitteln. Für dieses Versäumnis mag anfangs die lange Zeit prekäre militärische Lage der UdSSR ausschlaggebend gewesen sein. Indessen kamen auch die Deutschlandplanung in London und in Washington sowie die gemeinsame Abstimmung zwischen beiden Hauptstädten nur zögernd in Gang.[3] Die von Roosevelt und Churchill zu Beginn des Jahres 1943 abgegebene öffentliche Erklärung über ihre allgemeinen politischen Absichten gegenüber dem Deutschen Reich enthielt keine Details und erfolgte vorwiegend aus koalitionstaktischen Erwägungen: Die von ihnen auf der Konferenz von Casablanca gegenüber Deutschland ohne Rücksicht auf die möglichen Auswirkungen auf die Bindungen zwischen dem deutschen Volk und dem nationalsozialistischen Regime erhobene Forderung nach bedingungsloser Kapitulation war in ihren Augen erforderlich „teils als vorbeugende Maßnahme, um in Zukunft nicht noch einmal, wie nach dem Ersten Weltkrieg, in Deutschland eine Dolchstoßlegende aufkommen zu lassen, teils um die Beziehungen zu den mißtrauischen Sowjets zu festigen".[4] Das Konzept der „bedingungslosen Kapitulation" werde dazu dienen können, so hofften beide Politiker, Stalin von einem Separatabkommen mit Hitler abzuhalten. Dabei nahmen sie in Kauf, daß der Eindruck entstehen konnte, als wollten die westlichen Alliierten das deutsche Volk im Augenblick der Niederlage von der Neugestaltung seiner staatlichen und gesellschaftlichen Existenz ausschalten.[5]

Erst als sich im Laufe des Jahres 1943 auf westlicher Seite die Erkenntnis durchsetzte, daß die Sowjetunion „nach der Niederlage der Achse ohne Frage die Vorherrschaft in Europa haben wird"[6], waren London und Washington in zunehmendem Maße und in völliger Umkehrung der bisherigen Situation daran interessiert, Absprachen zu treffen, damit sie nicht von der Neuordnung Europas überhaupt ausgeschlossen würden.[7] Im Hinblick auf Deutschland gab die Gründung des Nationalkomitees „Freies Deutschland" einen entscheidenden Anstoß: Sein Auftreten ließ in Washington und London die Befürchtung aufkommen, daß die Existenz „eines demokratischen deutschen Programms unter russischer Förderung" dazu führen könnte, „den Kommunisten die Kontrolle über die demokratische Bewegung zu geben und damit eine russische Vorherrschaft über Deutschland zu errichten".[8] Als amerikanische Diplomaten in Moskau Anfang August 1943 den Eindruck gewannen, in den nächsten drei bis sechs Monaten könnten die Weichen für oder gegen die weitere Zusammenarbeit der drei Koalitionspartner gestellt werden[9], sahen sich vor allem die Verantwortlichen des State Department in Washington dazu veranlaßt, die deutsche Frage stärker als bisher in den Brennpunkt interalliierter Diskussion zu rücken.

Der einsetzende britisch-amerikanische Sinneswandel wurde im Laufe des Jahres 1943 durch die Existenz erster Analysen von Sachverständigen über die Behandlung Deutschlands nach dem Kriege wesentlich erleichtert: Im Frühjahr verabschiedete eine Kommission des britischen Kabinetts unter dem Vorsitz des stellvertretenden Premierministers Attlee einen auf militärische Bedürfnisse abgestellten Plan, der die Aufteilung Deutschlands in Besatzungszonen vorsah[10], und im Juli veröffentlichte eine Studiengruppe des Royal Institute of International Affairs (Chatham House) in London „unter dem Gesichtspunkt der englischen Sicherheit" eine Untersuchung über die Hauptprobleme, „die nach Deutschlands Niederlage in den englisch-deutschen Beziehungen voraussichtlich die größte Rolle spielen werden".[11] In der amerikanischen Bundeshauptstadt begann eine vom State Department berufene Beratungskommission, das „Advisory Committee on Post-War Foreign Policy", damit, erste Vorschläge für eine alliierte Deutschlandkonzeption vorzulegen.[12] Darüber hinaus war es zwischen beiden Hauptstädten und bei den amerikanisch-britischen Kontakten im Laufe des Jahres 1943 — beim Besuch Edens in Washington im März[13], bei den Besprechungen zwischen Roosevelt und Churchill im Mai („Trident"-Konferenz)[14] und bei der britisch-amerikanischen Konferenz in Quebec im August („Quadrant"-Konferenz)[15] — nicht nur zu einer gründlichen Diskussion, sondern auch zu übereinstimmenden Ansichten über die zukünftige Behandlung Deutschlands gekommen.[16]

Weil der sowjetische Bündnispartner an diesen Gesprächen nicht beteiligt war, blieb die UdSSR bei den anglo-amerikanischen Planspielen für ein neues Deutschland die große Unbekannte. Äußerungen von sowjetischen Diplomaten wie der Botschafter Majskij in London oder Litvinov in Washington vom Frühjahr 1943 über den Wunsch Moskaus nach einer Aufteilung bzw. zumindestens einer Dezentralisierung Deutschlands[17] verdeutlichten nur den bedenklichen Tatbestand mangelhafter Koordination in der alliierten Kriegszielpolitik. Dennoch waren die amerikanischen Deutschlandexperten bei ihren Planungen wie selbstverständlich von politischer Übereinstimmung zwischen den Mächten der Anti-Hitler-Koalition ausgegangen. Im Falle von Spannungen zwischen den drei Bündnispartnern, so hatten sie mit Recht befürchtet, werde Deutschland in der Lage sein, die Siegermächte gegeneinander auszuspielen, was katastrophale Folgen sowohl für die Einhaltung des Friedensvertrages als auch für die politische Stabilität haben könnte. Sie sahen in einem solchen Falle das Gleichgewicht der Interessen der drei Mächte gefährdet: „Die sowjetische Regierung ... würde in die Lage kommen, sich der Macht des deutschen Kommunismus zu bedienen – zum großen Nachteil des innerdeutschen politischen Friedens und zum entsprechend großen Vorteil für die russischen Interessen." Um eine solche Entwicklung zu verhindern, schlugen die Mitglieder der amerikanischen Beratungskommission vor, die Regierung in Moskau aufzufordern, „einem neuen demokratischen Versuch in Deutschland in den Grundsätzen des vorgesehenen Programms ihre Unterstützung zu geben".[18] Das Drängen der amerikanischen Deutschlandsachverständigen erfolgte zu einem günstigen Zeitpunkt: Es fiel zusammen mit den Vorbereitungen für eine Konferenz der Außenminister der drei Großmächte, die im Zuge der Vorkehrungen für ein Gipfeltreffen der „Großen Drei"[19] für den Oktober nach Moskau anberaumt worden war.[20] Den verantwortlichen Politikern in London und Washington war durchaus bewußt, daß es mit den Russen bei dieser Gelegenheit – um eine Formulierung Edens zu gebrauchen – „Ärger geben werde", wenn in der deutschen Frage keine Fortschritte erzielt würden.[21] Unter diesen Umständen zeigten sich Amerikaner und Briten bereit, sowohl dem Drängen ihrer Deutschlandexperten nachzugeben als auch den Forderungen ihres sowjetischen Bündnispartners endlich nachzukommen und die Frage der Behandlung Deutschlands nach der bedingungslosen Kapitulation auf die Tagesordnung des Moskauer Treffens zu setzen.[22]

Über die Verhandlungsziele der UdSSR für das Moskauer Treffen existierten vor Beginn des Treffens allenfalls Vermutungen. Die umfangreichen Telegrammwechsel um die Tagesordnung hatten keinen Aufschluß darüber gebracht.[23] Der einzige von den Russen präsentierte Vorschlag, „Maßnahmen zur Verkürzung des Krieges gegen Deutschland und Deutschlands Vasallen in Europa" zu beraten[24], schien eher militärische als politische Fragen in den Vordergrund zu rücken.[25] Eden vermutete damals, daß die Errichtung der zweiten Front im Frühjahr 1944 jener Tagesordnungspunkt sein werde, der den Russen am meisten am Herzen liege.[26] Der britische Außenminister scheint in diesem Zusammenhang einem Ende August 1943 geführten Gespräch mit dem für kurze Zeit nach London zurückgekehrten Majskij[27] offenbar wenig Bedeutung beigemessen zu haben, das die sowjetische Bereitschaft signalisierte, auf der Moskauer Konferenz auch gewisse prinzipielle Fragen der europäischen Nachkriegsordnung zu diskutieren oder gar zu regeln. Majskij lüftete nämlich mit überraschender Offenheit und unter ausdrücklichem Hinweis auf die Bedeutung der Entscheidungen des bevorstehenden Ministertreffens gerade für die Probleme der Nachkriegszeit den Schleier, der über den Zielvorstellungen der sowjetischen Politik lag: Nach dem Kriege, so erläuterte er Eden die Vorstellungen seiner Regierung, könne jeder eine Einflußsphäre in Europa haben: die Sowjetunion im Osten und Großbritannien und die Vereinigten Staaten im Westen. Das sei gewiß kein idealer Plan, so schränkte er ein, denn mit seiner Hilfe könnten die Westmächte ihren sowjetischen Bündnispartner aus französischen Angelegenheiten und aus dem Mittelmeerraum heraushalten, und die Sowjetunion, so fügte er sogleich hinzu, werde sich die gleiche Freiheit im Osten herausnehmen müssen. Deshalb ventilierte er eine zweite Möglichkeit: Seine Regierung würde es vorziehen, so ließ er wissen, wenn alle Verbündeten anerkennen, „daß Europa unteilbar sei", aber dann müsse man auch „das Recht eines jeden auf Interessen in allen Teilen des Kontinents" akzeptieren.[28]

Majskijs Offerte wurde nicht diskutiert. Eden betonte lediglich das britische Interesse an dem zweiten Vorschlag, d. h. am Recht einer jeden Großmacht auf Interessen in allen Teilen des europäischen Kontinents, und verwies im übrigen auf die bevorstehende Konferenz, die mit entsprechenden Worten diese Auffassung zum Ausdruck bringen sollte.[29] So läßt sich nicht sagen, ob Majskijs Angebot ein letzter Versuch der Moskauer Diplomatie gewesen ist, den nach einem absehbaren siegreichen Ende des Krieges einzigen europäischen Partner von Rang vor dem Beginn einer Reihe von interalliierten Verhandlungsrunden rasch noch für eine Absprache über die Prinzipien der europäischen Nachkriegsordnung zu gewinnen, die der Sowjetunion entweder eine osteuropäische Einflußsphäre sicherten oder ihr gar die Wahrnehmung eigener Interessen in ganz Europa zugestanden. Es ist auch nicht bekannt, ob Edens ablehnende Haltung gegenüber sogenannten Einflußsphären in Moskau als Mißachtung berechtigter sowjetischer Sicherheitsinteressen interpretiert wurde. Es fällt aber auf, daß die Sowjetunion trotz ihrer in der Bewegung „Freies Deutschland" manifestierten Mißachtung des Prinzips der bedingungslosen Kapitulation Deutschlands am Vorabend der Moskauer Konferenz innerhalb der Anti-Hitler-Koalition eine so starke Position besaß, daß von einer völligen Umkehrung der Interessenlage gesprochen werden kann. Während Moskau nach den Schlachten von Stalingrad und Kursk immer mehr auf die Schlagkraft seiner Armee setzte, von westlichen Hilfslieferungen oder westlicher Strategie unabhängig zu werden begann und sich im interalliierten Dialog um die Zukunft Europas im allgemeinen wie Deutschlands im besonderen eher zurückhielt, ergriffen nunmehr die westlichen Politiker die Initiative zu Kriegszielgesprächen.[30] Dabei scheint Churchill eher darauf bedacht gewesen zu sein, bereits getroffene grundsätzliche Übereinkünfte wie die Atlantik-Charta festschreiben zu lassen.[31] Dagegen entschlossen sich die Amerikaner zu einem Schritt nach vorn und unterbreiteten den Teilnehmern der Konferenz von Moskau einen inoffiziellen, aber detaillierten Vorschlag für die Behandlung Deutschlands, der auf eingehenden Studien beruhte, die im State Department auf Anregung Roosevelts vom Frühjahr 1943 in Angriff genommen worden waren.[32] Die dort angestellten Überlegungen zur Behandlung des Deutschen Reiches während des Waffenstillstandes und zum politischen Status Deutschlands in der Nachkriegszeit riefen in Moskau offenbar beträchtliches Aufsehen hervor.[33]

Der erste Teil des amerikanischen Memorandums, das Molotov in einer Pause während der fünften Sitzung der Konferenz am 23. Oktober 1943 überreicht wurde[34], verzeichnete eine Liste von Maßnahmen, die sofort nach der bedingungslosen Kapitulation Deutschlands eingeleitet werden sollten.[35] Im einzelnen handelte es sich um:

— die alliierte Kontrolle:

Der amerikanische Vorschlag sah dazu vor, Deutschland während der Periode des Waffenstillstands politisch, militärisch und wirtschaftlich einer strengen Kontrolle zu unterwerfen. Als Kontrollorgan wurde eine „Inter-Alliierte Kontrollkommission" [inter-Allied Control Commission] genannt, die mit der Durchführung der Kapitulationsbedingungen und der Politik beauftragt werden sollte, auf die sich Großbritannien, die UdSSR und die USA einigen würden.

— die Besetzung Deutschlands:

Um die Durchführung der Kapitulationsbedingungen zu gewährleisten und die Voraussetzungen für ein dauerhaftes Sicherheitssystem zu schaffen, so lautete die Begründung für eine der einschneidendsten Maßnahmen des amerikanischen Entwurfs, wurde die Besetzung Deutschlands durch britische, sowjetische und amerikanische Streitkräfte empfohlen.

— die lokale Verwaltung:

Den Besatzungstruppen wurde empfohlen, sich möglichst wenig in die Belange der lokalen Verwaltung einzumischen, um den bestehenden Mechanismus nicht zu gefährden. Diese Empfehlung sollte jedoch nur unter der Voraussetzung gelten, daß alle Nazibeamten — ganz gleich, welche Stellung sie eingenommen hatten — sofort ausgeschaltet würden, „jede Spur des Naziregimes" ausgelöscht werde und eine wirksame Überwachung der lokalen Verwaltungsorgane gewährleistet sei.

— die Nationalsozialistische Partei:

Die amerikanischen Experten schlugen vor, die NSDAP sofort zu verbieten und aufzulösen.

— die Reparationen:

Das amerikanische Memorandum äußerte sich zustimmend zum Prinzip der Reparationen. Grundsätzlich, so hieß es, solle beachtet werden, daß es Deutschlands Pflicht sei, Reparationen für die materiellen Schäden zu leisten, die es durch seine Truppen der UdSSR sowie anderen alliierten und besetzten Ländern zugefügt habe. Form, Umfang und Verteilung dieser Wiedergutmachungsleistungen sollten einer Kommission aus Vertretern der Regierungen von Großbritannien, der UdSSR und der USA übertragen werden, ohne die Teilnahme anderer, direkt interessierter Regierungen auszuschließen.[36]

— die Abrüstung:

Mit der Kontrolle des militärischen Potentials des Deutschen Reiches beschäftigte sich der amerikanische Vorschlag besonders intensiv. Als Grundlage für ein allgemeines Sicherheitssystem wurde im einzelnen empfohlen, bei der Einstellung der Feindseligkeiten alle deutschen Streitkräfte zu entwaffnen und zu demobilisieren; alle Waffen, Munition sowie sonstige militärische Ausrüstung und Einrichtungen den Vereinten Nationen zu übergeben; erbeutete und abgegebene Waffen zu verschrotten; die Herstellung von Kriegsmaterial sofort einzustellen und wenigstens für die Periode des Waffenstillstands die Rüstungsproduktion wie auch das übrige wirtschaftliche Potential in Deutschland von den Vereinten Nationen kontrollieren zu lassen. Für die Zukunft wurden einschneidende Beschränkungen auf militärischem Gebiet empfohlen, die offensichtlich das Wiederaufleben eines deutschen Militarismus unmöglich machen sollten: Es wurde vorgeschlagen, Deutschland sowohl ein stehendes Heer als auch das Abhalten von Manövern zu verweigern. Der deutsche Generalstab sollte aufgelöst werden, ohne daß seine Wiederbelebung in irgendeiner anderen Form vorgesehen gewesen wäre. Zusätzliche Sicherheit vor einem erneuten Anwachsen des deutschen Militärpotentials versprachen sich die amerikanischen Sachverständigen von der Zerschlagung des Militärkastensystems, von der Demontage der Anlagen für Rüstungsproduktion, von dem Verbot von Einfuhr und Herstellung von Waffen, Munition, Kriegsmaterial, Kriegsgerät und der dazu notwendigen Rohstoffe sowie der Produktion von Flugzeugen aller Art, vor allem aber von einem dauerhaften Kontrollsystem, das unter der Oberaufsicht der Vereinten Nationen stehen sollte.

Der zweite Teil des amerikanischen Memorandums[37] enthielt Aussagen über den zukünftigen politischen Status Deutschlands. Sie waren am eindeutigsten zur erwünschten Regierungsform: Es sei die Meinung der amerikanischen Regierung, so hieß es vermeintlich unmißverständlich, daß auf Dauer die wünschbarste Form einer Regierung für Deutschland „eine Demokratie auf breiter Basis" wäre. Außer einer Verfassung, die die persönlichen und die politischen Freiheiten des einzelnen garantieren sollte, hielten die amerikanischen Experten die folgenden Voraussetzungen für das Gelingen eines neuen demokratischen Experiments in Deutschland für erforderlich: einen erträglichen Lebensstandard; die Beschränkung der Kontrollmaßnahmen auf die Erfordernisse der allgemeinen Sicherheit; und die Einheitlichkeit in der politischen Zielsetzung der Regierungen der drei Besatzungsmächte. Darüber hinaus sollten frühzeitig Schritte unternommen werden, um die Rede-, Religions- und Pressefreiheit ebenso wiederherzustellen wie die Freiheit zur Organisation politischer Parteien (mit Ausnahme der Nationalsozialistischen Partei), kultureller Vereinigungen und Gewerkschaften. Wenn es die Verhältnisse erlaubten, so verlautete vorsichtig, dann sollten auch Vorbereitungen für die Abhaltung freier Wahlen getroffen werden. Sie waren als Vorstufe zur Bildung jener deutschen Zentralregierung gedacht, der die Besatzungsmächte nach und nach die Verantwortung für die innere Verwaltung des Landes übertragen sollten. Unerläßliche Voraussetzungen für eine solche Entwicklung sei jedoch, so wurde auch in diesem zweiten Abschnitt des Memorandums nochmals betont, daß es gelingen werde, in der Phase des Waffenstillstandes mit Hilfe der alliierten Kontrolle die Grundlagen eines demokratischen Regimes zu legen.

In zwei Punkten einer künftigen Deutschlandregelung blieben die Aussagen des amerikanischen Memorandums vage: im Hinblick auf die Grenzen und die Frage der staatlichen Einheit Deutschlands. Über das Problem der Grenzen des neuen deutschen Staates wurde nur gesagt, daß diese Angelegenheit „bei einer allgemeinen Regelung des deutschen Problems" ins Blickfeld rücken werde.[38] Zur Frage der staatlichen Einheit Deutschlands entsprach die Aussage den zuletzt in einer Unterredung am 5. Oktober sichtbar gewordenen Meinungsverschiedenheiten zwischen Präsident Roosevelt und dem State Department[39]: Gegenwärtig könne man nicht genau feststellen, so hieß es bei Hull, ob die Folge der deutschen Niederlage ein stärkerer Trend zur politischen Einheit sein werde oder ob sich als Reaktion auf den Sturz des Hitlerregimes separatistische Bestrebungen bemerkbar machen würden. Immerhin ließ man bezüglich der inneren Struktur des neuen Deutschland keinen Zweifel daran, daß eine „politische Dezentralisierung" erstrebenswert sei. Mit Hilfe einer föderativen Gliederung und der Unterstützung jeder Bewegung, die sich in Deutschland „zugunsten einer Verminderung der preußischen Vorherrschaft über das Reich" bilden werde, sollte eine potentielle Gefährdung der allgemeinen Sicherheit durch den deutschen Staat vermindert werden.[40] Als die amerikanischen Vorschläge auf der siebenten Vollsitzung der Konferenz am 25. Oktober 1943 diskutiert wurden, zeichnete sich eine weitgehende Übereinstimmung zwischen den drei Großmächten in der Deutschlandfrage ab.[41] Hull ließ zwar keinen Zweifel daran, daß es sich bei dem Memorandum nur um einen ersten Überblick handeln könne, der den Rahmen für weitere Studien und Debatten bilden sollte, erntete jedoch viel Lob von seinen beiden Kollegen. Eden nannte die Ausarbeitung einen „nützlichen Beitrag" zum Gegenstand der Verhandlungen.[42] Molotov hatte die Zustimmung Moskaus mit strahlendem Gesicht, wie sich Hull erinnert, schon am Tage zuvor im Gespräch mit dem amerikanischen Staatssekretär zum Ausdruck gebracht. Hull erfuhr bei dieser Gelegenheit, daß Stalin das Memorandum gelesen und sich so begeistert [enthusiastic] gezeigt hatte, daß er es zum russischen Vorschlag zu erklären wünschte. Es bringe, so erläuterte Molotov dieses Einverständnis, ihre Gedanken über Deutschland so genau zum Ausdruck, als hätten sie sie selbst formuliert.[43]

Während nach der Diskussion vom 25. Oktober zwischen den Außenministern in der Grenzfrage Einigkeit darüber herrschte, daß Deutschland Ostpreußen verlieren und im übrigen zu den Grenzen vor dem Anschluß Österreichs [to her pre-Anschluss frontiers] zurückkehren sollte[44], blieb die Frage, ob das Deutsche Reich aufgegliedert werden solle oder nicht, auch weiterhin offen. Eden ließ wissen, daß seine Regierung den Fortbestand eines geeinten Deutschland nicht gern sehe und erläuterte die britische Auffassung zu diesem Punkt wie folgt: „Wir wünschen die Teilung Deutschlands in einzelne Staaten, genauer, wir wünschen die Abtrennung Preußens von den übrigen Teilen Deutschlands. Wir möchten daher die Separatistenbewegung in Deutschland ermuntern, die nach dem Kriege ihre Entwicklung erfahren könnte. Selbstverständlich läßt sich jetzt schwer bestimmen, welche Möglichkeiten uns zur Erreichung dieses Zieles gegeben sind und ob es sich mit Mitteln der Gewalt erreichen läßt. In dieser Hinsicht lasse ich diese Frage offen; jedoch ist die Möglichkeit, dieses Ziel gewaltsam zu erreichen, nicht ausgeschlossen."[45] Hull stellte in diesem Zusammenhang fest, daß „in hohen Kreisen" der Vereinigten Staaten auch die Neigung bestehe, Deutschland aufzuteilen, daß sich die Deutschlandsachverständigen hingegen skeptisch zeigten, ob eine solche Maßnahme durchführbar und langfristig nützlich sei.[46] Molotov hielt sich bei der Erörterung dieser Frage merklich zurück. Seine Regierung, so entschuldigte er sich gleichsam, befinde sich mit der Prüfung des Problems der Behandlung Deutschlands nach dem Kriege infolge der starken Beanspruchung mit militärischen Aufgaben etwas im Rückstand. Erneut sparte er aber nicht mit Lob für seinen amerikanischen Kollegen: Den Vereinigten Staaten und insbesondere ihrem Staatssekretär komme das Verdienst zu, „zum ersten Mal eine klare Stellungnahme zur Haltung gegenüber Deutschland vorgebracht zu haben". Hulls Vorschlag, so wiederholte er, entspreche durchaus den Vorstellungen der Sowjetregierung, sollte jedoch nach ihrer Ansicht „als Minimal- und nicht als Maximalvorschlag" betrachtet werden. Ohne näher darauf einzugehen, was im einzelnen darunter zu verstehen sei, umriß der Volkskommissar den sowjetischen Standpunkt mit der Formulierung, daß die Sowjetunion allen Maßnahmen ihre volle Zustimmung erteile, „die Deutschland für die Zukunft unschädlich machten".[47]

Diese Äußerung Molotovs ließ das Bemühen der Sowjetunion erkennen, ihren westlichen Verbündeten unverzüglich die eigene unzweideutige Haltung gegenüber dem „Dritten Reich" unter Beweis zu stellen. Sie signalisierte kurzfristig aber auch etwas von der in Moskau herrschenden Befriedigung über die Tatsache, das bisherige Wechselspiel in der Deutschlandpolitik aufgeben zu können. Dies mußte nicht bedeuten, daß Stalins enthusiastische Zustimmung zu dem Deutschlandpapier des State Department aus Begeisterung über den vermeintlichen sowjetisch-amerikanischen Gleichklang in der deutschen Frage erfolgt sei oder Hulls Forderung nach einer „Demokratie auf breiter Basis" für die Deutschen von Molotov schon als ein Einschwenken der Amerikaner auf die in Moskau favorisierte Volksfrontpolitik empfunden worden wäre. Vielmehr scheint in der sowjetischen Hauptstadt erkannt worden zu sein, daß eine Verwirklichung der in dem amerikanischen Deutschland-memorandum enthaltenen Maßnahmen nicht nur die Gewähr dafür bot, „daß Deutschland über lange Zeit als Machtfaktor völlig ausgeschaltet bleiben und zugleich der sowjetischen Kontrolle unterliegen würde"[48], sondern die UdSSR darüber hinaus auch ein beträchtliches Maß an Mitspracherecht bei der künftigen Gestaltung Europas bis in das Herz des Kontinents hinein sicherte. Im Zusammenhang mit dem absehbaren weiteren erfolgreichen Vordringen der Roten Armee eröffneten sich damit der bisher im wesentlichen an einer Sicherung der eigenen Westgrenze, d. h. des Besitzstandes vom Juni 1941, orientierten sowjetischen Kriegszielpolitik völlig neue Perspektiven: Der im Gespräch mit dem europäischen Bündnispartner Großbritannien im Blick auf eine Neuordnung des europäischen Kontinents wiederholt geäußerte Wunsch nach einer eigenen Einflußsphäre in Ostmittel- und Südosteuropa würde aller Voraussicht nach ebenso aus eigener Kraft verwirklicht wie ein Traumziel sowjetischer Außenpolitik erreicht werden können: die Einflußnahme auf das Schicksal des Deutschen Reiches. Vergleichbares konnten weder direkte Kontakte zum „Dritten Reich" Hitlers noch die ohne die erhoffte innerdeutsche Resonanz gebliebene Bewegung „Freies Deutschland" einbringen. Die Sonderfriedenskontakte konnte Moskau nunmehr, wenn auch inhaltlich verzerrt und zeitlich verschoben, bedenkenlos bestätigen und dadurch den Eindruck eines untadeligen Koalitionspartners erwecken: Mitte Oktober, so wurde Averell Harriman, der neue amerikanische Botschafter in der Sowjetunion, in einem Schreiben des Volkskommissariats für Auswärtige Angelegenheiten vom 13. November 1943 unterrichtet, habe ein Mitglied der sowjetischen Gesandtschaft in Stockholm bei einem Treffen mit einem gewissen Edgar Klaus Kontaktversuche einer Gruppe von deutschen Industriellen unter der Führung eines Herrn Kleist zurückgewiesen, die der Beendigung des Krieges im Jahre 1943 dienen sollten.[49] Die mit der Bewegung „Freies Deutschland" im Spiel um Deutschland befindliche Karte zog Moskau zwar nicht zurück, reduzierte ihren Wert jedoch den Amerikanern gegenüber deutlich: Harriman konnte am 4. November 1943 nach Washington berichten, die Russen hätten betont, daß alle „öffentlichen Bekundungen aus Moskau oder vom National-komitee ‚Freies Deutschland' [free Germany committee], die dem deutschen Volk gegenüber Freundschaft bezeugen", nur Propaganda seien, um den deutschen Widerstand zu schwächen.[50] Auch wenn sich die Sowjetregierung nach den Aussagen

Molotovs bei der Prüfung des Problems der Behandlung Deutschlands noch im Rückstand befand, wurde mit der Konferenz der Außenminister in Moskau ein neues Kapitel in der sowjetischen Deutschlandpolitik begonnen, dessen künftige Ausgestaltung beim Ausbleiben einer innerdeutschen Erhebung eng mit dem weiteren Schicksal der Anti-Hitler-Koaliton verknüpft sein würde.

2. Unverbindlichkeiten der „Großen Drei" in Teheran

Das Abschlußkommuniqué des ersten Gipfeltreffens der „Großen Drei" im Zweiten Weltkrieg, der Konferenz von Teheran[1], erweckte durchaus den Eindruck, als sei die Anti-Hitler-Koalition auf dem gemeinsamen Weg weiter vorangekommen, der wenige Wochen zuvor in Moskau eingeschlagen worden war. In der am 1. Dezember 1943 unterzeichneten Drei-Mächte-Erklärung brachten Roosevelt, Stalin und Churchill ihre Entschlossenheit zum Ausdruck, „daß unsere Länder sowohl im Kriege als auch in dem ihm folgenden Frieden zusammenarbeiten werden". Was den Frieden betreffe, so gaben sie sich überzeugt, daß das zwischen den Koalitionspartnern herrschende Einvernehmen „einen dauerhaften Frieden" gewährleisten werde. Konkrete Aussagen, welchen Weg man einschlagen wollte, um „Elend und Schrecken des Krieges für viele Generationen [zu] bannen", machten sie freilich nicht. Man habe, so hieß es zurückhaltend in der Erklärung, mit den diplomatischen Beratern „Fragen der Zukunft" erörtert.[2] Heute ist es kein Geheimnis mehr, daß konkrete militärische Verhandlungen und Vereinbarungen über die Errichtung einer zweiten Front in Nordfrankreich im Mittelpunkt der Besprechungen standen[3], während die Behandlung politischer Themen „eher zu Entwürfen als zu festen Absprachen" führte und die diesbezügliche Aufmerksamkeit der prominenten Teilnehmer „mehr auf die Darlegung des politisch Möglichen und Zweckmäßigen, denn auf Beschlüsse und verantwortliche Entscheidungen gerichtet" war.[4]

Diese Feststellung gilt für die Erörterung der Deutschlandfrage mit einer Einschränkung: In Teheran fiel im Hinblick auf die Festlegung der künftigen deutschen Ostgrenze eine wichtige Vorentscheidung. Stalin hatte am Abend des ersten Konferenztages bei einem festlichen Bankett versucht, den sich rasch schürzenden polnischen Knoten[5] aufzulösen, indem er für eine Westverschiebung Polens eintrat. Der Marschall habe besonders erwähnt, so verzeichnet das amerikanische Protokoll, „daß sich Polen bis zur Oder erstrecken sollte, und erklärte mit Bestimmtheit, daß die Russen den Polen helfen würden, eine Grenze an der Oder zu erhalten".[6] Bei dem anschließenden Gespräch mit Churchill konnte der sowjetische Regierungschef feststellen, daß die britische Seite bereit war, diesen Vorschlag zu unterstützen.[7] „Ich für meinen Teil glaube", so bekannte der Premierminister, „Polen könnte sich nach Westen verlagern, wie Soldaten, die seitlich wegtreten." Falls es dabei auf einige deutsche Zehen trete, dann könne man das nicht ändern.[8] Seitdem ist die Westverschiebung Polens, die Churchill im übrigen mit Hilfe dreier Streichhölzer an jenem Abend nochmals demonstrierte[9], zu einem festen Bestandteil der alliierten Deutschlandpolitik geworden.[10]

Während die „Großen Drei" sich also einig darüber zeigten, daß – um eine Formulierung Stalins zu gebrauchen – „die Wiedererrichtung, Vergrößerung und Entwicklung Polens in erster Linie auf Kosten Deutschlands" gehen sollte[11], blieben ihre Diskussionen über die Frage der Behandlung des Deutschen Reiches nach Beendigung des Krieges und um das Problem seiner Aufgliederung [dismemberment] in einem unverbindlichen Meinungsaustausch stecken. Eine Ursache dafür mag die mehr oder weniger offen zur Schau getragene Absicht der drei Regierungschefs gewesen sein, sich im Gespräch gegenseitig nach Vorstellungen und Vorschlägen zu diesen nach wie vor ungelösten Themenbereichen abzutasten. Schließlich war es die erste Gelegenheit, einander direkt zu studieren und die Ansichten der anderen über den Krieg, über seinen weiteren Verlauf oder über die Periode der Nachkriegszeit im unmittelbaren Gespräch kennenzulernen.[12] Um diesen Dialog zu erleichtern, war von den drei Delegationen keine feste Tagesordnung vereinbart worden. „Die Delegationsmitglieder", so erinnert sich V. M. Berežkov, einer der beiden offiziellen sowjetischen Konferenzdolmetscher, „sprachen zwanglos, ohne Vorlagen, ihre Gedanken über die betreffenden Fragen frei aus dem Stegreif formulierend."[13] Die Diskussionen seien auf diese Weise „manchmal von einem Thema zum anderen" gesprungen, und vor allem die beiden westlichen Regierungschefs, so wird man nach einem Studium der Protokolle hinzufügen können, ließen dabei ihren Vorurteilen, Lieblingsideen und Wunschvorstellungen allzu freien Lauf. Unter diesen Umständen konnte die beim voraufgegangenen Treffen der Außenminister in Moskau erzielte Übereinstimmung in einigen Grundfragen des Deutschlandproblems nicht weiter vertieft werden. Sieht man von der Vorentscheidung in der Frage der deutschen Ostgrenze ab, so zeitigte die Gipfelkonferenz in der persischen Hauptstadt für die endgültige Ausformung einer politischen Willensbildung der Anti-Hitler-Koalition in der deutschen Frage keine greifbaren Ergebnisse in der Form konkreter Vereinbarungen.

Wenn das Gipfeltreffen von Teheran für die weitere Entwicklung der interalliierten Zusammenarbeit in der Deutschlandfrage dennoch von Bedeutung war, dann deshalb, weil die Gespräche einiges Licht auf die Verhandlungsziele der teilnehmenden Mächte und auf die damit verbundene Politik warfen.[14] So war es für die westliche Position bezeichnend, daß sich Roosevelt und Churchill bei ihrem Versuch, die politischen Absichten Moskaus für Deutschland zu erkunden, auf die bei dem vorbereitenden Treffen der Außenminister offengebliebene Frage nach einer Aufteilung des Deutschen Reiches beschränkten, währenddessen Stalin offenbar auf eine umfassendere Erörterung des Deutschlandproblems Wert legte. Es war ebenso aufschlußreich, daß die beiden westlichen Regierungschefs in der Aufgliederung, in der Entmilitarisierung und in einer nicht näher beschriebenen Kontrolle Deutschlands die Mittel erblickten, die sie für ausreichend hielten, um die deutsche Gefahr künftig dauerhaft zu bannen, wohingegen Stalin zu verstehen gab, daß nach seiner Meinung diese Maßnahmen nicht genügen würden, um dieses Ziel zu erreichen. Nicht umsonst versuchte der Marschall immer wieder, seine anglo-amerikanischen Bündnispartner für ein möglichst hartes Vorgehen gegen Deutschland zu gewinnen und sie darüber hinaus dahin zu bringen, diese Härte auch öffentlich bekanntzugeben.[15] Am Beispiel von Roosevelts Vorschlag, Deutschland zur bedingungslosen Kapitulation zu zwingen, demonstrierte der sowjetische Regierungschef, was er sich von einer solchen öffentlichen Mitteilung versprach: Wenn man die Verpflichtungen genau definiere, die Deutschland auferlegt werden sollten, so argumentierte er, und damit den Deutschen klarmache, was sie eigentlich zu akzeptieren hätten, dann würde das die Kapitulation nur beschleunigen.[16]

So wie Stalin die allgemeine Forderung nach bedingungsloser Kapitulation mitten im Kriege als zu abstrakt erschien, so hielt er alle Maßnahmen, die von Roosevelt und Churchill für die Unterwerfung und Kontrolle Deutschlands in der Nachkriegszeit vorgeschlagen worden waren, für unzureichend.[17] Als Roosevelt während eines festlichen Banketts am Abend des ersten Verhandlungstages die Forderung erhob, der Begriff „Reich" müsse aus dem Bewußtsein der Deutschen verbannt und das Wort aus der deutschen Sprache gestrichen werden, machte Stalin sofort darauf aufmerksam, daß es nicht genüge, das Wort auszumerzen. Eher müsse, so widersprach er dem Präsidenten, das Reich selber unfähig gemacht werden, die Welt jemals wieder in einen Krieg zu stürzen. Er verwies vielmehr auf seinen schon im Dezember 1941 gegenüber Eden zum Ausdruck gebrachten Vorschlag einer gezielten Stützpunktpolitik: Wenn die Alliierten nach ihrem Sieg nicht die strategischen Positionen in ihrer Hand behielten, die notwendig wären, um jegliches Wiederaufleben des deutschen Militarismus zu verhindern, dann hätten sie ihre Pflicht nicht erfüllt.[18]

Im Gespräch mit Churchill und Eden, mit denen Stalin am Abend des 18. November 1943 in Abwesenheit Roosevelts das Problem der Behandlung Deutschlands nochmals diskutierte, verstärkten sich die Bemühungen der Marschalls noch, seine Bundesgenossen zu einem harten Vorgehen in der deutschen Frage zu veranlassen.[19] Als sich der Präsident an jenem Abend nach Beendigung des Diners ermüdet zurückgezogen hatte[20], war der sowjetische Regierungschef vom britischen Premierminister beiseitegenommen worden. Churchill schlug vor, sich darüber zu unterhalten, „was nach errungenem Sieg zu tun sein werde".[21] Stalin, der dem Gedankenaustausch bereitwillig zugestimmt hatte, kam sofort auf das deutsche Problem zu sprechen und wies seinen britischen Gesprächspartner erneut mit Nachdruck auf die Gefahr hin, die von Deutschland auch nach dem Kriege drohen könne. Deutschland, so begründete er diese Befürchtungen, besitze jede Fähigkeit, „sich nach dem Krieg schnell zu erholen und binnen verhältnismäßig kurzer Zeit einen neuen zu beginnen". Ein Wiederaufleben des deutschen Nationalismus sei durchaus zu befürchten. In diesem Zusammenhang erinnerte er an das Ende des Ersten Weltkrieges: Nach Versailles habe der Friede auch als gesichert gegolten, aber Deutschland habe sich rasch erholt. Die Deutschen, so bekundete er seinen hohen Respekt vor dem Gegner, seien „ein tüchtiges Volk, voller Erfindungsgeist und sehr fleißig". Sie würden, so befürchtete er, nicht lange zu ihrer Erholung brauchen: Stalin gab sich davon überzeugt, daß Deutschland „in fünfzehn bis zwanzig Jahren" wieder „auf die Füße" kommen werde.[22] Die „spezifischen Verhältnisse Deutschlands mit seinem Junkertum und seinen großen Rüstungskonzernen" seien so gelagert, versuchte er dem britischen Premierminister klarzumachen, daß es immer aufs neue eine Gefahr für den Frieden bilden könne. „Wir könnten allerdings versuchen", so deutete er erstmalig die Möglichkeit einer grundlegenden Veränderung der Gesellschaftsordnung Nachkriegsdeutschlands an, „diese Verhältnisse zu ändern".[23]

Churchill überhörte oder ignorierte diese – übrigens nur von Stalins Dolmetscher Berežkov überlieferte – Bemerkung[24] und gab sich optimistischer als sein sowjetischer Kollege: Bestimmte Kontrollmaßnahmen, beispielsweise das Verbot der zivilen wie der militärischen Luftfahrt und die Auflösung des Generalstabs, hielt er für ausreichend. Mit dieser Einstellung stieß er jedoch beim sowjetischen Regierungschef auf Widerspruch: „Wollen Sie auch Uhren- und Möbelfabriken verbieten", so hielt dieser seinem britischen Gesprächspartner entgegen, „in denen ohne weiteres Granatenteile hergestellt werden können? Die Deutschen haben Kindergewehre fabriziert, mit denen Hunderttausende im Schießen ausgebildet wurden."[25] Auch die von Churchill für Nachkriegsdeutschland vorgeschlagenen einschneidenden territorialen Veränderungen fanden nicht die uneingeschränkte Billigung Stalins. Der Premierminister, der der Überzeugung war, daß Preußen die Wurzel allen deutschen Übels sei, glaubte offenbar, daß dessen Schwächung eine Garantie für die Sicherung des Weltfriedens sein könne. Er persönlich, so erläuterte er Stalin in diesem Gespräch seinen eher von Vorurteilen als von Sachkenntnis bestimmten Plan, würde dafür eintreten, „Preußen zu verkleinern und zu isolieren, während Bayern, Österreich und Ungarn einen großen, friedlichen Bund ohne Aggressionstendenzen bilden könnten". Preußen, so versuchte er Stalin klarzumachen, müsse strenger behandelt werden als das übrige Reich, „um dieses abzuhalten, sein Geschick mit dem Preußens zu verbinden".[26]

Stalin bezeichnete diesen Plan zwar als „sehr schön", ließ aber gleichzeitig erkennen, daß er ihn nicht für ausreichend hielt, um diese Nation auf die Dauer niederzuhalten. Im Gegensatz zu Churchill, der es immerhin für möglich erachtete, „etwas aus dem deutschen Volke zu machen, wenn sich dafür eine Generation aufopfere, schwer arbeite und umerziehen lasse"[27], und auch im Gegensatz zu öffentlichen Bekundungen aus Moskau habe Stalin nicht die Hoffnung aufkommen lassen, so schildert der amerikanische Protokollant Charles E. Bohlen seine Eindrücke von den Ausführungen des sowjetischen Regierungschefs, als glaube er noch an eine Möglichkeit, das deutsche Volk durch Erziehung zu ändern. Er erweckte vielmehr den Eindruck, als seien die Deutschen hoffnungslos autoritätsgläubig, und schilderte als Beispiel dafür ein Erlebnis, das er angeblich im Jahre 1907 bei einem Aufenthalt in Leipzig gehabt haben will: Dort habe er mit eigenen Augen gesehen, daß zweihundert Arbeiter eine wichtige Massenversammlung versäumt hätten, „nur weil auf dem Bahnsteig kein Fahrkartenkontrolleur da war, der ihnen erlaubte, die Station zu verlassen".[28] Enttäuscht von der Haltung des deutschen Arbeiters im Krieg gegen die Sowjetunion ließ sich Stalin in Teheran dazu hinreißen, ein drastisches Gegenmittel gegen die von ihm beklagte Untertanenmentalität der Deutschen vorzuschlagen: Er erläuterte dem britischen Premierminister, daß es in den deutschen Divisionen viele Werktätige gebe, die auf die Frage, weshalb sie für Hitler kämpften, geantwortet hätten, sie gehorchten Befehlen. Solche Gefangene, so erklärte Stalin dem überraschten Churchill, lasse er erschießen.[29] Am Tage darauf, am 29. November 1943, wiederholte der sowjetische Regierungschef seine drastische Rezeptur zur Behandlung Deutschlands in einem anderen Zusammenhang: Nachdem er schon am Nachmittag in einem Gespräch unter vier Augen mit dem amerikanischen Präsidenten die angeblich leichtfertige Haltung Churchills in der Deutschlandfrage beklagt hatte[30], konnte er sich auch beim abendlichen Bankett einiger Sticheleien und provozierender Äußerungen gegenüber dem britischen Regierungschef nicht enthalten.[31] Sie gingen von der scherzhaft hingeworfenen Behauptung, Churchill hege inzwischen eine Zuneigung für Deutschland und wünsche deshalb einen milden Friedensvertrag, bis hin zu teilweise makaber wirkenden konkreten Vorschlägen für eine wirksame Kontrolle Deutschlands: So forderte er beispielsweise die physische Liquidierung des deutschen Generalstabes.[32] Die ganze Schlagkraft der mächtigen Armeen Hitlers, so erinnerte sich Churchill später an die

Stalin'sche Argumentation für eine solche Maßnahme, hänge von etlichen fünfzigtausend Offizieren und Sachverständigen ab. Wenn man sie bei Kriegsende festnehme und erschieße, dann sei Deutschlands militärische Kraft für immer gebrochen.[33] Außerdem schlug Stalin vor, die Alliierten sollten die wichtigsten strategischen Punkte in der Welt besetzen, um Deutschland sofort stoppen zu können, wenn dieses auch nur „einen Muskel bewege".[34] Nur diese beiden Maßnahmen boten nach seiner Meinung die Gewähr dafür, daß Deutschland nicht nach fünfzehn oder zwanzig Jahren wieder einen Krieg vom Zaune brechen könne.

Wie ernst Stalins Vorschläge für eine dauerhafte Lösung der „deutschen Frage" gemeint waren, ist in Teheran nicht geklärt worden. Schuld daran war der unverbindliche Charakter der in den Pausen oder nach den Vollsitzungen der Konferenz geführten Aussprache über Deutschland, der sich im übrigen auch dann nicht änderte, als diese Problematik auf der Schlußsitzung am 1. Dezember 1943 Eingang in die offiziellen Besprechungen des Gipfeltreffens fand.[35] Ohne mehr als einen lockeren Meinungsaustausch herbeiführen zu können, warf dabei Roosevelt die Frage auf, ob Deutschland geteilt werden solle oder nicht.[36] Konsequent im Sinne seiner bisherigen Ausführungen antwortete Stalin sofort, er würde Deutschland am liebsten aufgeteilt sehen[37], und sprach sich für Roosevelts Teilungsplan aus, der auf die Zerstückelung des Deutschen Reiches in fünf selbständige Teilgebiete hinauslief.[38] Hingegen fand Churchills Konzeption nicht seine Zustimmung. Dem Premierminister kam es bekanntlich in erster Linie darauf an, Preußen zu isolieren. Was nach der Trennung „vom übrigen Deutschland" mit diesem Land geschehen würde, war für ihn von „sekundärer Natur". Sachsen, Bayern, die Pfalz, Baden und Württemberg wollte er auch „vom Reich loslösen", aber behutsamer anfassen, weil er glaubte, die Bevölkerung dieser Teile Deutschlands sei friedfertiger. Diese Länder, so erläuterte er seinen Gesprächspartnern in Teheran, würde er „am liebsten in einem Bund zusammenschließen", der als „Donaubund" bezeichnet wurde, und außerdem „in erträglichen Lebensbedingungen" sehen, weil er annahm, daß die nächste Generation ganz anders denken und empfinden werde als die heutige. Süddeutschland, so beschied er Stalin, werde keinen neuen Krieg beginnen, wenn man „die Dinge" nur so gestalte, „daß es sich nicht zu Preußen hingezogen fühlt".[39] Stalin machte jedoch kein Hehl daraus, daß ihm Roosevelts Plan zur Aufteilung Deutschlands lieber war, weil er „eine größere Schwächung Deutschlands" versprach. Wenn man mit großen Massen deutscher Truppen im Kampf stehe, so berichtete er über die Erfahrungen der sowjetischen Soldaten mit den Deutschen, dann werde man finden, daß alle „wie die Teufel" kämpften. Von den Österreichern abgesehen, so fügte er einschränkend hinzu, kämpften alle Deutschen gleich. Zwar bildeten die preußischen Offiziere das Rückgrat der deutschen Armee, aber zwischen Nord- und Süddeutschen, so hielt er Churchill entgegen, bestehe kein grundsätzlicher Unterschied, denn alle Deutschen, so wiederholte er, kämpften „wie wilde Tiere".[40]

Mit besonderem Nachdruck wandte sich der sowjetische Regierungschef gegen die britischen Pläne einer „Donauföderation". Man müsse sich davor hüten, so warnte er, die Österreicher in irgendeine derartige Kombination einzuschließen. Österreich habe als Staat selbständig existiert und solle es wieder tun. Ebenso sollte Ungarn nach Stalins Meinung selbständig bleiben. Er hielt einen „Donaubund" für zu künstlich, vor allem aber für gefährlich, weil er den Deutschen die Möglichkeit eröffnen könne, die in diesem Bund vereinigten Staaten unter ihre Gewalt zu bekommen. Die Deutschen, so argumentierte er, würden aus diesem Gebilde einen Vorteil ziehen, „indem sie einem bloßen Skelett Fleisch und Blut geben und einen neuen großen Staat schaffen würden". Unter diesen Umständen ließ der sowjetische Regierungschef erneut keinen Zweifel daran, daß er es für besser hielt, „die deutschen Stämme zu zersplittern". Dafür nahm er es in Kauf, daß ein Streben „nach Wiedervereinigung" [re-unification] einsetzen werde — eine Bewegung, die er zwar für natürlich hielt, aber auch für eine große Gefahr für den Frieden in Europa, „der man mit wirtschaftlichen Maßnahmen begegnen müsse und auf die Dauer nötigenfalls mit Gewalt". Es werde jedenfalls nötig sein, so forderte er seine westlichen Bündnispartner erneut zu einer harten Haltung in der „deutschen Frage" auf, selber so stark zu bleiben, daß man die Deutschen schlagen könne, falls sie in ihrem Streben nach Revanche einen neuen Krieg entfesseln würden.[41]

Wenn man nach den Diskussionen der „Großen Drei" auf der Konferenz von Teheran davon ausgeht, daß für die sowjetische Seite mindestens eine langfristige militärische Kontrolle und eine dauerhafte wirtschaftliche Schwächung des gemeinsamen Feindes unverzichtbare Kriterien alliierter Deutschlandpolitik gewesen sind, dann muß die Aussprache über das Deutschlandproblem in der persischen Hauptstadt für Stalin eine erhebliche Enttäuschung gewesen sein. Die letztlich alles überragende Frage, wie Deutschland von den Siegern dereinst zu behandeln sei, so schreibt selbst Churchill in seinen Memoiren, habe am Meilenstein Teheran des Weges der Anti-Hitler-Koalition nur Gegenstand „eines vorläufigen Überblickes über ein ungeheures historisches Problem" sein können, sogar nur „eines sehr vorläufigen", wie Stalin selbst seinen britischen Bundesgenossen noch in Teheran bedauernd korrigierte.[42] Der einzig konkrete Beschluß der „Großen Drei" in der Deutschlandfrage bestand darin, den Gegenstand zur weiteren Beratung an die von den Außenministern in Moskau ins Leben gerufene „European Advisory Commission" zu delegieren.[43] Dieser bezeichnende Vorgang, die Übermittlung des ungelösten Deutschlandproblems an die Experten der Londoner Kommission, mag dem seinerzeit offiziell geäußerten Optimismus über die Möglichkeiten konstruktiver Zusammenarbeit der drei Mächte widersprochen haben. Viel entscheidender war, daß die zwischen den drei Regierungschefs aufgetretenen Differenzen in der Beurteilung des Deutschlandproblems nicht ausgetragen wurden. Wenn die Gespräche von Teheran dadurch eher den Charakter eines unverbindlichen Meinungsaustauschs erhielten, dann dürften Roosevelt und Churchill gewiß nicht zu den Gewinnern der prominenten Informationsrunde gezählt werden. Mancher Beobachter der Szenerie in Persiens Hauptstadt zweifelte sogar rundweg daran, daß es den beiden beispielsweise gelungen sein könnte, herauszufinden, was die Russen nun eigentlich wollten.[44] Zumindest hatten es die beiden westlichen Alliierten versäumt, mit ihrem sowjetischen Bundesgenossen konkrete Zielabsprachen für eine gemeinsame Deutschlandpolitik zu treffen. Stalin hatte in den Gesprächen über die Zukunft des Deutschen Reiches weder eine einheitliche Konzeption vorgelegt noch detaillierte Aussagen über seine Vorstellungen von einer Neugestaltung der europäischen Mitte entwickelt. Aus seinen Ausführungen war allenfalls zu erkennen gewesen, daß eine nachhaltige Schwächung Deutschlands zu den sowjetischen Kriegszielen gehörte und daß er die von Roosevelt und Churchill zu diesem Zweck ins Auge gefaßten Maßnahmen nicht für ausreichend hielt, um den gewünschten langfristig wirksamen Kontroll- und Schwächungseffekt zu erzielen. Seine bei verschiedenen Gelegenheiten und gegenüber jeweils anderen Gesprächspartnern vorgebrachten Empfehlungen — Einschränkung der deutschen Industriekapazität, wirtschaftliche Sanktionen, Errichtung von Stützpunkten, Liquidierung des deutschen Offizierskorps, Erhaltung des militärischen Potentials der Alliierten — waren von den westlichen Staatsmännern nicht ausgelotet worden. Sein einziger wirklich revolutionärer Vorschlag, die Gesellschaftsordnung in Deutschland radikal zu ändern, den er im Gespräch mit Churchill machte, war obendrein ohne Resonanz und damit ohne jede Wirkung geblieben, weil ihn der britische Premierminister nicht verstand oder bewußt ignorierte. Stalin dürfte sich gehütet haben, ihn zu wiederholen, weil er nach der Aussage seines Dolmetschers Berežkov alles vermeiden wollte, was auch nur den geringsten Anlaß zu der Beschuldigung oder Verdächtigung hätte Anlaß geben können, die Sowjetunion wolle die „Weltrevolution" exportieren.[45]

Unbestreitbar ist dagegen, daß es der sowjetische Regierungschef ausgezeichnet verstanden hat, „mit seiner beharrlichen Frage nach der Deutschland zugedachten Behandlung die Vorstellungen und Vorschläge der Briten und Amerikaner in Erfahrung zu bringen".[46] Ihm dürfte dabei nicht entgangen sein, daß von einer detaillierten Deutschlandplanung seiner westlichen Alliierten noch keine Rede sein konnte[47], von den offenkundigen Meinungsverschiedenheiten zwischen London und Washington ganz zu schweigen. Es ist nicht bekannt, ob Stalin die in seinen Augen oberflächliche Behandlung der staatlichen und gesellschaftlichen Neuordnung Deutschlands bloß als sträflichen Leichtsinn seiner beiden Bundesgenossen wertete oder mißtrauisch dahinter schon ein taktisches Kalkül der „kapitalistischen" Führungsmächte für eine in ihrem Sinne vorteilhaftere europäische Nachkriegsordnung vermutete. Seine zahlreichen Warnungen vor einer allzu unverbindlichen Erörterung der deutschen Frage lassen nur den Schluß zu, daß er in Teheran zunächst bereit gewesen zu sein scheint, ein gutes Stück auf jenem Wege weiterzugehen, der mit dem amerikanischen Deutschlandmemorandum auf der Moskauer Außenministerkonferenz eingeschlagen worden war. Ob sich diese kooperative Haltung an Ort und Stelle änderte, nachdem bei ihm der Eindruck entstanden war, als werde vor allem von Churchill einer langfristigen Liquidierung des deutschen Militär- und Wirtschaftspotentials nicht die gleiche Bedeutung beigemessen wie von sowjetischer Seite, ist nicht bekannt. Zwar wurde die von Roosevelt zu Beginn der Verhandlungen in Teheran apostrophierte familiäre Verbundenheit der „Großen Drei" schon kurz nach Beendigung des ersten Gipfeltreffens in dem Moment zur Farce, als das Politbüro des ZK der KPdSU unter der persönlichen Leitung Stalins im Dezember 1943 jenen Plan ausarbeitete, „der nach dem Sieg über Deutschland das Muster für die allmähliche Machtübernahme durch die kommunistischen Parteien in den von der Roten Armee besetzten Ländern wurde".[48] Das mußte jedoch keineswegs bedeuten, daß in Moskau seinerzeit auch für Deutschland ein kommunistischer Staatsstreich vorbereitet worden wäre. Gewiß konnte durch das absehbare, von keiner anglo-amerikanischen Invasion auf dem Balkan gestörte Vordringen der Roten Armee in die europäische Mitte an einer maßgeblichen Einflußnahme der Sowjetunion auf das Geschehen im Nachkriegsdeutschland kein Zweifel bestehen. Es stand aber ebenso fest, daß von den Außenministern auf ihrem Moskauer Treffen eine gemeinsame Besetzung des Deutschen Reiches vereinbart worden war. Unter dieser Voraussetzung wurde es für die Sowjetunion eher erforderlich, den von Molotov gelegentlich beklagten Rückstand in der eigenen Deutschlandplanung rasch aufzuholen. Stalin würde in der Deutschlandpolitik dann möglicherweise wirklich jenen „Fahrersitz" in der alliierten Trojka einnehmen können, den ihm mancher Beobachter nach dem Gipfeltreffen im Iran ohnehin ganz allgemein zuschreiben wollte.[49]

3. Rahmenvereinbarungen zur Besetzung und Verwaltung Deutschlands

Nach dem vermeintlichen Gipfelpunkt des alliierten Zweckbündnisses der Anti-Hitler-Koalition, der Konferenz von Teheran[1], gab es keine bessere Probe auf das Exempel der öffentlich zur Schau getragenen Gemeinsamkeit im politischen Handeln der „Großen Drei" als die für Anfang des Jahres 1944 anberaumten Beratungen der „European Advisory Commission".[2] Dieses Gremium war bekanntlich ins Leben gerufen worden, um die Vorbereitungen für die Lösung der politischen Probleme der Nachkriegszeit in ein konkretes Stadium treten zu lassen. Die Verhandlungsergebnisse der „Londoner Kommission", wie das Gremium nach seinem Tagungsort auch genannt worden ist, würden einen ersten Aufschluß darüber geben können, ob die Deutschlandpolitik der drei alliierten Mächte nach Teheran überhaupt noch auf einen gemeinsamen Nenner zu bringen war. Wenn die Aussichten dafür von vornherein nicht besonders günstig beurteilt werden konnten, dann trugen daran die Sowjets und die Amerikaner zunächst zu gleichen Teilen die Schuld. Beide hatten schon durch die Ernennung ihrer Londoner Botschafter F. T. Gusev und John G. Winant zu erkennen gegeben, daß sie an einer allzu raschen Klärung der bestehenden Probleme nicht interessiert, zumindest jedoch nicht genügend darauf vorbereitet waren.[3] Wenn ersteres für die sowjetische Delegation nur unterstellt werden kann, dann traf letzteres nach dem freimütigen Bekenntnis von George F. Kennan für die Amerikaner mit Gewißheit zu.[4]
Als noch gravierender für den Verlauf der Verhandlungen erwies sich freilich die Tatsache, daß eine wichtige Entscheidung bereits gefallen war, noch ehe sich die drei Delegationen mit Gusev, Winant und dem britischen Berufsdiplomaten Sir William Strang an der Spitze am 14. Januar 1944 im Londoner Lancaster House zu ihrer konstituierenden Sitzung versammelten.[5] Bei der Klärung der Frage, welche Aufgaben die Kommission erfüllen sollte, hatte es ein Vierteljahr zuvor bei den Moskauer Verhandlungen der drei Außenminister erhebliche Meinungsverschiedenheiten gegeben. Nach den Vorstellungen Anthony Edens sollte es sich bei der Kommission um „eine Clearingstelle für alle mit dem Krieg verbundenen europäischen Probleme von gemeinsamem, allgemeinem Interesse (militärische Operationen ausgenommen)" handeln.[6] Den Briten war es seinerzeit vor allem darauf angekommen, rechtzeitig eine für alle drei Mächte bindende Regelung über die Besetzung und Verwaltung des besiegten Deutschland zu erarbeiten.[7] Den Amerikanern war diese Auffassung jedoch zu weit gegangen. Insbesondere kollidierte sie, wie George Kennan aus eigener Erfahrung berichtet, mit Roosevelts Abneigung gegen alles, „was ihn im voraus hätte festlegen oder seine Handlungsfreiheit bei der Neuordnung Nachkriegseuropas hätte beschneiden können".[8] Demzufolge bestand Cordell Hull darauf, die Tätigkeit dieses Gremiums müsse auf die Ausarbeitung der Waffenstillstandsbedingungen und auf die Vorbereitung der technischen Voraussetzun-

gen für die Besetzung und Kontrolle Deutschlands beschränkt bleiben.[9] Vom sowjetischen Außenkommissar Molotov ist bekannt, daß er sich der Auffassung seines amerikanischen Kollegen anschloß.[10] Beide zusammen setzten sich schließlich auf der Konferenz von Moskau mit ihrer Ansicht durch.

Die negativen Auswirkungen dieses Beschlusses zeigten sich in London rasch. Die westlichen Mitglieder der Kommission, die in der Überzeugung in die britische Hauptstadt gekommen waren, „das entscheidende Wort über den neuen Frieden sprechen zu dürfen", und sich schon „als die Erben jener Diplomaten [sahen], die durch den Wiener Kongreß von 1814 getanzt waren und 1918 den Versailler Vertrag entworfen hatten", mußten ihre Hoffnungen, Europa diesmal eine endgültige Ordnung geben zu können, bald begraben.[11] Die Wirkungsmöglichkeiten der „European Advisory Commission" blieben eng begrenzt. Von einer beratenden Tätigkeit konnte kaum die Rede sein. Was blieb, so berichtet Kennan aus eigener Erfahrung, sei weniger ein beratendes Gremium als eine Stelle gewesen, „bei der man amtliche Auffassungen einreichen und notieren lassen konnte, wobei es den betreffenden Regierungen überlassen blieb, diese Auffassungen einander anzugleichen oder auch nicht, ganz nach Lust und Laune".[12]

Angesichts einer noch kaum entwickelten eigenen Deutschlandplanung war an den sowjetischen Delegationschef Gusev offenbar die Weisung ausgegeben worden, sich streng an die Vereinbarungen der Moskauer Konferenz zu halten. Die anglo-amerikanischen Diplomaten stellten jedenfalls sehr rasch fest, „daß die Russen, abgesehen von den Kapitulationsbedingungen, ‚vorläufig' über nichts verhandeln wollten".[13] Die Grundlage für die einzige Ausnahme, die sie machten, war Roosevelts Forderung nach „bedingungsloser Kapitulation", die von Churchill und später mit Einschränkungen auch von Stalin gebilligt worden war. Es standen drei verschiedene Memoranden und Entwürfe der einzelnen Delegationen und damit drei verschiedene Meinungen zur Debatte: von britischer Seite die Kurzfassung und ein aus siebzig Artikeln bestehender längerer Entwurf eines Waffenstillstandsabkommens („Draft German Armistice") vom 15. Januar 1944[14], von amerikanischer eine Denkschrift vom 25. Januar und der Entwurf einer Kapitulationsurkunde („Draft Instrument and Acknowledgment of Unconditional Surrender") vom 15. Februar 1944[15] sowie von sowjetischer ein Entwurf der Kapitulationsbedingungen vom 15. Februar 1944.[16]

Übereinstimmung herrschte nur in zwei Punkten: Alle Londoner Unterhändler gingen davon aus, daß zur Zeit der Kapitulation eine zentrale deutsche Zivilbehörde existieren werde, die zur Unterzeichnung der Kapitulationsurkunde bevollmächtigt sei. Außerdem glaubten sie, daß die Kapitulationsbedingungen den drei Regierungen der Anti-Hitler-Koalition die Ausübung der Regierungsgewalt übertragen müßten.[17] Dagegen kam es über die Art und Weise dieser Machtausübung zu grundlegenden Meinungsverschiedenheiten, die vor allem zwischen Briten und Russen ausgetragen wurden. Nach britischen Vorstellungen sollten die drei Militärbefehlshaber nach vollzogener Kapitulation für die Behandlung Deutschlands die alleinige Verantwortung tragen. Der von Strang in die Debatte eingeführte Entwurf eines Waffenstillstandsabkommens war nicht zuletzt aus diesem Grund „ein langes und faßliches Dokument von 70 Artikeln einschließlich einer umfassenden Anzahl detaillierter politischer und wirtschaftlicher Bestimmungen und militärischer Maßnahmen". Außerdem wollten die Briten so bald wie möglich eine deutsche

Regierung einsetzen, die die schwierigsten Aufgaben der Verwaltung und der Ernährung der Bevölkerung selbst übernehmen sollte. Ihnen kam es sehr darauf an, in den Kapitulationsbedingungen möglichst zu vermeiden, „daß die Alliierten eine zu große Autorität übernahmen, weil die Macht unvermeidlich auch Verantwortung bedeutete".[18]

Die Russen dagegen, so drückte es das amerikanische Delegationsmitglied Charles W. Thayer salopp aus, waren dafür, „ganz Deutschland mit Haut und Haaren zu übernehmen, obschon sie ... nichts darüber verrieten, wie sie Deutschland zu regieren gedachten".[19] Ihnen war zuallererst daran gelegen, „die militärische Kapitulation Deutschlands zu sichern und die deutsche Militärmaschine zu zerbrechen und zu entwaffnen". Wichtig sei es, so betonte der sowjetische Delegationschef, „eine deutsche Unterschrift zu erhalten". Auf eine Festschreibung politischer Prinzipien für die Behandlung Deutschlands nach seiner Niederwerfung ließ sich Gusev nicht ein. Wenn man den Kapitulationsvorgang mit zu drastischen nichtmilitärischen Bedingungen belaste, so argumentierte er gegen die vor allem von den Briten geforderten politischen Absprachen, dann sei zu befürchten, daß das deutsche Volk zur Fortsetzung des Kampfes gegen die Verbündeten gezwungen werde. Dem auf den rein militärischen Aspekt des Kapitulationsvorganges konzentrierten Interesse der Russen entsprach der von ihnen vorgelegte Entwurf: Es war ein aus zwanzig Artikeln bestehendes Dokument, das bestimmte militärische Maßnahmen vorsah, und nur einen Artikel allgemeiner Art enthielt, der weitere Forderungen der Alliierten ankündigte, die später vorgelegt würden und bedingungslos zu akzeptieren seien.[20]

Nach eingehender Diskussion einigten sich die drei Delegationen auf einen Kompromißvorschlag der Briten. Danach sollte die Kapitulationsurkunde die spezifisch militärischen Bestimmungen des sowjetischen Entwurfs enthalten und durch ein oder zwei allgemeine Bestimmungen [provisions] ergänzt werden, die die Oberbefehlshaber ermächtigten, weitere Forderungen zu erheben. Darüber hinaus bestand britischerseits die Absicht, dem Entwurf eine Reihe von politischen, wirtschaftlichen und militärischen Bestimmungen beizufügen, die bei der Verkündung oder nach der Unterzeichnung der Kapitulation in Kraft gesetzt werden sollten.[21] Gusev billigte den britischen Kompromißvorschlag, so daß das Dokument am 25. Juli 1944 von den Bevollmächtigten der drei in der Kommission vertretenen Regierungen unterzeichnet werden konnte.[22]

Die sowjetische Zustimmung erfolgte in der Gewißheit, daß die Urkunde den eigenen Vorstellungen entsprach und auch in ihrer einzigen politischen Aussage nicht präjudizierend wirkte: „Die Vereinigten Staaten von Amerika, das Vereinigte Königreich und die Union der Sozialistischen Sowjetrepubliken", so hieß es in Artikel 12 des Dokuments, „werden in Deutschland die höchste Regierungsgewalt ausüben." Auf welche Weise das geschehen sollte, konnte beim damaligen Stand der interalliierten Deutschlanddiskussion allenfalls vage angedeutet werden: In Ausübung dieser Regierungsgewalt würden die Alliierten „diejenigen Maßnahmen treffen, die sie zum künftigen Frieden und zur künftigen Sicherheit für erforderlich halten". Konkret war in diesem Zusammenhang nur von einer vollständigen Abrüstung und Entmilitarisierung Deutschlands die Rede. Weitere Maßnahmen wurden in Aussicht gestellt: Die Alliierten würden Deutschland, so hieß es, „zusätzliche politische, verwaltungsmäßige, wirtschaftliche, finanzielle, militärische und sonstige Forderungen auferlegen, die sich aus der Übergabe Deutschlands ergeben".[23] Wenn das „Unconditional Surrender"-Dokument gelegentlich als „eines der wesentlichsten Zeugnisse der alliierten Deutschlandpolitik während des Krieges" bezeichnet worden ist, dann trifft diese Charakteristik allenfalls deshalb zu, weil dieses Papier nicht nur deutlich macht, „wie sich im damaligen Zeitpunkt die Anti-Hitler-Koalition die Beendigung der Feindseligkeiten mit Deutschland vorgestellt hat", sondern auch, weil es die noch ausstehenden Übereinkünfte in politischen Detailfragen offenbart.[24]

Indessen blieb auch der zweite Problemkreis, den die Londoner Kommission behandeln sollte, einer notwendigen technischen Rahmenvereinbarung für die Behandlung Deutschlands vorbehalten: einem Abkommen über die Einzelheiten seiner militärischen Besetzung. Die Verhandlungen darüber begannen Mitte Mai 1944.[25] Wiederum bildete ein ausführliches, von einer Kabinettskommission unter Leitung Clement Attlees erarbeitetes Memorandum der britischen Delegation die Diskussionsgrundlage.[26] In dem vierzehn Druckseiten umfassenden Schriftstück wurden zwei Möglichkeiten für eine Okkupation des Deutschen Reiches genannt: entweder die totale militärische Besetzung, was bedeuten sollte, daß die Alliierten das Recht hatten, ihre Truppen in jedem Teil Deutschlands zu stationieren; oder die partielle militärische Besetzung, die das Recht einschließen sollte, Truppen an bestimmten Punkten zu stationieren. Nach einer ausführlichen Darlegung der Gründe des Für und Wider der beiden Möglichkeiten sprachen sich die Briten für die totale Besetzung als die einzig befriedigende Lösung aus.[27] Für die praktische Durchführung dieser totalen Okkupation boten sie die folgende Alternative an: „Es wäre theoretisch möglich, die Besetzung Deutschlands in zwei verschiedenen Formen durchzuführen. Einerseits könnten alle Truppen der Vereinten Nationen vermischt, das heißt in kleinen Einheiten nebeneinander, stationiert werden. Jeder Teil Deutschlands wäre dann von einer internationalen Streitmacht, die aus den Soldaten aller oder der wichtigsten aller Vereinten Nationen bestünden, besetzt. Andererseits könnte Deutschland in eine Zahl von Zonen aufgeteilt werden, bei deren Besetzung die eine oder die andere Nation vorherrschend sein würde, obwohl Kontingente der Streitkräfte der anderen Vereinten Nationen auf jeden Fall beteiligt wären."[28]

Für den Fall, daß der letztere Vorschlag angenommen würde, sah die britische Denkschrift vor, jeder der beteiligten Mächte etwa ein Drittel des deutschen Territoriums als Besatzungsgebiet zuzuweisen. Im einzelnen waren die Besatzungszonen entsprechend dem territorialen Bestand des Deutschen Reiches am 31. Dezember 1937 und den innerdeutschen Verwaltungsgrenzen nach dem Stand vom 25. Juni 1941 wie folgt festgelegt: Die sowjetische Besatzungszone sollte aus Mecklenburg, Pommern, der Mark Brandenburg, der Provinz Sachsen, Thüringen, Sachsen sowie Nieder- und Oberschlesien gebildet werden. Großbritannien verlangte für sich das nordwestliche Deutschland einschließlich der Nordseehäfen und des Ruhrgebietes, während den Amerikanern Süddeutschland zugesprochen werden sollte. In der Denkschrift wurde angeregt, das Gebiet von Berlin als „eine gesonderte gemeinsame Zone" anzusehen, die von Truppen aller Besatzungsmächte besetzt werden sollte. Ostpreußen und Danzig ließen die Briten mit der Begründung unberücksichtigt, daß diese Gebiete den Polen zugeteilt werden würden.[29] Die Denkschrift faßte die britischen Vorstellungen zu folgender Empfehlung zusammen:

„a) Die vollständige Besetzung Deutschlands durch alliierte Streitkräfte ist unerläßlich, wenn Deutschland wirksam entwaffnet und sein militärischer Geist
gebrochen werden solle.

b) Am Anfang sollen die Besatzungsstreitkräfte so oft wie möglich in Erscheinung treten, um der deutschen Öffentlichkeit die Tatsache zu verdeutlichen,
daß ihre Streitkräfte vollständig besiegt worden sind. Wenn dieses Ziel
erreicht und Deutschland entwaffnet sein wird, dann sollte die Besetzung
so gehandhabt werden, daß Deutschland eine Gelegenheit gegeben wird, sich
auf friedliche Weise zu entwickeln, und die fortdauernde Anwesenheit ausländischer Truppen von deutschen Militaristen nicht als Argument zur Planung eines Revanchekrieges benutzt werden kann.
Gleichzeitig müssen wir jederzeit darauf vorbereitet sein, beim ersten
Anzeichen irgendeines Wiederauflebens militärischer Aktivität ohne Zögern
Gewalt anzuwenden.

c) Eine starke Luftstreitmacht wird immer notwendig sein, aber eine Kontrolle
durch Luftstreitkräfte allein würde unter der Voraussetzung, daß innere
Unruhen das Hauptproblem sind, keinen wirksamen Ersatz für die Besetzung durch Landstreitkräfte bilden. Solche Zustände werden wahrscheinlich in einem frühen Stadium der Besetzung bestehen.

d) Wenn die Entwaffnung Deutschlands und die Zerstörung seiner Rüstungs-
industrie durchgeführt und wenn die Verhältnisse im Innern stabiler geworden sind, wird es das Problem sein, daß die von der Kontrollkommission
geleistete Arbeit gesichert und nicht durch erneute Versuche, ein Kriegs-
potential zu schaffen, zunichte gemacht wird. In diesem Stadium kann es
möglich sein, durch die Aufrechterhaltung einer starken Luftstreitmacht für
den nötigen Nachdruck zu sorgen. In diesem Fall könnte die Zahl der erforderlichen Landstreitkräfte klein gehalten werden.

e) Die alliierten Besatzungsstreitkräfte sollten auf drei Hauptzonen aufgeteilt
werden, mit einer gemeinsamen Zone um Berlin.

f) In jeder Zone sollten die Streitkräfte einer der drei Mächte (Vereinigtes
Königreich, Vereinigte Staaten oder Rußland) vorherrschen. Jede Zone
sollte jedoch Kontingente der Streitkräfte der anderen beiden Mächte und
kleinerer interessierter Mächte enthalten."[30]

Von einer britisch-sowjetischen Kontroverse über die Zugehörigkeit der Insel
Fehmarn abgesehen, die erst durch den Verzicht Gusevs auf die Forderung nach
ihrer Einverleibung in die sowjetische Besatzungszone beigelegt wurde[31], verlief
die Debatte über den britischen Vorschlag ohne Komplikationen. Während die
amerikanische Abordnung in dieser Frage keine konkreten Vorstellungen besaß[32],
griff die sowjetische Delegation den britischen Vorschlag sofort auf. Ihr Memorandum vom 18. Februar 1944[33] enthielt eine den britischen Vorstellungen im wesentlichen entsprechende Beschreibung der drei Besatzungszonen. „Um die Entwaffnung der deutschen Streitkräfte und der Formationen und Einheiten der SS und SA,
der Gestapo durchzuführen", so hieß es in dem sowjetischen Vorschlag, sollten
zwischen den Streitkräften der Sowjetunion, Großbritanniens und der Vereinigten
Staaten von Amerika folgende Zonen eingerichtet werden:

„a) Das Gebiet Deutschlands einschließlich Ostpreußens, das östlich der Linie
liegt, die durch die Stadt Heiligenhafen (ausschließlich) entlang der West-

küste der Mecklenburger Bucht bis zur Stadt Lübeck (ausschließlich) verläuft; von da entlang der westlichen Verwaltungsgrenze von Mecklenburg zur Elbe; von da flußabwärts zur Verwaltungsgrenze der preußischen Provinz Altmark; von da entlang der Ostgrenze der Provinz Braunschweig; von da zur westlichen Grenze von Anhalt; von da entlang der westlichen Grenze der preußischen Provinz Sachsen und der Provinz Thüringen bis zur bayerischen Grenze; von da ostwärts entlang der nördlichen Grenze Bayerns bis zur tschechoslowakischen Grenze bei der Stadt Hof; soll von den Streitkräften der Union der Sozialistischen Sowjetrepubliken besetzt werden, mit Ausnahme des besonderen Besatzungssystems für das Gebiet, das unten unter d) erwähnt wird.

b) Das Gebiet Deutschlands, das westlich der in a) erwähnten Linie liegt, im Süden begrenzt durch eine Linie von dem Punkt, an dem die Verwaltungsgrenze der Provinz Thüringen und die Verwaltungsgrenzen Bayerns aufeinandertreffen; von da in westlicher Richtung entlang der nördlichen Verwaltungsgrenze Bayerns am Main; von da an diesem Fluß entlang bis zu dem Punkt, wo er sich mit dem Rhein vereinigt; von da entlang der nördlichen Grenze zur Provinz Westmark; soll von den Streitkräften des Vereinigten Königreiches besetzt werden.

c) Das gesamte verbleibende Gebiet von Westdeutschland, das südlich der Linie liegt, die oben in b) definiert ist, soll von den Streitkräften der Vereinigten Staaten von Amerika besetzt werden.

d) Es soll rund um Berlin eine 10—15 Kilometer tiefe Zone errichtet werden, die von Streitkräften der Union der Sozialistischen Sowjetrepubliken, des Vereinigten Königreiches und der Vereinigten Staaten von Amerika gemeinsam besetzt werden soll."[34]

Im Unterschied zum britischen Vorschlag trat die sowjetische Delegation jedoch dafür ein, daß die jeweilige Besatzungszone nur von Truppen der zuständigen Besatzungsmacht besetzt werden sollte. Im Verlauf der Verhandlungen gelang es ihr, diese Vorstellung von geschlossenen Besatzungszonen durchzusetzen. Hingegen wurde der britische Vorschlag einer gemeinsamen Verwaltung Berlins von den Russen ohne Widerspruch akzeptiert.[35] Meinungsverschiedenheiten zwischen London und Washington über die Verfügungsgewalt über die „Nordwestzone" und die „Südwestzone"[36] führten dazu, daß erst am 12. Juli 1944 eine Einigung erzielt werden konnte, die am 12. September 1944 in einem offiziellen Protokoll ihren Niederschlag fand.[37]

Die Verhandlungen um den dritten Themenbereich, das Abkommen über die Kontrolleinrichtungen im besetzten Deutschland, verliefen offenbar angenehm und unkompliziert. Sie wurden in nur zwei Monaten, zwischen Mitte September und Mitte November 1944, abgeschlossen und, wie Strang bezeugt, „ohne Schärfe und in konstruktivem Geist geführt".[38] Die Entwürfe und Vorschläge der Engländer und Amerikaner für dieses Abkommen enthielten neben Skizzen für den eigentlichen Kontrollapparat umfangreiche Kommentierungen, „in denen Aufgaben und Ziele des Kontrollregimes und seine verschiedenen Stadien beschrieben wurden".[39] Dagegen zeichnete sich der sowjetische Vorschlag, den Strang „unkompliziert und gut durchdacht" nannte[40], „durch dürre, im wesentlichen der funktionalen Zweckmäßigkeit des Kontrollapparats dienende Erwägungen" aus. Originell an ihm waren die Einstimmigkeitsregel für Abstimmungen im Kontrollrat und eine „positive Zweckbestimmung" für diese höchste Besatzungsbehörde: Sie sollte ihre Arbeit ausdehnen auf die „Vorbereitung von Bedingungen für die Schaffung zentraler und örtlicher Organe in Deutschland, die auf demokratische Prinzipien gegründet sind".[41]

Umstritten war die Kompetenzabgrenzung zwischen Kontrollrat und den einzelnen Zonenbefehlshabern. Die sowjetische Delegation betonte die oberste Gewalt dieser Kommandeure, „die sie in ihrer Ganzheit, jeder in seiner Zone ausüben sollten, während dem Kontrollrat zur Sicherung der Einheitlichkeit des Vorgehens einige wichtige abgeleitete Kompetenzen zukommen sollten". Die Zonenbefehlshaber waren nach dieser Vorstellung in erster Linie Militärgouverneure und erst danach auch Mitglieder des obersten alliierten Kontrollorgans. Demgegenüber nahm die britische Delegation die extreme Gegenposition ein, der sich im wesentlichen auch die Amerikaner anschlossen: Der von Strang unterbreitete Entwurf eines Abkommens räumte der alliierten Zentralgewalt die höchste Autorität ein und gestand den Zonenbefehlshabern nur das Recht zu, „unmittelbare Kommunikation mit ihren Regierungen aufzunehmen und in ihren Besatzungszonen den Ausnahmezustand zu verhängen".[42] In dieser Haltung kam die Überzeugung zum Ausdruck, daß Deutschland soweit wie möglich als Ganzes behandelt werden und die gegenseitige Abgrenzung der Besatzungsgebiete nicht überbetont werden sollte.[43] Ein „kluger Kompromiß", wie sich Strang ausdrückte, machte den Weg für das Kontrollabkommen schließlich frei, das im wesentlichen auf dem sowjetischen Vorschlag beruhte und am 14. November 1944 unterzeichnet wurde.[44] Danach sollte die oberste Gewalt durch die drei Zonenbefehlshaber nach den Instruktionen der jeweiligen Regierung ausgeübt werden, und zwar sowohl einzeln in der eigenen Besatzungszone in ihrer Eigenschaft als Militärgouverneure als auch gemeinsam in Angelegenheiten, die Deutschland als Ganzes betrafen, in ihrer Eigenschaft als Mitglieder des Kontrollrates.[45]

Nicht ohne Stolz bezeichnete der Leiter der britischen Delegation, William Strang, „die Gesamtsumme der Leistungen" des Londoner Beratergremiums als eindrucksvoll. Er verschwieg zwar nicht, daß ihm „der Fortschritt von Woche zu Woche und von Monat zu Monat qualvoll langsam" erschienen sei, glaubte aber dennoch besonders hervorheben zu müssen, daß die in London getroffenen Vereinbarungen — „im Gegensatz zu anderen, die von erlauchten Gremien geheim beschlossen wurden" — auch verwirklicht worden seien.[46] Der britische Karrierediplomat übersah in seiner Selbstzufriedenheit freilich allzu bereitwillig, daß gerade im Kontrollabkommen in nicht geringem Maße Konfliktstoff angehäuft war, der die reibungslose Durchführung der Londoner Vereinbarungen gefährden konnte: Einerseits ging aus der Aufgabenstellung des obersten Kontrollorgans, des Kontrollrates, hervor, „daß die Alliierten die feste Absicht hatten, Deutschland gemeinsam zu besetzen und zu kontrollieren", andererseits bestand offenbar auch kein Zweifel daran, „daß diese gemeinsame Politik durchgeführt werden sollte, ohne die Souveränität der beteiligten Mächte anzutasten".[47]

Um im Spannungsfeld zwischen der gemeinsamen Kontrollabsicht und der Bewahrung ihrer Souveränität ein Mindestmaß von Kooperation zwischen den Mächten der Anti-Hitler-Koalition sicherzustellen, hätte es verbindlicher Abmachungen über den politischen Inhalt des Kontrollabkommens bedurft. Strang selbst hat seine

Kollegen darauf hingewiesen, „daß der alliierte Kontrollrat für Deutschland nur funktionieren könne, wenn die drei Regierungen ihre Militärgouverneure mit einer soliden Grundlage zwischen ihnen vereinbarter spezifischer und detaillierter Direktiven versehen würden, die dann gleichmäßig in ganz Deutschland durchzuführen wären".[48] Er war dabei vom amerikanischen Delegationschef Winant unterstützt worden.[49] Dagegen zeigte sich der sowjetische Delegierte Gusev — „ein untersetzter, mürrischer kleiner Boxer", so beschrieb ihn ein Mitglied der amerikanischen Delegation[50], dem sogar Stalin einst vorgeworfen haben soll, daß er nicht einmal die Fähigkeit zum Lächeln besäße — in dieser Beziehung unzugänglich. Mußte schon bei den erzielten technischen Vereinbarungen ein gerüttelt Maß sowjetischen Mißtrauens überwunden werden, so ließ Gusev keinerlei Bereitschaft erkennen, die in Moskau gezogenen engen Grenzen seines Verhandlungsspielraumes auch nur geringfügig zu überschreiten. „Auf jeder Sitzung der Kommission", so erinnerte sich der amerikanische Diplomat Charles Thayer, „pflegten entweder Winant oder Strang die Frage zu stellen: ,Ist die sowjetische Delegation bereit, über die Zukunft Deutschlands zu sprechen?', und jedesmal pflegte der störrische kleine Russe ,Njet' zu knurren."[51] Die Sowjetunion gab damit zu erkennen, daß sie nicht bereit war, Entscheidungen von politischer Tragweite wie zum Beispiel die Prinzipien einer gemeinsamen Besatzungspolitik für Deutschland ernsthaft zu diskutieren. Sie wollte sich auf technische Rahmenvereinbarungen beschränken. Strang erklärte sich dieses Verhalten mit Überlegungen der Russen, daß „die Zeit auf ihrer Seite sei: je weiter ihr militärisches Vordringen in Europa gehe, desto mehr werde sich ihre Verhandlungsposition verbessern".[52] Tatsächlich waren Gusevs Argumentation wie seine hinhaltende Verhandlungsführung weniger Anzeichen für eine beginnende Auszehrung der Anti-Hitler-Kaliton als vielmehr ernsthafte Symptome dafür, „daß sich die Planung der Deutschlandpolitik in Moskau während der Beratungen in der EAC ebenso im Stadium der Formulierung befand wie in den westlichen Hauptstädten".[53]

IV. Anfänge der sowjetischen Deutschlandplanung (1944)

1. Die Bildung einer Arbeitskommission der KPD

a) Gründung und Aufgabenstellung

Als sich in Moskau um die Jahreswende 1943/44 die Zuversicht ausgebreitet hatte, „daß der Sieg der Sowjetunion und der anderen Völker der Anti-Hitler-Koalition über den Hitlerfaschismus in greifbare Nähe gerückt" sei[1], offenbarte sich der herrschende Optimismus nicht nur in verbalen, unverbindlichen Bekundungen führender deutscher „Politemigranten", in Deutschland „den Sozialismus" aufbauen zu wollen.[2] Mit der steigenden Gewißheit, nach dem Sieg über Deutschland einen wesentlichen Einfluß auf die künftige politische Gestaltung der neuen Ordnung in Mittel- und Ostmitteleuropa zu gewinnen[3], wuchs auf sowjetischer Seite auch das Bedürfnis, konkrete Vorbereitungen für eine politische Gestaltung dieses Raumes zu treffen, zumal da in Moskau die Hoffnungen auf eine innerdeutsche Erhebung damals noch nicht aufgegeben worden waren. Für Polen, dem nächsten Ziel der Roten Armee auf ihrem Vormarsch nach Berlin, waren in der Neujahrsnacht 1943/44 durch die Gründung eines kommunistisch gesteuerten „Landesnationalrates" (Krajowa Rada Narodowa) die Weichen in Richtung auf eine volksdemokratische Neuordnung gestellt worden.[4] Wenn diese oder eine ähnliche Zielsetzung auch für Deutschland, gleichsam als Alternative zu einer interalliierten Lösung der deutschen Frage, Gültigkeit besitzen sollte, dann schien es zu Beginn des Jahres 1944 an der Zeit, sich über eine entsprechende Konzeption für den neuen deutschen Staat klar zu werden.[5]

Die Bewegung „Freies Deutschland" schied als Partner zur Erarbeitung und Durchführung eines solchen volksdemokratischen Programms aus. Ihre Hoffnung, mit Hilfe der taktischen Losung „Beendigung des Krieges durch eine geordnete Rückführung der Wehrmacht nach Deutschland" hatte sich inzwischen als eine Illusion erwiesen. Längst hatten sich die Frontagitatoren des Nationalkomitees enttäuscht eingestehen müssen, daß der Einfluß „der faschistischen Ideologie" auf die deutschen Soldaten und Offiziere noch zu stark war, um ihren Parolen zu einem durchschlagenden Erfolg zu verhelfen. Als die 6. Plenartagung des Nationalkomitees die Konsequenzen zog und mit der Formel „Einstellung der Kampfhandlungen und Übertritt auf die Seite des Nationalkomitees" eine neue taktische Losung beschloß[6], hatte die deutsche „Anti-Hitler-Koalition" ihr politisches Gewicht in der sowjetischen Deutschlandpolitik schon verloren. In Ermangelung einer schlagkräftigen und erfolgversprechenden innerdeutschen Anti-Hitler-Bewegung schlug nunmehr die Stunde der deutschen Kommunisten in Moskau. Sie konnten nun jene „ganz nüchterne Realpolitik" beginnen, von der Walter Ulbricht am 2. Februar 1944 in einem Rundfunkgespräch mit dem katholischen Wehrmachtspfarrer Josef Kayser gesprochen und behauptet hatte, sie beruhe auf der Geschichtsauffassung von Marx und Lenin und befähige dazu, „die wirtschaftlichen und politischen Zusammenhänge zu erkennen, die die Geschichte ausmachen".[7] Die „Politemigranten" der KPD gingen nun daran, eine „Präzisierung des antifaschistisch-demokratischen Programms"[8], wie es in der Bewegung „Freies Deutschland" begonnen worden war, vorzunehmen, und leiteten damit eine neue Etappe in der sowjetischen Deutschlandpolitik ein: „Mit der großzügigen Unterstützung der KPdSU und der Regierung der UdSSR", wie das damalige Einvernehmen mit der sowjetischen Partei- und Staatsführung in Ostberlin heute umschrieben wird, begann die Moskauer Führungsspitze der KPD in sowjetischem Auftrag mit der Ausarbeitung von „Grundlinien für die Gestaltung eines neuen demokratischen Deutschland", mit der Vorbereitung detaillierter Vorschläge „für alle einzelnen Bereiche des gesellschaftlichen Lebens in diesem neuen Deutschland" und mit der Schulung von Kadern „für den antifaschistisch-demokratischen Neuaufbau".[9]

Die von den deutschen Kommunisten betriebene sowjetische Deutschlandplanung ging von der Annahme aus, daß der Sieg der Anti-Hitler-Koaliton „die Kräfte der Demokratie, des Friedens und des gesellschaftlichen Fortschritts in der ganzen Welt stärken werde".[10] Sie setzte mit einer Beratung zwischen Wilhelm Pieck und dem nach der Auflösung der Komintern als Leiter der Abteilung für internationale Information beim ZK der KPdSU tätigen Georgi Dimitrov[11] „über einige zu lösende politische Hauptaufgaben im künftigen Deutschland" am 13. Januar 1944 ein, bemerkenswerterweise fast gleichzeitig mit dem Arbeitsbeginn der „European Advisory Commission".[12] Am 6. Februar 1944, drei Wochen nach dem Beginn der Londoner Verhandlungsrunde, wurde in Moskau vom Politbüro des ZK der KPD eine zwanzigköpfige Arbeitskommission gebildet, der alle in der sowjetischen Hauptstadt anwesenden Mitglieder der Parteiführung angehörten: die Politbüromitglieder Wilhelm Pieck, Wilhelm Florin, Walter Ulbricht, Anton Ackermann und Elli Schmidt sowie Fritz Apelt, Johannes R. Becher, Georg Hansen, Rudolf Herrnstadt, Edwin Hoernle, Alfred Kurella, Rudolf Lindau, Hans Mahle, Hermann Matern, Fred Oelßner, Sepp Schwab, Gustav Sobottka, Paul Wandel, Erich Weinert und Otto Winzer.[13] Das Gremium existierte unabhängig vom Nationalkomitee „Freies Deutschland", unterhielt jedoch durch die Personalunion einzelner Mitglieder enge Kontakte zu den Kommissionen und Plenartagungen dieser deutschen „Anti-Hitler-Koalition", so daß gelegentlich behauptet wird, auch „andere gesellschaftliche Kräfte" als die deutschen Kommunisten seien in die sowjetische Deutschlandplanung einbezogen, ihre Vorschläge gehört und berücksichtigt worden.[14]

Die Aufgabe der großen Arbeitskommission bestand darin, „die Schlußfolgerungen aus den bisherigen Diskussionen, Beratungen und Materialien" zu ziehen[15] und die „detaillierte Politik zum Sturze des Hitlerfaschismus und klare Richtlinien für alle Lebensbereiche zur Gestaltung des neuen Deutschland" auszuarbeiten.[16] Das Gremium hatte von der Annahme auszugehen, „daß zuerst das faschistische Regime vernichtet, die bürgerlich-demokratische Revolution unter der Führung der Arbeiterklasse im Bunde mit allen aufbauwilligen, patriotischen und demokratischen Kräften zu Ende geführt, Imperialismus und Militarismus beseitigt und eine antifaschistisch-demokratische Ordnung in ganz Deutschland errichtet werden mußte".[17] Dementsprechend konzentrierten sich die Überlegungen auf bestimmte Schwerpunkte, für die jeweils ein Kommissionsmitglied verantwortlich zeichnete:

1. die Lage und die Perspektive in Deutschland —
Wilhelm Florin

2. die politische Führung im neuen Deutschland —
   Walter Ulbricht
3. die neuen Gewerkschaften —
   Hermann Matern
4. die Rolle der Sowjetunion in der Nachkriegszeit —
   Rudolf Herrnstadt
5. die Wirtschaft im neuen Deutschland —
   Anton Ackermann
6. die ideologische Umerziehung des deutschen Volkes —
   Erich Weinert
7. die Bauern- und Agrarfrage im neuen Deutschland —
   Edwin Hoernle
8. die Rolle der Intellektuellen —
   Alfred Kurella
9. die Katholikenfrage —
   Sepp Schwab.[18]

Das Gremium, das zwischen Anfang März und Ende August 1944 in regelmäßigen Abständen zu mindestens achtzehn Arbeitssitzungen zusammenkam[19], befaßte sich schließlich vorwiegend mit sechs „politischen Grundfragen":
1. die Einschätzung der Lage in Deutschland und die Aufgaben bis zum Sturze Hitlers;
2. die politische Führung beim Sturze Hitlers und im neuen Deutschland;
3. die Rolle der Sowjetunion in der Nachkriegszeit und die nationale Frage in Deutschland;
4. die neuen Gewerkschaften;
5. die Wirtschaft und die Wirtschaftspolitik im neuen Deutschland;
6. Bauern- und Agrarfragen im neuen Deutschland.[20]

Zu jedem dieser sechs Themen hielt das verantwortliche Mitglied der Kommission ein grundlegendes Referat, dem auf mehreren Sitzungen eine gründliche Beratung und Diskussion folgte. Ihre Ergebnisse wurden zusammengefaßt und auf dieser Grundlage spezielle Aufträge für die weitere programmatische Arbeit erteilt.[21] Dabei war es nach dem Beschluß vom 6. Februar 1944 durchaus möglich, „für einzelne komplizierte Fragen" besondere Unterkommissionen, sogenannte Fachkommissionen, zu bilden, wenn sich das als notwendig erweisen sollte. Deren Aufgabe bestand darin, „die in der Arbeitskommission gewonnenen Ergebnisse zusammenzufassen, spezielle politische Probleme weiter gründlich zu untersuchen und auszuarbeiten und die neuen Ergebnisse in Entwürfen für Richtlinien und Sofortmaßnahmeplänen niederzulegen".[22]

b) Die Entscheidung für die „Blockpolitik"
Der Versuch der großen Arbeitskommission, den Rahmen der nach wie vor gültigen „Berner" Beschlüsse der KPD für eine „neue demokratische Republik" in Deutschland[23] mit konkretem Inhalt zu füllen, begann am 6. März 1944, als das Gremium zu seiner ersten Beratung zusammentrat. Das Politbüromitglied Wilhelm Florin[24] eröffnete den Kanon der Referate mit einer „Einschätzung der Lage und Entwicklung bis zum Sturze Hitlers", das am gleichen Tag sowie in den beiden folgenden

Sitzungen am 27. März und 10. April diskutiert wurde.[25] Es ist lediglich bekannt, daß der Referent und die Teilnehmer an der Diskussion „die Ergebnisse der Teheraner Konferenz der drei Großmächte der Antihitlerkoalition, die Maßnahmen für den verstärkten antifaschistischen Widerstandskampf in Deutschland und die Rolle und die Aufgaben der Arbeiterklasse und des Volkes beim Aufbau des neuen Deutschland" erörterten.[26] In diesem Zusammenhang scheint es vor allem Anton Ackermann für unerläßlich gehalten zu haben, seine Genossen darauf aufmerksam zu machen, daß die Darstellung der Partei in der Öffentlichkeit einer Revision unterzogen werden sollte. Er wies auf das Problem hin, daß nach ihrer Überzeugung die KPD zwar stets die nationalen Interessen Deutschlands konsequent vertreten habe, dies jedoch von großen Teilen des deutschen Volkes nicht erkannt oder anerkannt worden sei. Um diesen Widerspruch „zwischen Wirklichkeit und falschem Bewußtsein" zu überwinden, hielt es Ackermann für erforderlich, daß sich seine Partei „als Wahrerin der Lebensinteressen der gesamten Nation, einschließlich von Teilen des Bürgertums", besser verständlich mache. Konkret schlug er vor, eine Überprüfung bisheriger Einschätzungen „im Verhältnis zur Vergangenheit des deutschen Volkes" vorzunehmen und alles anzuerkennen und „zum Erbe der revolutionären Arbeiterklasse" zu erklären, „was dem Fortschritt auf irgendeine Weise diente".[27]

Den überaus spärlich fließenden Quellen kann nicht entnommen werden, welchen Umfang an jenem 6. März die Diskussionen um das marxistische Geschichtsbild der KPD ausgemacht haben.[28] Es scheint aber festzustehen, daß im Mittelpunkt der Beratungen doch die Frage stand, „wie eine breite nationale Front der deutschen Arbeiterklasse und des Volkes unter den Bedingungen des vom Hitlerregime befreiten Deutschland" geschaffen und wirksam werden könne. Die Mitglieder der Kommission waren sich offenbar im klaren darüber, daß „spätestens nach der Befreiung Deutschlands vom Hitlerfaschismus" Parteien und Massenorganisationen entstehen würden, die „zum Sammelbecken großer Kräfte der Arbeiterklasse, der Bauernschaft und aller Schichten des Volkes" werden konnten. Das spezifische Problem dieses Prozesses scheint in Moskau darin gesehen worden zu sein, wie „diese sich organisierenden Kräfte" in einer Art von „Volksfront" zusammenzufassen und damit unter Kontrolle zu halten waren. Florin schlug in seinem Referat eine Lösung vor, die sich zu einem konstitutiven Merkmal sowjetischer Deutschlandpolitik entwickeln sollte: die sogenannte Blockpolitik. Allen entstehenden antifaschistisch-demokratischen Parteien und Organisationen sowie allen Gruppen und Personen, so schlug er vor, sollte das Angebot gemacht werden, „sich zu einem nationalen Block der kämpferischen Demokratie zu vereinen". Mit der Billigung dieses Vorschlages durch die Kommissionsmitglieder war „für den antifaschistisch-demokratischen Neuaufbau in der Zeit nach der Beseitigung des faschistischen Regimes" eine Grundsatzentscheidung von größter Tragweite getroffen worden. Sie ermöglichte nicht nur den Beschluß der Kommission, für die geplante Blockpolitik „ein gemeinsames Aktionsprogramm vorzubereiten, das die politischen Grundsätze und Forderungen zur Gestaltung des neuen Deutschland enthalten sollte", sondern bildete auch die Grundlage für die Beratung einiger dieser Grundsätze und Forderungen, die unter „zentralen Aktionslosungen" wie „Sturz des Hitlerismus" oder „Aufbau einer kämpferischen Demokratie" zusammengefaßt wurden.[29]

c) Der Führungsanspruch der KPD

Auf den Sitzungen am 17. und 24. April 1944 stand ein weiteres, mit dem ersten Themenkomplex in engem Zusammenhang stehendes Problem zur Debatte: die politische Führung der im „Block der kämpferischen Demokratie" zusammengefaßten Kräfte beim Sturze Hitlers und im neuen Deutschland.[30] Referent war Walter Ulbricht, dessen starke Position innerhalb der kommunistischen Parteiführung durch diesen Auftrag besonders unterstrichen wurde.[31] Ausgehend von einer marxistisch-leninistischen Analyse der „großen ökonomischen und politischen Krise 1929 bis 1933", der er eine entscheidende Rolle bei der Herausbildung des „faschistischen deutschen Imperialismus" zuschrieb[32], untersuchte er zunächst die „Veränderungen in den Klassenkräften und im Denken der verschiedenen Schichten der Bevölkerung während der faschistischen Herrschaft", um die Voraussetzungen für eine deutsche „Volksfront" zu prüfen. Sie erschienen ihm günstig: Nicht ohne „die rechten sozialdemokratischen Führer und Gewerkschaftsführer" für die national-sozialistische „Machtergreifung" verantwortlich gemacht zu haben, weil sie seiner-zeit „den Kampf gegen den Faschismus ablehnten und den Hauptkampf gegen die Kommunistische Partei und den Bolschewismus" geführt hätten[33], stellte Ulbricht bei seiner Analyse Hitler-Deutschlands wichtige Veränderungen fest: Die militärischen Niederlagen des Hitlerfaschismus, so behauptete er, hätten zu einer Desillusionierung in weiten Kreisen des deutschen Volkes geführt. In der *Bourgeoisie* konstatierte er mit den zunehmenden außenpolitischen Mißerfolgen und militärischen Niederlagen eine „gewisse Distanzierung zu Hitlers Kriegführung".[34] Dagegen rechnete er bei seiner Einschätzung der *Arbeiterklasse* zwar mit einem „alten klassenbewußten Teil", war sich aber offenbar darüber im klaren, daß der über-wiegende Teil der Arbeiterschaft einer gemeinsamen Vertretung seiner Interessen entwöhnt war und kein „antifaschistisches Bewußtsein" besaß.[35] Im *Kleinbürger-tum* meinte er, von einer Enttäuschung und Mißstimmung, von einer „Loslösung von [der] Nazipartei", wenn auch noch nicht von chauvinistischen Stimmungen, sprechen zu können.[36] Was die *Bauernschaft* betraf, so erinnerte der Referent an die anfängliche Zustimmung zu Hitler und seinem Reichsnährstand. Erst nachdem sich in der nationalsozialistischen Agrarpolitik eine „Bevorzugung der großen Grundbesitzer" herausgestellt habe, sei eine Ernüchterung erfolgt, so daß unter „den werktätigen Bauern", aber auch unter den sogenannten Erbhofbauern „die Opposition gegen Hitlers Kriegspolitik" ständig zunehme.[37] Unter solchen Vor-aussetzungen sprach sich Ulbricht für die politische Möglichkeit der Volksfront aus: „Die militärischen Niederlagen des faschistischen deutschen Imperialismus", so faßte er zusammen, „haben die objektiven Bedingungen für den Zusammenschluß aller nationalbewußten Kräfte der Arbeiterklasse, des werktätigen Volkes und gewissen Kreisen des Bürgertums für die Rettung Deutschlands durch den Sturz der Hitlerregierung und der faschistischen Staatsmacht geschaffen."[38]

Diese Feststellung beantwortete freilich die Frage noch nicht, welche „national-bewußte Kraft" im Kampf gegen Hitler und für den demokratischen Neuaufbau des deutschen Staates die Führungsrolle übernehmen sollte. Gruppierungen im Lande selbst schieden für Ulbricht von vornherein aus: Er leugnete nicht das Vorhanden-sein von Oppositionellen, bestritt ihnen jedoch jeden politischen Führungsanspruch in einem neuen Deutschland. Diesen Kräften sei noch nicht bewußt, so begründete er die Ablehnung dieser nach seiner Meinung „schein-oppositionellen Erscheinungen", daß „der imperialistische Weg" der falsche sei, „die Herrschaft der Monopolkapitalisten" liquidiert werden müsse und ein Ausweg „nur mit der Sowjetunion zusammen" gefunden werden könne. Bemerkenswert ist in diesem Zusammenhang, daß ihm auch „die deutsche Arbeiterklasse" nicht genug organisatorisch gefestigt und ideologisch vorbereitet erschien, um eine führende Rolle im Kampf gegen Hitler zu spielen. Eine „bürgerliche" Alternative war für Ulbricht ohnehin indiskutabel: Der Bourgeoisie komme es nur darauf an, keine Mitverantwortung für die Niederlage zu übernehmen und möglichst viel vom Kapitalismus zu retten. Den Wiederaufbau der alten bürgerlichen Parteien hielt er unter diesen Umständen nicht für möglich. Ihren Bankrott, so argumentierte er Piecks Notizen zufolge, habe man erlebt; und außerdem wollten die Massen nicht mehr die alte „Parteizersplitterung".[39] So blieb für die Führungsaufgabe nur der bewußte Teil der Arbeiterklasse, die KPD. Auf ihre Sonderrolle und historische wie nationale Verantwortung „bei der Entwicklung der kämpferischen Demokratie im neuen Deutschland" wies Ulbricht mit Nachdruck hin und ihrer Wiederbegründung galt seine besondere Aufmerksamkeit. So beriet die Kommission über die Aufnahmebedingungen „für antifaschistische Arbeiter und andere Werktätige" in die Partei und beschloß, diese Bedingungen ebenso wie die Rechte und Pflichten eines Parteimitgliedes in einem neuen Parteistatut festzulegen, um die KPD „in relativ kurzer Zeit wieder zu einer Massenpartei zu entwickeln".[40]

Nach Florins „Blockpolitik" markierten Ulbrichts Ausführungen ein weiteres prinzipielles Merkmal der demokratischen Neugestaltung Deutschlands, wie sie in Moskau konzipiert wurde: Nur die führende Rolle der KPD und ihre gesicherte Existenz als Massenpartei bildete die Voraussetzung für die Zulassung und die Existenz weiterer politischer Parteien und Organisationen. Parteien werde es geben, so notierte sich Wilhelm Pieck, „aber nur auf antifasch[istischer] Grundlage". Ulbricht hielt es vor allem für wichtig, die „Schaffung von Kampforganen aller Schichten u[nd] pol[itisch] wichtiger Richtungen" zu gewährleisten. Geprägt vom politischen Erscheinungsbild der Weimarer Republik, dachte er offenbar an Organisationen für die Katholiken („aber nicht als pol[itische] Partei wie [das] Zentrum"), für den Mittelstand („evtl. *selber* schaffen", vermerkte Pieck), für die Bauern („von uns evtl. schaffen", notierte Pieck), nicht zuletzt an die Gewerkschaften. Dagegen scheint nicht an eine Wiederbegründung der Sozialdemokratie gedacht worden zu sein. Vom schärfsten politischen Rivalen aus der Weimarer Zeit zeichnete Ulbricht ohnehin ein düsteres Bild: Die Partei sei in viele Gruppen und Richtungen zerfallen. Die Rechten, so behauptete er, suchten sogar Anschluß an bürgerliche Kreise. Wenn er aus dem angeblich desolaten Zustand der SPD für seine Partei die Aufgabe ableitete, die „sozial[demokratischen] Massen" für die Einheit, d. h. für einen Zusammenschluß mit den Kommunisten, zu gewinnen[41], dann unterstrich er damit nur die beanspruchte Sonderstellung der KPD in der neuen deutschen Republik. Jetzt bestehe die Chance, so erläuterte er seinen Genossen die sich abzeichnende besondere Situation in Deutschland, nicht nur mit Hilfe der Sowjetunion und der Roten Armee wieder auf die Beine zu kommen, sondern auch die Führung der Nation zu übernehmen. Daß dieser kommunistische Führungsanspruch nicht nur platonisch gemeint war, sprach Ulbricht unumwunden aus, wenn er die Parole ausgab, daß es wichtig sei, die bestehende Staatsgewalt weitestgehend zu zerschlagen und ihre „entsch[eidenden] Posten" in die Hand zu bekommen.[42]

d) Die Rolle der Sowjetunion und die „nationale Frage"

Am 8., 15., 22. und 29. Mai 1944 trafen sich nach einem Referat von Rudolf Herrnstadt[43] die Mitglieder der Arbeitskommission zu Beratungen über ein drittes „großes Thema" (Laschitza): über „die Rolle der Sowjetunion in Europa in der Nachkriegszeit" und „die nationale Frage in Deutschland". Aus den vorhandenen spärlichen Angaben über diese Besprechungen geht hervor, daß sowohl der Referent als auch die Diskussionsteilnehmer von der dominierenden Rolle der UdSSR im Nachkriegseuropa („stärkster Faktor der Anti-Hitler-Koalition") ausgingen. Sie registrierten nicht nur ein Wachstum des militärischen und ökonomischen Potentials ihrer Schutzmacht, sondern auch deren „allseitig große internationale Autorität". Es sei gewiß, so glaubten sie annehmen zu können, daß auch in Zukunft „alle Völker, die für Demokratie, für Frieden und für den Fortschritt der Menschheit kämpfen", in der Sowjetunion „einen starken und treuen Verbündeten" besitzen würden.[44]

Während in der Kommission über den hohen Stellenwert des Faktors Sowjetunion in der Nachkriegszeit kein Zweifel herrschte, war das Problem der „nationalen Frage" in Deutschland umstritten. Der Referent Herrnstadt geriet in das Kreuzfeuer der Kritik seiner Genossen, weil er in seinen Ausführungen das „revolutionäre Potential" des deutschen Volkes offenbar allzu gering eingeschätzt hatte. Seine entsprechend negative Interpretation der deutschen Geschichte, insbesondere seine Behauptung, Deutschland sei zuerst das „klassische Land der Philosophie", dann das „des Reformismus" gewesen und schließlich zum Land „des Faschismus" geworden, stieß auf heftige Kritik.[45] Sepp Schwab, ehemaliger Deutschland-Referent des EKKI[46], wandte sich in der Diskussion entschieden gegen die Tendenz, „die deutsche Geschichte zumindest vom 19. Jahrhundert bis zur Gegenwart unter dem Misereaspekt zu betrachten". Er hielt es für falsch, nicht zwischen dem deutschen Volk und „dem Faschismus" zu unterscheiden und „die faschistische Betrachtungsweise lediglich umzukehren, sie nur mit negativen Vorzeichen zu versehen". Er wies auf die Verwandtschaft einer solchen Betrachtungsweise mit Versionen „jenseits des Ozeans" hin. Auch andere Diskussionsredner warnten vor einem „pseudo-historische[n] Fatalismus" und vor unzulässiger „Schwarz-in-Schwarz-Malerei" oder kritisierten wie Paul Wandel, der politische Sekretär Wilhelm Piecks, daß in Herrnstadts Referat eine „revolutionäre Kraft im deutschen Volk verneint" werde. Um künftig solche Fehlinterpretationen auszuschließen, schlug Schwab im Anschluß an seine Kritik vor, „die nationale Frage und die deutsche Geschichte gründlich zu studieren und an den Parteischulen und vor den Kriegsgefangenen zu behandeln". Bei einem eigenen Versuch, die Grundfragen der deutschen Geschichte in den letzten dreihundert Jahren, also etwa seit dem Dreißigjährigen Krieg, zu charakterisieren, betonte er vor allem „das Bündnis, das die deutsche und die ausländische Reaktion geschlossen hätte, um die Lösung der nationalen Frage in Deutschland zu verhindern".[47] Hingegen hob Ulbricht in den Beratungen stärker hervor, daß die nationalen Interessen des deutschen Volkes „vom deutschen Imperialismus" aufs Spiel gesetzt worden seien. Im Verlauf der weiteren Diskussion scheint Einigkeit darüber erzielt worden zu sein, daß die Lösung der nationalen Frage vom erfolgreichen Kampf des deutschen Volkes „gegen den deutschen Imperialismus" und „von der inneren Gestaltung Deutschlands im antifaschistisch-antiimperialistischen Sinne" abhänge. Vor diesem Hintergrund wurde die Frage der künftigen Grenzen Deutschlands für die Kommission zweitrangig: Es wurde betont, „daß die Gebietsverluste im Osten Deutschlands, die infolge der wiederholten Aggressionen und der unzähligen Kriegsverbrechen des deutschen Imperialismus entstehen werden, das deutsche Volk nicht davon ablenken dürfen, seine sozialen und nationalen Lebensfragen zu lösen".[48]

e) Die Rolle der Gewerkschaften

Probleme der neuen Gewerkschaften wurden in drei Sitzungen im Juni 1944 beraten. Am 12. Juni referierte darüber Hermann Matern, der ehemalige Parteisekretär der KPD für den Bezirk Ostpreußen.[49] Aus seinen Ausführungen geht hervor, daß sich der erfahrene Funktionär keine Illusionen über die Schwere der Aufgabe beim politischen Neubeginn im geschlagenen Deutschland machte. Als Ergebnis des Krieges, so gab er zu bedenken, müsse man mit zertrümmerten Produktionsstätten, mit abgenutzten Maschinenparks und Verkehrsmitteln, mit dem Ausfall von Arbeitskräften rechnen, aber auch mit unterernährten und überanstrengten, psychisch und physisch verbrauchten und ermüdeten Menschen und demzufolge mit einer außerordentlich gesunkenen Leistungsfähigkeit im Arbeitsprozeß.[50] Matern erwartete auch große soziale Veränderungen „in der Arbeiterklasse", die durch den Krieg hervorgerufen worden seien. Die Industrie, so erläuterte er seine Vermutung, sei aus Gründen des Schutzes vor direkten Kriegseinwirkungen über das ganze Land verteilt worden. Dadurch sei eine industrielle Arbeiterschaft heute mehr oder weniger in allen Teilen Deutschlands vorhanden. Außerdem habe sich das Gesicht der Industriebelegschaften durch die Einbeziehung fremdländischer Arbeitskräfte und deutscher kleinbürgerlicher Elemente stark verändert. Während Matern die ausländischen Zwangsarbeiter und die Kriegsgefangenen jedoch eher als Bundesgenossen „im Kampf um die Vernichtung des Hitlerregimes und der plutokratischen Kriegstreiber" betrachtete, bemängelte er unter den Deutschen das durch die vorherrschenden kleinbürgerlichen Auffassungen und Vorstellungen verursachte Fehlen von Klassensolidarität und Klassenbewußtsein. „Diese Massen von selbständigen Handwerkern, Kaufleuten, Ladenbesitzern, Angestellten, Kellnern, Friseuren, Hausfrauen und Angehörigen aller möglichen Berufe", so fürchtete er um die Anfänge einer neuen Gewerkschaftspolitik, „sind ein in jeder Beziehung unsicheres Element, das für gewerkschaftliche Organisationen fast völliges Neuland ist."[51]

Zusätzliche Probleme bei der Neugründung von Gewerkschaften in einer neuen deutschen Republik sah Matern auf organisatorischem und auf politischem Gebiet. Am Ende dieses Krieges, so erläuterte er seine diesbezüglichen Befürchtungen, werde es in Deutschland keine gewerkschaftlichen Massenorganisationen und damit keinen eingespielten Organisationsapparat geben. Den nationalsozialistischen Organisationen prophezeite er den Zusammenbruch und ihr Verschwinden. Alles werde nach Kriegsende „in Umwälzung, Verwandlung und im Neuwerden" begriffen sein. Die Massen der Arbeiter in Deutschland und die zurückflutenden Soldaten würden dadurch „keine im Leben der Arbeiterklasse verwurzelten Organisationen" vorfinden. Matern glaubte, dieser Umstand könne in reichem Maße politische Brisanz enthalten. Bemerkenswerterweise erblickte er sie vor allem darin, daß die politische Konzeption der sowjetischen Deutschlandplaner und ihrer kommunistischen deutschen Helfer konkurrierenden Meinungen und Konzeptionen ausgesetzt sein würde.

„Politische und gesellschaftliche Kräfte, international und in Deutschland, in ihren Zielen gegensätzlich und sehr verschieden, sind am Wiederaufbau interessiert", so beschrieb er seine Vorstellung von „organisatorischem Chaos". Wenn die militärische Besetzung Deutschlands durch die verbündeten Armeen „nach Gebieten getrennt" erfolge, so befürchtete er, dann werde dieser Wiederaufbau sehr unterschiedlich sein: „Damit wird die Gefahr der Entstehung getrennter und zersplitterter Gewerkschaften riesengroß. Damit erhalten emigrierte und in Deutschland verbliebene Kräfte, die den alten Zustand wiederherstellen und die alte Politik unter neuen Bedingungen fortsetzen wollen, sehr wirkungsvolle Unterstützung."[52] Matern ließ keinen Zweifel daran, daß es zu den Zielsetzungen der kommunistischen Deutschlandpolitik gehörte, eine solche Entwicklung zu verhindern. Er lehnte es entschieden ab, mit der gewerkschaftlichen Arbeit dort wieder zu beginnen, wo man am 2. Mai 1933, dem Tag der Zerschlagung der Gewerkschaftsbewegung durch die Nationalsozialisten, aufhören mußte.[53] Die riesige Verarmung der breiten Massen, der Mangel an allen Dingen des täglichen Lebens, das aufwühlende Erlebnis des Krieges und der beispiellose Zusammenbruch Hitlerdeutschlands, so umriß der Referent die ideologisch programmierten Überlegungen der KPD, hätten gewaltige soziale Spannungen und Konfliktstoffe geschaffen und erforderten „mit aller Schärfe die Neuregelung des staatlichen und wirtschaftlichen Lebens". Für Matern war es selbstverständlich, daß „die Arbeiterklasse" mit der KPD an der Spitze bei diesem Vorgang und bei der „Neugestaltung des materiellen Lebens" die entscheidende Kraft sein werde. Für ihn stand aber auch außer Frage, daß sich die Gewerkschaften beim „Kampf um die Rettung Deutschlands als Volk und Nation", wie er den politischen Neubeginn bezeichnete, als ein kämpferisches Organ an die Seite dieser neuen gesellschaftlichen Kraft stellen müßten. Gewerkschaften waren, so verdeutlichte er bei dieser Gelegenheit ihren vorgesehenen neuen Stellenwert im Vergleich zu ihrer früheren Bestimmung, eben nicht mehr nur als „die umfassendste Organisation der Arbeiterklasse, der alle Lohn- und Gehaltsempfänger ohne konfessionelle und politische Unterschiede angehören könnten", zu verstehen. Für Matern sollten sie in einem neuen Deutschland in erster Linie als politische Hilfsorganisationen dienen, die sich ganz an den taktischen Zielvorstellungen der KPD orientierten und von denen es nur zum Schein hieß, daß in ihnen die Arbeiter und Arbeiterinnen aller Berufe und Wirtschaftszweige solidarisch zusammenstünden, „um durch die Kraft des organisierten Handelns die gleichen und gemeinsamen Interessen wirkungsvoll zu vertreten".[54]
Es ist einsichtig, daß Matern unter diesen Umständen dem Neuaufbau des Gewerkschaftswesens eine lebenswichtige Bedeutung beimaß, weil in seinen Augen vom Umfang ihrer Organisiertheit, vom Grad ihres Bewußtseins, von der Erkenntnis der Notwendigkeit ihres solidarischen Zusammenschlusses und vom Inhalt ihrer Politik „Kraft, Bedeutung und Einfluß der Arbeiterklasse in Staat und Wirtschaft" abhingen. Bei seinen konkreten Vorschlägen für die gewerkschaftspolitische Praxis zog er zwar sogleich einen scharfen Trennungsstrich zur Politik der „Deutschen Arbeitsfront" (DAF) der Nationalsozialisten[55], versuchte aber dieses trübe Kapitel deutscher Gewerkschaftsgeschichte wenigstens der aktuellen Situation nutzbar zu machen. Die entscheidende und große Lehre, die von „der Arbeiterklasse" aus dem Unwesen der DAF gezogen werden müsse, sei die: „die Gewerkschaften so aufzubauen, das Recht der Mitglieder auf eigene Entscheidung aller Fragen so zu sichern,

daß nie wieder andere Interessen als die der arbeitenden Massen Einfluß bekommen können".[56] In diesen Zusammenhang gehört seine zentrale Forderung, daß eine Einheitsgewerkschaft gegründet werden sollte, „um die Spaltung der Arbeiterklasse zu überwinden und die höchstmögliche Einheit herzustellen". Eine Zersplitterung der Gewerkschaften aus politischen und weltanschaulichen Gründen, so argumentierte Matern, diene nur den arbeiterfeindlichen Kräften und schwäche die Gewerkschaften. Deshalb forderte er alle „fortschrittlichen und wirklich demokratischen Kräfte" im nationalen Interesse Deutschlands auf, „unter allen Bedingungen und Verhältnissen gebietlich, politisch und weltanschaulich getrennte und zerrissene Gewerkschaften [zu] verhindern". Einheitliche Gewerkschaften seien „lebensnotwendig für Volk und Arbeiterklasse".[57]

Bemerkenswert waren Materns Ausführungen zur organisatorischen und politischen Struktur der neuen Gewerkschaften. So wie er „die weitestgehende Demokratie für die werktätigen Massen im Staate" als das Lebensinteresse der Gewerkschaften bezeichnete, so nannte er die innergewerkschaftliche Demokratie und die weltanschauliche Toleranz als wesentliche Voraussetzungen ihrer einheitlichen Organisation. Um die Gewerkschaften gegen jeden Mißbrauch oder gegen ein Abgleiten „in arbeiterschädliche Politik" zu schützen, sollte die „Kontrolle der Leitungen, [die] öffentliche Rechnungslegung und die Verlegung des Schwerpunktes der Entscheidungen bei der Durchführung der gewerkschaftlichen Aufgaben in die unteren Organisationseinheiten" erfolgen. Als Grundlage der neuen gewerkschaftlichen Organisation nannte Matern folgerichtig den Betrieb. „Die Organe der Gewerkschaften", so lautete einer seiner Grundsätze, „sind die Leitungen und Funktionäre der auf der Grundlage des Betriebes aufgebauten Organisation".[58] Der Aufbau müsse „von unten" erfolgen, „die Mitgliedschaft freiwillig und ohne Zwang sein". Den „wahrscheinlich" wiedererstehenden Betriebsräten wies er dabei nicht nur gewerkschaftliche und wirtschaftliche Aufgaben zu, sondern verstand sie auch als „Organe der Gesamtbelegschaft des Betriebes und des politischen und wirtschaftlichen Einflusses der Arbeiterklasse". Alle unteren Leitungen der Gewerkschaften sollten nicht mehr außerhalb, sondern innerhalb des Betriebes, auch des Großbetriebes, stehen.[59] Schließlich sollte jeder dieser Betriebe nach dem Prinzip „Ein Betrieb – ein Verband" auch nur einer der zentralen Industriegewerkschaften angehören. Deren Untergliederung in berufliche Sektionen und Sparten wurde vom Referenten nicht ausgeschlossen, jedoch ihr kartellmäßiger Zusammenschluß örtlich, gebietlich und im Staat als zweckmäßig unterstrichen.[60]

Über den künftigen Aufgabenbereich der Gewerkschaften entwickelte Matern eine Reihe konkreter Vorstellungen. Sie würden nach seiner Meinung vor allem „für die höchste Entfaltung der Sozialpolitik und für eine Wirtschaftspolitik im Dienste des Volkes" kämpfen müssen, aber auch große Aufgaben „bei der Schaffung und Entwicklung kultureller Einrichtungen und Veranstaltungen . . ., bei der Organisierung und Ausgestaltung der Erholung und der Ferien, der Schulung und Bildung auf allen Gebieten des gesellschaftlichen Lebens" zu erfüllen haben. Besondere Aufmerksamkeit und größte Unterstützung verdiene natürlich die Entwicklung der Jugend. Schließlich machte der Referent nochmals deutlich, daß die von ihm und seinen Moskauer Genossen propagierten Gewerkschaften auch politische Funktionen zu erfüllen hätten. Diese reichten von der Vorstellung, in den neuen Gewerkschaften die „Garanten der Sicherung und ständigen Erweiterung der demokratischen Rechte und Freiheiten des Volkes" zu sehen, bis hin zur klassenkämpferischen Aufforderung, die Ausräumung und Vernichtung „der faschistischen und imperialistischen Ideologie", die Förderung und Festigung des Klassenbewußtseins sowie die Pflege des „proletarischen Internationalismus und der internationalen Zusammenarbeit" als „große Arbeitsgebiete der Gewerkschaften" zu betrachten.[61]

Über die nächsten Schritte, die in Moskau für unerläßlich gehalten wurden, um den Neuaufbau von Gewerkschaften in Deutschland in dem gewünschten Sinne voranzubringen, machte Matern konkrete Angaben. In erster Linie wollte er in den Grundfragen der Gewerkschaftspolitik und -taktik schon jetzt Übereinstimmung „in allen deutschen Gewerkschaftskreisen in und außerhalb Deutschlands" herstellen, „um alle Hemmungen und Widerstände gegenüber dem Wiederaufbau einheitlicher Gewerkschaften zu überwinden und gewerkschaftsfeindliche Einflüsse auszuschalten".[62] In diesem Zusammenhang wies er auf „verschiedene Kreise im Ausland" — englische und amerikanische Gewerkschaften, Gewerkschaftskommissionen deutscher Emigranten — hin, „die Probleme des Wiederaufbaus diskutieren und Grundlagen für die Gewerkschaftsarbeit vorbereiten". „In diese Diskussionen und Vorbereitungen", so formulierte er die erste Aufgabe, „müssen wir uns in geeigneter Form einschalten und den Gewerkschaftsgedanken und die Gewerkschaftsprobleme propagieren." Ferner sei daran zu denken, so umschrieb er den zweiten Aufgabenbereich, die „antifaschistische Erziehungsarbeit" in den Kriegsgefangenenlagern auch auf Gewerkschaftsfragen — „Geschichte und neue Aufgaben" — auszudehnen. Er hielt es sogar für möglich, „die Schulungsarbeit in dieser Richtung zu beginnen, um wenigstens einige neue Gewerkschaftskader heranzubilden". Wenn die Entwicklung in Deutschland die Organisierung der Gewerkschaften auf die Tagesordnung stellen sollte und die internationale Lage es zweckmäßig erscheinen lasse, dann wollte er sogar eine „Gewerkschaftskonferenz von Kriegsgefangenen" veranstalten. Zum dritten verwies Matern schließlich auf die „älteren deutschen Arbeiterschichten", in denen die gewerkschaftlichen Traditionen noch mehr oder weniger lebendig seien. Er hielt es für einen Fehler, „nicht auch diese Kreise anzusprechen und sie hinsichtlich des Aufbaus einheitlicher Gewerkschaften zu beeinflussen".[63]

In der Diskussion, die unmittelbar nach Materns Referat einsetzte und am 19. und 26. Juni fortgesetzt wurde, scheint im wesentlichen Einigkeit über die vorgetragene Analyse wie die genannten nächsten Aufgaben bestanden zu haben.[64] Auch die Kommission, so wird berichtet, sei der Meinung gewesen, daß der Wiederaufbau der Gewerkschaften für die deutsche Arbeiterklasse wie für das deutsche Volk lebensnotwendig sei und daß „einheitliche demokratische Gewerkschaften" gebildet werden sollten. Wenn Ulbricht darüber hinaus die Forderung erhob, sie „zu Schulen des antifaschistisch-demokratischen Bewußtseins" zu machen, so entsprach das durchaus den Ausführungen Materns. Die allgemeine Übereinstimmung in der Gewerkschaftsfrage drückte sich darin aus, daß unter dem Vorsitz Wilhelm Florins eine spezielle Gewerkschaftskommission gebildet wurde, die den Auftrag erhielt, die Beratungsergebnisse der Arbeitskommission zu Richtlinien für den Aufbau der neuen Gewerkschaften in Deutschland zusammenzufassen.[65] Zu ihren Aufgaben gehörte es auch, „die Erfahrungen des Aufbaus der Gewerkschaften in anderen Ländern, wie zum Beispiel in Italien, und die Ergebnisse der Diskussionen unter den deutschen Emigranten im Ausland, besonders in Schweden und in England, über die Schaffung deutscher Gewerkschaften zu studieren". Außerdem sollte Propagandamaterial über gewerkschaftliche Fragen für die Aufklärung und Schulung deutscher Kriegsgefangener ausgearbeitet werden.[66]

f) Grundsätze der Wirtschaftspolitik

Das Grundsatzreferat „über die Wirtschaft im neuen Deutschland und die neue Wirtschaftspolitik" hielt das Politbüromitglied Anton Ackermann. Es wurde auf vier Sitzungen am 3., 24. und 31. Juli sowie am 7. August 1944 erörtert.[67] Die Kommission habe sich, so wird berichtet, zunächst „ein reales Bild" von der wirtschaftlichen Lage in Deutschland während der letzten Phase des Krieges erarbeitet. Sie sei dabei zu dem Schluß gekommen, daß Deutschland „infolge der Herrschaft des staatsmonopolistischen Kapitalismus" ein völlig deformiertes und durch den Krieg ruiniertes Land sein werde. Bei der Diskussion um die wirtschaftspolitischen Grundsätze dürften Maßnahmen „zur Beseitigung der wirtschaftlichen Macht der Rüstungstrusts" und Bestimmungen für die Wiedergutmachung von Kriegsschäden (Reparationen) im Vordergrund gestanden haben.[68] Bei der Beratung von Sofortmaßnahmen, die nach der Niederlage Deutschlands „zur Überwindung des wirtschaftlichen Chaos und für den Aufbau einer Wirtschaft im Dienste des Volkes" verwirklicht werden sollten, lagen zu einzelnen Fragen „spezielle Ausarbeitungen" vor. Zum Beispiel waren von einem Kommissionsmitglied Ratschläge für städtische Finanzangelegenheiten ausgearbeitet worden, „in denen auf die Fragen der Verwendung und Verwaltung kommunaler Mittel, der Steuern, des Wohnungsbaus, der Banken und Sparkassen usw. eingegangen wurde". Die verschiedenen Einzelausarbeitungen schlugen sich „in den Richtlinien für die Tätigkeit der lokalen Volksausschüsse im besetzten Gebiet auf dem Gebiete der Wirtschaft" nieder. Ihr Ausgangspunkt war die Überlegung, daß die Wirtschaft in der ersten Zeit nach einer militärischen Niederlage „von einer Wirtschaftskommission des jeweiligen lokalen Volksausschusses" geleitet wurde, der wiederum über Arbeitsausschüsse für die einzelnen Gebiete (z. B. Rohstoffbeschaffung und -verteilung, Transport und Verkehr, Wohnungsbeschaffung, Versorgungs- und Genossenschaftswesen, Gesundheitswesen) verfügte. Neben allgemeinen Prinzipien, zu denen die Mobilisierung aller Kräfte und wirtschaftlichen Möglichkeiten; die Leitung, Lenkung und Beeinflussung der Wirtschaft „im Sinne der Friedensbedürfnisse der Bevölkerung"; die freie Warenproduktion; die allseitige Förderung der privaten Initiative und die Ausschaltung der Spekulation zählten, wurden Sofortmaßnahmen fixiert, die zur raschen Überwindung der erwarteten wirtschaftlichen Notlage dienen sollten. Dazu gehörten die Feststellung und Sicherung aller Bestände an Rohstoffen, Betriebsstoffen, Halb- und Fertigerzeugnissen und Lebensmitteln; die Registrierung aller arbeitsfähigen Betriebe und Einrichtungen; Angaben über den Bedarf an Maschinen usw. für die Ingangsetzung der Betriebe; ein Überblick über die Arbeitskräfte und die Aufstellung eines provisorischen Wirtschaftsprogramms. Der Volksausschuß bzw. dessen Wirtschaftskommission sollten mit den Unternehmern, den Genossenschaften und städtischen Betrieben über die Ingangsetzung der Produktion beraten und entsprechende Weisungen erteilen. Dabei wollte man sich auf die Betriebsräte der Arbeiter und Angestellten stützen und auch entsprechende Kontrollorgane bilden. Die Bildung von wirtschaftlichen Vereinigungen der Handwerker, der Handel- und Gewerbetreibenden wurde empfohlen. Die einzelnen Maßnahmen auf dem Gebiet des Wohnungsbaus, des Transport- und Verkehrswesens sowie des Gesundheitswesens gingen realistischerweise davon aus, daß in der ersten Zeit nach dem Zusammenbruch des Hitlerstaates nur mit örtlichen Mitteln und Kräften gerechnet werden konnte.[69] Die Arbeitskommission gab sich dennoch überzeugt davon, daß die wirtschaftlichen Schwierigkeiten „durch die Initiative des Volkes und durch ein Volksregime" beseitigt werden könnten, und beauftragte eine Fachkommission unter der Leitung von Anton Ackermann, „ein Sofortprogramm der nächsten wirtschaftlichen Maßnahmen" auszuarbeiten.[70]

g) Grundsätze der Agrarpolitik

Die Grundsätze der künftigen Agrarpolitik, vor allem der schon im „Berner" Programm angekündigten Agrarreform, entwickelte Edwin Hoernle, der seit 1938 an dem von Evgenij S. Varga geleiteten Institut für Weltwirtschaft der Akademie der Wissenschaften der UdSSR als Abteilungsleiter wirkte.[71] In zwei Kommissionssitzungen, am 14. und am 21. August 1944, stand sein Entwurf eines Agrarprogramms des Blocks der kämpferischen Demokratie zur Diskussion, der sich im wesentlichen auf drei Hauptaufgaben konzentrierte:

1. auf die „Liquidierung des Faschismus auf dem Dorfe in jeglicher Form (organisatorisch, ideologisch, personell)";
2. auf die „Herstellung fester persönlicher und organisatorischer Verbindungen zwischen Land und Stadt, vor allem zwischen der Industriearbeiterschaft, dem werktätigen Bauerntum und den Landarbeitern"; und
3. auf die „Sicherung der notdürftigen Volksernährung".[72]

Diese drei Aufgaben bildeten für Hoernle „eine organische, untrennbare Einheit" und zudem „ein unabdingbares Glied unserer nationalen Gesamtaufgabe". Bei ihrer richtigen und vollständigen Lösung hielt er die genaue Berücksichtigung einer Reihe „historisch gewordener Besonderheiten der deutschen Landwirtschaft" für unerläßlich, die der ehemalige Theologe in sieben Punkten zusammenfaßte[73]:

1. Hoernle charakterisierte Deutschland als „ein dichtbevölkertes Industrieland", dessen ländliche Bevölkerung (in Gemeinden unter 2000 Einwohnern) zwar etwa 32 % betrage, dessen landwirtschaftliche Bevölkerung jedoch „eine kleine ständig abnehmende Minderheit" sei. Diese gemischten Wohnsiedlungen von Industriearbeitern und Bauern erschwerten in seinen Augen zwar „die ökonomische Seite unserer Aufgabe", erleichterten jedoch gleichzeitig die politische.
2. Hoernle nannte die deutsche Landwirtschaft eine Intensivlandwirtschaft, die ihre Früchte nur „bei hohem Einsatz von Arbeit und Kapital" trage. Er folgerte daraus, daß die Agrarpolitik aufs engste mit der künftigen Industrie- und Arbeiterpolitik verbunden sein müsse: Die Lage der bäuerlichen Produzenten sowie die Leistung der Landwirtschaft müsse „durch systematische Entwicklung der lebendigen und technischen Produktivkräfte" gehoben werden.
3. Hoernle kennzeichnete die deutsche Landwirtschaft im wesentlichen als eine bäuerlich-individualistische Landwirtschaft mit den Bauern und ihren Familienangehörigen als der überwiegenden Masse der Arbeitskräfte. Diese einzelbäuerlichen Wirtschaften behinderten die Anwendung moderner Techniken und Betriebsweisen und stellten die kommunistischen Agrarpolitiker „vor die Aufgabe der Erziehung der Bauernmassen zu genossenschaftlicher Betriebsführung und Arbeitsweise". Politisch bedeutete das „eine völlige Neuordnung der bisherigen Verhältnisse der Arbeiterklasse und der Bauernschaft".

4. Hoernle bezeichnete die deutsche Landwirtschaft als eine ausgesprochene Marktlandwirtschaft mit einem durchschnittlichen Marktanteil der Produktion auch in den Bauernwirtschaften von 70—80 %. Als solche sei sie außerordentlich konjunkturempfindlich und vom Industrie- und Arbeitsmarkt, vom spekulativen Handel und „vom Preisdiktat des Trustkapitals" abhängig gewesen. Das Problem des „gerechten Preises", d. h. eines als gerecht empfundenen Verhältnisses zwischen Betriebskosten und Betriebseinnahmen, sei daher „ein Zentralproblem für die kämpferische Demokratie, von dessen Lösung sehr viel das politische Verhältnis der Bauern zum neuen Staat" abhängen werde.

5. Hoernle beklagte die Belastungen der deutschen Landwirtschaft, insbesondere der Kleinlandwirtschaft, durch die außerordentlich hohe absolute Grundrente. Er hielt sie für die Ursache der rücksichtslosen Bodenspekulationen, der besonders niedrigen Einkommen der Landarbeiter und „werktätigen Bauern" sowie der hohen Dauerverschuldung der deutschen Bauern. Er forderte daher in Anspielung auf eine politische Parole der Nationalsozialisten eine echte „Brechung der Zinsknechtschaft" durch Beseitigung dieses Bodentributs und der dadurch verursachten „falschen Produktionskosten" des deutschen Bauern.

6. Hoernle warf allen bisherigen Regierungen vor, statt die Grundrente zu beseitigen, durch Zollschutz, Kontingentierung oder Verbot der Einfuhr und Verwendungszwang für Inlandsprodukte der Landwirtschaft ein künstliches Monopol auf dem Inlandsmarkt zu Lasten der übrigen Bevölkerung gewährt zu haben. Diese „Absperrungspolitik vom Weltmarkt" habe für „die werktätige Stadtbevölkerung" stark überhöhte und ständig steigende Lebensmittelpreise, für die Bauern zwar zeitweilige Gewinne, auf die Dauer jedoch weiteres Steigen der Grundrentenlasten zur Folge gehabt und im übrigen „einen künstlichen Gegensatz zwischen den Interessen der Werktätigen in der Stadt und denen der Werktätigen auf dem Lande" erzeugt.

7. Hoernle nannte die deutsche Landwirtschaft im Resultat der bisher genannten sechs Besonderheiten „eine sozial besonders stark differenzierte, polarisierte Landwirtschaft". Der ziffernmäßig winzigen Minderheit von „kapitalistischen Großagrariern" und der relativ schmalen Schicht „mittlerer kleinkapitalistischer Agrarunternehmer" stehe eine weit überwiegende Mehrheit vom „Armbauern" gegenüber, die in sich wieder stark gestaffelt seien. Diese Tatsache mache „die Aufgabe einer gründlichen Eigentums- und Besitzreform in der Landwirtschaft im neuen Deutschland" akut und unaufschiebbar.

Während Hoernle vor dem Hintergrund der genannten Besonderheiten die Agrarpolitik der Weimarer Republik als „ein warnendes Beispiel, wie nicht gehandelt werden darf", charakterisierte[74] und dem Hitlerregime vorwarf, den Agrarsektor in „eine lückenlose Kriegswirtschaft" zu verwandeln versucht zu haben[75], versprach er im Namen der KPD, die Landwirtschaft einer neuen deutschen Republik zu einer „Friedenswirtschaft" zu machen, wenn eine erfolgreiche Lösung der eingangs seines Referates gestellten Aufgaben gelinge. Vier Grundbedingungen hielt er dafür freilich für unerläßlich[76]:

Die erste Grundbedingung war die „Gewinnung der Hauptmasse der werktätigen Landbevölkerung für das demokratische Regime". Das war nach seiner Überzeugung dann möglich, „wenn wir sie handgreiflich davon überzeugen, daß unser Weg der einzige ist zum Frieden, zum Wiederaufbau, zum Fortschritt". Die Landbevölkerung müsse freilich „außer intensiver Propaganda" sofort „greifbare Vorteile" vom neuen Regime haben: „Daher steht an der Spitze unseres Programms", so zählte der Referent diese beabsichtigten Vorteile auf, „die starke demokratische Volksregierung, die Vernichtung des ökonomischen und politischen Terrors im Dorfe, die strenge Bestrafung und Unschädlichmachung aller faschistischen Volksfeinde, die Wiedererstattung des von Faschisten geraubten Gutes an Verfolgte und Bestrafte, die Wiederherstellung aller demokratischen Einrichtungen und Organe, vor allem im Gemeindeleben, ferner der Landarbeitergewerkschaften und vor allem der landwirtschaftlichen Genossenschaften."

Als zweite Grundbedingung nannte Hoernle die „sofortige Schaffung von provisorischen Organen der neuen Staatsmacht in allen Landgemeinden und Gutsbezirken". Diese Organe, die sogenannten Volksausschüsse, sollten Organe „aller Werktätigen im Dorfe" sein: „der Bauern, Landarbeiter, Industriearbeiter, Gewerbetreibenden und Dorfintellektuellen, Männer und Frauen, soweit sie sich ehrlich der neuen Macht zur Verfügung stellen". Es sei allerdings darauf zu achten, so hob auch Hoernle den Führungsanspruch „der Arbeiterklasse" hervor, daß in diesen Volksausschüssen „die Arbeiter und werktätigen Bauern die Mehrheit haben und die Führung". Die Ausschüsse sollten verantwortlich sein „für die sofortige Säuberung der Gemeindeverwaltung und des gesamten öffentlichen Lebens von allen faschistischen Volksfeinden und korrupten Elementen, für die Ingangbringung des geregelten wirtschaftlichen und gesellschaftlichen Lebens im Dorfe, für die ordnungsmäßige Versorgung der benachbarten Städte und Industriezentren mit Lebensmitteln und gleichzeitig des Dorfes mit Industrieprodukten sowie für die Vorbereitung wahrhaft demokratischer Wahlen der definitiv neuen Machtorgane".

Die dritte Grundbedingung bestand in der sofortigen Aufstellung „einer praktisch realisierbaren, die gesamte werktätige Dorfbevölkerung einigenden, mobilisierenden, organisierenden und auf der Bahn des ökonomischen und kulturellen Fortschritts vorantreibenden Generallosung, die in einem klaren, allgemeinverständlichen, aber realistisch mit den Tatsachen rechnenden Sofortprogramm konkretisiert wird". Hoernle schloß in diesem Zusammenhang nicht aus, daß es notwendig sein könnte, die Generallosung wie das Sofortprogramm innerhalb der einzelnen Provinzen, Kreise, Bezirke, ja selbst Gemeinden den dortigen lokalen und regionalen Besonderheiten anzupassen.

Die vierte Grundbedingung unterstrich die notwendige Neuordnung des Verhältnisses von Stadt und Land. Die demokratische Aufbauarbeit im Dorfe könne auf die Dauer nur geleistet werden, so versuchte Hoernle anhand einiger Beispiele (Aufbringung von Lebensmitteln bei größeren Bauern und Gutsbesitzern, Warenaustausch zwischen Stadt und Land) nachzuweisen, „wenn sie eine dauernde, energische, verständnisvolle politische wie administrative Unterstützung durch die demokratischen Organe der Stadt und die Organisationen der industriellen Arbeiterklasse" erhalte.

Auf diese seine Lageanalyse der deutschen Landwirtschaft und auf Hinweise des Zentralkomitees[77] gestützt, formulierte Hoernle die Grundzüge eines landwirtschaftlichen Sofortprogramms „der kämpferischen Demokratie" für ein neues Deutschland, das nach seiner Überzeugung mindestens die folgenden zwölf Maßnahmen[78] enthalten müsse:

1. Sofortige Außerkraftsetzung aller faschistischen Zwangsverordnungen und

Zwangseinrichtungen, die die wirtschaftliche und staatsbürgerliche Freiheit der Bauern und Landarbeiter und der gesamten werktätigen Dorfbevölkerung beengt und vernichtet haben. Als solche Einrichtungen „der faschistischen Zwangsordnung", die eine „neue Ordnung des befreiten Volkes" nur behindere, wurden genannt: der Reichsnährstand mit allen seinen Gliederungen, das Erbhofgesetz, alle Verordnungen über Zwangsablieferungen und Festpreissätze, die Tarifdiktate der Treuhänder der Arbeit, alle Verbote des Selbstmarktens und der Weiterverarbeitung selbsterzeugter Produkte, ferner „die faschistische Gemeindeordnung", die Verordnung über den Arbeitseinsatz in der Landwirtschaft, die Verordnung zur Sicherung der ordnungsmäßigen Bewirtschaftung des Bodens und dergleichen.

2. Sofortige Wiederherstellung und Erweiterung der staatsbürgerlichen Rechte auf allen Gebieten des privaten und öffentlichen Lebens.

Für Hoernle hieß das in der Praxis vor allem: volle Versammlungs- und Vereinigungsfreiheit aller Gemeindeglieder, Selbständigkeit der Gemeinde-, Schulen- und Kirchenverwaltung, eigenes Budgetrecht. Für ihn bestand im übrigen kein Zweifel, daß die ländliche Gemeinde „in der nächsten Zeit" an wirtschaftlicher Bedeutung für die Dorfbevölkerung durch gemeinwirtschaftliche, kulturelle und gesundheitliche Einrichtungen noch bedeutend zunehmen werde.

3. Sofortige Rückgabe der den Bauern und Landarbeitern durch Hitler geraubten Berufsvereinigungen und Berufsvertretungen, insbesondere der landwirtschaftlichen Genossenschaften, der Landarbeitergewerkschaften und der Bauernkammern.

Hoernle ergänzte, daß die Zurückerstattung bzw. Wiederherstellung dieser Institutionen „mit dem gesamten geraubten Vermögen" erfolgen, eine Säuberung dieser Einrichtungen „von volksfeindlichen Elementen" stattfinden sowie die demokratische Neuwahl der Funktionäre und eine demokratische Revision der Statuten erfolgen müsse. Auch hier wies er darauf hin, daß die Rolle dieser Organisationen in Zukunft zweifellos wachsen werde: „Der demokratische Staat wird ihnen öffentlich-rechtliche Aufgaben überweisen, den landwirtschaftlichen Genossenschaften z. B. die verantwortliche Erfassung, Bearbeitung und Weiterleitung wichtiger Lebensmittel und entsprechend die Hereinnahme und Verteilung industrieller Gegenwerte sowie das Monopol auf kurzfristige, vom Staate zur Verfügung gestellte Betriebskredite und dergleichen mehr."

4. Durchführung einer gründlichen Boden- und Wirtschaftsreform zugunsten der bodenarmen Dorfbevölkerung.

Diesen zweifellos wichtigsten Punkt des agrarischen Sofortprogramms präzisierte Hoernle dahingehend, daß zunächst „ein staatlicher Bodenfonds" gebildet werden müsse:

a) aus „den entschädigungslos enteigneten Besitzungen gerichtlich verurteilter Volksfeinde";

b) aus den „vom faschistischen Staate" zu militärischen Zwecken beschlagnahmten landwirtschaftlich nutzbaren Bodenflächen;

c) aus solchen Bodenflächen, die auf Grund einer Notabgabe der größeren Grundbesitzer in den Besitz der öffentlichen Hand übergingen;

d) ferner aus Grundstücken, die durch „eine freiwillige Bodenspende patriotischer Grundbesitzer" aufgebracht würden.

Für die Verwaltung und Verteilung des zur Verfügung stehenden Bodens sollten besondere Bodenkommissionen gebildet werden, „die aus den Vertrauensleuten der werktätigen Landbevölkerung und Organen des demokratischen Staates gebildet werden". Diese Bodenkomitees sollten im übrigen das Recht haben, „in dringenden Fällen in Einvernahme mit dem Volksausschuß" Grundeigentümer „mit mehr als einer ausgiebigen Ackernahrung", vor allem solche, die nicht persönlich den Boden bewirtschaften, zur Verpachtung eines gewissen Teils ihrer Besitztümer „an bodenbedürftige Gemeindegenossen" zu verpflichten. Für Neubauern und Anliegersiedler sollte der demokratische Staat Beihilfen und Einrichtungskredite zur Verfügung stellen.

5. Erlaß eines wirklich demokratischen Pächterschutzgesetzes zur Sicherung des werktätigen Pächters vor jeder Form von Pachtwucher und willkürlicher Entziehung von Pachtland.

Hoernle schlug die Bildung von Pachtgerichten bei den Kreisvolksausschüssen vor, die das Recht haben sollten, „im Interesse einer volkswürdigen Existenz des Pächters" bei ordnungsgemäßer Bewirtschaftung angemessene Pachtpreise und die übrigen Pachtbedingungen festzusetzen. Eine Entschädigung des abziehenden Pächters für vorgenommene Bodenverbesserungen und angelegte Dauerkulturen war vorgesehen.

6. Gesetzliche Maßnahmen zur fühlbaren Entschuldung der Bauernschaft bzw. zur Verhinderung einer produktionshemmenden und die Bauernschaft als Masse belastenden Neuverschuldung.

Als solche Maßnahmen nannte Hoernle:

a) den Erlaß eines Bodengesetzes, das neben spekulativem Bodenhandel jede Art der Übereignung von landwirtschaftlich genutztem oder nutzbarem Boden an Personen, die den Boden nicht selbst bewirtschaften, untersagt, Höchstpreise für den Boden festsetzt und jede Übertragung von Eigentum oder Besitz des Bodens einer staatlichen Kontrolle unterstellt; und

b) die Durchführung einer Generalentschuldung des bäuerlich bewirtschafteten Bodens durch Übernahme der Hypotheken und Realschulden der deutschen Bauernschaft auf den Staat und die Verwandlung des bisherigen bäuerlichen Zinsendienstes in eine für die Bauernfamilie und die Bauernwirtschaft tragbare Tilgungsrente, ferner ein staatliches Monopol der Beleihung des Bodens, eine energische Hilfe für die werktätige Bauernschaft durch billige Betriebskredite, die Bevorschussung der Vorräte bzw. der Ernte auf dem Halm und des Inventars, die Kontrolle dieser kurzfristigen Kreditverwendung durch gemeinsame Ausschüsse der landwirtschaftlichen Genossenschaften und öffentlich-rechtlichen Kreditinstitute sowie eine energische finanzielle Unterstützung der bäuerlichen Absatz- und Verkaufs-, Betriebs- und sonstiger Genossenschaften.

7. Festigung der landwirtschaftlichen Preise auf einer die volkswürdige Existenz der werktätigen Bauernfamilie gewährleistenden Höhe und Lenkung der Erzeugung durch die Abnahmegarantie des Staates, die Gegenbelieferung des Bauern mit notwendigen Industrieprodukten, durch angemessene Prämien in Naturalien, zinslose Kredite und dergleichen.

Hoernle ging es hier vor allem um eine Stärkung der Position der landwirtschaftlichen Genossenschaften und ländlichen Gemeinden. Zu diesem Zweck wurden Staatshilfen „für bäuerliche Warenproduzenten", insbesondere in der Form der finanziellen und verwaltungsmäßigen Unterstützung aller notwendigen genossenschaftlichen Einrichtungen, vorgeschlagen.

8. Großzügige staatliche Maßnahmen zur rechtzeitigen und billigen Belieferung der Landwirtschaft vor allem über die landwirtschaftlichen Genossenschaften mit allen notwendigen Produktionsmitteln und Hilfsstoffen sowie mit Saatgut, Futtermitteln und Zuchtvieh.

Hoernle gab sich in diesem Punkt optimistisch. Er sah den Staat zu diesen großzügigen Maßnahmen in der Lage „durch die Nutzung der in die öffentliche Hand übergegangenen großindustriellen Werke und der Spezialzuchtgüter von Volksfeinden" sowie der schon bisher dem Staate gehörenden Domänen und staatseigenen Werke zu diesem Zwecke sowie durch die Vorzugsbeförderung saisonwichtiger Produktionsmittel bzw. vom Lande gelieferter Lebensmittel auf allen öffentlichen Verkehrsmitteln. Außerdem stellte er einen energischen Ausbau der Elektrizitäts- und Wasserversorgung auf dem Lande, staatliche Hilfe für den kommunalen Straßen- und Wegebau, die Übernahme größerer Bodenverbesserungen, Flurbereinigungen, Wasserregulierungen, den kräftigen Ausbau der landwirtschaftlichen Fach- und Hochschulen, der Berufsberatungen, der Beispielwirtschaften und Experimentierstellen unter maßgebender Mitwirkung der Bauern- und Landarbeiterkammer in Aussicht.

9. Organisierung einer großzügigen Arbeitshilfe der Stadt für das Land, und zwar sowohl einer dauernden wie auch einer zeitweiligen.

Als Ziel einer dauernden Arbeitshilfe, die als eine Staatsangelegenheit bezeichnet wurde, nannte Hoernle „die Erleichterung und Beschleunigung der notwendigen Rückwanderung ins Dorf". Ihm war bewußt, daß diese Forderung nur Erfolg haben werde, wenn das Leben im Dorfe hauswirtschaftlich und kulturell dem städtischen Leben systematisch angenähert werde. Die zeitweilige Arbeitshilfe werde vor allem im Masseneinsatz städtischer Landhelfer bestehen, „sei es auf dem Weg der staatlichen Landdienstpflicht, sei es durch Entsendung freiwilliger Erntehilfegruppen auf das Land durch Organe des demokratischen Volkes" (z. B. Volksausschüsse, Arbeitergewerkschaften, Betriebsvertretungen, Schulen, Institute).

10. Tatkräftige Verbesserung der Lage der landwirtschaftlichen Arbeiter und des bäuerlichen Gesindes durch ihre volle gesetzliche Gleichstellung mit der Industriearbeiterschaft auf allen Gebieten des Arbeitsschutzes, des Arbeitsrechtes, der sozialen Versicherung und Fürsorge; Einbeziehung der bäuerlichen Familie in die allgemeine obligatorische Alters-, Kranken- und Invalidenversicherung.

In diesem Zusammenhang stellte Hoernle die zusätzliche Forderung auf, die Guts- und Werkswohnungen in kommunale Verwaltung zu übernehmen. Vor allem aber wollte er alle Unternehmer zwingen, die von den Organisationen der Landarbeiter mit den Besitzern abgeschlossenen Tarifverträge anzuerkennen.

11. Gerechte Verteilung der Steuerlasten nach dem Grundsatz: zunehmende Lasten mit zunehmendem Vermögen bzw. Einkommen.

Hoernle wollte die bäuerliche Familie vor allem von der Steuer auf die eigene Wohnung und von der Einkommensbesteuerung mithelfender Familienmitglieder befreien. Auch von einer „demokratischen Zusammensetzung" der landwirtschaftlichen Steuereinschätzungskommission und von der Mitwirkung der Berufskammer bei der Festlegung der Einheitswerte scheint er sich eine steuerliche Entlastung für die Bauern versprochen zu haben.

12. Energische Verbesserung der gesundheitlichen und kulturellen Zustände auf dem Dorfe.

Diese Forderung sollte nach Hoernle durch den planmäßigen Ausbau des öffentlichen ländlichen Gesundheitsdienstes, des Jugendsports, des Mutter- und Kinderschutzes sowie durch die Einrichtung von Gemeindehäusern mit Bibliothek, Lesesaal, Kino, gemeindlichen Bade- und Waschanstalten, Backstuben und sonstigen Einrichtungen zur Entlastung der Bauersfrau verwirklicht werden.

Wie die Ausführungen Materns zur Gewerkschaftspolitik und die Rede Ackermanns über die Wirtschaftspolitik scheinen auch Hoernles Vorschläge für ein Agrarprogramm des Blocks der kämpferischen Demokratie ohne grundsätzlichen Widerspruch geblieben zu sein. Sein Entwurf zielte vor allem auf „die Gewinnung des Bauern als Bundesgenossen zur Durchsetzung der Gesamtpolitik der Partei" und auf „die Forderung nach der demokratischen Bodenreform".[79] Unter der Generallosung „Das Brot dem Volke, der Boden dem Bauern"[80] fügte er sich in die politische Zielsetzung der KPD, mit der Herstellung „antifaschistisch-demokratischer Verhältnisse" nicht nur zur „Vollendung der bürgerlich-demokratischen Revolution" beizutragen, sondern auch die Voraussetzungen des Übergangs „zum Sozialismus" zu schaffen, nahtlos ein, so daß als Ergebnis der Beratungen die agrarpolitischen Forderungen des Aktionsprogramms formuliert und „Ratschläge für die Arbeit auf dem Lande im besetzten deutschen Gebiet" verabschiedet werden konnten.[81]

h) Der Abschluß der Kommissionsarbeit

Als die Sitzungen der Arbeitskommission der KPD am 21. August 1944 nach der Diskussion des Referates von Edwin Hoernle beendet wurden[82], konnte kaum ein Zweifel an der Absicht der Moskauer „Politemigranten" bestehen, beim Aufbau des neuen deutschen Staates nichts dem Zufall zu überlassen. Abgesehen von einer Beratung der Politbüromitglieder Pieck, Ulbricht und Ackermann mit Schriftstellern und „Kulturschaffenden" wie Johannes R. Becher, Erich Weinert, Friedrich Wolf, Willi Bredel, Gustav v. Wangenheim, Heinrich Greif, Hans Rodenberg, Fritz Erpenbeck, Maxim Vallentin und Theodor Plivier „über Kulturfragen im neuen Deutschland", die am 25. September 1944 stattfand[83], waren von den deutschen Kommunisten bis zum Spätsommer 1944 aus ihrem speziellen Blickwinkel und in der ihnen eigenen Terminologie alle wichtigen Grundprobleme einer Neugestaltung Deutschlands in halbjähriger intensiver Arbeit beraten worden, darunter

– das gegenwärtige und das zu erwartende Kräfteverhältnis „der Klassen in Deutschland",
– „das Wesen des faschistischen deutschen Imperialismus",
– der Inhalt „der nationalen Frage in Deutschland" und der Weg zu ihrer Lösung,
– Charakter und Aufgaben „einer nationalen Volksbewegung und eines Blocks der kämpferischen Demokratie",
– Rolle und Aufgaben „der deutschen Arbeiterklasse" und der KPD,
– Rolle und Aufgaben der Gewerkschaften,

— Probleme „des Bündnisses der Arbeiterklasse mit der Bauernschaft und anderen Volksschichten",
— einige Grundsätze der Wirtschaftspolitik und
— Sofortmaßnahmen in Industrie und Landwirtschaft.[84]
Darüber hinaus war im Rahmen der 10. Vollsitzung des Nationalkomitees „Freies Deutschland" am 14. Juni 1944[85] in Anwesenheit von Wilhelm Pieck in seiner Eigenschaft als Parteivorsitzender der KPD der Versuch unternommen worden, eine Klärung der Frage nach dem künftigen Verhältnis „zwischen Marxisten und Christen" und nach der Stellung der christlichen Kirchen in einem neuen deutschen Staat zu erreichen.[86] In seiner Ansprache hatte Pieck versichert, daß die Kirche, wenn sie „die demokratischen Grundrechte" achte, uneingeschränkt in ihrem Bereich wirken und sich vor allem an der Ausmerzung „der faschistischen Ideologie" beteiligen könne. Seine Zusicherung, daß sich im neuen Deutschland „jede antifaschistische Kraft" frei betätigen könne, was „selbstverständlich auch für die Gläubigen der katholischen und evangelischen Kirche" gelte[87], hat zumindest die evangelischen Mitglieder eines neugegründeten „Arbeitskreises für kirchliche Fragen"[88] veranlaßt, bis Ende September 1944 eine Ausarbeitung über „Staat und evangelische Kirche in Deutschland" vorzulegen[89], die in drei Gedankenkreisen das Verhältnis von Staat und evangelischer Kirche, Fragen der innerkirchlichen Ordnung bzw. des kirchlich-organisatorischen Wiederaufbaus sowie Hauptfragen des kirchlich-theologischen Ringens der letzten dreißig Jahre und „den gegenwärtigen Stand und die Perspektiven für die kirchliche und theologische Arbeit der Zukunft" behandelte.[90]
Außerdem hat die Moskauer Parteiführung der KPD frühzeitig zu verstehen gegeben, daß es ihr nicht nur darauf ankam, „den Schutt und die Trümmer in den Dörfern und Städten, sondern auch in den Köpfen der Menschen zu beseitigen".[91] In enger Zusammenarbeit mit Georgi Dimitrov und mit sowjetischen Beratern[92] ließ sie erkennen, welche hervorragende Bedeutung sie einer Neuordnung des deutschen Schulwesens beimaß. Am 12. April 1944 beschäftigte sich die Führungsspitze der KPD, darunter Pieck, Ulbricht, Ackermann und Hoernle, mit der Ausbildung von Lehrkräften für die Schulen im neuen Deutschland und mit der Beschaffung neuer Lehrbücher für alle Wissensgebiete.[93] Man einigte sich darauf, bestimmte sowjetische Hochschullehrbücher für allgemeine Geschichte, für Geschichte der UdSSR, für Biologie, für Pädagogik und für Geographie aus dem Russischen ins Deutsche zu übersetzen.[94] Weitere Beratungen auf diesem Gebiet führten zum Entwurf eines Planes für die Herausgabe von Literatur, der am 15. August 1944 vom Politbüro an Georgi Dimitrov weitergeleitet wurde. Dieser Literaturplan sah vor, eine Schriftenreihe der KPD und eine Schriftenreihe des Nationalkomitees „Freies Deutschland" herauszugeben. Beide Reihen sollten, wie Wilhelm Pieck notierte, aus solchen Titeln bestehen, „die am dringlichsten in Deutschland" benötigt würden.[95] Dazu zählten, wie einem Verzeichnis der etwa 75 Titel umfassenden Schriftenreihe der KPD zu entnehmen ist, Werke von Karl Marx, Friedrich Engels, V. I. Lenin, I. V. Stalin, Georgi Dimitrov und „führenden Funktionären der revolutionären deutschen Arbeiterbewegung" sowie Schriften über die Sowjetunion, sowjetische Lehrbücher und Werke „antifaschistischer" Schriftsteller.[96]
Wenn nach dem 21. August 1944 die Arbeitskommission der KPD vorerst nicht zu weiteren Sitzungen zusammenkam, dann war das nicht zuletzt eine Folge der

militärischen Lage. Die „Zertrümmerung der deutschen Ostfront" (Tippelskirch) im Sommer und Herbst 1944 ließ den Zeitpunkt immer näherrücken, da die Rote Armee deutsches Gebiet erreichen würde. Offenbar wollten die sowjetischen Dienststellen für diesen Fall gerüstet sein. So veranlaßten sie nicht nur erneut den Einsatz von Fallschirmspringern[97], die den Auftrag erhielten, „so schnell wie möglich nach Deutschland [zu] gelangen und dort die Widerstandsbewegung [zu] unterstützen"[98], sondern drängten in Moskau auch auf eine Auswertung und Zusammenfassung der in der Arbeitskommission der KPD erarbeiteten Ergebnisse. Während die einzelnen Fachkommissionen auftragsgemäß damit begannen, „bestimmte politische Hauptprobleme noch gründlicher und im einzelnen" zu untersuchen und ihre Ergebnisse für die Parteiführung „in Entwürfen für programmatische Richtlinien und Sofortmaßnahmepläne" niederzulegen, kam die Parteiführung der KPD im August 1944 einer „Bitte" der von Dimitrov geleiteten Abteilung für internationale Information beim Zentralkomitee der KPdSU nach, „vor Mitarbeitern des ZK der KPdSU, des diplomatischen Dienstes, der politischen Abteilung der Roten Armee und anderer sowjetischer Dienststellen wöchentlich zwei Lektionen über deutsche Probleme zu halten", um auf diese Weise sowjetische Funktionäre „mit Problemen des antifaschistischen Kampfes und der künftigen demokratischen Umgestaltung Deutschlands" vertraut zu machen. Gleichzeitig gingen die Mitglieder des Politbüros daran, die in reichlichem Maß vorhandenen Arbeitsergebnisse zu einem ersten Entwurf eines Aktionsprogramms zusammenzufassen.[99]

2. Das „Aktionsprogramm des Blocks der kämpferischen Demokratie"

Im Oktober 1944 war in der Beschäftigung des Politbüros mit der ersten Fassung eines Aktionsprogramms „ein gewisser Abschluß" erreicht worden, so daß seine drei führenden Mitglieder Pieck, Ackermann und Ulbricht eine erste Zwischenbilanz ziehen konnten.[1] Sie faßten die Ergebnisse der mehrmonatigen Beratungen in kurzen Thesen zu einem „Aktionsprogramm des Blocks der kämpferischen Demokratie" zusammen.[2] Einige Leitgedanken oder einen ersten Entwurf für dieses kommunistische Sofortprogramm „zur Gestaltung der friedlichen Zukunft Deutschlands" hatte Wilhelm Pieck schon am 16. Oktober 1944 entwickelt.[3] Die nach intensiven Beratungen mehrerer Entwürfe[4] schließlich fünf Tage später, am 21. Oktober 1944, formulierte dritte Fassung des „Aktionsprogramms" war nicht nur eine „Vorarbeit für spätere Einheits- und Volksfrontverhandlungen", wie Ackermann sie rückblickend allzu bescheiden charakterisiert[5], sondern eine erste programmatische Grundlage für den von der Sowjetunion angestrebten „Aufbau einer antifaschistisch-demokratischen Ordnung" in Deutschland.

Wenn man den Aufzeichnungen des Parteivorsitzenden der KPD aus seiner Moskauer Emigrationszeit folgen will, dann sollte sich der Neuaufbau in Deutschland nach dogmatisierten Grundsätzen vollziehen, die Pieck und seine Genossen aus Lenins Schrift „Zwei Taktiken der Sozialdemokratie in der demokratischen Revolution" bezogen.[6] Die deutschen Kommunisten scheinen sich nahezu vollständig mit den taktischen Ratschlägen identifiziert zu haben, die Lenin im Sommer 1905 seinen bolschewistischen Anhängern in den sozialdemokratischen Gruppen und Zirkeln des zarischen Rußland erteilte[7], weil sie sich in einer vergleichbaren Situation wähnten: am Vorabend einer „demokratischen Revolution". Lenins Schrift, so erklärte Pieck „in einer Lektion vor deutschen Kommunisten" am 9. November 1944, enthalte „sehr wichtige Lehren, die volle Gültigkeit für unsere Aufgaben haben"; sie bilde „die große Richtlinie" für die Beurteilung der Lage und für die Ausarbeitung des Programms.[8] Er hob besonders hervor, daß Lenin seinerzeit den Rat erteilt habe, ein Aktionsprogramm aufzustellen, das „den objektiven Bedingungen des gegebenen historischen Augenblicks und den Aufgaben der proletarischen Demokratie" entspreche. Unter diesem „Minimalprogramm" hatte der Führer der Bolschewiki seinerzeit „das Programm der nächsten politischen und ökonomischen Umgestaltungen" verstanden, „die einerseits auf dem Boden der jetzigen gesellschaftlich-ökonomischen Verhältnisse vollauf durchführbar und anderseits für den weiteren Schritt vorwärts, für die Verwirklichung des Sozialismus notwendig sind".[9] Als ein solches Minimalprogramm war auch das „Aktionsprogramm des Blocks der kämpferischen Demokratie" konzipiert, dessen taktisch bedingte Zielsetzung Pieck nochmals unterstrich, wenn er in seinem Vortrag feststellte, daß es die folgende Aussage Lenins — „wenn auch nur im übertragenen Sinne" — zu beachten gelte: „Unsere Losung: revolutionäre demokratische Diktatur des Proletariats und der Bauernschaft ... erkennt vorbehaltlos den bürgerlichen Charakter der Revolution an, die unfähig ist, über den Rahmen einer nur demokratischen Umwälzung *unmittelbar* hinauszugehen, *treibt* aber zugleich diese Umwälzung *vorwärts*, ist bestrebt, dieser Umwälzung die für das Proletariat vorteilhaftesten Formen zu geben, und ist folglich bestrebt, die demokratische Umwälzung für die Zwecke des weiteren erfolgreichen Kampfes des Proletariats für den Sozialismus in denkbar bester Weise auszunutzen."[10] Es ist nicht ohne Grund schon hinreichend betont worden, daß mit der besonderen Hervorhebung dieser theoretischen Leitsätze Lenins durch Pieck geradezu der Schlüssel „für das volle Verständnis der Rolle des Aktionsprogramms des Blocks der kämpferischen Demokratie und für das klare Erkennen des historischen Platzes und der Bedeutung jener neuen, demokratischen Ordnung in Deutschland, die im Prozeß der Verwirklichung des Aktionsprogramms entstehen sollte", geliefert worden ist.[11]

Das in zwei Hauptteile gegliederte Dokument[12] versuchte im ersten Teil in knappen Strichen ein Bild von der Lage zu vermitteln, wie sie nach Meinung der Verfasser bei Kriegsende in Deutschland zu erwarten war. Als Ausgangspunkte für alle ihre Überlegungen nannten sie

— die „durch imperialistischen Raubkrieg und Terrorregime" herbeigeführte wirtschaftliche, politische und nationale Katastrophe;
— die erheblichen Verluste in der Bevölkerung („Vernichtung der deutschen Volkskraft — Arbeiter, Bauern, Mittelstand");
— die Gefahr für „Bestand und Einheit der deutschen Nation" sowie
— die Kennzeichnung Hitlers „als Feind und Verderber des deutschen Volkes".[13]

Die dargebotene Analyse der Hauptursachen für diesen Tatbestand orientierte sich an den gängigen Denkkategorien des Marxismus-Leninismus, wobei Überreste von Parolen, wie sie die KPD in den politischen Tageskämpfen der Weimarer Republik vertrat, sichtbar wurden. Pieck, Ackermann und Ulbricht klagten die „Diktatur des deutschen Finanz- und Monopolkapitals" an, das „durch den imperialistischen Raubkrieg, gesteigerte Ausbeutung und terroristische Unterdrückung der werktätigen Massen und durch Unterjochung anderer Völker" eine Weltmachtstellung habe erringen wollen. Die „imperialistische Verseuchung" und die „knechtische Erziehung" des deutschen Volkes sowie die „Rassenüberheblichkeit gegenüber anderen Völkern", so erklärten sie sich die Ursachen der nationalen Katastrophe, habe „das deutsche Volk zum Werkzeug des deutschen Imperialismus" werden lassen. Den Kardinalfehler für den verhängnisvollen Verlauf dieses jüngsten Kapitels der deutschen Geschichte glaubten sie im Jahre 1918 suchen zu müssen: Damals habe keine „Zerschlagung der Machtposition der kriegsschuldigen Großverdiener und reaktionären Kriegstreiber", keine „Säuberung des gesamten Staatsapparates von den volksfeindlichen Elementen" stattgefunden. Die Schuld an dieser Entwicklung wurde bedenkenlos der Sozialdemokratie angelastet, „die durch ihre Koalitionspolitik das Erstarken der Reaktion begünstigte und das Zustandekommen der Einheit der Arbeiterklasse für den Kampf gegen Imperialismus und Faschismus verhinderte".[14]

Hinter dem diffamierenden Vorwurf an die Adresse der „Mehrheitssozialdemokratie" stand die erklärte Absicht der Moskauer Deutschlandplaner, das Rad der deutschen Geschichte kräftig in Bewegung zu setzen: Eine Chance zur Rettung Deutschlands nach dem Sturze Hitlers sahen die Autoren des „Aktionsprogramms" nur dann, wenn der imperialistische Kriegs- und Gewaltapparat zerschlagen, die „Allmacht des faschistisch-imperialistischen Monopolkapitals" gebrochen, jeder Kriegsverbrecher verhaftet, bestraft und enteignet sowie die Pflicht zur Wiedergutmachung der Kriegsschäden anerkannt werde — kurzum: wenn die „Ausrottung aller Wurzeln des Faschismus und Imperialismus und [die] entsprechende Umerziehung des ganzen Volkes zur Demokratie" gelinge. In den damit bewirkten ökonomischen Veränderungen erblickten Pieck, Ackermann und Ulbricht die Voraussetzung für die „Aufrichtung einer starken demokratischen Volksregierung", die es nach ihrer Meinung allein ermöglichen werde, das vom Hitlerfaschismus hinterlassene Chaos zu beseitigen und die „Schaffung einer festen Ordnung, Disziplin und Sauberkeit im staatlichen und wirtschaftlichen Leben" zu sichern. Dabei war den drei führenden Kommunisten klar, daß es nicht nur „einer breiten antifaschistischen und antiimperialistischen Massenpropaganda", sondern auch einer numerischen Verstärkung der eigenen Reihen bedurfte, um ihr revolutionäres Aktionsprogramm zu verwirklichen. So propagierten sie zwar verstärkt die Parole der „Volksfront", indem sie den „Block der kämpferischen Demokratie" als die Massenbewegung zur Zusammenfassung aller jener Organisationen, Parteien, Gruppen und Personen bezeichneten, „die für die Rettung Deutschlands durch Vernichtung der faschistisch-imperialistischen Reaktion und Aufrichtung eines demokratischen Volksregimes kämpfen werden". Darüber hinaus forderten sie nunmehr ausdrücklich auch die „Schaffung der Einheit der Arbeiterklasse". Nur durch die innere Geschlossenheit und eine richtige Politik, so begründeten sie die Notwendigkeit der „Einheitsfront", könne die Arbeiterklasse „die ihr zukommende wichtige Rolle" in dem vorgesehenen Blocksystem spielen.[15]

Dem ideologischen Hintergrund dieses marxistisch-leninistischen Minimalprogramms für eine Vollendung der sogenannten demokratischen Revolution in Deutschland[16] entsprach die zweite Hälfte des „Aktionsprogramms" mit den praktischen Vorschlägen. Sie enthielt ein Sofortprogramm „unter den Bedingungen der militärischen Besetzung", das in vierzehn Punkten „die dringendsten politischen, ideologischen und wirtschaftlichen Maßnahmen zur Ausrottung des Faschismus und für den Aufbau demokratischer Verhältnisse" zusammenfaßte.[17] Dazu gehörten in erster Linie Bestimmungen, die der „Beseitigung aller Machtpositionen des faschistischen deutschen Imperialismus" dienen sollten: die sofortige Verhaftung und Aburteilung „der Nazimörder und Kriegsschuldigen für ihre Verbrechen am eigenen Volk und an den anderen Völkern"; die Enteignung ihres Besitztums und Vermögens; eine gründliche Säuberung des gesamten Staatsapparates und der Kommunalverwaltungen „von allen faschistischen Elementen"; die Aufhebung aller volksfeindlichen auf Völker- und Rassenhaß beruhenden Gesetze; die Auflösung aller faschistischen Organisationen; das Verbot jeder faschistischen und imperialistischen Propaganda; die Säuberung des gesamten Erziehungs- und Bildungswesens (Schulen, Universitäten, Bibliotheken, Theater, Kino, Literatur, Zeitungen usw.) „von dem faschistischen imperialistischen Unrat und Ungeist"; die Ausrottung „der vom Faschismus gezüchteten Korruption und Unmoral"; dazu – vage formuliert – energische Maßnahmen „zur Ausrottung aller Wurzeln des barbarischen Faschismus und räuberischen Imperialismus und zur Umerziehung des deutschen Volkes auf freiheitlicher demokratischer Basis für den Frieden und die Freundschaft mit den anderen Völkern".[18]

Neben der „Pflege eines wahrhaft demokratisch-freiheitlichen nationalen Geistes zur Wiederherstellung der Ehre der Nation" propagierten die Moskauer Deutschlandplaner die „energische Entfaltung einer wahren Demokratie, die die staatsbürgerliche Freiheit aller Volksangehörigen ohne Unterschiede der Herkunft, des Standes, der Rasse und der Religion und eine ständige Erweiterung der Anteilnahme des ganzen Volkes an der inneren Umgestaltung des Landes" sichern sollte. Zu diesem Zweck hielten sie es für angebracht, die „bürgerlichen" Forderungen nach voller Glaubens- und Gewissensfreiheit, nach Freiheit der Organisation, der Presse und der Versammlung, der wissenschaftlichen Forschung und Lehre sowie der schöpferischen, künstlerischen Gestaltung, nach „der Wiederherstellung des freien, gleichen, geheimen und direkten Wahlrechts für alle staatlichen und kommunalen Organe auf Grund des Verhältnis-Wahlsystems" in ihr Sofortprogramm aufzunehmen, freilich auch die vieldeutige Forderung nach „Schaffung und Entwicklung von Volksorganen zur Kontrolle und Sicherung der Durchführung der beschlossenen Gesetze und Maßnahmen und zur Heranziehung der Volksmassen zur aktiven Teilnahme am Staatsleben".[19]

Auf wirtschaftlichem Gebiet stand neben Sofortmaßnahmen auf den Gebieten der Arbeitsbeschaffung und der Sicherstellung von Ernährung und Versorgung die „sofortige Inangriffnahme von Maßnahmen zur Wiedergutmachung der den anderen Völkern, besonders dem Sowjetvolk, zugefügten Kriegsschäden" im Vordergrund, wobei vorgesehen war, alle deutschen Volksangehörigen an der Arbeit zur Wiedergutmachung zu beteiligen. Im übrigen plädierten die drei Autoren des Aktionsprogramms vorsichtig für eine Wirtschaftspolitik, „die dem Wiederaufbau Deutschlands und der Herstellung friedlicher Wirtschaftsbeziehungen dient". Den wirtschaftlichen Wiederaufbau wollten die deutschen Kommunisten „durch Umstellung aller Betriebe auf die Erzeugung der den Bedürfnissen des Volkes dienenden Verbrauchsgüter" sowie durch eine nachdrückliche Förderung des bäuerlichen und gewerblichen Genossenschaftswesens sicherstellen. Die „Freiheit der bäuerlichen Wirtschaft", deren staatliche Förderung durch die Gewährung billiger Kredite vorgesehen war, und die „Wirtschaftsfreiheit des gewerblichen Mittelstandes", für dessen Existenzsicherung ebenfalls staatliche Mittel in Aussicht genommen waren, wurden ausdrücklich als stabilisierende Faktoren einer künftigen neuen Wirtschaftsordnung erwähnt. Die ebenfalls erhobene Forderung nach einer „demokratischen Bodenreform" zugunsten der landarmen Bauern und der Landarbeiter sowie die deutlich bekundete, wenn auch nicht näher erläuterte Absicht, eine Lenkung und Kontrolle der Wirtschaft „durch die Organe des demokratischen Staates im engen Zusammenwirken mit den Betriebsräten und Gewerkschaften" einzuführen, ließen aber erkennen, daß das „Aktionsprogramm" mit einschneidenden Veränderungen auf dem wirtschafts- und agrarpolitischen Sektor verbunden sein würde.[20]

In realistischer Einschätzung der besonderen Nachkriegsprobleme im zerstörten und zerbombten Deutschland widmeten die drei Verfasser des „Aktionsprogramms" dem sozialen Bereich besondere Aufmerksamkeit. Ihre Liste von Vorschlägen zur Linderung der größten Not reichte vom Eintreten für einen planmäßigen kommunalen und privaten Wohnungsbau mit staatlicher Hilfe über die Forderungen nach Gewährung von billigen staatlichen Krediten an Ausgebombte für Heimstättenbau und Wohnungseinrichtungen[21] sowie ausreichender Unterstützung und Fürsorge für Kriegsversehrte und Hinterbliebene bis hin zur Forderung nach Schaffung von weitgehenden Umschulungsmöglichkeiten für Kriegsversehrte.[22] Zum „Schutz der Arbeitskraft des schaffenden Volkes" traten sie für den Ausbau des Arbeiterschutzes und seine unbeschränkte Ausdehnung auf Landarbeiter und Hausangestellte ein, ferner forderten sie das Recht auf Erholung für alle Arbeiter und Angestellten bei Fortzahlung der Löhne und Gehälter, den Ausbau des Sozialversicherungswesens (Kranken-, Invaliden- und Altersversorgung) und des öffentlichen Gesundheitswesens sowie die Erweiterung des Schutzes für Mutter und Kind und der Unterstützung kinderreicher Familien. Schließlich wurde die Fürsorgepflicht des Staates für seine Bediensteten grundsätzlich anerkannt und die Sicherung der alten Rechtsansprüche „der für den demokratischen Staat zuverlässigen Beamten" in das Verzeichnis der Zusagen im sozialen Bereich aufgenommen.[23]

Den umfangreichen Katalog des „Aktionsprogramms" beschloß eine Reihe von Vorschlägen und Forderungen zu Fragen des Schul- und Erziehungswesens. Die Jugend, so wurde das Erziehungsziel im neuen Deutschland beschrieben, sollte „im Geiste der wahren nationalen Ehre und des allgemeinen menschlichen Fortschritts, für das brüderliche friedliche Zusammenleben der Nationen" erzogen werden. Alle übrigen Forderungen auf diesem Gebiet trugen sozialen Charakter: staatliche Förderung der Begabten, Verbesserung der allgemeinen Bildungs- und Aufstiegsmöglichkeiten der Jugend, Gewährung von Freistellen an den Höheren Schulen und Universitäten, gründliche Berufsausbildung unter staatlicher Beihilfe, Verbot der Erwerbsarbeit für Kinder, energischer Schutz der Jungarbeiter, kräftiger Ausbau der Jugendgesundheitspflege und des Jugendsports.[24]

In seiner Gesamtheit entsprach das Aktionsprogramm der offenkundigen Absicht der Moskauer Deutschlandplaner und ihrer deutschen Helfer, die sowjetische Besatzungspolitik in erster Linie an den Notwendigkeiten zu orientieren, die sich aus der besonderen Situation des geschlagenen Deutschland ergeben würden, darüber hinaus jedoch die Möglichkeit nicht aus dem Auge zu lassen, das Land dem Ziel einer sozialistischen Umgestaltung nach sowjetischem Vorbild näherzubringen. Mit der Formel der „kämpferischen Demokratie", die für die bisher beispielsweise in den Aufrufen der KPD oder des Nationalkomitees „Freies Deutschland" gebräuchlichen

Bezeichnungen wie „starke Demokratie", „wahrhaftige Demokratie" oder „wirkliche Demokratie" stand[25], war für dieses Entwicklungsstadium eine Bezeichnung gefunden worden[26], die zum Ausdruck bringen sollte, „daß die neue Ordnung keine Rückkehr zur Weimarer Republik bedeutete", aber auch „noch nicht mit dem Aufbau des Sozialismus in Deutschland begonnen werden konnte".[27] Diese taktisch bedingte Zurückhaltung geschah aus Rücksichtnahme auf „den gering entwickelten Grad der Organisiertheit und Bewußtheit der Arbeiterklasse" sowie die sowjetische Bindung an die Anti-Hitler-Koalition.[28] Sie hinderte freilich Wilhelm Pieck nicht daran, seine Genossen um so nachdrücklicher daran zu erinnern, daß es gerade in diesem Stadium der Errichtung neuer Machtverhältnisse darauf ankomme, „der Arbeiterklasse" unbedingt „einen ihrer Zahl und ihrer wirtschaftlichen und sozialen Bedeutung entsprechenden Einfluß" zu sichern[29]: „Entscheidend bei der kämpferischen Demokratie ist", so definierte Pieck in seiner Lektion vom 9. November 1944 die Bedeutung dieser „demokratischen" Phase der revolutionären Umgestaltung Deutschlands, „dem Willen des werktätigen Volkes weitgehendsten und dauernden Einfluß auf die Gestaltung der Innen- und Außenpolitik des Staates zu ermöglichen. Dieser Einfluß des werktätigen Volkes soll sich auf allen Gebieten des staatlichen und gemeindlichen Lebens Geltung verschaffen: Im Betrieb – in der Produktion, im Dorfe, im Staats- und Gemeindeapparat, in allen staatlichen und kommunalen Einrichtungen, in der Justiz, im Parlament."[30] Noch bestehende Unklarheiten über die richtige Form von Einflußnahme und Machtausübung der „Arbeiterklasse" in diesem Stadium, die sich auch in unterschiedlichen Bezeichnungen wie „Volksausschüsse" oder „Volksorgane" oder „Organe des Blocks der kämpferischen Demokratie" ausdrückten[31], konnten erst dann beseitigt werden, wenn feststand, ob diese „Organe des Volkes" schon „unter den Bedingungen der faschistischen Diktatur" in Aktion getreten waren oder ihre Tätigkeit erst nach der Befreiung Deutschlands vom Nationalsozialismus aufnehmen konnten.[32]

3. Anton Ackermanns erweiterte Fassung des „Aktionsprogramms"

Die thesenartigen Ausführungen des Programmentwurfs erweiterte Anton Ackermann, der vom Politbüro den Auftrag erhalten hatte, „eine längere Ausarbeitung zu machen"[1], bis Ende des Jahres 1944 zu einem detaillierten Grundsatzdokument kommunistischer Deutschlandpolitik.[2] Er ließ dabei von vornherein keinen Zweifel daran, daß Deutschland am Beginn eines revolutionären Prozesses stehe, in dessen Verlauf die Beseitigung des nationalsozialistischen Regimes nur ein erster Schritt zur Überwindung der schweren nationalen Krise sein konnte. Um aus dem Chaos herauszukommen, das „der Hitlerismus" hinterlassen werde, schlug Ackermann für das neue Deutschland „einen klaren und folgerichtigen neuen Kurs" vor, der „von den wirklichen Interessen der breiten Volksschichten" bestimmt sein sollte. Seine nähere Beschreibung verriet die für Moskauer Emigranten charakteristische Verknüpfung von ideologischer Bindung und politischer Aussage: „Mit dem Schutt der halbzerstörten Städte", so fixierte der am marxistisch-leninistischen Geschichtsbild orientierte Ackermann das erste Ziel einer revolutionären Umwälzung in Deutschland, „muß der reaktionäre Schutt aus einem ganzen Jahrhundert der neueren deutschen Geschichte hinweggeräumt werden, wenn der Neubau des Reiches auf solidem Grund erfolgen und eine Wiederholung der Katastrophen von 1914/18 und 1933/45 [!] verhindert werden soll. Was die demokratischen Kräfte 1848 durch verhängisvolle Schwäche nicht vermochten und was 1918 frevelhafter Weise unterblieb, das muß nun endlich zur Lösung gebracht werden: eine wirkliche Demokratisierung Deutschlands!"

Mit Geschick verstand es Ackermann, die Absicht der Moskauer Deutschlandplaner zu verdeutlichen, daß eine „nationale Wiedergeburt Deutschlands aus den Trümmern der Gegenwart" nicht durch eine Neuauflage der Weimarer Demokratie eingeleitet werden könne: Der materielle Wiederaufbau und die nationale Wiedergeburt, so appellierte er an alle Schichten der Bevölkerung, erforderten eine breite Grundlage und damit „den aktiven Einsatz aller gesunden Volkskräfte". Er pries den „Block der kämpferischen Demokratie" als jene nationale Wiederaufbau- und demokratische Erneuerungsbewegung, die es ermöglichen werde, „alle Kräfte des schaffenden deutschen Volkes aus allen Gauen, allen Altersstufen und Berufen über die weltanschaulichen und politischen Unterschiede hinweg" zu erfassen, und darüber hinaus die unmittelbarsten und dringlichsten politischen Aufgaben anzupacken:

— die Sicherung „eines lang dauernden Friedens",
— die Sicherung der Freiheit und „der Volksrechte",
— die Sicherung von Arbeit „für alle schaffensfreudigen Menschen",
— die Sicherung der Ernährung des Volkes sowie
— die Sicherung „einer wahrhaft gerechten Verteilung der Lasten des Wiederaufbaues und der Wiedergutmachung".[3]

Ackermann verknüpfte diese Aufzählung mit dem Versuch, anhand der fünf Forderungen die Notwendigkeit revolutionärer Veränderungen im neuen Deutschland nachzuweisen. Wie könne der Frieden denn anders gesichert werden, so fragte er, als durch die Entmachtung jener Kräfte, die Deutschland zweimal in 30 Jahren „in einen ungerechten, verbrecherischen und verderblichen Eroberungskrieg gestürzt" und es zweimal an den Rand der Katastrophe gebracht hätten? Wie könnten „die Volksfreiheiten und Volksrechte" denn anders gesichert werden als durch die Entmachtung jener Kräfte, „die, um das Volk in ihren Krieg treiben und maßlos ausbeuten zu können, es aller Rechte und Freiheiten zu berauben" trachteten? Wie könne Arbeit gesichert werden, ohne jenen Kräften das Kommando über die Wirtschaft aus den Händen zu reißen, die eine strenge Kontrolle der Lenkung der Wirtschaft „durch den demokratischen Staat" mit allen Mitteln sabotieren würden, um zu verhindern, daß die Wirtschaft wirklich „in den Dienst des Volkes" gestellt werde? Wie könne die Volksernährung gesichert werden, wenn nicht „den Bodenspekulanten und großen Lebensmittelschiebern" das Handwerk gelegt werde, wenn ein großer Teil des Bodens gar nicht denen gehöre, die ihn bearbeiten, „dem schaffenden Landvolk" nämlich, und wenn auf zahllosen Großgütern mit dem meisten Boden der Landbau nur spekulativ betrieben werde? Wie könne schließlich „eine gerechte Verteilung der Wiederaufbau- und Wiedergutmachungslasten" gesichert werden, wenn nicht in erster Linie „die großen Nutznießer des Krieges, die gleichzeitig die Kriegsschuldigen waren", mit ihrem gesamten Besitz für die Wiedergutmachung und den Wiederaufbau hafteten?[4]

Es ist nicht weiter verwunderlich, wenn sich das Mitglied des Politbüros der KPD eine entsprechende Antwort auf diese ideologisch bedingten Fragen selbst erteilte:

„Zu einem gesicherten Frieden", so formulierte er sie, „zu Freiheit und Wohlstand des Volkes führt nur die Entmachtung des Rüstungs- und Monopolkapitals mit seinem junkerlichen, militärischen und bürokratischen Anhang". Diesen Kräften warf er vor, Hitler und die NSDAP „in den Sattel gehoben" zu haben, wobei Hitler nur „ihr Werkzeug zur Knebelung des Volkes, zur Vorbereitung und Entfesselung des Krieges" gewesen sei, mit dem sie ihre imperialistische Weltmacht aufzurichten gedachten. Sie seien „die ewigen Kriegstreiber, die bleibenden Feinde der Freiheit und des Fortschritts, die Einpeitscher der schreiendsten sozialen Ungerechtigkeit". Wenn der Frieden gesichert, die Freiheit blühen und der Wohlstand des Volkes sich entfalten solle, so wiederholte er, dann müsse Deutschland „vom parasitären Monopolismus, von der reaktionären Junkerkaste, dem wilden Militarismus und verknöcherten Bürokratismus" gesäubert werden. Nur so könne „der fluchwürdige Hitlerismus" mit den Wurzeln ausgerottet und „der demokratischen Erneuerung Deutschlands" die Bahn freigelegt werden.[5] Indessen ist es im Zusammenhang unserer Fragestellung von größerem Interesse, nähere Einzelheiten darüber zu erfahren, wie diese theoretische Grundsatzerklärung in praktische Politik umgesetzt werden sollte. Ackermann erläuterte dies detaillierter und präziser als die im Oktober gebilligte Kurzfassung des „Aktionsprogramms".

a) Innenpolitik
Innenpolitisch rückte Ackermann die Liquidation der nach dem militärischen Zusammenbruch des „Dritten Reiches" noch vorhandenen Überreste der nationalsozialistischen Diktatur in den Vordergrund. Im einzelnen nannte er in diesem Zusammenhang folgende Forderungen:
— die sofortige Freilassung und volle Amnestie „für alle von Hitleristen eingesperrten und verurteilten Friedens- und Freiheitskämpfer";
— die sofortige Aufhebung aller Gesetze, „mit denen die totale Diktatur der NSDAP begründet und die Volksrechte und Freiheiten außer Kraft gesetzt wurden";
— die Aufhebung der nationalsozialistischen Rassengesetze;
— die sofortige Verhaftung aller Reichs- und Gauleiter der NSDAP, der Beamten der Gestapo, des Sicherheitsdienstes und aller SS-Führer („vom Scharführer aufwärts");
— das Verbot der NSDAP und aller ihrer Gliederungen sowie die Beschlagnahme des Vermögens aller dieser Organisationen;
— eine strenge Bestrafung nicht nur für „die Kriegsschuldigen und Kriegsverbrecher", sondern auch für alle Versuche, „in irgendeiner Weise sich weiter im Sinne des verbrecherischen Hitlerismus zu betätigen";
— die sofortige Enteignung des Vermögens „der Kriegsschuldigen, Kriegsverbrecher und ihrer geheimen Inspiratoren";
— die Veröffentlichung „aller geheimen und nicht geheimen Dokumente, die die Fäden zwischen den NSDAP-Führern und dem Rüstungs- und Monopolkapital aufdecken".[6]
Die gründliche Säuberung des Staatsapparates in Reich, Ländern und Gemeinden sowie in allen seinen Verzweigungen „von den faschistischen Elementen" sollte die Voraussetzung für den Neuaufbau einer demokratischen Staatsmacht sein. „Wer sich bis zuletzt in keiner Weise vom Hitlerismus trennt", so lautete ein Grundsatz

des innenpolitischen Programms, „kann nicht verantwortliche Posten im neuen demokratischen Staat innehaben."
In der Reihe der Kriterien des neuen deutschen Staates stand die Formel von der „Aufrichtung eines starken Volksregimes" an erster Stelle. Der neue Begriff deutete an, daß die Moskauer Deutschlandplaner nicht daran dachten, ein freies Spiel der politischen Kräfte zuzulassen. Mit der Forderung nach der sofortigen Bildung „einer Regierung des Blocks der kämpferischen Demokratie" war die Auffassung verknüpft, daß die Tätigkeit der staatlichen Organe der Aufsicht besonderer Kontrollinstanzen unterworfen sein müsse: Ackermann forderte dazu auf, die „illegalen Volksausschüsse", deren Existenz in der Endphase des „Dritten Reiches" er voraussetzte, planvoll in die staatliche Administration einzubauen, und zur Durchführung der von der Regierungsgewalt erlassenen Gesetze und Verordnungen sowie zur Mitarbeit „der Volksmassen" an der Staatsverwaltung die Schaffung und Entwicklung von „Volksorganen" vorzusehen, ohne über deren Zustandekommen, Zusammensetzung und Funktionen nähere Ausführungen zu machen. Zusicherungen wie Glaubens- und Gewissensfreiheit, Gleichberechtigung (politisch, kulturpolitisch und juristisch) von Mann und Frau oder Wiederherstellung der Selbstverwaltung in der Gemeinde gaben darüber ebensowenig Aufschluß wie Forderungen nach Schaffung einer Volksmiliz, nach „Verhinderung jeder neo-nationalsozialistischen Partei- oder Organisationsbildung" oder nach „Unterdrückung aller Propaganda oder Organisation, die sich gegen die Pflicht der Wiedergutmachung wenden und die Wahrheit über die Kriegsschuld und Kriegsverbrechen des Hitlerismus nicht anerkennen wollen". Jedoch fällt auf, daß alle Versprechungen im Hinblick auf die Neubelebung des politischen Lebens im neuen deutschen Staat nicht bedingungslos gegeben wurden: Die Zusicherung von Freiheit der Organisation, der Presse und der Versammlung erfolgte nur für solche Richtungen, „die sich durch Programm und Praxis als antifaschistische Kraft erweisen", und Vorbereitung und Durchführung „freier, demokratischer Wahlen" sollte nur geschehen, „sobald es die Verhältnisse im Reich, in den Ländern und Gemeinden gestatten".[7]

b) Außenpolitik
Auch in seiner knappen, auf vier Punkte beschränkten Aussage zum außenpolitischen Programm des neuen Deutschland betonte Ackermann zuerst die Abgrenzung zum nationalsozialistischen „Dritten Reich" und seiner expansiven Außenpolitik. Mit der endgültigen Abkehr „von allen imperialistischen Forderungen nach Raum und Eroberungen", so wurde hervorgehoben, müsse die freiwillige Anerkennung der geschichtlichen Wahrheit einhergehen, „daß die imperialistischen Kräfte Deutschlands die Hauptschuld am 2. Weltkrieg in Europa tragen" und daß aus dieser Kriegsschuld die Pflicht zur Wiedergutmachung erwachse. Grundsätzlich, so lautete die allgemeine außenpolitische Richtlinie, sollte der neue demokratische Staat eine „konsequente Außenpolitik der Zusammenarbeit unter den Völkern auf dem Boden bedingungsloser Anerkennung des Selbstbestimmungsrechtes und der Souveränität aller Völker, der kleinen wie der großen", betreiben. Es blieb freilich nicht verborgen, daß dem künftigen Verhältnis Deutschlands zur Sowjetunion von vornherein eine Sonderstellung eingeräumt wurde: Während gegenüber Frankreich, England, den Vereinigten Staaten und all den anderen europäischen Ländern, denen durch „die wilden Aggressionsakte des Hitlerismus" Leid und Unrecht zugefügt

worden war, eine „konsequente Politik der Freundschaft" angestrebt werden sollte, könne das größte Verbrechen des Hitlerismus, der heimtückische Überfall auf die Sowjetunion, wie Ackermann ausführte, nur „durch eine Politik besonders enger Freundschaft mit diesem großen Lande" wieder gutgemacht werden.[8]

c) Wirtschaftspolitik

Die Wirtschaftspolitik bildete einen der Schwerpunkte in der erweiterten Fassung des „Aktionsprogramms". Sieht man von den nun schon selbstverständlichen Forderungen wie der nach „Aufhebung aller nationalsozialistischen Zwangsgesetze im Bereich der Wirtschaft" und der nach Rückerstattung aller in den besetzten Ländern geraubten Werte sowie von der nochmals betonten Absicht ab, die „Kriegsschuldigen, Kriegsverbrecher und die großen Kriegsgewinnler" durch Einziehung ihres gesamten Besitzes für die Kosten der Wiedergutmachung und des Wiederaufbaus haften zu lassen, dann konzentrierten sich die Aussagen Ackermanns, der im übrigen schon in der Arbeitskommission des Politbüros über dieses Thema referiert hatte[9], auf den industriellen und den agrarpolitischen Sektor einer künftigen Wirtschaftsordnung.[10]

Im industriellen Bereich proklamierte Ackermann das Allheilmittel der „Verstaatlichung". Es schien verständlich gegenüber allen „von den NSDAP-Führern oder nationalsozialistischen Ämtern aufgezogenen wirtschaftlichen Unternehmungen" („bei Rückerstattung des den demokratischen und Arbeiterorganisationen, Genossenschaften und Volkskassen geraubten Vermögens"), jedoch im wesentlichen ideologisch motiviert. Folgende Industrien und Wirtschaftszweige waren zur Verstaatlichung oder zur Kommunalisierung vorgesehen:

— alle Rüstungskonzerne (bei gleichzeitiger Umstellung „auf Produktions- und Zivilgütererzeugung resp. Auflösung der Unternehmen, wenn sich die Umstellung auf Friedensproduktion als unmöglich oder unrentabel erweist");
— alle Erzeugungsstätten für Sprengstoffe und Waffen („selbst Jagdwaffen und Revolver") sowie der Waffenhandel;
— alle Verkehrsbetriebe sowie Wasser-, Gas- und Elektrizitätswerke;
— die pharmazeutische Industrie sowie die großen Heilanstalten und Sanatorien;
— die Erdölgewinnung;
— der Kohlenbergbau („Stein- und Braunkohlengewinnung");
— der Erz-, Kali- und Salzbergbau;
— die Eisen- und Stahlindustrie;
— alle „Erzeugungsstätten für synthetischen Treibstoff";
— die Brennstoff- und Zementindustrie;
— alle großen Aktiengesellschaften resp. Gesellschaften mit beschränkter Haftung (GmbH) mit allen Tochter-, Enkel- und Zweiggesellschaften, „die unter der Kontrolle der 80 bekannten großen Monopolisten stehen";
— die Großbanken.[11]

Im Zuge dieser Maßnahmen sollte eine Neugestaltung des Aktienrechts „zum Zwecke der Aufhebung der Vorherrschaft der Großaktionäre" und der Gesetzgebung über die GmbH „zum Zwecke ihrer Umwandlung in eine genossenschaftlich-demokratische Betriebsform" vorgenommen werden. Eine feste staatliche Preiskontrolle, die Aufhebung der Privatmonopole und das Verbot von Neubildungen, die staatliche Kontrolle und Lenkung des Außenhandels, Ausschaltung und das Verbot des

„überflüssigen" Zwischenhandels waren weitere Maßnahmen, die darauf hindeuteten, daß die wirtschaftspolitische Zielsetzung des „Aktionsprogramms" im wesentlichen darin bestand, die Errichtung einer staatlich kontrollierten, zentralistisch gelenkten Wirtschaft einzuleiten.[12]

Es widersprach dieser Grundtendenz nicht, wenn im „Aktionsprogramm" für den privaten Besitz bestimmter „bürgerlicher" Schichten der Bevölkerung Schutzmaßnahmen vorgesehen waren. Sie galten dem privaten Einzelhandel (bei gleichzeitiger „staatlicher Förderung des Zusammenschlusses zu Einkaufsgenossenschaften der Einzelhändler") und dem Handwerk (auch hier bei „staatlicher Förderung des Zusammenschlusses zu Handwerks-Produktionsgenossenschaften"), außerdem in besonderem Maße den „schaffenden Bauern". Vor allem in der Landwirtschaft sollte — bei gleichzeitiger Förderung des Genossenschaftswesens — der Privatbesitz erhalten bleiben. Das galt, möglicherweise im Blick auf die Sicherstellung der Volksernährung, in erster Linie für die Klein- und Mittelbauern. Für sie war die Sicherung ihres Rechts auf freie Erzeugung und freies Markten ebenso vorgesehen wie die stufenweise Aufhebung „aller drückenden Pachtverhältnisse und Pachtzahlungen". Der Grundsatz der privaten Verfügung stand jedoch auch in dem Teil des agrarpolitischen Programms, der unter dem Stichwort „demokratische Bodenreform" schon Eingang in die thesenartige Kurzfassung des „Aktionsprogramms" gefunden hatte und einen Angriff auf den Großgrundbesitz signalisierte. In „kurzmöglichster Frist", so hieß es nun bei Ackermann, müsse die Verwirklichung des Grundsatzes erstrebt werden, daß der Boden denen gehöre, die ihn bearbeiten. Im einzelnen sah die „demokratische Bodenreform" nach seinen Vorstellungen am Ende des Jahres 1944 wie folgt aus: zur „Stillung des schlimmsten Bodenhungers des schaffenden Landvolkes", so begründete er die Notwendigkeit der Reform, sollte mit den folgenden Mitteln ein Bodenfonds von mindestens 10 Millionen Hektar geschaffen werden:

— durch die Enteignung allen Grund- und Bodenbesitzes der Kriegsschuldigen und Kriegsverbrecher;
— durch die Enteignung des Grund- und Bodenbesitzes der Bodenspekulanten;
— durch die Enteignung jedes, dem Charakter des Betriebes fremden Grund- und Bodenbesitzes der Industrie-, Handels- und Bank-Aktiengesellschaften und Gesellschaften mit beschränkter Haftung;
— durch Zwangskauf allen Grund und Bodens von Industriellen, Großhändlern, Bankiers, Rentiers und Großhausbesitzern zu staatlichen Festpreisen;
— durch Enteignung des Großgrundbesitzes (einer Familie) über 150 ha;
— durch die Enteignung des Besitzes an Grund und Boden „aller Saboteure der Volksernährung, unabhängig von der Größenklasse".

Der so gewonnene Boden war nur zu einem geringen Teil „zur Schaffung staatlicher Mustergüter" vorgesehen. Der überwiegende Teil, so versprach Ackermann, werde „bei weitgehender Zahlungserleichterung" an landarme Bauern und Landarbeiter abgegeben. Diese Bodenzuteilung erfolgte nicht bedingungslos: Neben strengen Maßnahmen zur Unterbindung der Bodenspekulation war vorgesehen, daß sich der Staat für die zwei nachfolgenden Generationen der erwerbenden Familie das Recht für die Rückführung des Bodens in den Bodenfonds unter Vergütung des Kaufpreises und der inzwischen durchgeführten Wirtschafts- und Bodenverbesserungen vorbehalte, „falls die Erwerber ihren staatspolitischen Pflichten als demokratische Staatsbürger zuwiderhandeln".[13]

d) Kommunalpolitik

Ackermanns Ausführungen zur Kommunalpolitik blieben notwendigerweise auf ein Dringlichkeitsprogramm zum Wiederaufbau der zerstörten Städte und Dörfer sowie zur Behebung der Wohnungsnot beschränkt. Dabei fällt die deutliche Bevorzugung genossenschaftlicher Initiativen auf. Ackermann regte nicht nur die „Zusammenfassung der bomben- und kriegsgeschädigten juristischen Personen wie Gesellschaften, Privatunternehmer, Bauern und Hausbesitzer in Wiederaufbaugenossenschaften" bzw. „der bomben- und kriegsgeschädigten Mieter und Untermieter in Geschädigtengenossenschaften" an, sondern auch die „Durchführung des Wiederaufbaus der zerstörten und halbzerstörten Privatbetriebe und Wohnhäuser in genossenschaftlicher Regie unter staatlicher Lenkung und Kontrolle mit Hilfe öffentlicher Kredite". Die staatliche Aufsicht sollte durch die Festsetzung der Dringlichkeit und der Reihenfolge der Wiederaufbauprojekte sowie durch die Ausarbeitung staatlicher Musterprojekte, die einen billigen und zweckmäßigen Wiederaufbau sicherstellen sollten, gewährleistet werden. Von der Verstaatlichung der Baustoff- und Zementstoffindustrie versprach man sich eine Verbilligung der Baustoffe und damit eine wesentliche Förderung des Wiederaufbaus.

Im einzelnen wurde zur Behebung der dringendsten Wohnungsnot den örtlichen und bezirklichen demokratischen Selbstverwaltungsorganen, den „Volksausschüssen", das Recht erteilt, Ausgebombte und Obdachlose in leere oder nur schwach bewohnte Villen, Landhäuser, Schlösser, Gutshöfe und Großwohnungen einzuquartieren. Leerstehende Kasernen der Wehrmacht sollten sofort „unter staatlicher Regie" in Schulen, Krankenhäuser, Krüppelheime und Wohnhäuser umgebaut werden. Gleiches galt für bisherige staatliche Amtsräume oder Büros der NSDAP und all ihrer Gliederungen, in denen entweder Wohnungen und Schulen eingerichtet oder die ihren früheren gewerblichen Zwecken wieder zugeführt werden sollten.[14]

e) Finanz- und Steuerpolitik

Der finanz- und steuerpolitische Teil des „Aktionsprogramms"[15] wurde mit der sicherlich populären Ankündigung eingeleitet, daß alle nationalsozialistischen „Zwangssammlungen und Zwangsspenden" in Zukunft wegfallen würden.[16] Finanzpolitisch beschränkte sich Ackermann auf das allgemeine Versprechen, den Banknotendruck als Finanzierungsmittel des Staates einzustellen und „eine stabile Währung mit staatlichem Zwangskurs und Deckung durch die staatlichen Wirtschaftswerte (wie Reichsbahn, Reichsbetriebe und Reichsbodenfonds)" einzuführen.[17]

Das Steuerwesen sollte durch die Aufhebung der indirekten Steuern auf die täglichen Massenbedarfsartikel einerseits sowie durch die Erhebung einer höheren Luxus-, einer progressiven Kapitaleinkommen- und Erbschaftssteuer „gründlich demokratisiert" werden. Im einzelnen war daran gedacht, Abschreibungen und Rücklagen streng zu kontrollieren und zu beschränken, die Aufstockung von Aktien zu verbieten, alle Gewinne und Dividenden über 6 % ganz, über 4 % zur Hälfte wegzusteuern, Sonderausschüttungen und Tantiemen gesetzlich zu begrenzen und

Sparguthaben im Verlaufe von fünf Jahren rückzuvergüten oder aufzuwerten (von 20 000 bis 10 000 RM zu 30 %, unter 10 000 RM zu 60 %).[18]

f) Arbeitsgesetzgebung und Sozialpolitik

In der Arbeitsgesetzgebung und Sozialpolitik[19] sollten das nationalsozialistische „Gesetz zur Ordnung der nationalen Arbeit" für alle gesunden, erwachsenen und leistungsfähigen „Nicht-Berufstätigen" durch eine staatliche Arbeitspflicht „im Dienste der Wiedergutmachung und des Wiederaufbaus" ersetzt und darüber hinaus die demokratischen Bestimmungen des Arbeits- und Tarifrechtes und der Sozialgesetzgebung wiederhergestellt werden, die zum 1. Mai 1923 in Kraft waren.[20] Außerdem führte Ackermann eine Reihe von Forderungen an, die diesem Teilbereich seiner Ausführungen beträchtliche Attraktivität verlieh:

— die Einführung eines neuen, „wahrhaft demokratischen Betriebsrätegesetzes", das vor allem die Betriebsratsmitglieder und Gewerkschaftsbevollmächtigten vor Maßregelungen durch die Arbeitgeber schützen sollte;

— die Festsetzung eines staatlichen Lebensminimums in Übereinstimmung mit den Lebenshaltungskosten;

— die Zahlung gleichen Lohnes für gleiche Leistung;

— die Neuregelung des Lehrlingswesens (Schutz vor außerberuflicher Arbeit, Garantie einer qualifizierten Berufsausbildung);

— die Gleichstellung der Landarbeiter und des Gesindes in arbeitsrechtlicher und sozialpolitischer Hinsicht sowie in der Arbeitszeit und in der Freizügigkeit mit der Industriearbeiterschaft;

— die Sicherung der wohlerworbenen Rechtsansprüche der für den neuen demokratischen Staat zuverlässigen Beamten;

— die Schaffung eines neuen, fortschrittlichen Hausangestelltenrechts, das die Hausangestellten vor Willkür und Ausbeutung schützen sollte;

— die Festsetzung maximaler Arbeitszeiten und eines minimalen Jahresurlaubs;

— das Recht auf freie Berufswahl (mit der Einschränkung, daß die Erfordernisse der Wiedergutmachung und des Wiederaufbaus sowie die Sicherung der Volksernährung unerläßliche, aber vorübergehende Einschränkungen erheischen würden);

— staatliche Hilfe für die Berufsschulung der durch die Aufrüstung und den Krieg berufslos gewordenen Jugend sowie für die Ausbildung ehemaliger Berufsoffiziere der Wehrmacht in einem qualifizierten Zivilberuf („bei ehrlicher demokratischer Gesinnung");

— ausreichende Armenhilfe;

— staatliche Hilfe und Pension für die Opfer des nationalsozialistischen Terrors;

— Staatszuschüsse an die Gewerkschaften zur Ausgestaltung der Freizeit der Arbeitnehmer;

— Schaffung eines fortschrittlichen Patent- und Autorenrechts.[21]

g) Gesundheitswesen

Im Katalog von Forderungen für eine Neugestaltung des deutschen Gesundheitswesens[22] stand die Zusicherung einer Krankenversicherung „des ganzen Volkes mit Beitragszahlung für alle Arbeitnehmer durch ihre Arbeitgeber" an erster Stelle. Besondere Aufmerksamkeit galt der Zunahme der durch den Krieg dezimierten

Bevölkerung: Ackermann forderte in diesem Zusammenhang den Kampf gegen die Kindersterblichkeit durch Sicherung besserer Bedingungen für die Kinderernährung und Erziehung; den Ausbau der öffentlichen Mütter- und Kinderfürsorge; den Ausbau der öffentlichen Entbindungsanstalten, „besonders auf dem flachen Lande"; die Übernahme der Entbindungskosten durch die Krankenkassen; sowie den besonderen Schutz für berufstätige Schwangere und stillende Mütter.[23] Weitere Maßnahmen sollten dazu beitragen, die Kriegsfolgen beseitigen oder mildern zu helfen, so beispielsweise

— die Schulspeisung auf staatliche Kosten für die Kinder Minderbemittelter und durch progressive Gebührenerhebung für die Kinder bemittelter Eltern;

— die sofortige und ausreichende medizinische Hilfe und klinische Behandlung für die Bomben- und Kriegsgeschädigten;

— die kostenlose Belieferung mit allen Arten von Prothesen;

— die systematische und planmäßige Bekämpfung der Geschlechtskrankheiten, der Grippe, der Tuberkulose sowie der nervösen Herz- und Magenleiden;

— die besondere Sorge um den Gesundheitsschutz der heranwachsenden Generation, u. a. durch regelmäßige zahnärztliche und ärztliche Untersuchungen aller Schüler und jugendlichen Arbeitnehmer bis 21 Jahre;

— die allseitige Förderung der Körperkultur und des Sports sowie die Sicherung ihrer wissenschaftlichen Leitung.[24]

Darüber hinaus war die Absicht erkennbar, eine Reihe von arbeitnehmerfreundlichen Maßnahmen durchzusetzen. „Die Arbeitskraft des schaffenden Volkes als das wertvollste Gut der Nation", so hieß es dazu grundsätzlich, „steht unter einem besonderen Gesundheitsschutz." Zu diesem Zweck wurde gefordert, Heilbäder, Sanatorien und Kurorte bevorzugt „den Angehörigen der schaffenden Bevölkerung" offenzuhalten; die hygienischen Verhältnisse und die Schutzmaßnahmen am Arbeitsplatz zu kontrollieren; Verstöße dagegen streng zu ahnden; allen Arbeitnehmern das Recht auf freie Arztwahl zuzuerkennen; vor allem jedoch für „die breiten Volksschichten in Stadt und Land" menschenwürdige Wohnverhältnisse zu schaffen.[25]

h) Kulturpolitik und Volksbildung

Neben der Wirtschaftspolitik bildete das Volksbildungswesen den zweiten Schwerpunkt in Ackermanns Erläuterungen zum „Aktionsprogramm der kämpferischen Demokratie".[26] Auch und gerade hier bildete die Distanzierung vom „Dritten Reich" den Ausgangspunkt für jeden Neubeginn: Das gesamte Erziehungs- und Bildungswesen, so wurde eingangs betont, müsse von dem „faschistisch-imperialistischen Unrat" gesäubert werden. Mit der Abrechnung sollte die Aufklärung einhergehen: Ackermann forderte eine systematische und umfassende Volksaufklärung „über den barbarischen Charakter der nationalsozialistischen Rassentheorie, [über] die Unwahrhaftigkeit der Lehre vom Lebensraum, über die Verlogenheit der gesamten nationalsozialistischen Propaganda und über die katastrophalen Folgen der Hitlerpolitik für das deutsche Volk". Dabei sollten die „reaktionären, teilweise fremdländischen Wurzeln" der nationalsozialistischen Weltanschauung enthüllt, die wirkliche Rolle der NSDAP „als Instrument der schwärzesten Reaktion und des hemmungslosesten abenteuerlichen Imperialismus" bloßgelegt und die Schuld „des Hitlerismus" am Zweiten Weltkrieg aufgedeckt werden. Ein ausdrücklicher

Hinweis galt der Notwendigkeit, die nationalsozialistischen Geschichtsfälschungen, besonders die Dolchstoßlegende, zu entlarven.[27] Die Alternative zum nationalsozialistischen Bildungs- und Erziehungswesen erblickte Ackermann in einer gründlichen Umgestaltung der gesamten Volksbildung „im Geiste wahrhaft freiheitlicher und fortschrittlicher Ideen". Als Erziehungsziele nannte er

— die Pflege eines wahrhaft demokratisch-freiheitlichen und fortschrittlichen Geistes zur Wiederherstellung der Ehre der Nation;

— den entschiedenen ideologischen Kampf für die Förderung aller freiheitlichen und fortschrittlichen Traditionen des deutschen Volkes;

— die „Ausmerzung des Geistes des reaktionären preußisch-großdeutschen Militarismus, der Untertanengesinnung und der nationalen Überheblichkeit";

— eine Volkserziehung „im Geiste der Anerkennung der souveränen Rechte der Nationen und der Verständigung unter den Völkern";

— die Aufklärung des Volkes „über die gegenseitige Verbundenheit und Abhängigkeit der nationalen Kulturen und über den Einfluß anderer, besonders auch der Kultur der slawischen Völker, auf die Entwicklung der deutschen Kultur" sowie

— die Popularisierung „der großen freiheitlichen und fortschrittlichen deutschen Geister und Kräfte gegenüber der unheilvollen Rolle der reaktionären Gewalten auf die geschichtliche Entwicklung Deutschlands".[28]

Als zentrale Institution des Umerziehungsprozesses nach diesen Grundsätzen war die Schule vorgesehen.[29] Der außerordentlichen Bedeutung, die einer Neuordnung des deutschen Schulwesens unter diesen Umständen zukam, entsprachen die detaillierten Aussagen Ackermanns zu diesem Punkt: Sie reichten von der Forderung nach Einführung des „Lateinischen" als einheitliche deutsche Normalschrift über Aussagen zur Verteilung der sachlichen Schullasten bis hin zur Festschreibung bestimmter Erziehungsgrundsätze (z. B. Verstärkung des Arbeitselementes im Bildungswesen, Abschaffung entehrender Strafen, Verbot körperlicher Züchtigungen). Sie berücksichtigten das Vorschulalter („Schaffung von Kinderkrippen, Kindergärten und Spielschulen für das vorschulpflichtige Kindesalter") und das Volksbildungswesen, deren nachhaltiger Ausbau nach auch heute noch modern anmutenden Gesichtspunkten in Aussicht genommen wurde. Sie forderten die reichseinheitliche Ausbildung für die Lehrer aller Schularten wie ihre der Berufsausbildung und Leistung angemessene Besoldung bei prinzipieller Gleichstellung der weiblichen mit den männlichen Lehrkräften, wollten jedoch auf eine Überprüfung aller Lehrer „nach der Lauterkeit ihrer demokratisch-fortschrittlichen Gesinnung und beruflichen Eignung" nicht verzichten.[30] Das gesamte Programm zeichnete sich durch eine weitgehende Berücksichtigung sozialer Gesichtspunkte aus und enthielt zahlreiche Maßnahmen zur Unterstützung sozial schwächerer Schichten der Bevölkerung: zum Beispiel die Unentgeltlichkeit des Unterrichts; die Begabtenförderung nach sozialen Gesichtspunkten; die Erziehungsbeihilfen an minderbemittelte Eltern; Stipendien und Patenstellen aller Art; die Berücksichtigung der sozialen Verhältnisse beim Weiterstudium. Für alle Schularten sollten sowohl die Unentgeltlichkeit des Unterrichts als auch Lehr- und Lernmittelfreiheit dadurch erreicht werden, daß zur Deckung der Schulkosten ein Schulgeld von sozial bessergestellten Eltern und von kinderlosen Ehepaaren erhoben wurde.[31]

Der Schulaufbau selbst sollte in jeder Beziehung „reichseinheitlich", ohne konfessionelle Bindung und grundsätzlich staatlich erfolgen. Der Entwurf ging so weit, auch Privatschulen der staatlichen Kontrolle zu unterstellen und ihnen keine öffentliche Förderung angedeihen zu lassen. Im einzelnen war folgende Regelung vorgesehen: Nach der vierjährigen allgemeinen Schulpflicht an einer Grundschule schloß sich — jeweils aufbauend auf diese allgemeine Grundschule — entweder der vierjährige Besuch einer Volksschule oder der neunjährige Besuch einer Oberschule an. Letztere trat an die Stelle der bisherigen mittleren und höheren Schulen aller Art und gliederte sich in eine je drei Jahre dauernde Unter-, Mittel- („gegliedert in mathematisch-naturwissenschaftlichen und sprachlichen Zweig; am Ende der Mittelstufe Abschluß ähnlich der mittleren Reife") und Oberstufe („gegliedert in mathematisch-naturwissenschaftlichen Zweig; sprachlichen Zweig; wirtschaftlichen Zweig"). Für alle Lehrlinge wurde bis zur bestandenen Gesellen- oder Handlungsgehilfenprüfung der — mindestens dreijährige — Besuch einer Berufsschule obligatorisch vorgeschrieben. Auf den dafür notwendigen großzügigen Auf- und Ausbau der ländlichen Berufsschulen wurde hingewiesen. Fach- und Sonderschulen (für Gehörlose, Blinde, Körperbehinderte, Bomben- und Kriegsversehrte) sollten eine allseitige Förderung erfahren. Für den Hochschulbereich wurde die Freiheit „für wahrhaft wissenschaftliche Forschung und Betätigung" sowie der künstlerischen Gestaltung proklamiert.[32]

Gegenüber den detaillierten Aussagen im Bereich der Volksbildung fielen die Aussagen Ackermanns zur künftigen Kulturpolitik eher dürftig aus. Er beschränkte sich auf die lapidaren Feststellungen, daß die Volkskunst eine allseitige Förderung erfahre, die Filmerzeugung unter staatliche Kontrolle gestellt werden müsse und nur „künstlerisch wertvolle Theater und populäre Volksbühnen" staatliche Zuschüsse erhalten sollten.[33]

i) Rechtspflege

Auch in der Rechtspflege war es selbstverständlich nicht möglich, ohne die Außerkraftsetzung „des sogenannten deutschen Rechtes nationalsozialistischer Prägung" zu neuen Normen der Gesetzgebung und Rechtsprechung zu gelangen. Ackermann forderte deshalb
— die Auflösung der sogenannten Volksgerichte;
— öffentliche Gerichtsverhandlungen gegen die Kriegsverbrecher und Volksschädlinge aus den Reihen der NSDAP „und ihrer Hintermänner";
— eine gründliche Säuberung des gesamten Gerichtswesens „von den faschistischen und reaktionären Elementen".
Auf dieser Grundlage sollten im Detail nicht näher erläuterte demokratische Reformen des Gerichtswesens und die Festsetzung einer demokratisch-fortschrittlichen Justizpolitik eingeleitet werden sowie der notwendige Umbau der Gesetzgebung „gemäß den neuen demokratischen Lebensformen des Volkes und den neuen wirtschaftlichen und sozialen Bedingungen" erfolgen.[34]

Mit der Fixierung von Sofortmaßnahmen für alle jene Bereiche, die für den Neuaufbau eines demokratischen deutschen Staates relevant erschienen, zu einer erweiterten Fassung des „Aktionsprogramms des Blocks der kämpferischen Demokratie" schloß Ackermann faktisch die erste Phase der zu Beginn des Jahres 1944 eingeleiteten Deutschlandplanung der UdSSR ab. Das nicht zur Veröffentlichung bestimmte, „als Arbeitsgrundlage" gedachte[35] und im Selbstverständnis der deutschen Kommunisten als „Minimalprogramm" formulierte Dokument[36] besaß für die Sowjetunion ein besonderes Gewicht: Es bedeutete, daß in Moskau insgeheim ein erstes politisches Konzept für die Behandlung Deutschlands in dem Moment in den Grundzügen vorlag, als sich die Rote Armee anschickte, die Grenzen des Deutschen Reiches zu überschreiten. Während sich Churchill und Eden bei ihrem Besuch in Moskau im Oktober 1944 noch darum bemühten, mit Stalin und Molotov zu einer gemeinsamen Erörterung der Zukunft Deutschlands zu gelangen[37], und Präsident Roosevelt im gleichen Monat seinem Außenminister Cordell Hull klarzumachen versuchte, daß bei den Vorbereitungen für die Behandlung Deutschlands „diesbezügliche Eile zur Zeit nicht geboten" sei[38], konnte die Sowjetunion einen unübersehbaren Vorteil verbuchen: Ihr war es mit Hilfe der deutschen Kommunisten gelungen, in kürzester Zeit die in London von der „European Advisory Commission" für Deutschland ausgehandelten technischen Rahmenvereinbarungen mit einem eigenen politischen Programm auszufüllen. Es erschien geeignet, möglicherweise wenig differenzierte antinationalsozialistische Bestrebungen für den Fall zu integrieren, daß Hitler im Verlaufe der auf Deutschland übergreifenden militärischen Auseinandersetzungen gestürzt würde oder das deutsche Oberkommando analog dem Verhalten Hindenburgs und Ludendorffs im Jahre 1918 angesichts der aussichtslos gewordenen militärischen Lage den Abschluß eines Waffenstillstandes fordern sollte.[39] Indessen würde sich beim weiteren Vordringen der Roten Armee erst noch herausstellen müssen, ob das leninistisch fundierte „Aktionsprogramm des Blocks der kämpferischen Demokratie" und die damit verbundenen Hoffnungen auf einen aktiven Widerstand der Bevölkerung gegen das nationalsozialistische Regime einer realistischen Einschätzung der innerdeutschen Situation entsprach oder ob sich nicht eher das längst prophezeite Ende der nationalen Freiheit und die Zerstückelung des deutschen Vaterlandes abzuzeichnen begannen, weil Hitler nur durch die alliierten Truppen gestürzt werden würde.[40]

V. Voraussetzungen für einen „antifaschistisch-demokratischen" Neubeginn (1945)

1. Unstimmigkeiten zwischen den „Großen Drei" in Jalta

Als sich die alliierten Armeen zu Beginn des Jahres 1945 auf ihre entscheidenden Vorstöße in das Innere Deutschlands vorbereiteten und der Zusammenbruch des „Dritten Reiches" nur noch eine Frage der Zeit schien[1], war es für Moskau nicht nur aufschlußreich zu erfahren, wie realistisch die Hoffnungen auf einen innerdeutschen Aufstand waren. Es mußte auch eine Entscheidung darüber fallen, in welchem Umfang sowjetische Deutschlandpolitik weiterhin im Rahmen der Anti-Hitler-Koalition betrieben werden sollte. Trotz ihrer Beschränkung auf technische Rahmenvereinbarungen boten die Arbeitsergebnisse der „Londoner Kommission" zwar immer noch Voraussetzungen genug, um einen Beschluß im Sinne einer gemeinsamen Deutschlandpolitik der „Großen Drei" für möglich zu halten. Indessen war nicht abzusehen, welche Auswirkungen die zu Beginn des letzten Kriegsjahres erkennbar verschlechterten Beziehungen zwischen den Koalitionspartnern auf die Abwicklung einer gemeinsamen Politik in der deutschen Frage haben würden. Vor allem Amerikaner und Briten zeigten sich zunehmend beunruhigt über die politische Entwicklung in den südosteuropäischen Staaten und in Polen. Rumänien und Bulgarien, so drückte Churchill seine Befürchtungen später aus, seien „unter die Faust sowjetischer Militärbesetzung" geraten, und Polen habe, obschon von den Deutschen befreit, „lediglich einen Eroberer gegen einen anderen ausgetauscht".[2] Eine erste Analyse des sowjetischen Vorgehens in Südost- und Ostmitteleuropa durch den amerikanischen Botschafter in Moskau, W. Averell Harriman, gab in der Tat zu Befürchtungen über eine zunehmende Verselbständigung der Politik Moskaus Anlaß. In einem Memorandum, das der Diplomat am 10. Januar 1945 nach Washington schickte, berichtete er, daß die relative Ruhe auf dem östlichen Kriegsschauplatz der Sowjetunion die Möglichkeit gegeben habe, „ihre politischen Ziele in dem von der russischen Armee befreiten Gebiet zu verfolgen". Im Ergebnis dieser Bemühungen habe das Muster der sowjetischen Taktik in Osteuropa und auf dem Balkan nunmehr Gestalt angenommen und „die wahre Natur der Sowjetziele" klar erkennen lassen: „Es ist offenbar geworden", so folgerte Harriman, „daß die Sowjets zwar direkte Versuche scheuen, sich fremde Länder einzuverleiben, die nicht innerhalb der Grenzen vom 21. Juni 1941 lagen, dennoch aber die ihnen zur Verfügung stehenden vielseitigen Mittel anwenden, um die Bildung von Regimen sicherzustellen, die wohl nach außen den Anschein der Unabhängigkeit und breiter Unterstützung im Volke aufrechterhalten, tatsächlich jedoch in ihrer Existenz von Gruppen abhängig sind, die allein vom Kreml ausgehenden Vorschlägen positiv gegenüberstehen." Als solche Mittel führte er an: Besatzungstruppen, Geheimpolizei, örtliche kommunistische Parteien, Gewerkschaften, sympathisierende Linksorganisationen, geförderte Kulturgemeinschaften und wirtschaftlichen Druck. Die Taktik sei verschieden und jeweils so ausgewählt, daß den besonderen Gegebenheiten in jedem Land Rechnung getragen werden könne. Offenbar herrschte unter den amerikanischen Beobachtern in Moskau der Eindruck vor, als sei das Vorgehen der Roten Armee in erster Linie abhängig von dem Umfang und der Stärke des Widerstandes, der der sowjetischen Durchdringung entgegengesetzt werde. Es sei besonders bemerkenswert, so hob Harriman darüber hinaus hervor, „daß praktisch kein Unterschied in dieser Beziehung gemacht zu werden scheint zwischen Mitgliedern der Vereinten Nationen, deren Gebiet von sowjetischen Truppen befreit worden ist, und ehemaligen Feindgebietsländern, die besetzt worden sind".[3]

Unter solchen Voraussetzungen fehlte es nicht an Stimmen, die ernsthafte Zweifel an einer weiteren Kooperationsbereitschaft der Sowjetunion mit den Westmächten im allgemeinen und in der Deutschlandfrage im besonderen hegten. „Für den Moment sieht es fast aus", so schrieb Churchill Anfang Januar 1945 an Roosevelt, „als ob das Ende dieses Krieges enttäuschender ausfallen werde als das letzte Kriegsende."[4] Gelegenheit zur Klärung der zwischen den Koalitionspartnern neu aufgebrochenen bzw. noch offengebliebenen Fragen gab das zweite Gipfeltreffen der „Großen Drei": die erst nach einem unerfreulichen Briefwechsel zwischen Moskau, London und Washington[5] zustandegekommene, in ihrem Verlauf von dem gestiegenen Selbstbewußtsein der Russen geprägte Konferenz von Jalta im Februar 1945.[6] In der von Emotionen nicht freien Atmosphäre[7] in dem ehemaligen Zarenpalais von Livadija spielte die deutsche Frage in den Diskussionen der Plenarsitzungen und Ministergespräche nicht die zentrale, aber doch eine wichtige Rolle. Zumindest von den westlichen Staatsmännern ist bekannt, daß sie trotz aller Enttäuschung davon überzeugt blieben, angesichts des russischen Vorstoßes gegen Berlin sei „eine Verständigung der drei Mächte über ein gemeinsames politisches und wirtschaftspolitisches Vorgehen dringend notwendig".[8]

Die Möglichkeit, über die Bestätigung der von der „European Advisory Commission" bisher getroffenen technischen Rahmenvereinbarungen hinaus wenigstens zu einer Klärung einiger Grundpositionen in der Deutschlandfrage zu gelangen, bot sich schon am zweiten Tag der Konferenz, als Stalin nach den konkreten Formen der von ihm am Tage zuvor noch beschworenen Zukunft Deutschlands[9] fragte.[10] Der sowjetische Delegationschef erweckte dabei keineswegs den Eindruck, als wolle er die in Rumänien oder in Polen praktizierten Herrschaftsmethoden auch auf die europäische Mitte ausdehnen. Nach wie vor schien es hier sein Ziel zu sein, eine möglichst weitgehende Schwächung des Deutschen Reiches im Zusammenwirken mit seinen westlichen Verbündeten vorzunehmen. Im einzelnen wollte er im Blick auf das zukünftige Deutschland die folgenden Punkte geklärt wissen:

1. die Frage der Aufgliederung Deutschlands

Stalin erinnerte seine beiden Koalitionspartner daran, daß sie in Teheran ihre Ansichten über dieses Problem ausgetauscht hätten und er später in Moskau mit dem Premierminister über diese Angelegenheit gesprochen habe. Diesem zwanglosen Meinungsaustausch, wie er diese Unterredungen bezeichnete, habe er entnommen, „daß wir alle für die Aufgliederung seien, aber es sei nichts über die Art der Aufgliederung beschlossen worden". Er wünschte zuerst zu wissen, „ob der Präsident und der Premierminister noch am Grundsatz der Aufgliederung festhielten". Stalin ließ seinen Wunsch erkennen, daß man sich in dieser Frage jetzt eine Meinung bilden müsse.[11]

2. die Aussichten für die Bildung einer Regierung in Deutschland

Stalin ging es dabei um die Klärung der Frage, ob man „die Bildung irgendeiner Zentralregierung zulassen" oder sich darauf beschränken sollte, daß nur eine „Verwaltung" geschaffen werde. Außerdem wollte er in diesem Zusammenhang wissen, ob unter der Voraussetzung eines bindenden Beschlusses zur Aufgliederung Deutschlands „entsprechend der Anzahl der Stücke, in die Deutschland zerschlagen wird, mehrere Regierungen gebildet werden" sollten.[12]

3. den Vorgang der bedingungslosen Kapitulation Deutschlands

Im Hinblick auf den von Militärs für den Zeitraum zwischen Juli und Dezember 1945 erwarteten Vorgang der bedingungslosen Kapitulation Deutschlands[13] wollte Stalin wissen, ob die Alliierten die Regierung Hitler im Amt belassen würden, wenn sie tatsächlich bedingungslos kapitulieren sollte. Nach seiner Meinung schloß das eine das andere aus; er gab jedoch zu verstehen, daß dieser Sachverhalt dann auch offen erklärt werden müsse.

4. die Frage der Reparationen

An den Schluß seines Fragenkatalogs zur künftigen Deutschlandpolitik der Anti-Hitler-Koalition stellte Stalin das Problem der Reparationen, der Wiedergutmachungsleistungen Deutschlands für die Verluste, die die Alliierten und verbündeten Staaten im Verlaufe des Krieges erlitten hatten. Der sowjetische Delegationschef ließ erkennen, daß er vor allem „die Frage des Umfangs dieser Wiedergutmachung" zu klären wünschte.[14]

a) Die Aufgliederung Deutschlands

Stalins Versuch, sich mit gezielten Fragen Klarheit über die Prinzipien der alliierten Deutschlandpolitik zu verschaffen, stieß schon in der Frage der Aufgliederung Deutschlands auf Schwierigkeiten. Roosevelt räumte zwar ein, daß die Zoneneinteilung „den ersten Schritt zur Aufgliederung Deutschlands" darstellen könnte[15], zeigte sich jedoch im übrigen so reserviert, daß Stalin dem Gedächtnis seiner beiden Gesprächspartner auf die Sprünge helfen mußte. Seinem hartnäckigen Bemühen war es zuzuschreiben, daß die Frage in der Vollsitzung am 5. Februar 1945 nochmals eingehend erörtert wurde. Der Marschall bestand darauf herauszufinden, ob die in Teheran bekundete gemeinsame Absicht, Deutschland aufzugliedern, auch vierzehn Monate später noch existierte. Zunächst erinnerte er wiederholt daran, daß schon zweimal ein Meinungsaustausch über dieses Problem stattgefunden habe: Das erste Mal sei das in Teheran gewesen, „als der Präsident vorschlug, Deutschland in fünf Teile zu teilen". Auch Churchill sei damals für eine Aufgliederung Deutschlands eingetreten, „wenn er auch geschwankt habe". Stalin gestand jedoch zu, daß es sich in Teheran nur um einen „Meinungsaustausch" gehandelt habe. Schließlich sei die Frage der Aufgliederung Deutschlands ein zweites Mal zwischen ihm, Stalin, und dem Premierminister im Oktober 1944 in Moskau behandelt worden. Es sei damals von dem englischen Plan die Rede gewesen, Deutschland in zwei Staaten aufzugliedern, „in Preußen mit seinen Provinzen und in Bayern, wobei man voraussetzte, daß sich die Ruhr und Westfalen unter internationaler Kontrolle befinden werden".[16] Stalin räumte ein, daß auch in Moskau schon wegen der Abwesenheit des Präsidenten kein Beschluß gefaßt worden sei, stellte aber nun unmißverständlich die Frage, „ob die Zeit nicht gekommen sei, um einen Beschluß über die Aufgliederung Deutschlands zu fassen".[17]

Churchill, der auf diese Frage als erster antwortete, erklärte zwar, daß er „prinzipiell mit einer Aufgliederung Deutschlands einverstanden" sei, dürfte aber dennoch bei seinem sowjetischen Bundesgenossen Mißtrauen hervorgerufen haben, weil er von einer sofortigen Entscheidung nichts wissen wollte. Das Verfahren der Grenzziehung zwischen den einzelnen Teilen Deutschlands, so gab der britische Premierminister zu bedenken, sei an sich zu kompliziert, um diese Frage hier innerhalb von fünf bis sechs Tagen lösen zu können. Er hielt ein sorgfältiges Studium von historischen, ethnographischen und wirtschaftlichen Gegebenheiten für erforderlich und zu diesem Zweck sogar die Bildung eines Ausschusses oder eines Unterausschusses für angebracht. Die Gespräche in Teheran und Moskau, so korrigierte er Stalin, seien „nur ein Herangehen an die Frage in ganz groben Zügen, ohne genauen Plan", gewesen. Er, Churchill, so verzeichnet das sowjetische Konferenzprotokoll die Bedenken des britischen Premierministers, „würde nicht gleich auf die Frage antworten, wie Deutschland aufzuteilen sei. Er könne jetzt nur Andeutungen machen, wie es ihm zweckmäßig erscheine, das durchzuführen. Er, Churchill, müsse sich jedoch das Recht vorbehalten, seine Meinung zu ändern, wenn er die Empfehlungen der Ausschüsse erhalte, die diese Frage prüfen. Er, Churchill, habe dabei die Stärke Preußens im Auge, die Wurzel allen Übels. Es sei verständlich, daß Preußens Fähigkeiten, einen neuen Krieg zu beginnen, stark eingeschränkt werden, wenn es von Deutschland abgetrennt wird. Ihm selbst scheine, daß die Schaffung eines zweiten großen deutschen Staates im Süden, dessen Hauptstadt Wien sein könnte, die Trennungslinie zwischen Preußen und dem übrigen Deutschland gewährleisten würde. Die deutsche Bevölkerung würde zu gleichen Teilen zwischen diesen beiden Staaten aufgeteilt werden."[18]

Roosevelt ahnte wohl, daß Churchills Antwort den sowjetischen Bündnispartner nicht zufriedenstellte. Wie ihm scheine, so stellte er nach dem zunächst nur zwischen seinen beiden Bundesgenossen geführten Gespräch über die Behandlung Deutschlands fest, habe Marschall Stalin „keine Antwort auf die Frage erhalten, ob wir Deutschland aufgliedern werden oder nicht". Der Präsident schlug sich auf die Seite seines sowjetischen Partners und trat dafür ein, diese Fragen jetzt prinzipiell zu entscheiden. Nur die Einzelheiten wollte er auf einen späteren Zeitpunkt verschieben. Roosevelt betonte, unterstützt von Stalin, es sei am allerwichtigsten, die Grundfrage auf der Konferenz zu lösen, die für ihn lautete: „Sind wir mit einer Aufgliederung Deutschlands einverstanden oder nicht?" Er selbst ließ kaum einen Zweifel daran, daß er nach wie vor für eine Aufgliederung des Deutschen Reiches eintrat. Vor 40 Jahren, so erinnerte er sich, habe er es selbst erlebt, daß in Bayern eine bayerische und in Hessen eine hessische Regierung existiert habe. Zwar gab er zu, daß die Dezentralisierung im Verlauf der letzten zwanzig Jahre allmählich aufgehoben und die gesamte Verwaltung in Berlin konzentriert worden sei, sah in diesem Tatbestand jedoch kein Hindernis für seine Aufgliederungspläne. Fraglich war ihm allein, ob Deutschland in sechs, sieben oder weniger Teile aufgegliedert werden sollte.[19]

Churchills wiederholter Einwand, die Alliierten hätten es mit einem 80-Millionen-Volk zu tun, über dessen Schicksal nicht in dreißig Minuten entschieden werden könne[20], führte zu einem Kompromißvorschlag Roosevelts: Er befürchte, so

wandte er gegen eine weitere Debatte ein, daß „Hunderte von Plänen" vorgeschlagen würden, wenn man die Frage der Aufgliederung öffentlich behandle.
Der Präsident sprach sich dafür aus, daß die drei Außenminister innerhalb von
24 Stunden „ein Verfahrensschema für das Studium der Aufgliederung Deutschlands" vorbereiten sollten, um danach im Verlaufe von 30 Tagen einen detaillierten
Plan für die Aufgliederung Deutschlands zusammenstellen zu können.[21] Stalin
unterstützte den Vorschlag Roosevelts und benutzte die Gelegenheit, seine Zielvorstellungen zu diesem Punkt der deutschlandpolitischen Tagesordnung nochmals
darzulegen: Er wollte es erreichen, daß

1. eine prinzipielle Übereinstimmung darüber erzielt würde, Deutschland aufzugliedern;
2. eine Kommission der Außenminister mit dem Auftrag gebildet würde, Einzelheiten auszuarbeiten; und schließlich
3. den Kapitulationsbedingungen eine Klausel hinzugefügt würde, die besagte, daß
Deutschland aufzugliedern ist, ohne auf weitere Einzelheiten einzugehen.[22]

Vor allem den letzten Punkt hielt Stalin für wichtig, „weil dadurch die an der
Macht befindliche Gruppe, die die bedingungslose Kapitulation annehmen würde,
ob es nun Generäle oder andere seien, endgültig davon in Kenntnis gesetzt würde,
daß es die Absicht der Alliierten sei, Deutschland aufzugliedern".

Roosevelts Kompromißvorschlag führte nicht an das Ziel der Wünsche Stalins: In
der Diskussion zwischen den drei Außenministern traten die unterschiedlichen Auffassungen in der Frage der Aufgliederung Deutschlands noch deutlicher als in dem
Gespräch der „Großen Drei" zutage.[23] Wie Eden berichtete, wollte Molotov ihn
und Stettinius beim Zusammentreffen der Außenminister am Mittag des 6. Februar
„mit Händen und Füßen auf die Aufgliederung festlegen, bevor eine Untersuchung
darüber durchgeführt worden war".[24] Zu diesem Zweck sollte die Aufgliederung
„als eine die Alliierten bindende Verpflichtung" in die Kapitulationsurkunde aufgenommen werden. Seinen Kollegen unterbreitete der Volkskommissar den konkreten Vorschlag, den Abschnitt b) des Paragraphen 12 der von der Londoner
Kommission ausgearbeiteten Kapitulationsurkunde wie folgt beginnen zu lassen:
„Zur Sicherstellung des Friedens und der Sicherheit Europas werden sie [die Alliier-
ten] Maßnahmen zur Aufgliederung Deutschlands ergreifen."[25] Eden lehnte jedoch
in konsequenter Verfolgung der von Churchill betriebenen Politik diese Formulierung mit dem Argument ab, „daß diese Worte die drei Mächte in einem zu großen
Ausmaße verpflichten würden, bevor die Frage gründlich studiert worden sei".[26]
Er schlug seinerseits eine Formulierung vor, die zwar die Möglichkeit, Deutschland
aufzuteilen, nicht ausschloß, aber auch im Sinne einer bloßen Dezentralisierung
verstanden werden konnte und dadurch die Entscheidung völlig offen ließ: In den
ersten Satz von Abschnitt b) des Paragraphen 12 der Kapitulationsurkunde wollte
er lediglich einfügen lassen „... und Maßnahmen zur Auflösung des deutschen
Einheitsstaates". Eden fand für seinen Vorschlag die Unterstützung seines amerikanischen Kollegen Stettinius, der offenbar die Meinung des State Department und
nicht die des Präsidenten vertrat, wenn er beantragte, das Wort „Aufgliederung"
nach dem Wort „Demilitarisierung" in den Abschnitt a) des Paragraphen 12 ein-
zufügen. Wenn es danach den Anschein hat, als sei mit dieser Formulierung die
Aufgliederung Deutschlands eine beschlossene Sache, dann wird übersehen, daß der
nachfolgende Nebensatz — „die sie [die Alliierten] für den zukünftigen Frieden und

die Sicherheit für erforderlich halten" — diese Aussage erheblich einschränkte und damit die Entscheidung tatsächlich offen blieb.[27] Nachdem der Vorschlag von Stettinius mit Unterstützung Edens angenommen und der betreffende Paragraph der Kapitulationsurkunde entsprechend umformuliert worden war, blieb von Stalins Zielsetzung einer definitiven Entscheidung und Absichtserklärung für die Aufgliederung Deutschlands außer der Einrichtung des sogenannten „Dismemberment Committee"[28] nichts übrig: Weder die Gründung dieses alliierten Teilungsausschusses noch die Verankerung des Teilungsgedankens in der Kapitulationsurkunde entsprachen dem sowjetischen Wunsch nach einem definitiven Aufgliederungsbeschluß.[29]

b) Die Frage der Reparationen

In der Frage der deutschen Wiedergutmachungsleistungen war die sowjetische Delegation mit sehr konkreten Vorstellungen nach Jalta gekommen, was darauf schließen läßt, daß sie dieses Problem für besonders wichtig erachtete.[30] Als Grundsätze der sowjetischen Reparationspolitik nannte der stellvertretende Volkskommissar für Auswärtige Angelegenheiten I. M. Majskij in der zweiten Vollsitzung der Konferenz acht Punkte:

1. Von Deutschland sollten Reparationen „nicht in Form von Geld, wie es nach dem ersten Weltkrieg der Fall war, sondern in natura erhoben werden".

2. Die Reparationsleistungen Deutschlands in natura sollten auf zweierlei Art erfolgen:

   a) durch einmalige Entnahme nach Kriegsende aus dem sowohl auf dem Gebiet Deutschlands selbst als auch außerhalb befindlichen deutschen Nationaleigentum (Fabriken, Werke, Schiffe, Investitionen in ausländischen Unternehmen etc.) und

   b) durch jährliche Warenlieferungen nach Kriegsende.

3. Deutschland müsse während der Tilgung der Reparationen auch „wirtschaftlich entwaffnet" werden, „weil die Sicherheit in Europa anders nicht gewährleistet werden könne". Majskij forderte in diesem Zusammenhang konkret „die Entnahme von 80 Prozent der Ausrüstung der deutschen Schwerindustrie" sowie das vollständige Verbot des Flugzeugbaus und der Produktion von synthetischem Treibstoff. Die Sowjetregierung sei der Meinung, so betonte der frühere Sowjetbotschafter in London, „die in Deutschland verbleibenden 20 Prozent seiner Vorkriegsschwerindustrie seien für die Deckung seiner tatsächlichen wirtschaftlichen Bedürfnisse im Inneren voll und ganz ausreichend".

4. Die Frist für die Reparationen solle auf 10 Jahre festgesetzt werden, wobei die Entnahme aus dem Nationaleigentum innerhalb von zwei Jahren nach Kriegsende durchzuführen sei.

5. Im Interesse einer korrekten Erfüllung der Reparationsverpflichtungen durch Deutschland und auch im Interesse der Gewährleistung der Sicherheit in Europa müsse „eine strenge anglo-sowjetisch-amerikanische Kontrolle über die deutsche Wirtschaft" errichtet werden, die auch nach dem Ablauf der Zahlungsfrist für die Reparationen bestehen bleiben sollte.

6. In Anbetracht der unerhört großen Verluste, die durch „die deutsche Aggression" verursacht worden sind, sei es nicht möglich, „selbst bei allerstrengster Einziehung der Reparationen von Deutschland" die Verluste völlig zu decken. Majskij

berichtete, daß die Sowjetregierung den Versuch unternommen habe, den Umfang des Schadens annähernd zu berechnen, und dabei „auf völlig astronomische Zahlen" gekommen sei. Deshalb sei die Sowjetregierung zu dem Schluß gekommen, daß von den verschiedenen Kategorien der Verluste nur die einer Bezahlung unterliegen sollten, „die als direkte Materialverluste klassifiziert werden können (Zerstörung oder Beschädigung von Häusern, Eisenbahnen, wissenschaftlichen Einrichtungen, Beschlagnahme von Vieh und Getreide, Privatvermögen der Bürger usw.)". Außerdem sei es erforderlich, eine gewisse Reihenfolge für den Erhalt von Reparationen für die Länder festzulegen, die einen Anspruch darauf haben. Als Maßstab nannte Majskij

a) das Ausmaß des Beitrages, den besagtes Land für den Sieg über den Feind geleistet habe, und

b) die Ausmaße der direkten materiellen Verluste des Landes.

Die Länder, die in beiden Rubriken die höchsten Ziffern erreichen, sollten in erster Linie Reparationen erhalten.

7. Die Sowjetunion halte es für gerecht, daß sie als Wiedergutmachung ihrer direkten materiellen Verluste mindestens 10 Milliarden Dollar an Entnahmen und jährlichen Lieferungen erhält.

8. Zur detaillierten Ausarbeitung eines alliierten Reparationsplans auf der Grundlage der sowjetischen Vorstellungen sollte eine besondere Reparationskommission aus Vertretern der UdSSR, der USA und Großbritanniens mit Sitz in Moskau gebildet werden.[31]

Wie schon bei der voraufgegangenen Erörterung der Aufgliederung Deutschlands erwies sich auch bei der Diskussion der acht Thesen Majskijs der britische Premierminister als hartnäckigster Widerpart der sowjetischen Pläne. Er entsinne sich gut an das Ende des vorigen Krieges, so meldete Churchill seine Bedenken an, und wolle nur daran erinnern, daß die Reparationen damals „große Enttäuschung" bereitet hätten. Seine schlechten Erfahrungen illustrierte er mit einem drastischen Beispiel: England habe seinerzeit von Deutschland einige alte Ozeandampfer genommen, und Deutschland habe sich für das Geld, das es von England bekommen habe, eine neue Flotte gebaut. Churchill wollte mit diesem Hinweis, wie er ausdrücklich betonte, nicht den Eindruck erwecken, als sei er gegen eine Wiedergutmachung der immensen Schäden, die die Sowjetunion im Verlauf des Krieges erlitten habe. Jedoch gab er zu bedenken, daß es nicht möglich sein werde, „aus einem zerschlagenen und zerstörten Deutschland diese Menge an Werten zu bekommen, die wenigstens die Verluste Rußlands ausgleichen würden". Außerdem beschwor er, in diesem Punkt unterstützt von Roosevelt, das künftige Schicksal Deutschlands. Vor seinen Augen, so warnte er, erstehe „das Gespenst eines hungernden Deutschland mit seinen 80 Millionen Menschen". Wer werde es ernähren, und wer dafür bezahlen? Das liefe letzten Endes darauf hinaus, so stellte Churchill die Grundsätze der sowjetischen Reparationspolitik in Frage, daß die Alliierten wenigstens einen Teil der Reparationen aus ihrer eigenen Tasche leisten müßten.[32]

In einer längeren Erwiderung versuchte zunächst Majskij, die grundsätzlichen Bedenken Churchills zu zerstreuen. Er zog die Angaben des Premierministers über die schlechten Erfahrungen mit Reparationen nach dem Ersten Weltkrieg nicht in Zweifel, glaubte jedoch auch Gründe für diesen Mißerfolg nennen zu müssen: Das Unglück habe im wesentlichen darin bestanden, so verzeichnet das sowjetische Protokoll die Ausführungen des stellvertretenden Außenkommissars, „daß die Alliierten die Reparationen von Deutschland nicht in natura, sondern hauptsächlich in Geld gefordert haben". Außerdem habe es noch einen Umstand gegeben, der stark zum Scheitern der Reparationspolitik nach 1918 beigetragen habe: die Investition großer Kapitalmengen in Deutschland durch die Vereinigten Staaten von Amerika, England und Frankreich. Das habe die Deutschen zur Nichterfüllung ihrer Reparationsverpflichtungen geradezu ermuntert. Die sowjetischen Vorschläge, so betonte Majskij demgegenüber, wollten gerade einen erneuten Mißerfolg durch den Vorschlag vermeiden, alle Reparationen in natura zu entnehmen. Wenn die Vereinigten Staaten und England, so fügte er nicht ohne einen Anflug von Ironie hinzu, nach dem Krieg nicht wieder mit der Finanzierung Deutschlands beginnen würden, dann hielt es der sowjetische Diplomat für unbegründet, „aus den schlechten Erfahrungen mit den vorigen Reparationen pessimistische Schlüsse für diese Reparationen zu ziehen". Churchills Zweifel an der von sowjetischer Seite geforderten Reparationssumme von 10 Milliarden Dollar versuchte Majskij durch Vergleiche mit dem Staatsbudget der Vereinigten Staaten und Englands zu bagatellisieren: Wenn diese 10 Milliarden Dollar beispielsweise nicht mehr als 10 Prozent der amerikanischen Staatsausgaben für 1944/45 ausmachten, so argumentierte er nicht ohne Erfolg, dann könne man nicht von einer Maßlosigkeit der sowjetischen Forderungen sprechen, sondern eher „von einer unangebrachten Bescheidenheit".[33]

Majskij ging auch auf das Argument ein, daß ein hungerndes Deutschland die unausbleibliche Folge der sowjetischen Reparationspolitik sein werde. Die Sowjetregierung hege durchaus nicht das Ziel, so führte er dazu aus, Deutschland in „ein hungriges, nacktes und barfüßiges Land" zu verwandeln. Vielmehr habe sie bei der Aufstellung ihres Reparationsplans stets die Absicht verfolgt, für das deutsche Volk Bedingungen zu schaffen, unter denen es in den Nachkriegsjahren „auf der Grundlage des durchschnittlichen europäischen Lebensstandards" existieren könne. Deutschland habe alle Chancen, so ließ Majskij die sowjetische Absicht einer nachhaltigen Schwächung des Kriegsgegners wie eine deutliche Annäherung an den Plan des amerikanischen Finanzministers Morgenthau[34] erkennen, „seine Nachkriegswirtschaft auf der Grundlage der Erweiterung der Landwirtschaft und der Leichtindustrie aufzubauen". Wenn man berücksichtige, so fügte er hinzu, daß Nachkriegsdeutschland von Rüstungsausgaben völlig frei sein werde, dann könne man davon ausgehen, daß dem deutschen Volk selbst bei vollständiger Erfüllung des sowjetischen Reparationsplans „eine angemessene Existenz" gewährleistet sein werde.[35]

Weder diese Mitteilung noch Majskijs abschließender Hinweis, daß der sowjetische Reparationsvorschlag gründlich durchdacht und auf der Grundlage ganz nüchterner und realistischer Überlegungen aufgebaut sei, vermochte Churchill dazu zu bewegen, seine sofortige Zustimmung zu erteilen. Was den russischen Reparationsplan betreffe, erklärte er, so könne er nicht sofort angenommen werden, weil zu seiner Prüfung Zeit erforderlich sei. Churchill wollte sich nur dazu bereiterklären, der von Majskij vorgeschlagenen Bildung einer Reparationskommission zuzustimmen, „die in Zukunft die Forderungen sowie die Deutschland zur Verfügung stehenden Aktiva prüft und auch die Priorität bei ihrer Verteilung festlegt".[36]

Dieses Einverständnis genügte, um in Jalta für einen Moment den Eindruck aufkommen zu lassen, als könne von den sowjetischen Zielvorstellungen in der Deutschlandpolitik wenigstens das Reparationsproblem im Sinne Moskaus gelöst werden, insbesondere nach Stalins geglücktem Versuch, die grundsätzlichen Richtlinien für die Tätigkeit dieser Reparationskommission festzulegen.[37] Wiederum erwiesen sich jedoch letztlich vor allem die Gegensätze zwischen den britischen und den sowjetischen Vorstellungen bei den Verhandlungen der Außenminister als unüberwindlich. Der britische Außenminister Eden wehrte sich beim Treffen mit seinen beiden Kollegen am 10. Februar 1945 entschieden dagegen, in die Richtlinien für die Moskauer Kommission eine genaue Zahl für die Gesamtsumme der deutschen Reparationsschuld aufzunehmen. Er machte vielmehr auf einen schwer lösbaren Widerspruch in der sowjetischen Reparationspolitik aufmerksam: Einerseits ziele sie auf eine Entblößung Deutschlands von seiner Industriekapazität, andererseits auf die Sicherstellung von Deutschlands Fähigkeit, zu einem späteren Zeitpunkt größere Zahlungen zu leisten. Wenn man schon eine Gesamtsumme der Reparationsleistungen festlegen wolle, dann sollten nach britischer Ansicht auch eine Reihe anderer Faktoren berücksichtigt werden: zum Beispiel das künftige politische Schicksal Deutschlands, seine mögliche Aufgliederung, die Erfordernisse der Besatzungsstreitkräfte, die lebensnotwendigen Bedürfnisse Deutschlands an Nahrungs- und Rohstoffimporten sowie seine Vorkriegsschulden.[38] Edens Intervention verurteilte die Absicht der sowjetischen Delegation, in Jalta den Umfang der Wiedergutmachung festschreiben zu lassen, zum Scheitern: Da eine Einigung über die Gesamtsumme der Reparationen nicht erzielt werden konnte, enthält das Kommuniqué der Krim-Konferenz in dieser Frage nur eine Kompromißformel.[39] Damit war nach der Frage der Aufgliederung Deutschlands ein weiterer Punkt der Wunschliste Stalins nicht in seinem Sinne entschieden worden. Majskij qualifizierte Edens Ablehnung sofort als „sehr enttäuschend", und auch Stalin konnte seine Enttäuschung über dieses Ergebnis nur schlecht verbergen. Als am 10. Februar die Frage der Reparationen in der Vollsitzung nochmals zur Sprache kam, entspann sich eine hitzige Diskussion zwischen ihm und Churchill. Es sei der einzige Zeitpunkt auf der Konferenz gewesen, so vermerkte der amerikanische Diplomat Matthews in seinen Aufzeichnungen, an dem Stalin eine gewisse Verärgerung gezeigt habe.[40]

c) Die deutsche Ostgrenze

Schwerwiegende Differenzen zwischen den „Großen Drei" traten nicht nur bei der Diskussion über die Aufgliederung des Deutschen Reiches oder über die alliierten Reparationsforderungen auf, sondern auch bei den Verhandlungen über ein Problem, das Stalin seit der Konferenz von Teheran für entschieden halten mochte: bei der im Rahmen der polnischen Frage anstehenden Entscheidung über die künftige deutsche Ostgrenze.[41] Die britische und die amerikanische Delegation auf der einen wie die sowjetische auf der anderen Seite gingen bei der Erörterung dieser Problematik offensichtlich von unterschiedlichen Interessenlagen aus. Während sich Roosevelt und Churchill vor allem an der Sicherung von Souveränität, Freiheit und Unabhängigkeit Polens interessiert zeigten und die Grenzfrage, wie beide sich ausdrückten, nicht für sehr wichtig hielten[42], betrachtete Stalin die polnische Frage vor allem unter dem Aspekt der Sicherheit, „weil mit Polen äußerst wichtige strategische Probleme des Sowjetstaates verbunden seien", wie er betonte. Es handle sich nicht allein darum, so versuchte der Marschall die sowjetische Motivation bei der

Klärung dieser Frage zu verdeutlichen, „daß Polen unser Grenznachbar ist". Das sei natürlich von Bedeutung, doch der Kern des Problems liege wesentlich tiefer. „Im Verlaufe der Geschichte", so lautete das Hauptargument des sowjetischen Regierungschefs, „sei Polen immer der Korridor gewesen, den der Feind durchschritten habe, der Rußland überfiel. Es genüge, sich wenigstens der letzten dreißig Jahre zu erinnern: Im Verlauf dieser Periode sind die Deutschen zweimal durch Polen marschiert, um unser Land anzugreifen." Der Feind habe bisher, so führte Stalin weiter aus, leicht durch Polen marschieren können, weil Polen schwach gewesen sei. Um dies zu ändern, sei die Sowjetunion „an der Schaffung eines mächtigen, freien und unabhängigen Polen" interessiert: Der polnische Korridor könne nach seiner Meinung „nicht mit russischen Kräften mechanisch von außen", sondern zuverlässig nur durch eigene polnische Kräfte von innen her verschlossen werden. Unter dieser Voraussetzung interessierten Stalin natürlich vor allem die „speziellen Fragen" der Grenzziehung im Osten und Westen des neuen Polen. Er ließ auf der dritten Vollsitzung der Krim-Konferenz am 6. Februar 1945 keinen Zweifel daran aufkommen, daß er im Osten die Curzon-Linie und im — für unsere Fragestellung relevanteren — Westen „die Neiße-Linie" als polnische Grenzen forderte.[43] In einem am Tage darauf eingebrachten Vorschlag der Sowjetunion hieß es demzufolge unmißverständlich, man sei der Meinung, „die polnische Westgrenze müsse von der Stadt Stettin (an die Polen) aus südlich entlang der Oder und weiter entlang der Neiße (westliche) verlaufen".[44]

Stalins Bitte an Roosevelt und Churchill, die sowjetischen Forderungen in der polnischen Grenzfrage zu unterstützen[45], stieß auf Zurückhaltung. Einen deutlichen Vorbehalt in der Frage der „Verschiebung der polnischen Grenze nach Westen" meldete zunächst Churchill an: Polen müsse zwar das Recht erhalten, so gestand er zu, sich das Gebiet zu nehmen, das es nehmen wolle und das es verwalten könne. Es wäre aber nach seiner Überzeugung kaum zweckmäßig, so fügte er sogleich hinzu, „wenn die polnische Gans derart mit deutschem Futter gestopft würde, daß sie an Verdauungsstörungen stirbt". Außerdem gab er sofort zu bedenken, daß die mit diesem Plan verbundene Aussiedlung einer großen Anzahl von Deutschen erst noch geprüft werden müsse, ehe eine endgültige Entscheidung gefällt werden könne, „und zwar nicht so sehr in grundsätzlicher als in praktischer Hinsicht".[46] Am Tage darauf, in der fünften Vollsitzung der Konferenz am 8. Februar 1945, widersprach auch Roosevelt den sowjetischen Vorstellungen von Polens Westgrenze: Die Delegation der USA, so erklärte der Präsident, sei damit einverstanden, daß man Polen für seine Verluste im Osten „einen Ausgleich auf Kosten Deutschlands" gewähre, „und zwar Ostpreußen südlich von Königsberg und Oberschlesien bis zur Oder". Dem Präsidenten schien es jedoch „wenig gerechtfertigt, die polnische Grenze bis zur westlichen Neiße zu verschieben".[47]

Es gelang der sowjetischen Delegation nicht, die Bedenken der beiden westlichen Staatsmänner zu zerstreuen, obwohl ihnen Stalins anfänglicher Hinweis auf das Sicherheitsbedürfnis Moskaus den hohen Stellenwert der Grenzfrage in der sowjetischen Deutschlandpolitik verdeutlicht hatte und Molotov den allerdings von vornherein hoffnungslosen Versuch unternahm, einen Kompromißvorschlag Churchills in dieser Frage mit zweifelhaften historischen Argumenten im sowjetischen Sinne umzuformen.[48] Die vom sowjetischen Außenminister ausdrücklich bedauerte mangelnde Übereinstimmung in der Frage der polnischen Westgrenze[49] schlug sich im

Kommuniqué der Konferenz in einer Kompromißformel nieder, die gewiß nicht den sowjetischen Intentionen entsprach: „Die drei Regierungschefs erkennen an", so wurde die Weltöffentlichkeit unterrichtet, „daß Polen im Norden und im Westen einen bedeutenden Gebietszuwachs erhalten soll. Sie sind der Auffassung, daß in der Frage des Umfangs dieses Zuwachses zu gegebener Zeit die Meinung der neuen polnischen Regierung der Nationalen Einheit eingeholt werden und danach die endgültige Festlegung der Westgrenze Polens bis zur Friedenskonferenz aufgeschoben werden soll."[50]

Die in der Grenzfrage akzeptierte Kompromißlösung konnte über die negative Bilanz der Moskauer Deutschlandpolitik in Jalta nicht hinwegtäuschen. Es war nicht zu übersehen, daß auf die sowjetischen Zielvorstellungen in so konkreten Fragen wie der Aufgliederung, der Reparationsleistungen und der Ostgrenze Deutschlands unversehens der „Schatten der anglo-amerikanischen Verzögerungspolitik"[51] gefallen war. Das mag bei Stalin ein latent vorhandenes Mißtrauen gegenüber den Bündnispartnern verstärkt, ihn aber auch nachdrücklich daran erinnert haben, daß eine langfristige Sicherung der eigenen Interessen und Pläne in Deutschland zur Zeit nur über ein Arrangement mit seinen westlichen Alliierten zu erreichen war. Unter diesen Umständen verzichtete Stalin darauf, weitere Details einer gemeinsamen alliierten Deutschlandpolitik, wie zum Beispiel die von ihm einmal kurz angeschnittene Frage nach der Bildung einer deutschen Zentralregierung[52], zu erörtern. Dafür ließ die sowjetische Delegation im Abschlußkommuniqué der Krim-Konferenz eine Reihe von seinerzeit unumstrittenen Grundsätzen alliierter Deutschlandpolitik festschreiben[53], deren ebenso allgemeine wie unverbindliche Formulierung jedem Mitglied der Anti-Hitler-Koalition die Möglichkeit offenließ, sie nach eigenem Gutdünken mit politischem Inhalt auszufüllen: „Es ist unsere unbeugsame Absicht", so lautete der entsprechende Abschnitt der gemeinsamen Verlautbarung von Jalta, „den deutschen Militarismus und Nazismus zu vernichten und die Garantie dafür zu schaffen, daß Deutschland nie wieder in der Lage sein wird, den Weltfrieden zu brechen." Die „Großen Drei" zeigten sich ferner fest entschlossen, „alle deutschen Streitkräfte zu entwaffnen und aufzulösen; den deutschen Generalstab, der wiederholt zum Wiedererstehen des deutschen Militarismus beigetragen hat, für alle Zeiten zu zerschlagen; alle militärischen Einrichtungen Deutschlands zu beseitigen oder zu zerstören; die gesamte deutsche Industrie, die zur Rüstungsproduktion verwendet werden könnte, zu liquidieren oder unter Kontrolle zu stellen; alle Kriegsverbrecher einer gerechten und schnellen Bestrafung zuzuführen sowie Entschädigung in Form von Naturalleistungen für die Zerstörungen zu fordern, die von den Deutschen verursacht worden sind; die Nazi-Partei, die nazistischen Gesetze, Organisationen und Einrichtungen vom Erdboden zu tilgen; alle nazistischen und militärischen Einflüsse aus öffentlichen Einrichtungen, dem Kultur- und Wirtschaftsleben des deutschen Volkes zu entfernen und gemeinsam diejenigen anderen Maßnahmen in Deutschland zu ergreifen, die sich für den zukünftigen Frieden und die Sicherheit der ganzen Welt als notwendig erweisen."[54] Es hat den Anschein, als hätten die angelsächsischen Mächte in diesem Zusammenhang im wesentlichen daran gedacht, „Deutschland als Faktor des internationalen Kräftespiels auszuschalten und zu verhindern, daß es dabei zu einem politischen Unruheherd oder einer wirtschaftlichen Last wurde". Dagegen kam es Moskau offenbar vor allem darauf an, „das deutsche Potential als ein potentiell pro-westliches Gewicht so weit wie möglich zu vernichten und andererseits wirtschaftlich wie politisch in maximalem Umfang Mitsprachebefugnisse in Gesamtdeutschland und Forderungen gegenüber dem deutschen Volk zu erwerben". Wenn das Verlangen sowohl nach möglichst weitgehender Schwächung des Landes als auch nach sowjetischen Handhaben in diesem zunächst vor allem die negative Funktion gehabt zu haben scheint, „den Westmächten eine machtpolitische Festsetzung in Mitteleuropa zu verweigern", so trug es doch auch schon die positive Möglichkeit in sich, gegebenenfalls „dem Aufbau einer sowjetischen Position im Lande zu dienen".[55]

2. Der Moskauer Verzicht auf die Forderung nach Aufgliederung Deutschlands

In der Schlußphase des Zweiten Weltkrieges, die auf seinem europäischen Schauplatz unmittelbar nach dem Gipfeltreffen auf der Krim einsetzte und mit der deutschen Kapitulation endete, war die sowjetische Deutschlandpolitik von Entscheidungen und Maßnahmen bestimmt, die den Einfluß des östlichen Partners der Anti-Hitler-Koalition auch im Westen Deutschlands sichern sollte. Das wird am Kurswechsel Moskaus in der Frage der Aufgliederung Deutschlands besonders deutlich. Ohne Konsultation mit den Westmächten und in offenkundigem Widerspruch zu dem Eindruck, den Stalin zu dieser Frage in Jalta bei seinen Verbündeten erweckt hatte, scheint die sowjetische Führungsspitze in dem Moment den definitiven Beschluß gefaßt zu haben, für ein einheitliches Deutschland einzutreten, als die Gebietshoheit über die deutschen Ostgebiete mit Ausnahme des nördlichen Ostpreußens auf die Polnische Provisorische Regierung übertragen worden war.[1] Zwar läßt sich ein genauer Zeitpunkt für diese schwerwiegende Entscheidung noch nicht fixieren, jedoch erscheint die Annahme gerechtfertigt, daß dabei die Auswertung der Gespräche von Jalta eine Rolle gespielt hat und somit der Beschluß, das Deutsche Reich nicht in Einzelstaaten aufgliedern zu lassen, erst nach dem Gipfeltreffen auf der Krim wirksam geworden ist.[2]

Erste Stellungnahmen der sowjetischen Presse zur Bilanz der Krim-Konferenz vermieden jede Anspielung auf irgendwelche Aufteilungspläne Churchills oder Roosevelts und hoben nur korrekt die in dem offiziellen Kommuniqué[3] niedergelegten allgemeinen politischen Grundsätze für Deutschland hervor: Diese dienten, so hieß es beispielsweise am 15. Februar 1945 im Kommentar einer Moskauer außenpolitischen Zeitschrift[4], einem bestimmten Ziel, der Ausrottung des Nazismus und der Vernichtung des deutschen Kriegspotentials. Der von den Deutschen begonnene Krieg müsse in einer Weise beendet werden, daß der deutsche Räuber [germanskij chiščnik] vollständig unschädlich gemacht sei, damit Deutschland niemals wieder den Frieden der Welt stören könne. Die aufgeführte Liste der beschlossenen Maßnahmen hielt sich an die Angaben im Kommuniqué der Krim-Konferenz.[5] Es fehlte jeder versteckte Hinweis auf das ebenfalls in Jalta verabschiedete offizielle Protokoll[6] und die darin angedeutete Möglichkeit, den Frieden und die Sicherheit der Welt bei Bedarf auch durch eine Aufgliederung Deutschlands zu sichern.[7] Vier Wochen später mußte es schon als ein bemerkenswertes Zeichen für die veränderte sowjetische Haltung in der Frage der Aufgliederung des Deutschen Reiches erscheinen, wenn der während des Krieges als Leiter der Auslandsredaktion der Armeezeitung „Krasnaja zvezda" tätige Historiker A. S. Erusalimskij in einem öffentlichen Vortrag am 12. März 1945 in Moskau in auffälliger Weise gegen Stimmen in der internationalen Presse polemisierte, die von einer bevorstehenden Aufteilung [razdelenie] Deutschlands wissen wollten. Es könne sich allenfalls, so versuchte der Gelehrte diese Diskussion abzuwiegeln, um unverbindliche Vorschläge und Pläne handeln, da außer der Wiedererrichtung Österreichs und einer territorialen Erweiterung Polens im Norden und Westen in Jalta diesbezüglich nichts entschieden worden sei. Wiederum allein unter Anspielung auf das Kommuniqué des Gipfeltreffens verwies Erusalimskij darauf, daß über die von ihm erwähnten Beschlüsse hinaus auf der Krim-Konferenz keine territorialen Fragen behandelt worden seien, die Deutschland betreffen könnten.[8]

Den westlichen Verbündeten wurde der sowjetische Sinneswandel in der Deutschlandpolitik zu einem Zeitpunkt bewußt, als sich die Rote Armee zum Sturm auf die deutsche Hauptstadt rüstete. Als das „Dismemberment Committee", der in Jalta gebildete Ausschuß für Fragen der deutschen Teilung[9], am 7. März 1945 im Foreign Office in der vorgesehenen Zusammensetzung mit Außenminister Eden und den beiden Botschaftern Gusev und Winant zu seiner ersten Sitzung zusammentrat, beschränkte es sich noch auf eine allgemeine Diskussion seiner Aufgaben, ohne die einzelnen Teilnehmer zu konkreten Aussagen über das Problem der Aufgliederung Deutschlands zu veranlassen.[10] Die Meinungsverschiedenheiten zwischen dem sowjetischen Ausschußmitglied einerseits und den Vertretern Großbritanniens und der Vereinigten Staaten andererseits traten erst in dem Moment auf, als sich William Strang zwei Tage später, am 9. März, des ihm erteilten Auftrages entledigte, eine gemeinsame Ausgangsposition für den Verhandlungsgegenstand der Kommission zu formulieren und diese den Mitgliedern des Ausschusses vorzulegen.[11] Der britische Diplomat war bei seiner Ausarbeitung von dem — in den Beschlüssen der Krim-Konferenz niedergelegten — Grundsatz ausgegangen, daß den Alliierten nach der deutschen Kapitulation und der Beendigung der Feindseligkeiten daran gelegen sein müsse, jede Aggression von seiten Deutschlands in Zukunft zu verhindern.[12] Aus diesem Grunde bot er seinen Kollegen als gemeinsame Ausgangsbasis auch entsprechende Überlegungen zur Erörterung der Frage der deutschen Teilung an: Wenn das deutsche Aggressionspotential neutralisiert werden solle, dann sei die Frage zu bedenken, ob dieses Ziel allein „durch Maßnahmen wie Vernichtung und Kontrolle der Industrie zur Ergänzung der Entmilitarisierungs- und Abrüstungsmaßnahmen erreicht werden könne oder ob es auch erforderlich sein würde, Deutschland aufzuteilen". Wenn der Ausschuß zu der Auffassung gelangen sollte, daß eine Aufgliederung sinnvoll wäre, um den gewünschten Effekt einer nachhaltigen Schwächung zu erzielen, dann wollte Strang in dem Londoner Ausschuß die folgenden Probleme klären lassen:

— in welcher Weise Deutschland aufzuteilen wäre, in welche Teile, mit welchen Grenzen für jeden Teil und mit welchen Zwischenbeziehungen der verschiedenen Teile untereinander;

— zu welcher Zeit die Aufgliederung durchzuführen wäre; und

— welche Schritte die Alliierten unternehmen sollten, um die Aufgliederung auszuführen und durchzusetzen.[13]

Strang, der in seinen Ausführungen keinen Zweifel daran gelassen hatte, daß die Frage der Aufgliederung des Deutschen Reiches im Zusammenhang mit den politischen, wirtschaftlichen und militärischen Maßnahmen der Alliierten im künftigen Deutschland entschieden werden sollte, mußte wie sein Kollege Winant überrascht feststellen, daß die sowjetische Zustimmung zu seinem — von amerikanischer Seite nur geringfügig veränderten[14] — Vorschlag mit einer bemerkenswerten Einschränkung erfolgte: Gusev übermittelte am 26. März 1945 die Antwort aus Moskau, in der erklärt wurde, daß die sowjetische Regierung in der auf der Krim angeblich erzielten grundsätzlichen Übereinstimmung in der Frage der Aufgliederung Deutschlands keinen obligatorischen Plan sehe, sondern nur eine Möglichkeit, um Deutschland unter Druck zu setzen und unschädlich zu machen, falls andere Mittel versagten. Winant wies in seinem Bericht nach Washington vom 29. März 1945 mit Recht auf die außerordentliche Tragweite dieser sowjetischen Antwort hin: Gusevs Ausführungen bedeuteten, so betonte der amerikanische Diplomat, daß nunmehr dem „Dismemberment Committee" nicht nur die Aufgabe zukomme, die Verfahrensfrage einer Aufgliederung Deutschlands zu erörtern, sondern in erster Linie die Frage zu prüfen, ob eine solche Maßnahme überhaupt wünschenswert und durchführbar sei.[15]

Über die Gründe des Kurswechsels in der sowjetischen Deutschlandpolitik, wie er sich in dem von Gusev in London angedeuteten Verzicht auf eine Aufgliederung Deutschlands manifestierte, gehen die Ansichten auseinander.[16] Mit dem Hinweis auf die gestiegene Selbstsicherheit der sowjetischen Führung, wie sie diplomatische Beobachter in Moskau seit dem Herbst 1944 zu beobachten glaubten[17], läßt sich der sowjetische Sinneswandel ebensowenig erklären wie mit dem berechtigten Stolz des östlichen Verbündeten über das Leistungsvermögen der eigenen Armee, der in der sowjetischen Publizistik schon damals der Hauptanteil an der Niederwerfung des Hitler'schen Deutschland zugeschrieben wurde.[18] Stalin selbst hatte, als er nach den Gründen seines Sinneswandels in der Deutschlandpolitik gefragt wurde, nur eine fadenscheinige Erklärung zur Hand: Er habe angenommen, so äußerte er sich Ende Mai 1945 im Gespräch mit Trumans Sonderbotschafter Harry Hopkins in Moskau, daß seine diesbezüglichen Vorschläge in Jalta abgelehnt worden seien. Außerdem wollte er aus der Arbeit der Londoner Kommission den Eindruck gewonnen haben, als zögen Eden und Strang eine Aufteilung „nur als letzte und äußerste Maßnahme" in Betracht. Weil dem vom amerikanischen Vertreter Winant nicht widersprochen worden sei, so rechtfertigte er sich, habe er daraus schließen müssen, „daß Großbritannien und die Vereinigten Staaten gegen die Aufteilung seien".[19]

Gegen diese Argumentation Stalins führten professionelle Rußlandbeobachter frühzeitig wirtschaftliche Überlegungen ins Feld. Sie waren der Meinung, daß sich die sowjetische Führung „durch die Wahrung der Einheit Deutschlands Reparationslieferungen aus ganz Deutschland und Einfluß auf das größte Industrierevier Mitteleuropas, das Ruhrgebiet, sichern wollte".[20] Der Kurswechsel Moskaus in diesem wichtigen Punkt der deutschen Frage erscheint in dieser Deutung vornehmlich als eine Antwort auf die in Jalta beschlossene Aufnahme Frankreichs in den Kreis der Besatzungsmächte.[21] Immerhin wußte Stalin seit dem Besuch General de Gaulles vom Dezember 1944 in Moskau, daß die französische Regierung nach Kriegsende für die Aufteilung des Deutschen Reiches eintreten und insbesondere das Saargebiet, das Rheinland und das Ruhrgebiet von Deutschland abtrennen lassen wollte.[22] Weil dadurch ganz Westdeutschland und mit ihm das Ruhrrevier jeder sowjetischen

Einflußnahme und Kontrolle entzogen worden wäre, erschien es nur konsequent, wenn die Sowjetregierung nach der Konferenz von Jalta im Gegenzug die Einheit Deutschlands befürwortete.

Nicht gering ist die Zahl derer, die der damaligen Kooperationsbereitschaft der Sowjetunion grundsätzlich mißtrauen und behaupten, daß in der Schlußphase des Krieges auch die Moskauer Deutschlandpolitik „in den Dienst der kommunistischen Eroberung Europas gestellt war".[23] Dieser Auffassung verlieh nicht nur eine mit dem Jahre 1945 zunehmende Polemik der außenpolitischen Publizistik Moskaus erhebliches Gewicht, die sich ebenso gegen Deutschlandpläne der deutschen linkssozialistischen Emigration in den westlichen Ländern[24] wie gegen „bekannte einflußreiche Gruppen in England und in den Vereinigten Staaten" richtete, denen vorgeworfen wurde, für „einen sogenannten milden Frieden mit Deutschland" einzutreten[25] oder die Stützpunkte der deutschen Aggression nicht beseitigen zu wollen.[26] Vor allem Stalin selbst verschaffte der verbreiteten Ansicht, die Sowjetunion habe seinerzeit eine offensive Politik betrieben, ein hohes Maß an Glaubwürdigkeit, wenn er im vertrauten Kreise eine ideologisch motivierte, expansive Zielsetzung seiner Politik nicht verhehlte: „Dieser Krieg", so vertraute er im Frühjahr 1945 seinen jugoslawischen Gesprächspartnern Tito und Djilas an, „ist nicht wie in der Vergangenheit; wer immer ein Gebiet besetzt, erlegt ihm auch sein eigenes gesellschaftliches System auf. Jeder führt sein eigenes System ein, so weit seine Armee vordringen kann."[27]

So unverblümt damit ein Vorgang angesprochen worden war, der in den Annalen der europäischen Geschichte je nach Weltanschauung des Chronisten entweder als „Sowjetisierung" oder als „Befreiung" Ostmittel- und weiter Teile Südosteuropas verzeichnet ist, so problematisch mußte eine solche Zielsetzung Stalins vorerst für Deutschland erscheinen, das eben nur zu einem Teil von der Roten Armee besetzt werden würde. Auch vor dem Hintergrund eines ungebrochenen eigenen Militärpotentials dürfte man sich in der sowjetischen Hauptstadt seinerzeit kaum der Illusion hingegeben haben, nunmehr in der Deutschlandpolitik einen Alleingang mit Hilfe jener Methoden beginnen zu können, wie sie von den westlichen Alliierten in Polen und auf dem Balkan mit wachsendem Befremden registriert und mit zunehmender Schärfe verurteilt wurden.[28] Das geschlagene Deutschland und die befreiten Länder Ostmittel- und Südosteuropas waren in dieser Beziehung durchaus inkommensurable Größen: Während Polen, Rumänien oder Bulgarien nach dem Einmarsch der Roten Armee von der übrigen Welt nach und nach hermetisch abgeriegelt worden waren und gleichsam, wie sich Churchill später ausdrückte, hinter einem „eisernen Vorhang" verschwanden, mußte sich die Sowjetunion in Deutschland entsprechend dem in Jalta bestätigten Beschluß der „European Advisory Commission" auf eine vorläufig unbegrenzte Periode der Zusammenarbeit im Rahmen der vereinbarten Vier-Mächte-Kontrolle einrichten.

Unter diesen Umständen erscheint es vielversprechender, eine Erklärung für die neue Akzentuierung der sowjetischen Deutschlandpolitik unter Hinweis auf das von Moskau stets ins Feld geführte Sicherheitsinteresse der Sowjetunion auf militärischem Gebiet zu suchen. Hier hatte die Rote Armee im Februar 1945 mit der Oder, die „im Prinzip als Markierung der polnischen Westgrenze bzw. der deutschen Ostgrenze nach dem Kriege als vereinbart gelten konnte", eine Linie erreicht, die im Rahmen der „für die sowjetische Sicherheitspolitik unmittelbar relevanten territorialen Kriegsziele" eine entscheidende Rolle spielte. Nach der militärischen Sicherung dieser Linie sowie der vollständigen Kontrolle und definitiven Übergabe der dahinter liegenden Gebiete an Polen scheint das Sicherheitsbedürfnis Moskaus in einer Weise befriedigt gewesen zu sein, daß fortan von einem „sowjetischen Desinteresse an der Diskussion unmittelbar zu realisierender Zerstückelungspläne" gesprochen werden kann.[29] Da Stalin zudem seit den Gesprächen von Jalta wußte, wie gering der Faktor Amerika auf die Dauer „als Gegengewicht gegen die sowjetische Übermacht auf dem europäischen Kontinent" zu veranschlagen war[30], lag es für ihn trotz des enttäuschenden Verlaufs der Krim-Konferenz nahe, sich um eine kurzfristig tragfähige Plattform für eine gemeinsame Besatzungspolitik in Deutschland zu bemühen.

Es ist nicht schwer, anhand publizistischer Äußerungen festzustellen[31], daß in Moskau diese gemeinsame Ausgangsposition der Alliierten als gegeben angesehen wurde, seitdem die allgemeinen Prinzipien über „Besetzung und Kontrolle Deutschlands" im Kommuniqué der Krim-Konferenz festgeschrieben worden waren, insbesondere jener Abschnitt der offiziellen Verlautbarung vom 11. Februar 1945, in dem die „Großen Drei" ihren unbeugsamen Willen bekundeten, „den deutschen Militarismus und Nazismus zu vernichten und die Garantie dafür zu schaffen, daß Deutschland nie wieder in der Lage sein wird, den Weltfrieden zu brechen".[32] Wenn ein führendes Mitglied der deutschen kommunistischen Emigration in der Sowjetunion wie Wilhelm Pieck seine Genossen kurze Zeit nach dem Treffen von Jalta dazu aufforderte, „sich mit dem Inhalt dieser Beschlüsse und ihrer Bedeutung für die ganze weitere Entwicklung bekanntzumachen"[33], dann kann angenommen werden, daß Moskau darin jene Plattform erblickte, die in der Anfangsphase der alliierten Besetzung ein Minimum von Gemeinsamkeit zwischen den Besatzungsmächten garantieren konnte. Es würde nur darauf ankommen, sich in Deutschland gewisse Schlüsselpositionen und damit einen politischen Vorsprung zu sichern, um in dem gemeinsam besetzten Land die Verwirklichung der in Jalta gefaßten Beschlüsse für seinen Neuaufbau in einer Weise einzuleiten, die der sowjetischen Auffassung möglichst weitgehend entsprach. In der Anti-Hitler-Koalition rechnete offenbar mit Ausnahme der Führer der Sowjetunion kaum jemand mit der entscheidenden Bedeutung, mit den Möglichkeiten und Gefahren der Turbulenz am Ende eines verlorenen Krieges. Als Funktionäre eines Regimes, das selbst „aus dem chaotischen Nachspiel des Ersten Weltkrieges" hervorgegangen war, sahen sie in aller Klarheit, daß es die im allgemeinen Durcheinander des Kriegsendes gezogenen Linien sein könnten, „die sich verfestigen und Bestand haben und das Gesicht der Zukunft bestimmen werden". Auch die Beschlüsse zukünftiger Friedenskonferenzen, so interpretierten amerikanische Diplomaten in Moskau am Ende des Krieges in Europa die Auffassung der sowjetischen Führungsspitze, würden nur „wenig mehr ergeben als eine Bestätigung der Landmarken, die aufgestellt wurden, als alles in Fluß war".[34]

Für die sowjetische Deutschlandpolitik war der Besitz der deutschen Reichshauptstadt *eine* dieser Landmarken. In diesem Zusammenhang verdient die eminent politische Rolle hervorgehoben zu werden, die die Rote Armee bei ihrem Vorstoß in die europäische Mitte hinein spielte.[35] Gerade die „Klarheit der politischen Ziele"[36] war es, die in der Schlußphase des Zweiten Weltkrieges den militärischen Operationen der sowjetischen Stoßarmeen auch in Deutschland eine nachhaltig prägende Kraft verleihen sollte. Als ebenso herausragendes wie typisches Beispiel kann das ehrgeizige Ringen um Berlin gelten, dem Stalin schon frühzeitig den Charakter einer rein militärischen Operation nahm.[37] Für ihn, der in der Tradition eines von seinen jeweiligen Hauptstädten nachhaltig geprägten Imperiums stand, war es keineswegs von untergeordneter Bedeutung, wer von den Alliierten Berlin eroberte und damit von dort aus als erster Besatzungspolitik betrieb. Stalin scheint vielmehr der Meinung gewesen zu sein, daß von den ersten politischen Maßnahmen der Eroberer der Reichshauptstadt „in vielem die Nachkriegsentwicklung mit bestimmt" werden würde.[38] Unter dem Vorwand, das anglo-amerikanische Oberkommando bereite ebenfalls einen Angriff vor, „um die Stadt vor der Sowjetarmee zu besetzen"[39], veranlaßte er deshalb die beiden Kommandeure der für einen Vorstoß auf die deutsche Metropole in Frage kommenden Armeegruppen der 1. Belorussischen und der 1. Ukrainischen Front, die Marschälle Žukov und Konev, Anfang April 1945 zu beschleunigten Planungen und Vorbereitungen für eine Offensive in Richtung Berlin.[40] Stalin entfachte sogar einen regelrechten „Wettbewerb der Fronten"[41], der schließlich nach erbitterten Kämpfen am 2. Mai 1945 zum politisch erwünschten Erfolg führte: zur Einnahme der zerstörten Hauptstadt des „Dritten Reiches" durch Truppen der Roten Armee.[42]

Es ist unumstritten, daß Stalin mit dieser Eroberung vor der Weltöffentlichkeit nicht nur „den Ruhm des Sieges" beanspruchte, sondern auch Hoffnungen auf politische und psychologische Vorteile im „Spiel um Deutschland" verband.[43] Dabei kam es ihm anscheinend aber weniger darauf an, „in das Gehirn eines jeden Deutschen die Tatsache einzuprägen, daß Berlin sich nicht freiwillig den westlichen Alliierten ergeben hatte, sondern daß es von den Russen in blutigen Kämpfen erobert wurde".[44] Vielmehr war die Einnahme der deutschen Hauptstadt deshalb „eines der wichtigsten Ziele der letzten Etappe des Krieges in Europa"[45], weil aus Moskauer Sicht mit der Berliner Operation „die wichtigsten militärischen und politischen Fragen" entschieden wurden, „von denen die Struktur Deutschlands nach dem Krieg und die politische Stellung dieses Landes innerhalb Europas großenteils abhingen".[46] Nur die Sowjetunion und ihre Streitkräfte seien nämlich in der Lage gewesen, so erinnert sich Generalleutnant K. F. Telegin, ein Mitglied des Kriegsrates der 1. Belorussischen Front, an entsprechende Überlegungen bei Kriegsende, „die Hitler'sche Kriegsmaschine konsequent und endgültig zu zerschlagen, den faschistischen Staatsapparat zu zerstören, die Kriegsverbrecher zu bestrafen und jene Basis zu liquidieren, auf der von neuem der Geist des deutschen Militarismus und Chauvinismus entstehen" könnte. Um diese Ziele und die damit verbundenen Voraussetzungen für eine langfristige Neugestaltung Deutschlands im Sinne des sowjetischen gesellschaftlichen Systems zu erreichen, war aus Moskauer Sicht die Beherrschung [ovladenie] Berlins offenbar „eine unerläßliche und wichtige Voraussetzung"[47], denn Berlin galt als „Deutschland im Kleinen".[48]

3. Die Sicherung politischer Schlüsselpositionen auf örtlicher Ebene

Die Absicht Stalins, durch die Eroberung Berlins eine Vorentscheidung über die deutsche Nachkriegsordnung herbeizuführen, mußte noch nicht bedeuten, daß er auch entschlossen gewesen wäre, die von den Moskauer Emigranten der KPD in enger Zusammenarbeit mit sowjetischen Dienststellen Anfang des Jahres 1944 in Gang gesetzte Deutschlandplanung schon ein reichliches Jahr später in konkrete Deutschlandpolitik umsetzen zu lassen. Es war nicht die hemmende Bindung an die Vereinbarungen der Anti-Hitler-Koalition allein, die Stalin in der Endphase des Krieges in Europa von der sofortigen Verfolgung weiterreichender Ziele in Deutschland abhielt. Wie aus öffentlichen Stellungnahmen führender deutscher „Politemigranten" zur Krim-Konferenz ersichtlich ist, spielte in den Moskauer Kalkulationen seinerzeit auch das Verhalten des deutschen Volkes in der Auseinandersetzung mit der „Hitler-Barbarei" eine maßgebliche Rolle. Im Hinblick darauf schrieb Anton Ackermann in der April-Ausgabe einer führenden literarischen Zeitschrift der deutschen Emigration[1] offen von einer „nationalen Tragödie", weil das deutsche Volk „zu seinem eigenen Verhängnis noch immer auf der falschen Seite" stehe und sich „im Dienste finsterster Barbarei" selbst zerfleische. Bei vorurteils- und illusionsloser Prüfung müsse man sich wohl eingestehen, so kritisierte der Moskauer Emigrant nicht ohne Verbitterung die Haltung seiner Landsleute „in diesem welthistorischen Ringen", „daß es noch viel, viel schlimmer gekommen ist, als wir es in Stunden trübster Stimmung jemals befürchteten".

Ackermann wollte nicht verkennen, „daß jeder Schritt des Kampfes gegen die Hitler-Barbarei in Deutschland schwer, unsagbar schwer war und ist". Wer selbst „auf illegalem Kampfposten" gestanden habe, so räumte er ein, der wisse ein Lied davon zu singen. Dennoch gab er zu bedenken, daß „der verhängnisvolle Kampf für Hitler" seit langem schon viel schwerer und opferreicher sei „als der Kampf gegen die Gestapo und SS". Als „ein Mensch mit normalem Verstand" konnte er einfach nicht begreifen, „daß sich Millionen Menschen für die Sache ihrer schlimmsten Feinde in die sinnlose Vernichtung treiben lassen, gehorsam in den Tod gehen, aber nicht den Mut aufbringen, gegen diese Feinde um ihr Leben zu kämpfen". Der Terror Himmlers sei gewiß hart und erkläre vieles, aber eben nicht alles, denn gegen den Willen eines ganzen Volkes helfe schließlich auch kein Terror. Wenn Himmler heute also immer noch über Deutschland triumphieren könne, dann mußte für die Führungsspitze der KPD und ihre sowjetischen Partner die resignierende Schlußfolgerung lauten, „daß dieser Wille beim deutschen Volk als Ganzes noch immer fehlt".[2] Aus dieser Feststellung ergab sich für die Moskauer Deutschlandpolitik zwingend, unter der Voraussetzung betrieben werden zu müssen, daß sich das deutsche Volk „an den Verbrechen Hitler-Deutschlands mitschuldig gemacht" hatte.[3]

Für die kommunistische deutsche Emigration in der Sowjetunion dürfte es zu den größten Enttäuschungen ihrer an Fehlschlägen nicht armen Existenz gehört haben, im Frühjahr 1945 aus der Ferne zusehen zu müssen, wie das Ringen um Garantien gegen eine neue deutsche Aggression „nicht nur ohne, sondern im harten Kampf gegen das deutsche Volk" erfolgte. Das bisher in Moskau stets geläufige Argument, das deutsche Volk sei nichts Einheitliches und in seiner Gesamtheit nicht nazistisch, zählte nun nicht mehr: Alle die auf dem Schafott und am Galgen gestorbenen Freiheitskämpfer deutscher Nationalität, die in SA- und Gestapo-Kellern heimlich ermordeten Anti-Nazisten, alle seit 1933 eingesperrten Hitler-Gegner, die kleinen Gruppen tapferer illegaler Kämpfer und „die heimlichen Saboteure an der Kriegsmaschine Hitlers", so mußte sich Ackermann eingestehen, wurden von einem einzigen Maidanek tausendfach aufgewogen. „Im Verhältnis", so lautete seine negative

Bilanz des deutschen Volkes im Kampf gegen Hitler kurz vor Ende des Krieges, „sind es Tropfen von Blutes, die von Deutschen im Kampfe gegen Hitler vergossen wurden, gegenüber einem Meer von Blut, das durch Hitler-Deutsche vergossen worden ist."[4] Das bedeutete nach Jalta für alle Gestalter der sowjetischen Deutschlandpolitik nicht mehr und nicht weniger, als alle Hoffnungen auf einen Volksaufstand oder auf einen Staatsstreich gegen das nationalsozialistische Regime zu begraben. Man war in Moskau zu dem Eingeständnis gezwungen, daß die Ablösung des Hitlerregimes allein „auf dem Wege der militärischen Zerschlagung des faschistischen deutschen Imperialismus" erfolgen konnte[5] und sich die Besetzung Deutschlands zusammen mit den beiden anderen Mächten der Anti-Hitler-Koalition gleichsam „als logische Konsequenz" ergab.[6]

Beide Faktoren, der Zwang zum Arrangement mit den übrigen Besatzungsmächten und die Gewißheit über das Ausbleiben eines innerdeutschen Aufstandes, lösten kurzfristig eine Modifikation in der taktischen Zielsetzung der Sowjetunion für die Anfangsphase ihrer Besatzungspolitik in Deutschland aus. Während im Falle eines Volksaufstandes offensichtlich davon ausgegangen worden war, daß dieser gewaltsame Umsturz „einer revolutionär-demokratischen Volksmacht (neue demokratische Republik)" die Schlüsselstellungen von Staat und Gesellschaft in Deutschland gesichert hätte, komplizierte die Zerschlagung des „Dritten Reiches" durch Truppen der Anti-Hitler-Koalition die Lage beträchtlich.[7] Insbesondere wurde der Spielraum für deutsche politische Kräfte so eingeschränkt, daß sich Wilhelm Pieck Anfang März 1945 zu dem taktischen Zugeständnis gezwungen sah, die bisher einzige programmatische Ausarbeitung für eine politische Betätigung im neuen Deutschland, den Entwuf eines „Aktionsprogramms des Blocks der kämpferischen Demokratie", als „weit überholt" zu bezeichnen.[8] Eine unmittelbare Folge dieser neuen Lagebeurteilung war der vorläufige Verzicht auf die Errichtung einer deutschen politischen Zentralrepräsentanz. Die eingeschränkte Gültigkeit des „Aktionsprogramms" der KPD bewirkte auch, daß die Bildung eines „Blocks der kämpferischen Demokratie", der in Moskau ausgeklügelten unerläßlichen Vorbedingung für die Teilnahme deutscher politischer Gruppen am demokratischen Neuaufbau, auf einen späteren Zeitpunkt verschoben werden mußte und somit an eine sofortige Wieder- oder Neugründung politischer Parteien in Deutschland nicht zu denken war.[9] Um so größeres Gewicht erhielt aus Moskauer Sicht der rasche Aufbau zuverlässiger örtlicher deutscher Verwaltungen unmittelbar nach dem Einmarsch der alliierten Truppen. Unter „Ausnutzung der tiefen Krise des deutschen Imperialismus" und durch die „Schaffung einer breiten antifaschistischen Volksfront" mit einer „einheitlich handelnden Arbeiterklasse" mußte es möglich sein, so wurde offenbar kalkuliert, „mit friedlichen Mitteln den entscheidenden Einfluß der Arbeiterpartei und anderer Antifaschisten auf die politischen und wirtschaftlichen Schlüsselpositionen zu sichern".[10]

Um sich der neuen Sachlage anzupassen, kam das Moskauer Politbüro der KPD mit den verantwortlichen sowjetischen Partei- und Regierungsstellen überein, seine deutschlandpolitische Aktivität bei Kriegsende vorerst auf zwei Schwerpunkte zu konzentrieren: Zum einen wurde daran festgehalten, das im Grundsätzlichen auch von Pieck nicht angezweifelte „Aktionsprogramm" weiter zu präzisieren und zu konkretisieren; zum anderen aber sollte unter Berücksichtigung der Tatsache, daß sich die Bedingungen für eine sofortige Verwirklichung des im Oktober 1944 konzipierten 14-Punkte-Sofortprogramms der deutschen Kommunisten aus den oben dargelegten Gründen verschlechtert hatten, erst einmal „eine Anleitung für die antifaschistischen Maßnahmen in den ersten Wochen der demokratischen Umwälzung" gegeben werden. Den Verantwortlichen kam es dabei darauf an, so formuliert es der Ostberliner Historiker Horst Laschitza aus seiner intimen Kenntnis der bisher unveröffentlichten Aufzeichnungen des kommunistischen Parteivorsitzenden Wilhelm Pieck, „Richtlinien für die Verwirklichung einiger vorrangiger Programmpunkte und für einige hinführende, einleitende Maßnahmen zur schließlichen Erfüllung des gesamten Sofortprogramms zu entwerfen".[11] Unter den Problemen des Kampfes für ein neues Deutschland, so kennzeichnete Pieck selbst die veränderte Zielsetzung, stehe zunächst „der Kampf für die ... Vernichtung und Ausrottung des Nazismus und Militarismus" an der Spitze.[12] In der Praxis bedeutete das, daß sich die sowjetische Besatzungspolitik unter Hervorhebung der besonderen Aktualität der Punkte 1 und 2 des Sofortprogramms auf bestimmte Schwerpunkte konzentrierte, „vor allem auf die Verhaftung der Nazi- und Kriegsverbrecher, auf die Entfernung der Nazis aus allen Ämtern und Funktionen, auf die Rettung des Lebens der Bevölkerung, auf die Mobilisierung des Volkes, besonders der Arbeiterklasse, zur Arbeit und zur Herstellung der Ordnung und auf die Entwicklung demokratischer Machtverhältnisse in den Städten, Dörfern und Kreisen".[13]

Auf Grund der veränderten Bedingungen wurde Anfang Februar 1945 unter dem Vorsitz von Walter Ulbricht eine aus Mitgliedern der Moskauer Parteiführung der KPD zusammengesetzte Kommission geschaffen, die „in kürzester Zeit" und „unter Berücksichtigung der neuen Lage spezielle Arbeitsrichtlinien für die Tätigkeit der deutschen Kommunisten und Antifaschisten auf den verschiedensten Gebieten des gesellschaftlichen Lebens beim demokratischen Neuaufbau Deutschlands ausarbeiten sollte".[14] Noch im Februar wurde für diese Kommission eine Anzahl von „Ausarbeitungen programmatischen Charakters"[15] fertiggestellt, darunter

— ein vom 15. Februar datierter Entwurf für den Plan einer demokratischen Tageszeitung von Rudolf Herrnstadt;
— ein vom 18. Februar datierter und von „einem Kollektiv führender Genossen" ausgearbeiteter „Vorschlag für die nächsten Maßnahmen der deutschen Kommunisten";
— ein Vorschlag von Anton Ackermann zur Einrichtung deutschsprachiger Sendungen auf den Sendestationen der Roten Armee in den besetzten Gebieten;
— eine Ausarbeitung über „Einige Ratschläge für städtische Finanzangelegenheiten" von Paul Schwenk;
— die von Paul Schwenk und Paul Wandel vorgelegten, vom 18. Februar datierten Richtlinien für die Tätigkeit der lokalen Volksausschüsse auf dem Gebiete der Wirtschaft;
— die von Edwin Hoernle „und anderen führenden Genossen" am 28. Februar eingebrachten „Ratschläge für die Arbeit auf dem Lande" sowie
— die von Friedrich Wolf nach Rücksprache mit Hans Rodenberg und Heinrich Greif ausgearbeiteten „Vorschläge für den Film" gleichen Datums.[16]

Besonders hervorgehoben zu werden verdienen in diesem Zusammenhang die Ausarbeitungen Heinz Willmanns über „Sofortmaßnahmen auf dem Gebiet der ideologischen Aufklärung" vom 11. Februar[17] und die Anweisungen Walter Ulbrichts über Anfangsmaßnahmen zur Bildung einer KPD-Aufbauorganisation vom

15. Februar 1945.[18] Willmann, ein enger Mitarbeiter von Johannes R. Becher[19], legte seinem Katalog von unmittelbar nach dem Einmarsch der Roten Armee zu ergreifenden Sofortmaßnahmen eine Reihe von Forderungen zugrunde, wie sie Anfang Februar 1945 vom Sprecher der sowjetischen Delegation auf dem Internationalen Gewerkschaftskongreß in London erhoben worden waren: „Umbau des gesamten Schulwesens und der Erziehung der heranwachsenden Generation, gründliche Durchsicht der gesamten Lehrpläne und Lehrbücher, Entfernung aller Lehrkräfte, die Anhänger des faschistischen Systems sind, Entfernung der gesamten faschistischen Literatur, Kontrolle der Verbündeten über die deutschen Theater, den Film, den Rundfunk und die Presse, Organisierung einer antifaschistischen Propaganda für Frieden, Demokratie, Gleichheit der Rassen und der religiösen Bekenntnisse mit dem Ziel der ideologischen Vernichtung des Faschismus."[20] Ausdrücklich zur Unterstützung und Verwirklichung dieser Forderungen entwarf Willmann ein 11-Punkte-Programm[21], das die folgenden Maßnahmen vorsah:

1. die sofortige Herausgabe „grundlegender theoretischer Schriften gegen die faschistische Ideologie" und für die nach Meinung Willmanns von der sowjetischen Delegation auf dem Londoner Gewerkschaftskongreß angedeuteten „demokratischen Grundideen";

2. die Vorbereitung einer Anzahl von Filmen für die deutsche Bevölkerung, wobei an „die deutsche Tonierung" sowjetischer Filme, aber auch an die Herstellung neuer Filme gedacht war, die im wesentlichen durch Montage unter Verwendung deutscher Streifen hergestellt werden sollten („Es gibt viele Goebbelsfilme, die sich durch Montage so verändern lassen, daß damit eine antifaschistische Wirkung erzielt wird.");

3. umgehende Vorbereitungen für die Herausgabe neuer Lehrbücher und für die Ausarbeitung von Lehrplänen für Schulen und Hochschulen unter Verwendung von entsprechendem Lehrmaterial aus dem Schulwesen der Sowjetunion und unter deutlicher Abgrenzung von Lehrbüchern und Lehrplänen aus der Hitlerzeit;

4. die Gewinnung einer Übersicht über alle Personen, „die in ihrem Arbeitsgebiet auf kulturellem Gebiet tätig waren oder tätig sein könnten und die geeignet sind, die antifaschistische Aufklärungsarbeit in Wort und Schrift zu unterstützen oder zu führen", um einerseits zu verhindern, „daß sie zu geistigen Führern einer faschistischen Wühlarbeit werden", und andererseits zu erreichen, „daß die für die antifaschistische Aufklärungsarbeit und die Umerziehungstätigkeit geeigneten und nötigen Personen von der Besatzungsbehörde für diese Arbeit freigestellt und nicht zu weniger wichtigen Arbeiten verwandt werden";

5. die Gewinnung einer Übersicht über die Hilfs- und Lehrmittel, Druckmaschinen, Filmapparate usw., „die für die Führung einer antifaschistischen Aufklärungs- und Umerziehungsarbeit notwendig sind", wobei Willmann von der Überzeugung ausging, daß die Besatzungsbehörden natürlich das Bestreben haben würden, „möglichst viele solcher Einrichtungen als Wiedergutmachung für die von den Hitlerbanden angerichteten Schäden wegzuführen", jedoch jene Hilfsmittel belassen würden, „deren Notwendigkeit an Ort und Stelle für die in beiderseitigem Interesse liegende Umerziehungsarbeit nachgewiesen wird";

6. die Herausgabe von aufklärenden Schriften und Zeitungen, wobei unter Hinweis auf den absehbaren Papiermangel in Deutschland ausdrücklich auf „das in

der Sowjetunion übliche öffentliche Anschlagen von Zeitungen und Druckschriften" verwiesen wurde;

7. umgehende Überlegungen, welcher Ersatz für den Rundfunk als Aufklärungs- und Propagandamittel gefunden werden könnte, weil nach Ansicht Willmanns davon auszugehen war, daß die Besatzungsbehörden alle Rundfunkempfänger einziehen würden. Willmann nannte die Lautsprecherpropaganda nur einen Notbehelf und gab zu bedenken, ob das Telefonnetz ausgenutzt werden könnte und welche Möglichkeit gegeben sei, „schnellstens Netzanlagen zu schaffen, wie sie in der Sowjetunion üblich sind";

8. die Aufnahme des Schulunterrichts, wobei davon ausgegangen wurde, daß der Unterricht selbst wohl erst mehrere Monate nach Beseitigung der Hitlerherrschaft aufgenommen werden, mit „der Zusammenfassung der Jugend" (bei leichten Aufräumungsarbeiten, bei der Instandsetzung der Schulgebäude und bei der angestrebten regelmäßigen Schulspeisung) jedoch sofort begonnen werden könne;

9. die Bildung von Kleinkunsttheatern und Agitpropgruppen („Hier kann mit geringen Kräften ein großer Erfolg erzielt werden.");

10. der sofortige Beginn der Kultur- und Aufklärungsarbeit in den Betrieben „mit der Herausgabe von Betriebs- und Wandzeitungen, mit aufklärenden Vorträgen und Aussprache-Abenden", wobei Willmann keinen Zweifel daran ließ, daß in den Betrieben wie in den zu bildenden Gewerkschaften („Sie werden wohl die ersten Organisationen sein, deren Gründung von den Besatzungsbehörden zugelassen wird.") „ein Schwerpunkt unserer Arbeit" liegen werde;

11. die Sicherstellung eines gleichmäßigen Vorgehens in der Grundfrage der ideologischen Aufklärungsarbeit, der Entlarvung des „Hitlerfaschismus", trotz aller Unterschiedlichkeit „der Arbeit unserer Obleute ... in den verschiedenen Zonen und in den verschiedenen Gebieten", wobei Willmann dazu riet, sofort „tiefgreifende Propaganda" gegen die Schuldigen an der gegenwärtigen Lage in Deutschland zu entfalten, „und zwar keine abstrakte Propaganda, sondern eine Aufklärungsarbeit, die damit beginnt, ganz konkret nachzuweisen, daß die Nazis Deutschland in den Abgrund geführt haben, daß sie und ihre Hintermänner und alle, die ihnen dienten, die Alleinschuldigen an der Katastrophe sind". Man müsse sich in persönlichen Gesprächen, durch Einsichtnahme in Akten und Dokumente eine genaue Übersicht über die Tätigkeit „der örtlichen Repräsentanten des Systems" verschaffen, müsse „ihre Korruption, ihren Zynismus, ihre Volksfeindlichkeit, ihre Barbarei" beweisen, müsse Leute auftreten lassen, die am Ort bekannt sind, müsse Dokumente veröffentlichen und so „eine richtiggehende Stimmung gegen die ,Hoheitsträger' und ihre Hintermänner" schaffen. Nur so werde „der Irredenta der Boden für eine illegale Arbeit" entzogen: „Es muß so weit kommen, daß sich keiner der Nazifunktionäre überhaupt blicken lassen kann, ohne zur Rede gestellt und zur Rechenschaft gezogen zu werden."

Während Willmanns Anweisungen für die erste Phase der „antifaschistisch-demokratischen Umwälzung" in Deutschland auf die „Entfesselung eines Volksgewitters" abzielte, das nach seiner Darstellung „die Atmosphäre reinigen und die Voraussetzungen für eine Aufbautätigkeit und eine Erziehung zur Demokratie" schaffen sollte, unterstrich Ulbricht mit seinem „Entwurf zu Anweisungen für die

Anfangsmaßnahmen zum Aufbau der Parteiorganisation" die auch unter den veränderten Umständen ungebrochene Absicht der Moskauer Parteiführung der KPD, „von vornherein den Vorteil zu nutzen, daß sich unter den Besatzungsmächten die sozialistische UdSSR befand".[22] Wenn schon an eine sofortige Neugründung der Partei unmittelbar nach der Besetzung deutschen Gebietes durch die Rote Armee nicht zu denken war, so sollte durch die Bildung zeitweiliger Bezirkskommissionen „zur Leitung des Aufbaus der Parteiorganisation" offenbar wenigstens ein Organisationsvorsprung vor anderen Parteien sichergestellt werden.[23] Diesen von der Moskauer Parteileitung eingesetzten Kommissionen oblag es, „die vorläufige Parteileitung in jedem Ort" zu bestätigen, „in den Betrieben, Häuserblocks sowie in den neu geschaffenen Verwaltungs- und Wirtschaftsorganen" Parteigruppen zu bilden, vor allem jedoch „alle Kommunisten und Antifaschisten, die für eine Mitgliedschaft in der KPD in Frage kommen", nach bestimmten Richtlinien zu überprüfen.[24] Trotz eines deutlichen Hinweises von Ulbricht auf die große Verantwortung dieser Bezirkskommissionen „für die Stärkung und innere Festigkeit der Partei" ließen seine Anweisungen erkennen, daß die neue KPD in Moskau als Massenpartei konzipiert worden war: So sollten die Kommissionen dafür sorgen, „daß möglichst viele antifaschistische ehrliche Arbeiter aus den Betrieben, die mit den Massen verbunden sind", in die Partei aufgenommen werden, aber auch solche Ingenieure, Lehrer und andere Intellektuelle, „die vom Faschismus gemaßregelt wurden und sich standhaft gegenüber dem Nazismus verhielten". Auch Katholiken, „die sich in der antifaschistischen Arbeit bewährt haben", sollte künftig der Eintritt in die KPD möglich sein, wie überhaupt Fragen, „die die Religion oder innere Verhältnisse der Kirche betreffen", bei der Aufnahme in die Partei nicht gestellt werden dürften. Eine gewisse Abgrenzung war nur gegenüber der Sozialdemokratie erkennbar: Der Hinweis, daß neben Gewerkschaftsfunktionären nur solche früheren sozialdemokratischen Funktionäre in die Kommunistische Partei aufzunehmen seien, „die mit der Sozialdemokratie gebrochen und sich in der antifaschistischen Arbeit bewährt haben", läßt erkennen, daß im Moskauer Politbüro der KPD im Frühjahr 1945 kaum an eine enge Zusammenarbeit zwischen den beiden Arbeiterparteien gedacht war.[25]

Alle diese Vorschläge und Entwürfe, zu denen bis Anfang April 1945 noch der von „einem Kollektiv von Genossen" vorgelegte und vom 15. März datierte Entwurf eines Lehrplanes zur Schulung antifaschistischer Volksschullehrer[26], ein von Edwin Hoernle am 26. März eingebrachter „Entwurf zu Richtlinien für den Geschichtsunterricht in Deutschland"[27] sowie ein von „einem Kollektiv von Genossen" entworfener Themenplan „für antifaschistische Kurse im besetzten Gebiet" vom 5. April[28] hinzukamen, wurden in dieser Form nicht direkt zu Beschlüssen der Moskauer Parteileitung.[29] Sie bildeten jedoch die Arbeitsgrundlage für die erwähnte Kommission Ulbrichts, die seit Anfang Februar 1945 an „Direktiven für die antifaschistisch-demokratische Umgestaltung"[30] in Deutschland arbeitete, und schlugen sich schließlich in den am 5. April 1945 vom Politbüro der KPD gebilligten „Richtlinien für die Arbeit der deutschen Antifaschisten in dem von der Roten Armee besetzten deutschen Gebiet" nieder.[31] Sie sollten der Anleitung „für die antifaschistische Arbeit" in den ersten Wochen nach der Besetzung Deutschlands dienen und waren darauf angelegt, eine möglichst unverfängliche „Einheit der fortschrittlichen Kräfte aus allen werktätigen Schichten, der Kommunisten, Sozial-

demokraten, bürgerlichen Demokraten und Christen auf neuer antifaschistischer Grundlage zu schaffen".[32] Ihr oberster Grundsatz war das Einvernehmen mit den sowjetischen Besatzungsbehörden: Die auf dem besetzten deutschen Gebiet tätigen Antifaschisten sollten, so hieß es gleich zu Beginn der Anweisungen, durch ihre Arbeit unter der Bevölkerung dafür sorgen, „daß die Befehle und Anweisungen der Besatzungsbehörde als im Interesse des deutschen Volkes liegend unbedingt durchgeführt werden". Daneben wurden als Hauptaufgaben im allgemeinen genannt:
— die Herstellung der Ordnung,
— die Schaffung „der Bedingungen des täglichen Lebens der Bevölkerung",
— die Unterstützung der Roten Armee bei der Liquidierung „der nazistischen Terror- und Provokationsnester",
— die Organisierung des Kampfes „für die politisch-moralische Ausrottung des Nazismus [und] Militarismus aus dem Leben des deutschen Volkes".[33]

Diesen allgemeinen Rahmen ergänzten spezielle Anweisungen, die sich auf die folgenden Bereiche konzentrierten:

— die Teilnahme an Propagandaaktionen zur Beendigung des Krieges
Da die Richtlinien offensichtlich unter der Voraussetzung konzipiert worden waren, daß die Kampfhandlungen auf deutschem Boden noch nicht beendet sein würden, erhielt die „Propaganda nach dem hitlerdeutschen Gebiet für Waffenstreckung und Vernichtung des Nazismus" einen hohen Stellenwert im Katalog der Tätigkeit der deutschen „Antifaschisten". Als Waffen für diese Art von psychologischer Kriegführung wurden in den „Richtlinien" die Zeitung „Deutsche Volkszeitung", Radiosendungen und Flugblätter genannt. Darin sollten sich „namhafte Vertreter von Stadtverwaltungen" und „Vertreter verschiedener Kreise der Bevölkerung (Bergarbeiter Waldenburg, Textilarbeiter Langenbielau, Bauern Liegnitz)" an die Bevölkerung „des hitlerdeutschen Gebietes" wenden. Darüber hinaus wurden die deutschen „Antifaschisten" aufgefordert, die Rote Armee „bei der Entsendung von deutschen Soldaten und Zivilisten in das Kampfgebiet der Hitlertruppen" zu unterstützen.[34]

— die Aufgaben von zentraler Bedeutung
Hinter der vagen Formulierung von den „Aufgaben für das gesamte von der Roten Armee besetzte Gebiet" verbarg sich die Absicht, ein System überregionaler Kommunikationsmittel aufzubauen. Im einzelnen war an die Herausgabe einer „antifaschistischen" deutschen Zeitung unter dem Namen „Deutsche Volkszeitung", an die Organisation einer deutschsprachigen „antifaschistischen" Rundfunksendung und an die Herausgabe „von antifaschistischer und fortschrittlicher Literatur" gedacht.[35]
Zweifellos von zentraler Bedeutung war die Gründung einer deutschen Zeitung. In Moskau hatte man sich vorgestellt, die „Deutsche Volkszeitung" als Publikationsorgan der Stadt- und Ortsverwaltungen des besetzten Gebietes erscheinen und in einer der größeren Städte — gedacht war zunächst an Dresden oder Cottbus — herstellen zu lassen. Das Blatt sollte vorerst dreimal wöchentlich, später täglich im Umfang von 4—6 Seiten herauskommen. Seine inhaltliche Gestaltung wurde vom Verlauf der Kampfhandlungen abhängig gemacht: Solange der Krieg andauere, so lautete die Anweisung, müsse der Inhalt der Zeitung „vorwiegend auf die Beein-

flussung der Hitlerarmee und der Bevölkerung im Hitlergebiet orientiert sein". Schilderungen vom Leben in den besetzten Städten werde, so hoffte man, die Kapitulationsstimmung unter den deutschen Truppen fördern.[36] Im übrigen entsprach die geplante Zeitung ganz den leninistischen Prinzipien von der Funktion der Presse: Sie spielte die Rollen eines „kollektiven Organisators, Agitators und Propagandisten".[37] Noch während der Endkämpfe und vor allem natürlich nach der Kapitulation und der vollständigen Besetzung des deutschen Territoriums sollte das Blatt gewisse organisatorische Funktionen erfüllen und die Bevölkerung des besetzten deutschen Gebietes „zur Initiative für die Überwindung der Not... im Sinne der Herstellung der Ordnung, Sicherung einer notdürftigen Ernährung, Unterbringung der Wohnungslosen, Ingangsetzung der städtischen Versorgungsbetriebe und eines Notverkehrs" mobilisieren. Im Mittelpunkt seiner Aufgaben stand freilich nach dem Willen der Moskauer Initiatoren zweifellos die erzieherische Funktion, sozusagen seine Rolle als „kollektiver Agitator und Propagandist". Im einzelnen sollte es

— die Bevölkerung überzeugen, daß die Maßnahmen des jeweiligen Ortskommandanten der Roten Armee und der Gemeindeverwaltungen den Interessen der Bevölkerung entsprechen,

— der Bevölkerung die Ursache der Katastrophe, den „Kriegszustand" Deutschlands, die Verbrechen des Nazisystems und die Mitverantwortung des deutschen Volkes erklären,

— die Massen „zum Haß gegen Nazismus, Militarismus und Reaktion" erziehen sowie zur Mithilfe bei der organisatorischen, politischen und moralischen Vernichtung des Nazismus und Militarismus,

— die Bevölkerung überzeugen, daß die Vernichtung des Nazismus im Lebensinteresse des deutschen Volkes ist „und deshalb alle aufrichtigen Deutschen mithelfen müssen bei der Aufspürung und Vernichtung von Kriegsverbrechern, faschistischen Terroristen, Provokateuren und Saboteuren",

— die Bevölkerung im Geiste friedlicher Zusammenarbeit und Freundschaft der Völker, „besonders mit der Sowjetunion", erziehen,

— durch grundsätzliche Aufsätze „die allgemeine antifaschistische Umerziehung" fördern, besonders die Aufklärung „über das Wesen des deutschen Imperialismus, des preußischen Militarismus und des Rassismus".[38]

Auf der Grundlage der für die Zeitung angeführten Richtlinien sollte auch der geplante Rundfunksender arbeiten. Weil es angesichts der zu erwartenden Zerstörungen in Deutschland auf diesem Teilgebiet möglicherweise technische Probleme zu lösen gab, war von vornherein vorgesehen, zunächst eine fahrbare Sendestation der Roten Armee zu verwenden, bis eine brauchbare deutsche Station zur Verfügung stand. Außerdem wurde vorgeschlagen, mit Hilfe der Ortskommandanten „in den Hauptzentren der Stadt und in den Betrieben" Lautsprecher zu installieren, um „der Bevölkerung das Abhören der Sendungen zu ermöglichen".[39]

Die Anweisung für die Herausgabe „antifaschistischer und fortschrittlicher Literatur" für Bibliotheken und Volkslesehallen, von Lehrmaterial für Kurse und Schulen sowie von Massenliteratur für den Vertrieb unter der Bevölkerung legte vor allem die Verantwortlichkeit für den Druck der jeweiligen Publikationen fest. Danach zeichnete für die Herausgabe marxistisch-leninistischer Literatur der „Verlag für ausländische Literatur" in Moskau verantwortlich. Für „deutsche antifaschistische Literatur, die von den Interessen des Volkes ausgeht" und „in namhaften deutschen Verlagen" erscheinen sollte, für die Edition der Werke antifaschistischer deutscher Schriftsteller sowie für die Herausgabe von Material für antifaschistische Schulungskurse und Schulen, die als Manuskripte gedruckt werden sollten, trug die Führungsgruppe der im besetzten Gebiet tätigen deutschen Kommunisten die Verantwortung. Inhaltliche Aussagen erfolgten nur zum Begriff der „deutschen antifaschistischen Literatur": „Diese Literatur", so hieß es in den „Richtlinien", „behandelt die Kriegsschuld Deutschlands, die Kriegsverbrechen, die Zerschlagung der Naziideologie, die geschichtlichen Lehren für das deutsche Volk und die gegenwärtigen Aufgaben."[40]

— die Schaffung von Verwaltungsorganen in den Städten und Dörfern des besetzten Gebietes

Da von sowjetischer Seite die Bildung einer zentralen politischen Repräsentanz des deutschen Volkes vorerst nicht vorgesehen war, blieben die „Richtlinien" im Verwaltungsbereich auf Anweisungen für die Schaffung von Organen auf kommunaler Ebene beschränkt. Auch hier wurde der Vorrang der Besatzungsbehörde gewahrt: Als Voraussetzung jeglicher Initiative galt die Ernennung eines Bürgermeisters durch den Ortskommandanten der Roten Armee. Erst danach war an die Bildung einer Gemeindeverwaltung „aus fünf bis sieben Antifaschisten" gedacht, die je nach Größe der Kommune folgenden Abteilungen vorstehen sollten:

1. Ernährung;
2. Wohnung;
3. städtische Betriebe (Gas, Wasser, Elektrizität, Transport);
4. Gewerbe, Handwerk, Handel;
5. Gesundheitswesen und Fürsorge für Kinder, Invaliden und Schwerkriegsbeschädigte;
6. Volksbildung (Kurse, Bibliotheken, Schulen, Film);
7. Finanzen.[41]

Die Gemeindeverwaltung sollte sich nach den Vorstellungen der Moskauer Deutschlandplaner „in den Betrieben auf Betriebsvertrauensleute (später Betriebsräte) und in den Wohngebieten auf Block- und Straßenvertrauensleute" stützen. Sitzungen der Verwaltungsorgane mit diesen Vertrauensleuten und auch Einwohnerversammlungen, die jeweils „im Einvernehmen mit der Besatzungsbehörde" einberufen werden konnten, waren vorgesehen. Als Funktionäre für die Gemeindeverwaltung sollten „Antifaschisten" herangezogen werden, „die schon vor 1933 antifaschistischen Organisationen angehört haben und während der Hitlerherrschaft standhaft geblieben sind". Man verstand in Moskau darunter einerseits „Werktätige, die während des Hitlerregimes am Kampf gegen die Naziherrschaft und gegen den Hitlerkrieg teilgenommen haben", und andererseits „verantwortungsbewußte, entwicklungsfähige Kräfte aus den Reihen der Intelligenz, die nicht der Nazipartei oder Hitlerjugend angehört haben". In letzterem Falle zeigte man sich kompromißbereit und wollte prüfen, wer von den Intellektuellen, Ingenieuren, Ärzten und Lehrern herangezogen werden könne, „die zwar in den letzten Jahren der Nazipartei beigetreten waren, aber keine aktive Tätigkeit ausgeübt haben". Als verantwortlich für diese besondere Prüfung wie für die allgemeine Personalpolitik wurde das „Personalamt" bezeichnet, dessen Bedeutung hervorgehoben zu werden verdient. Dieses Amt arbeitete unabhängig von der jeweiligen Gemeindeverwaltung, zeichnete jedoch für „die Auswahl und Registrierung der Funktionäre" verantwortlich und war dadurch imstande, den in den Moskauer Führungsgremien jeweils für erforderlich gehaltenen Grad von „Antifaschismus" und „Demokratie" in der sowjetischen Besatzungszone zu regulieren und zu kontrollieren. In den „Richtlinien" wurde die eminente Bedeutung dieser Institution durch die strikte Anweisung unterstrichen, daß die Leitung dieses Amtes in der Regel nur einem Genossen anzuvertrauen sei, „der in den letzten Jahren außerhalb Deutschlands als antifaschistischer Funktionär gearbeitet hat".[42]

– die Aufgaben in den Landgemeinden
Der besondere Hinweis auf die Aufgaben der kommunistischen Funktionäre in den Landgemeinden erklärt sich weniger aus der Notwendigkeit, besondere Ratschläge für die Bildung von Landgemeindeverwaltungen erteilen zu müssen. Auch dort sollte, wie in den städtischen Verwaltungen, ein Gemeindevorsteher und ein Stellvertreter bestimmt sowie eine der Größe des Dorfes entsprechende Gemeindeverwaltung geschaffen werden. Hingegen war die Sicherung einer möglichst umfassenden Frühjahrsbestellung und die Erhaltung des noch vorhandenen Viehbestandes von ausschlaggebender Bedeutung, wenn wenigstens die notdürftige Ernährung der Bevölkerung gewährleistet werden solle.[43]
Mit den „Richtlinien" war von der Sowjetunion für die erste Phase ihrer Politik in Deutschland unmittelbar nach der Besetzung deutschen Territoriums durch Truppen der Roten Armee eine klare Position bezogen: Ungeachtet der absoluten Verwaltungsmacht, die auf dem besetzten Gebiet vom Militärkommando durch die Militärkommandanten ausgeübt werde sollte[44], war der Einsatz deutscher Kommunisten und sogenannter Antifaschisten in beschränktem Umfang vorgesehen. Unter der Parole von der „antifaschistisch-demokratischen Umgestaltung" war ihre Tätigkeit in erster Linie darauf angelegt, die sowjetischen Streitkräfte bei der raschen Beendigung der Kampfhandlungen, beim Aufbau einer Zivilverwaltung und bei der Sicherstellung der Ernährung zu unterstützen. Das schloß freilich nicht aus, daß unter Hinweis auf die deutschlandpolitischen Beschlüsse der Konferenz von Jalta personell einseitige Entscheidungen getroffen werden konnten, die einer langfristigen Verwirklichung des in Moskau existierenden Plans für eine weiterreichende Revolutionierung Deutschlands Vorschub leisteten. Die Sowjetunion gründete damit auch als Besatzungsmacht ihre Deutschlandpolitik zu einem erheblichen Teil auf zuverlässige deutsche Kader, weil sie offenbar davon überzeugt war, daß nur der unauffällige und gezielte Einsatz deutscher Gewährsmänner die Garantie für „eine demokratische Wiedergeburt des deutschen Volkes" nach den strengen Normen des leninistischen Demokratieverständnisses bieten konnte.[45]

4. Initiativgruppen der KPD als Kontrollorgane
des „antifaschistisch-demokratischen" Neubeginns

Als im April 1945 der Endkampf um Berlin einsetzte, zeigten sich die Moskauer Deutschlandplaner von der Politischen Hauptverwaltung der Roten Armee und der KPD in erster Linie darauf bedacht, daß sich in Deutschland neue politische und gesellschaftliche Strukturen nach dem greifbar nahen Zusammenbruch des „Dritten Reiches" auf keinen Fall spontan entwickelten. Noch während der Kampfhandlungen übten einzelne Beauftragte des ZK der KPD und die Frontbeauftragten des Nationalkomitees „Freies Deutschland"[1] gewisse Kontrollfunktionen aus. Sie unterstützten die sowjetischen Kommandanturen in den besetzten Gebieten bei der Bildung neuer örtlicher Selbstverwaltungen und begannen damit gleichsam, „die Keimzellen für die neue antifaschistisch-demokratische Ordnung ins Leben zu rufen".[2] Unterdessen konnten in Moskau die Voraussetzungen für die „Planung und Vorbereitung des Einsatzes deutscher kommunistischer Funktionäre und anderer bewährter Antifaschisten aus den Reihen der Kriegsgefangenen" abgeschlossen werden.[3] Sowohl in der von Paul Wandel geleiteten Schulungsstätte der KPD in Kušnarenkovo als auch in der unter sowjetischer Aufsicht stehenden zentralen Antifa-Schule in Krasnogorsk waren Kader vorbereitet worden, so daß die Führung der KPD bei Kriegsende auf „eine umfangreiche Liste von Kommunisten und Antifaschisten" zurückgreifen konnte, die auf die Arbeit in Deutschland vorbereitet waren.[4]

Erste konkrete Überlegungen zum Einsatz der deutschen Kommunisten und „Antifaschisten" wurden anhand eines vom Politbüro der KPD ausgearbeiteten Vorschlages „für die nächsten Maßnahmen der deutschen Kommunisten" angestellt, der auf eine Anregung Georgi Dimitrovs zurückging[5] und bereits am 18. Februar 1945, eine Woche nach Beendigung der Konferenz von Jalta, vorlag. Soweit aus dieser Vorlage bisher bekannt geworden ist, ging man in Moskau seinerzeit von der Annahme aus, in den von den Truppen der Roten Armee besetzten Gebieten, vor allem in den Bereichen der 1. Ukrainischen und der 1. Belorussischen Front, Arbeitsgruppen „aus Funktionären der KPD und aus bewährten deutschen Antifaschisten" tätig werden zu lassen. Es war daran gedacht, einige Frontbeauftragte des Nationalkomitees „Freies Deutschland" und eine Reihe von Antifaschülern der Zentralschule 27 in Krasnogorsk bei Moskau und der Antifaschule im Lager 165 bei Gor'kij auszuwählen sowie einhundert „der besten antifaschistischen Kriegsgefangenen aus den Arbeitslagern" zu benennen. Diese sogenannten Antifaschisten sollten bereits zum Zeitpunkt ihrer Auswahl „ein Minimum an antifaschistischer Schulung" besitzen und sich „im ideologischen Kampf und in der Produktionsarbeit bewährt haben". Darüber hinaus empfahl die Politbüro-Vorlage, einhundert „antifaschistisch gesinnte Intellektuelle", insbesondere Lehrer, Ärzte und Ingenieure, aus den Offizierslagern sowie eine Reihe von Geistlichen beider Konfessionen zur Mitarbeit heranzuziehen. Durch den Besuch eines sechswöchigen Kurses in der Nähe von Moskau sollten diese „Antifaschisten" auf ihre Aufgaben in Deutschland vorbereitet werden.[6]

Die Richtlinien vom 5. April 1945 hielten am Prinzip der Zusammensetzung der geplanten Arbeitsgruppen aus kommunistischen Funktionären und sogenannten Antifaschisten aus den Kriegsgefangenenlagern fest. Die Einzelheiten des Einsatzes ließen sich jedoch wenige Wochen vor dem deutschen Zusammenbruch schon konkreter beschreiben: Nunmehr war vorgesehen, „eine führende Gruppe deutscher Kommunisten" zu bilden, die ihre Aufgaben von der Basis beim Stab der auf die deutsche Reichshauptstadt Berlin vorstoßenden 1. Belorussischen Front Marschall Žukovs aus wahrnehmen sollte.[7] Dieser Führungsgruppe oder, wie es in dem Dokument hieß, den „leitenden Genossen" wurden je eine Arbeitsgruppe von drei

Kommunisten für die Gebiete Mecklenburg-Pommern, Berlin-Brandenburg und Sachsen-Halle-Merseburg nachgeordnet, die entsprechend den Operationsbereichen der sowjetischen Heeresgruppen den jeweiligen Frontstäben der 2. Belorussischen, der 1. Belorussischen und der 1. Ukrainischen Front zugeteilt werden sollten. Die vordringlichste Aufgabe dieser „durch eine bestimmte Anzahl Kommunisten und andere Antifaschisten" verstärkten Initiativgruppen bestand darin, durch den schnellen Aufbau von Stadt- und Gemeindeverwaltungen allen spontan entstandenen antifaschistischen Ausschüssen den Boden zu entziehen. „Ein Teil von ihnen", so hieß es in den Richtlinien über den Aufgabenbereich der Initiativgruppenmitglieder, „übernimmt Funktionen in der Stadt für längere Zeit, während andere beauftragt werden, in den kleineren Städten und Gemeinden des betreffenden Kreises bei der Schaffung der Gemeindeverwaltungen zu helfen bzw. zu kontrollieren, ob die geschaffenen Gemeindeverwaltungen aus zuverlässigen Antifaschisten bestehen und wirklich im Sinne der Richtlinien arbeiten."[8] Darüber hinaus kam es darauf an, das Wirtschaftsleben in Gang zu bringen, die KPD auf die Wiederzulassung vorzubereiten und den Aufbau sogenannter freier Gewerkschaften einzuleiten.[9]

Nach der Erinnerung Anton Ackermanns fand etwa Mitte April 1945 eine abschließende Besprechung der Moskauer Parteiführung der KPD mit Georgi Dimitrov über den geplanten Einsatz der Initiativgruppen statt. Im Auftrag der Militärpolitischen Kommission der Roten Armee billigte Dimitrov bei dieser Gelegenheit die Entsendung dieser Gruppen in der vom Parteivorsitzenden Pieck vorgeschlagenen personellen Zusammensetzung und bestätigte damit Gustav Sobottka, Walter Ulbricht und Anton Ackermann als Gruppenleiter. Mit dieser Besprechung, bei der auch „die Richtlinien für die konkreten, praktischen Aufgaben" der drei Initiativgruppen nochmals eingehend erörtert wurden, war „ein Abschnitt der Vorbereitung auf die Arbeit in Deutschland abgeschlossen".[10] Ein anderer endete am 29. April 1945, als dreißig Kriegsgefangene — aus Lagern und unter den Frontbeauftragten des Nationalkomitees „Freies Deutschland" ausgewählt, von Walter Ulbricht über die wichtigsten Aufgaben in Deutschland informiert und neu eingekleidet — im Moskauer Haus des Nationalkomitees ihrem Einsatz entgegenfieberten.[11] Gegen Ende April ist von Eingeweihten der Einsatzbefehl für die erste Gruppe offenbar täglich erwartet worden: „Jeden Morgen um drei", so erinnert sich Karl Maron, damals stellvertretender Chefredakteur des ‚Freien Deutschland', „klingelte der Wecker — vielleicht heute? Dann — das Telefon. ‚Es geht los?' — ‚Nein, heute noch nicht, am ehesten morgen früh.' Wieder waren vierundzwanzig Stunden verloren. So ging es fast eine Woche lang."[12]

In den frühen Morgenstunden des 30. April 1945 war die Geduldsprobe für die Mitglieder der Initiativgruppen zu Ende. Nach einer Abschiedsfeier bei Wilhelm Pieck am Abend zuvor, deren gemütlicher und stimmungsvoller Verlauf von einem Teilnehmer ausdrücklich hervorgehoben wird[13], startete die als „Gruppe Ulbricht" bekanntgewordene Initiativgruppe bei der 1. Belorussischen Front vom Moskauer Flughafen Vnukovo in Richtung Berlin.[14] Von ihrem Leiter Ulbricht wurde offenbar angenommen, daß er als langjähriger Sekretär der Parteiorganisation der KPD Berlin-Brandenburg „mit den Menschen und Verhältnissen" dieser Region besonders gut vertraut war.[15] Im übrigen bestand die Gruppe — außer einem jüngeren Deutschen, der ihr nicht als politisches Mitglied, sondern als technischer Sekretär angehörte, und dem jungen Wolfgang Leonhard — ausschließlich aus erprobten kommunistischen Funktionären: dem humorlosen „Parteibeamten" Richard Gyptner; dem gebürtigen Berliner Otto Winzer, der in Moskau unter dem Pseudonym Lorenz bekannt war und den Typ „des ‚scharfen', eiskalten, jede Direktive bedingungslos durchführenden stalinistischen Funktionärs" darstellte; dem fröhlichen und sympathischen Hans Mahle; dem fleißigen und zuverlässigen Hamburger Gustav Gundelach, der mit seinen 58 Jahren das älteste Mitglied der Gruppe war; dem vielseitigen Karl Maron, der für das „Freie Deutschland" stets die Kommentare zur militärischen Lage geschrieben hatte; dem Berliner Walter Köppe, der „von politischen oder gar theoretischen Fragen nur wenig Ahnung besaß" und sich bald für eine politische Karriere als untauglich erwies; sowie dem aus Mainz stammenden Journalisten und Schriftsteller Fritz Erpenbeck.[16] Bei einer Zwischenlandung in Minsk unterblieb auf Anordnung Ulbrichts ein Zusammentreffen mit den in einer anderen Maschine gleichzeitig dort eintreffenden „Antifaschisten", d. h. ehemaligen deutschen Kriegsgefangenen und Absolventen der Antifa-Schulen, die der „Gruppe Ulbricht" als zusätzliche Helfer zugeteilt worden waren.[17] Noch am Nachmittag des 30. April 1945 erfolgte die Landung auf dem Feldflugplatz Calau etwa 70 km östlich von Frankfurt an der Oder.[18]

Einen Tag später flog eine zweite, für den Raum Sachsen-Halle-Merseburg, dem Operationsbereich der 1. Ukrainischen Front Marschall Konevs, vorgesehene Initiativgruppe unter der Leitung von Anton Ackermann von Moskau ab.[19] Während am 1. Mai 1945 die in der sowjetischen Hauptstadt stationierten Truppenteile der Roten Armee und die Zivilbevölkerung zu ihren Stellplätzen für den alljährlichen Mai-Aufmarsch eilten, um im Zeichen des nunmehr greifbar nahen Sieges über den „Hitlerfaschismus" den „Kampf- und Feiertag der internationalen Arbeiterklasse" zu begehen, startete die „Gruppe Ackermann" vom Moskauer Flughafen Vnukovo in zwei Transportmaschinen zum Heimflug nach Deutschland. Noch am gleichen Tag landete sie nach einem kurzen Zwischenaufenthalt in Insterburg auf einem Feldflugplatz bei Sagan in Schlesien und wurde vom Beauftragten des Volkskommissariats für Auswärtige Angelegenheiten der UdSSR beim Oberkommandierenden der 1. Ukrainischen Front, V. S. Semenov, empfangen.[20] Zur Initiativgruppe gehörten zehn kommunistische Emigranten — neben dem Gruppenleiter Ackermann waren es Hermann Matern, Absolvent der Internationalen Lenin-Schule in Moskau (1928/29) und ehemaliger Politischer Sekretär der Bezirksleitungen Magdeburg-Anhalt, Ostpreußen und Pommern der KPD; Fred Oelßner, ehemaliger Mitarbeiter des ZK der KPD (1932/33) und während des Krieges unter dem Decknamen Larew Leiter der Deutschland-Abteilung des Moskauer Rundfunks; Kurt Fischer, ehemaliger Sekretär der Bezirksleitung Mecklenburg der KPD, Mitarbeiter der Komintern, Absolvent der Militärakademie „M. V. Frunze" in Moskau und Offizier der Roten Armee; Heinrich Greif, ehemaliger Schauspieler an der Berliner Piscator-Bühne und von 1935 bis 1945 ständiger deutscher Sprecher des Moskauer Rundfunks; Peter Florin, der Sohn des im Jahre zuvor verstorbenen früheren Politbüro-Mitgliedes Wilhelm Florin; sowie Ferdinand Greiner, Artur Hofmann, Egon Dreger und Georg Wolf[21] — und zehn ehemalige deutsche Soldaten, „die aus der Vergangenheit die richtigen Schlußfolgerungen gezogen hatten".[22]

Der erste Schub deutscher Funktionäre zur Verwirklichung der sowjetischen Besatzungspolitik in Deutschland wurde mit der Entsendung einer dritten Initiativgruppe abgeschlossen. Sie flog unter der Leitung von Gustav Sobottka am 6. Mai 1945 von Moskau nach Stargard in Pommern, von wo sie mit Lastkraftwagen über Altdamm nach Warsow bei Stettin gebracht wurde und ihre Arbeit in enger Verbindung mit dem Stab der 2. Belorussischen Front aufnahm.[23] Außer Sobottka und der Gruppe von zehn „Antifaschisten" aus den Reihen der deutschen Kriegsgefangenen gehörten ihr die folgenden kommunistischen Funktionäre an: der Schriftsteller und Mitbegründer des Nationalkomitees „Freies Deutschland" Willi Bredel; die ehemaligen Spanienkämpfer Gottfried Grünberg und Anton Switalla; Karl Raab, ein ehemaliger Mitarbeiter der „Roten Fahne", der bei seiner Rückkehr nach Deutschland noch den Namen aus der Illegalität trug und sich Arthur Fiedler nannte; dazu Rudolf Herrnstadt, ehemaliger Redakteur und Auslandskorrespondent bürgerlicher Zeitungen und späterer Chefredakteur des Nationalkomitee-Organs „Freies Deutschland"; sowie Fritz Kahmann, Herbert Hentschke, Bruno Schramm und Oskar Stephan.[24] Auch die „Gruppe Sobottka" wurde von Georgi Dimitrov und Wilhelm Pieck verabschiedet und bei dieser Gelegenheit auf die speziellen Probleme ihres Einsatzgebietes in Mecklenburg-Vorpommern, dem Operationsbereich der unter dem Kommando von Generaloberst Fedjuninskij stehenden 2. Belorussischen Front, hingewiesen.[25]

Im allgemeinen war die Tätigkeit der deutschen Kommunisten wie jedes Neubeginnen in jenen Tagen „ein erbittertes Anrennen gegen die Auswirkungen eines unübersehbaren Zusammenbruchs". Die Mitglieder seiner Gruppe, so erinnert sich beispielsweise Anton Ackermann, seien Tag und Nacht auf den Beinen gewesen, „um die Menschen aus ihrer Mutlosigkeit herauszureißen und sie zu bewegen, Hand anzulegen, damit das bloße Weiterleben gesichert werden konnte".[26] Richard Gyptner, Mitglied der „Gruppe Ulbricht", schildert stichwortartig die ernüchternde, harte Wirklichkeit jener Tage aus der speziellen Berliner Sicht: „Wegräumen der Straßensperren und des Schuttes, Beseitigung der Leichen von den Straßen, Vernichtung der Nazi-Embleme, Ingangsetzung des Verkehrs, der Straßen- und U-Bahn, Inbetriebnahme der Wasserleitungen, der Strom- und Gasversorgung, Öffnung der Geschäfte zur Versorgung der Bevölkerung, Wiederaufbau der Betriebe, disziplinierte Durchführung aller Anordnungen der sowjetischen Bezirkskommandanten. Ohne Sicherstellung des materiellen Lebens konnte es kein politisches Leben geben. Es galt, Hungersnot und Seuchen zu vermeiden . . ."[27]

Zu der Not und dem Elend des deutschen Zusammenbruchs kamen für die deutschen Kommunisten spezifische Schwierigkeiten hinzu: So war es für sie offenbar außerordentlich schwer, Kontakt zur Bevölkerung zu bekommen oder gar ein Vertrauensverhältnis herzustellen.[28] Mit manchen Genossen der eigenen Partei gab es „klärende Auseinandersetzungen", weil diese der Meinung waren, mit der Roten Armee im Lande stehe „die Errichtung der Sowjetmacht und der Aufbau des Sozialismus" auf der Tagesordnung. Andere „Antifaschisten" verlangten die sofortige Bildung der „Einheitspartei der Arbeiterklasse".[29] Hier und da stieß man auch auf Initiativen von „Aktivisten der ersten Stunde", die den Moskauer „Richtlinien" nicht entsprachen und zu „Belehrungen" führten: zum Beispiel in Malchow, wo angeblich „ortsfremde asoziale Elemente, Abenteurer und Banditen" in Stadtverwaltung und Polizei die Bevölkerung terrorisierten und die sowjetische Besatzungsmacht diskreditierten, so daß sich Fritz Rademacher, ein Instrukteur der Initiativgruppe, gezwungen sah, eine neue Stadtverwaltung zu bilden[30]; in Greifswald, wo Gottfried Grünberg und Anton Switalla, zwei Abgesandte der „Gruppe Sobottka", im Rathaus auf einige „Antifaschisten" trafen, die nach ihrer Meinung „der Lage und den komplizierten neuen Aufgaben nicht ganz gewachsen" waren, während Kommunisten und Sozialdemokraten der Stadt noch nicht einmal „zu einer regelrechten Zusammenarbeit" gefunden hatten[31]; in Meißen, wo Anton Ackermann einen kompletten städtischen „Rat der Volkskommissare" vorfand[32]; oder in Berlin, „wo alle möglichen ‚Komitees‘, ‚Kommissare‘ usw. auftauchten" und die Genossen zu Ulbrichts Enttäuschung „über Sowjetmacht und ähnliches" redeten.[33] Auf die Dauer erwiesen sich freilich die „nach einer klaren, von der Parteiführung festgelegten Linie" und in enger Zusammenarbeit mit der Roten Armee operierenden Initiativgruppen als stark genug, um den nach und nach an Ort und Stelle erwachenden und erstarkenden demokratischen Kräften feste Zügel anzulegen[34] oder, wie es ein sowjetischer Historiker und Diplomat ausdrückte, „eine feste politische Führung" zu sein, wie es am Beispiel Berlins von Walter Ulbricht und seinen Mitarbeitern demonstriert wurde.[35]

Von Bruchmühle aus, einer Kleinstadt etwa 30 km östlich von Berlin, wo auch die politische Hauptverwaltung der 1. Belorussischen Front Marschall Žukovs ihr Hauptquartier aufgeschlagen hatte, nahm die „Gruppe Ulbricht" am 1. Mai 1945 ihre Tätigkeit entsprechend den „Richtlinien" auf.[36] Ihr unmittelbares Wirkungsfeld war zweifellos Berlin, jedoch reichten ihre Bedeutung und ihr Einfluß „weit über den Rahmen der Stadt hinaus". Ständig durch Kommunisten verstärkt, die aus dem Untergrund auftauchten, aus den Konzentrationslagern heim- oder aus der Emigration zurückkehrten, wuchs die politische Aktivität der Gruppe von Tag zu Tag. Dabei arbeitete sie zunächst hauptsächlich, wie die beiden übrigen Gruppen, „an der Lösung der Parteibeschlüsse" für den „antifaschistisch-demokratischen" Wiederaufbau Deutschlands, galt aber darüber hinaus in den ersten Wochen nach der Befreiung Berlins faktisch als „die zentrale Parteileitung der KPD für Deutschland"[37], und versuchte in dieser Eigenschaft, die organisatorischen Voraussetzungen für den Wiederaufbau dieser Partei zu schaffen.[38]

Erstes Ziel der „Gruppe Ulbricht" blieb jedoch der Aufbau einer neuen Verwaltungsstruktur in der ehemaligen Reichshauptstadt, weil es „für die Ausrichtung der Arbeit in den Bezirken und zur Orientierung aller antifaschistisch-demokratischen Kräfte in Deutschland" als notwendig erachtet wurde, „mit dem Aufbau des Groß-Berliner Magistrats ein weithin sichtbares und wirksames Beispiel zu schaffen".[39] „Es wird unsere Aufgabe sein", so erläuterte Ulbricht daher noch am Abend des 1. Mai nach einer Erkundungsfahrt in die zerstörte, einst so lebensprühende Metropole, „die deutschen Selbstverwaltungsorgane in Berlin aufzubauen. Wir werden in die verschiedenen Berliner Bezirke fahren und dort aus den antifaschistisch-demokratischen Kräften jene heraussuchen, die sich für den Aufbau der neuen deutschen Verwaltung eignen."[40] Durch intensiven persönlichen Einsatz aller Mitglieder der Gruppe und „unter Beteiligung der antifaschistisch-demokratischen Kräfte des deutschen Volkes mit den Kommunisten an der Spitze" gelang es, bis zum 9. Mai in allen Stadtbezirken Bürgermeister zu ernennen und Selbstverwaltungen auf Bezirksebene zu organisieren. Einen Tag später wurden sie vom sowjetischen Stadtkommandanten, Generaloberst N. E. Berzarin, empfangen und in ihren Funktionen bestätigt.[41]

Die bei der Bildung dieser Bezirksverwaltungen geübte politische Praxis der

Moskauer Emigranten warf ein bezeichnendes Licht auf den Charakter der angestrebten „antifaschistisch-demokratischen Ordnung". Nach den von Ulbricht vorgelegten Plänen sollte jede dieser Verwaltungseinheiten von einem Bürgermeister und zwei Stellvertretern — wobei dem ersten Stellvertreter gleichzeitig das wichtige Amt des Dezernenten für Personalfragen zufiel — geleitet werden und aus einer Reihe von Dezernaten bestehen.[42] Nach Angaben Gyptners[43] sah das Schema einer Bezirksverwaltung wie folgt aus:

1. Personalfragen und Verwaltung
2. Ernährung
3. Volksbildung
4. Gesundheitswesen
5. Kommunale Betriebe
6. Wirtschaft
7. Handel
8. Post und Nachrichtenverbindungen
9. Wohnungs- und Bauwesen
10. Finanzen
11. Soziale Fürsorge
12. Arbeitsamt
13. Planabteilung
14. Beirat für kirchliche Fragen
15. Gerichtswesen und Anklagebehörde
16. Polizei

Den Mitgliedern der Initiativgruppe oblag es, diese Behörden so aufzubauen, daß „die konsequenten Antifaschisten die Schlüsselpositionen innehatten".[44] Keine große Bedeutung maßen sie dem Amt des Bürgermeisters bei. Diese sollten offenbar nur die Rolle von Galionsfiguren spielen: „Kommunisten als Bürgermeister", so erklärte Ulbricht seinen teilweise recht überraschten Genossen, „können wir nicht brauchen, höchstens im Wedding und in Friedrichshain. Die Bürgermeister sollen in den Arbeiterbezirken in der Regel Sozialdemokraten sein. In den bürgerlichen Vierteln — Zehlendorf, Wilmersdorf, Charlottenburg usw. — müssen wir an die Spitze einen bürgerlichen Mann stellen, einen, der früher dem Zentrum, der Demokratischen oder Deutschen Volkspartei angehört hat. Am besten, wenn er ein Doktor ist; er muß aber gleichzeitig auch Antifaschist sein und ein Mann, mit dem wir gut zusammenarbeiten können." Die Verteilung der übrigen Posten sollte „der politischen Struktur der Berliner Bezirke angepaßt sein" und im übrigen nach Ulbricht der folgenden Faustregel unterliegen: „Für den stellvertretenden Bürgermeister, für Ernährung, für Wirtschaft und Soziales sowie für Verkehr nehmen wir am besten Sozialdemokraten, die verstehen was von Kommunalpolitik. Für Gesundheitswesen antifaschistisch eingestellte Ärzte, für Post und Verbindungswesen parteilose Spezialisten, die etwas davon verstehen." Den kommunistischen Genossen blieben die Schlüsselpositionen vorbehalten: „Der erste Stellvertretende Bürgermeister", so schärfte Ulbricht seinen Mitarbeitern ein, „der Dezernent für Personalfragen und der Dezernent für Volksbildung — das müssen unsere Leute sein. Dann müßt ihr noch einen ganz zuverlässigen Genossen in jedem Bezirk ausfindig machen, den wir für den Aufbau der Polizei brauchen."[45] Nach eben diesem Schema wurde verfahren, als es darum ging, den Magistrat von Groß-Berlin zu bilden. Als ihn der für das Amt des Oberbürgermeisters gewonnene 68jährige parteilose, unpolitische und verwaltungsmäßig unerfahrene Ingenieur Dr. Arthur Werner Mitte Mai 1945 der Öffentlichkeit vorstellte, fanden sich darin zwar „mehr oder weniger erprobte Verwaltungsfachleute verschiedenster politischer Herkunft und Anschauung" sowie einige prominente „Antifaschisten" aus den Reihen der „Bürgerlichen".[46] Die Schlüsselpositionen waren jedoch mit Kommunisten der Moskauer Emigration besetzt: Karl Maron fungierte als Erster Stellvertreter des Oberbürgermeisters und zeichnete in dieser Eigenschaft für Personalfragen verantwortlich, Otto Winzer wurde Stadtrat für Volksbildung, und Arthur Pieck, ein Sohn des amtierenden Parteivorsitzenden der KPD, übernahm die wichtige Abteilung Inneres.[47]

Die Entwicklung im übrigen Besatzungsgebiet der Roten Armee verlief in ähnlichen Bahnen wie in Berlin. Auch bei der „Gruppe Ackermann" bildete die sächsische Landeshauptstadt Dresden selbstverständlich einen Schwerpunkt ihres Einsatzes. Jedoch ließ es die Existenz mehrerer bedeutsamer großer Industrie- und Bevölkerungszentren im Einmarschgebiet der 1. Ukrainischen Front nicht zu, sich so auf Dresden zu konzentrieren, wie es die „Gruppe Ulbricht" mit Berlin geplant hatte. Mitte Mai, also kaum eine Woche nach der bedingungslosen Kapitulation des „Dritten Reiches", waren fast alle Mitglieder der Initiativgruppe in Stadtverwaltungen, vor allem auf dem Gebiet der Personalpolitik, tätig: in Dresden, Cottbus, Weißwasser, Görlitz, Senftenberg, Freiberg, Riesa und Wittenberg.[48] Kurt Fischer, Hermann Matern und Heinrich Greif beispielsweise halfen maßgeblich beim Aufbau einer Verwaltung in Dresden mit und übten nach der Konstituierung der Stadtverwaltung als 1. Bürgermeister bzw. als Stadträte für Personalpolitik sowie für Kultur und Volksbildung einen entscheidenden Einfluß auf das weitere politische Schicksal der Stadt Dresden und des Landes Sachsen aus.[49] Die Tätigkeit der Gruppe blieb jedoch nicht auf die Großstädte beschränkt. So weit man nur habe wirken können, erinnert sich Ackermann, sei dafür gesorgt worden, „daß die richtigen Menschen gefunden wurden und die neuen Verwaltungsorgane so zusammengesetzt waren, wie es der Politik einer breiten antifaschistischen Einheit entsprach". Er selbst war fast immer unterwegs, „um die Verbindung mit den einzelnen Mitgliedern aufrechtzuerhalten, Erfahrungen auszutauschen, Informationen einzuholen und operativ einzugreifen, wo es notwendig war". Seine Tätigkeit beschränkte sich jedoch von Anfang an nicht nur auf die eingesetzten Mitglieder der Initiativgruppe, sondern erstreckte sich auch „auf die Fühlungnahme und Beratungen mit lokalen Verwaltungen, die sich ohne unsere Zentren bereits gebildet hatten".[50] Hunderte von Personen mußten für wichtige Funktionen in wenigen Tagen ausgewählt und bestimmt werden, um Landrats- und Bürgermeisterämter im ganzen Lande „mit verantwortungsbewußten Menschen" besetzen zu können.[51] Der Fassadencharakter der angestrebten „antifaschistisch-demokratischen Ordnung", der in besonderem Maße in dieser gezielten Personalpolitik zum Ausdruck kam, wurde nicht geleugnet: „Es ist doch ganz klar", so erläuterte Ulbricht „im klassischen Sächsisch", wie sich Wolfgang Leonhard erinnert, die politische Maxime dieser Etappe der sowjetischen Deutschlandpolitik, „es muß demokratisch aussehen, aber wir müssen alles in der Hand behalten."[52]

Schlußwort

Nachdem Anfang Mai 1945 die Armeen der Alliierten den letzten, sinnlosen Widerstand der deutschen Wehrmacht gebrochen hatten und mit den Kapitulationsvorgängen vom 7. Mai in Reims und vom 8./9. Mai in Berlin-Karlshorst das Schicksal des „Dritten Reiches" besiegelt worden war[1], lag die alleinige Verantwortung für die weitere Behandlung Deutschlands und der Deutschen bei den alliierten Siegermächten. Diese außergewöhnliche Situation veranlaßte manchen zeitgenössischen Beobachter dazu, in der Geschichte der Menschheit nach Ereignissen Ausschau zu halten, die mit dem damaligen Zustand Deutschlands vergleichbar gewesen wären. Man könne allenfalls, so berichtete beispielsweise der französische Publizist Pierre Benarts im Herbst 1945 von solchen Bemühungen, einige Vergleichspunkte in den Auswirkungen der Einnahme von Byzanz im Jahre 1204 finden, die alle europäischen Provinzen des byzantinischen Reiches den westlichen Kreuzfahrern ausgeliefert habe. Freilich habe damals, so mußte er sogleich einschränkend hinzufügen, am anderen Ufer des Bosporus wenigstens „ein asiatischer Zipfel des besiegten Reiches" weiterbestanden. Auch das zweite von ihm zur Erklärung herangezogene Beispiel aus der europäischen Geschichte, das Schicksal Polens am Ende des 18. Jahrhunderts, eignete sich nicht zum historischen Präzedenzfall, denn „die Aufteilung des unglücklichen slawischen Staates" war tatsächlich „ein vorsätzlicher Vorgang", der zu jenen Annexionen führte, durch die Polen für mehr als ein Jahrhundert von der politischen Landkarte Europas verschwand. Schließlich vermochte der Franzose auch keine Parallele zwischen der Lage des Deutschen Reiches im Frühjahr 1945 und der Situation in Deutschland nach der Doppelschlacht von Jena und Auerstädt im Jahre 1806 herzustellen: Zum einen war der napoleonische Sieg nicht über ein geeintes Deutschland, sondern über den preußischen Staat erkämpft worden; zum anderen hatte Frankreich den Sieg allein errungen und demzufolge ebenso allein über das Schicksal des Besiegten entscheiden können. Heute handele es sich aber, so unterstrich Benarts den historischen Einzelfall des besiegten „Dritten Reiches", um „ein geeintes und zentralisiertes Deutschland", das einer internationalen Allianz ausgeliefert sei. Nach einem gigantischen Kampf einer siegreichen Koalition überantwortet, so wurde die Ausnahmesituation Deutschlands gegenüber den Alliierten beschrieben, habe der Besiegte nicht die Möglichkeit, an der Entscheidung über sein eigenes Schicksal mitzuwirken.[2]

Benarts' Bericht über die historisch beispiellose Situation Deutschlands im Epochenjahr 1945 ließ schon durch die Überschrift „Ein, zwei oder drei Deutschland?" erkennen, wie skeptisch von vielen Zeitgenossen seinerzeit der Versuch aufgenommen worden ist, die politischen Interessen und Absichten der Alliierten ausgerechnet am Beispiel Deutschlands zu koordinieren. Mit dem ausdrücklichen Hinweis auf die große Verantwortung, die alle vier Siegermächte mit der Besetzung der Trümmer und Reste des deutschen Nationalstaates auf sich nehmen würden, entschloß sich der einflußreiche amerikanische Publizist Walter Lippmann noch wenige Tage vor der deutschen Kapitulation zu einer beschwörenden Geste an die verantwortlichen Politiker in Moskau, London, Washington und Paris im Sinne einer

Aufrechterhaltung der Anti-Hitler-Koalition. In der ganzen politischen Erfahrung der Menschheit gebe es kein Beispiel, so führte er am 5. Mai 1945 in der „New York Herald Tribune" aus, das als Lehrstück dafür dienen könne, wie vier so unterschiedliche Nationen wie die Russen, die Briten, die Amerikaner und die Franzosen ein Volk von der augenscheinlich schlechten materiellen und moralischen Verfassung wie das deutsche regieren und verwalten könnten. Wenn es den vier Mächten in Deutschland nicht gelingen sollte, eine Zusammenarbeit zustandezubringen, so unterstrich auch er die historische Bedeutung der „deutschen Frage", dann werde sie ein solcher Mißerfolg spalten „und in katastrophaler Weise trennen". Um so eindringlicher appellierte er an die vier Sieger, unverzüglich „eine Art fanatischer Geduld" zu üben und „unbesiegbare Entschlossenheit" walten zu lassen, um ihre Einmütigkeit und damit das Bündnis als Voraussetzung für ein gemeinsames Handeln in Deutschland zu erhalten. Das deutsche Problem sei so schwierig, so wurden die künftigen Besatzungsmächte vor jedem Alleingang in ihren Zonen gewarnt, daß die Folgen im Falle eines Ausbleibens einer gemeinsamen Lösung fürchterlich wären.[3]

Der bei Kriegsende latent vorhandene Zweifel an der Bereitschaft der vier Siegermächte zur gemeinsamen Lösung der Probleme in Deutschland ist von der am unmittelbarsten betroffenen deutschen Bevölkerung noch viel schärfer empfunden worden, als es in den Vorstellungen und Kommentaren zeitgenössischer Politiker und Publizisten zum Ausdruck kommen konnte. Sowjetischen Beobachtern, die nach der Eroberung Berlins daran gingen, sich einen genaueren Eindruck vom politisch-moralischen Zustand der Deutschen zu verschaffen, bot sich nach der vorsichtigen Formulierung Konstantin Seleznevs von der GlavPURKKA „ein kompliziertes, in vielem widerspruchsvolles Bild". Seleznev, der im Auftrag seiner Dienststelle im Mai 1945 Tag für Tag durch das zerstörte Berlin, durch das Zentrum ebenso wie durch die Außenbezirke, gegangen war und mit zahlreichen „zufälligen Passanten" gesprochen hatte[4], registrierte bei den Deutschen damals eine weitverbreitete und anhaltende pessimistische Grundstimmung, die auch nach Beendigung der Berliner Konferenz der „Großen Drei" im August 1945 noch anhielt.[5] Viele seiner deutschen Gesprächspartner, so notierte der sowjetische Politoffizier, hätten „Bitterkeit über die Niederlage", auch „Enttäuschung über die Götzen von gestern" empfunden. Manch einer von ihnen sei auch bereit gewesen, „über die Schuldigen an dem Krieg und der Katastrophe" nachzudenken, jedoch hätten sich dabei nur die wenigsten Stimmen als ausgesprochene „Gegner von Faschismus und Krieg" erwiesen.[6] Dagegen muß bei den Überlebenden des „Dritten Reiches" beim Gedanken an die Zukunft Deutschlands offenbar bis weit in das Jahr 1945 hinein „absolut Unklarheit"[7] und „grenzenlose Verzweiflung" geherrscht haben, so daß „Hoffnungen auf ein besseres Morgen" nur zaghaft geäußert wurden.[8]

Es besteht Grund zu der Annahme, daß im sowjetischen Besatzungsgebiet die „Russenfurcht" ein wesentlicher Anlaß für die tiefe Niedergeschlagenheit der deutschen Bevölkerung gewesen ist. Schließlich war es kein Zufall, daß in der seinerzeit noch amerikanisch besetzten thüringischen Industrie- und Universitätsstadt Jena Ende Mai 1945 von dreitausend Einzelpersonen, vornehmlich „aus den Mittelschichten", auf die Frage, in welcher Besatzungszone sie am liebsten leben möchten, sich 76 % für eine amerikanische bzw. englische, 3 % für eine französische und nur 2 % für eine sowjetische Besatzung aussprachen.[9] Das hohe Maß an Animosität, das

„den Russen" im Jahre 1945 in Deutschland entgegenschlug, hat mehrere Ursachen: Es erklärt sich zum Teil aus der jahrelangen und intensiven antibolschewistischen Propaganda des „Dritten Reiches" und mag außerdem unterschwellig „von der seit jeher bestehenden Verachtung der Germanen für die Slawen" gespeist worden sein.[10] Auch die leidvollen Erfahrungen der deutschen Zivilbevölkerung beim Einmarsch der Roten Armee dürften eine Rolle gespielt haben.[11] Mit zunehmender Dauer des Besatzungsregimes gewann jedoch ein weiterer Faktor an Gewicht: die Furcht vor einer „Sowjetisierung" Deutschlands, worunter seinerzeit im allgemeinen die Etablierung der Alleinherrschaft der kommunistischen Partei verstanden wurde.[12]

Dreißig Jahre später wissen wir, daß im Frühjahr 1945 die Gefahr für Deutschland auch darin, vor allem jedoch in den zunehmenden Differenzen zwischen den Mächten der Anti-Hitler-Koalition bestand. Deren Repräsentanten hatten zwar seit dem Entstehen dieser Allianz „in mehreren Erklärungen und in zusätzlichen Verlautbarungen" zum Ausdruck gebracht, „was sie in Deutschland mit allen ihnen als Sieger zur Verfügung stehenden Mitteln beseitigen, zerstören und verhindern wollten". Sie hatten auch allgemeine Ziele ihrer Politik in Deutschland formuliert, waren jedoch nicht imstande gewesen, „sich über deren Detaillierung und über die bei deren Erreichung zu beachtenden Methoden zu verständigen". Es bestand bei Kriegsende „eine allgemeine Einmütigkeit über einen in Deutschland herbeizuführenden Wandel"; es existierten jedoch keine konkreten Übereinkünfte oder Vereinbarungen über die Art und Weise seiner Verwirklichung.[13]

In dieser Situation mußte es sowohl für den Fortbestand der Koalition wie für die damit eng verknüpfte Weiterexistenz eines einheitlichen deutschen Staates als eine schwere Belastung erscheinen, wenn sich die sowjetische Besatzungsmacht anheischig machte, mit ihrer Auslegung der Beschlüsse von Jalta und mit den programmatischen Ausarbeitungen der „Handlungsgehilfen der sowjetischen Deutschlandpolitik"[14] von der Moskauer KPD-Führung den einzig gangbaren Ausweg aus der deutschen Misere weisen zu können.[15] Auch bedeutenden Chronisten jener Zeit ist es in diesem Zusammenhang offenbar verborgen geblieben[16], daß der in der Schlußphase des europäischen Krieges in den Hintergrund gedrängte alliierte Dialog in der „European Advisory Commission" über eine mögliche Aufgliederung Deutschlands[17] in den letzten Kriegstagen von Moskau aus einseitig und öffentlich wiederaufgenommen wurde. Wenn Stalin seinerzeit in einem Tagesbefehl zum 1. Mai 1945[18] die „verlogene faschistische Propaganda" zurückwies, die der deutschen Bevölkerung „mit dem läppischen Gerede" einen Schrecken einjage, die Armeen der Vereinten Nationen wollten „das deutsche Volk ausrotten", mögen mißtrauische Beobachter aus dem Lager der westlichen Alliierten geglaubt haben, der sowjetische Partei- und Regierungschef wolle ein Rennen um die Gunst der Deutschen beginnen und sich großmütig zum Beschützer des besiegten Gegners aufwerfen.[19] In Wirklichkeit erinnerte er seine Verbündeten wenige Tage vor dem deutschen Zusammenbruch nur noch einmal daran, ihre in Jalta übernommenen Verpflichtungen zu erfüllen: „Die Vereinten Nationen werden", so spielte der sowjetische Regierungschef auf die Beschlüsse der Krim-Konferenz an, „den Faschismus und den deutschen Militarismus vernichten, die Kriegsverbrecher streng bestrafen und die Deutschen zwingen, den Schaden wiedergutzumachen, den sie anderen Ländern zugefügt haben."[20] Eine Woche später gab Stalin unmißverständlich zu verstehen, daß er diese Prinzipien in ganz Deutschland durchgeführt wissen wollte: Die Sowjetunion feiere zwar den Sieg über Hitler, so verkündete er am 9. Mai 1945 in einer Ansprache „an das Volk", aber sie schicke sich nicht an, „Deutschland zu zerstückeln oder zu vernichten".[21]

Als in Moskau kurz nach dem Ende des Zweiten Weltkrieges im September 1945 die ersten politischen Bilanzen gezogen wurden, war durch das eigenmächtige Vorgehen der Sowjetunion in ihrem Einflußbereich die Spaltung Europas und Deutschlands im Keim schon angelegt. Die politische Situation in Polen, Rumänien, Bulgarien, Ungarn, der Tschechoslowakei, den sowjetischen Besatzungszonen in Deutschland und Österreich sowie in dem Stationierungsgebiet sowjetischer Truppen im Iran, so konnte ein führender Mitarbeiter der GlavPURKKA wie K. L. Seleznev in einer Dienstbesprechung am 11. September 1945 berichten, sei „durch tiefgreifende soziale und politische Umgestaltungen im Geiste der Demokratie, durch das ständige Wachstum der politischen Aktivität und Organisiertheit der breiten Volksmassen sowie durch die Verstärkung der Rolle und des Einflusses der antifaschistischen politischen Parteien gekennzeichnet". Auf der Grundlage „der Anerkennung der historischen Befreierrolle der Roten Armee, des gerechten Charakters der sowjetischen Außenpolitik durch die breiten Volksmassen, im Ergebnis des persönlichen Kontakts der Bevölkerung zu den Angehörigen der Roten Armee und der Verbreitung der Wahrheit über die Sowjetunion unter den Massen" wüchsen und festigten sich „Prestige und Einfluß der UdSSR in diesen Ländern sowie die Sympathien der Völker zur UdSSR". Der sowjetisch besetzte Teil Deutschlands wurde in diesem Bericht schon als integraler Bestandteil einer sowjetischen Einflußsphäre beschrieben: Dort sei die politische Lage gekennzeichnet „durch die erfolgreiche Ausrottung der faschistischen Elemente, die allmähliche Wiederherstellung des wirtschaftlichen und kulturellen Lebens, durch wichtige soziale Umgestaltungen sowie durch die wachsende politische Aktivität der antifaschistisch-demokratischen Bevölkerungsschichten". Wie sehr die westlichen Alliierten bereits als Störenfriede bei der Errichtung dieser „antifaschistisch-demokratischen Ordnung" empfunden wurden, schilderte Seleznev am Beispiel Berlins: Dort habe der Einzug britischer und amerikanischer Truppen „die Hoffnungen bürgerlicher Kreise und des rechten Flügels der Sozialdemokraten auf die Wiederherstellung eines bürgerlich-liberalen Regimes Weimarer Prägung" wachsen lassen und „die ‚Westorientierung' dieser Kreise" gefestigt.[22]

Das einseitige öffentliche Eintreten Stalins für den deutschen Einheitsstaat am Tage der deutschen Kapitulation und die besatzungspolitische Bilanz der Glav-PURKKA vier Monate später verdeutlichen die binnen kürzester Frist nach der Zerschlagung des „Dritten Reiches" kompliziert, im Grunde genommen sogar hoffnungslos gewordene nationale Situation Deutschlands in jenem Frühjahr des Jahres 1945, das die Gedanken des Schweizer Journalisten Fred Luchsinger noch zwanzig Jahre später „unausweichlich zur Nemesis der Geschichte" lenkte.[23] Gewiß existierte seinerzeit nach wie vor die wirtschaftliche Einheit des Deutschen Reiches, die „weder durch den Krieg zerstört noch durch die Aufteilung in Besatzungszonen aufgehoben" worden war. Es gab auch weiterhin eine gesamtdeutsche Wirtschaftsverflechtung; dazu potentiell starke soziale und politische Kräfte, die für den deutschen Einheitsstaat eintraten; nicht zuletzt enge zwischenmenschliche Bindungen und Beziehungen, eine übereinstimmende psychologische Wesensart sowie die Traditionen der deutschen Kultur.[24] Auch war die Konzeption der sowjetischen Deutschlandpolitik damals nicht darauf angelegt, „diese antifaschistisch-demokratische Revolution als die Voraussetzung zur sozialistischen Umwälzung und zum Aufbau der neuen, zeitgemäßen, sozialistischen Gesellschaftsordnung in Deutschland ... nur auf einem Teil des deutschen Territoriums durchzuführen".[25] Indessen wog es in der Umbruchsituation des Frühjahrs 1945 für das Schicksal der Einheit Deutschlands schwerer, daß in einem Teilgebiet des ehemaligen Deutschen Reiches nach dem Ende des Hitlerstaates sowjetische Offiziere im Verein mit deutschen Kommunisten und sogenannten Antifaschisten nach den Prinzipien eines dualistischen internationalen Systems mit antagonistischen Mächten zu wirken begonnen[26], die mit den Intentionen der Anti-Hitler-Koalition nicht mehr zu vereinbaren waren: „Bewußte Antifaschisten", die sich „von den Grundsätzen der marxistisch-leninistischen Theorie", „von ihrer sozialistischen demokratischen Weltanschauung" leiten ließen[27], versuchten die Weichen für die zukünftige Entwicklung in Deutschland in Richtung auf eine „Auffassung von Demokratie" zu stellen, von der ein „Aktivist der ersten Stunde" wie Johannes Dieckmann, der spätere Präsident der Volkskammer der DDR, damals nur zu sagen wußte, daß sie, „wenn sie sich gestalten kann und gestaltet hat, vermutlich der russischen Auffassung näher verwandt sein [werde] als der des Westens".[28] Heute, dreißig Jahre später, kann kein Zweifel mehr daran bestehen, daß in jenem „unvergeßlichen Frühling"[29] des Jahres 1945 mit solchen marxistisch-leninistischen Experimenten nicht nur die Einheit der deutschen Nation aufs Spiel gesetzt, sondern auch der Kalte Krieg riskiert worden ist.

Anmerkungen

VORWORT

[1] Willy Brandt, Draussen, München 1966, S. 302 f.

[2] Vgl. den Wortlaut der Regierungserklärung vom 28. Oktober 1969, hier zitiert nach: Texte zur Deutschlandpolitik, Bd. IV, Bonn-Bad Godesberg 1970, S. 11 f.; dazu Richard Löwenthal, Vom Kalten Krieg zur Ostpolitik, Stuttgart 1973, S. 79 ff.

[3] Vgl. Hans Rothfels, Historie und weltpolitische Situation, in: PZ, Nr. 50/62 vom 12. 12. 1962, S. 642.

[4] Vgl. Wolfgang Wagner, Die Teilung Europas [künftig zitiert: Wagner, Teilung] Stuttgart [2]1960, S. 571.

[5] Rothfels, aaO., S. 642 f.

[6] So ebd., S. 643.

[7] Zitiert nach: Texte zur Deutschlandpolitik, aaO., S. 136.

[8] Vgl. William W. Williams, The Tragedy of American Diplomacy, New York [2]1962; Gabriel Kolko, The Politics of War, London 1969; David Horowitz, Kalter Krieg. Hintergründe der US-Außenpolitik von Jalta bis Vietnam, Bd. 1/2, Berlin 1969; dazu den Literaturbericht von Werner Link, Die amerikanische Außenpolitik aus revisionistischer Sicht, in: Neue Politische Literatur, Jg. 1971, H. 2, S. 205 ff.

[9] Vgl. Günther Stökl, Sowjetrußland unter Lenin und Stalin (1917—1953), München 1963, S. 58 f.

[10] Vgl. dazu Max Hagemann, Der provisorische Frieden, Erlenbach-Zürich/Stuttgart 1964, S. 249 ff.

[11] Der Begriff „Deutschlandpolitik" schließt die Erörterung der „österreichischen Frage" aus. Vgl. zu diesem Sonderproblem den Beitrag von Fritz Fellner über „Österreichs Wiederherstellung als Kriegsziel der Alliierten", in: Erika Weinzierl/Kurt Skalnik (Hrsg.), Österreich. Die Zweite Republik, Bd. 1, Graz/Wien/Köln 1972, S. 62 ff.; dazu aus sowjetischer Sicht: V. N. Beleckij, Sovetskij Sojuz i Avstrija, Moskau 1962; SSSR v bor'be za nezavisimost' Avstrii, Moskau 1965; S. I. Vorošilov, Roždenie vtoroj respubliki v Avstrii, Leningrad 1968; und M. A. Poltavskij, Vopros o sud'be Avstrii v politike SŠA i Anglii 1941—1945 godov, in: VI 1972, H. 6, S. 86—97.

[12] Karl-Heinz Ruffmann, Das Gewicht Deutschlands in der sowjetischen Außenpolitik bis zum Ende des Zweiten Weltkrieges, in: PZ, Nr. 2/70 vom 10. 1. 1970, S. 18.

[13] Vgl. Regina Knoll, Die Hilfe der Sowjetunion für die demokratischen Kräfte des deutschen Volkes (Mai/Juni 1945), in: BzG, 2. Jg. (1960), Sonderheft, S. 100.

[14] Zur allgemeinen Beurteilung der politischen und militärischen Situation während des Zweiten Weltkrieges wurden herangezogen: William Hardy McNeill, America, Britain, and Russia, London 1953; Herbert Feis, Churchill-Roosevelt-Stalin, Princeton 1957; John L. Snell, Illusionen und Realpolitik [künftig zitiert: Snell, Illusionen], München 1966; Sir Llewellyn Woodward, British Foreign Policy in the Second World War, London 1962; Kurt von Tippelskirch, Geschichte des Zweiten Weltkrieges, Bonn [3]1959; sowie die Erinnerungen Winston S. Churchills, Der Zweite Weltkrieg, Bd. III/2, IV/I und 2, V/I und 2, VI/I und 2, Stuttgart/Hamburg 1950—1954; dazu aus sowjetischer Sicht: Geschichte des Großen Vaterländischen Krieges der Sowjetunion, Bd. 1—6, Berlin [-Ost] 1962 ff.; Istorija meždunarodnych otnošenij i vnešnej politiki SSSR, Tom vtoroj: 1939—1945 gg., Moskau 1967; Geschichte der sowjetischen Außenpolitik 1917 bis 1945, 1. Teil, Berlin[-Ost] 1969; Das grundlegende Werk von Ernst Nolte, Deutschland und der Kalte Krieg, München 1974, wurde ebenso erst nach dem Abschluß der vorliegenden Untersuchung zugänglich wie das von Dietrich Geyer herausgegebene Osteuropa-Handbuch: Sowjetunion. Außenpolitik 1917—1955, Köln/Wien 1972, und die Spezialstudien von Bernd Martin, Friedensinitiativen und Machtpolitik im Zweiten Weltkrieg 1939—1942, Düsseldorf 1974; Wolfgang Diepenthal, Drei Volksdemokratien. Ein Konzept kommunistischer Machtstabilisierung und seine Verwirklichung in Polen, der Tschecho-

slowakei und der Sowjetischen Besatzungszone Deutschlands 1944—1948, Köln 1974; und Henry Krisch, German Politics under Soviet Occupation, New York/London 1974.

[15] Vgl. dazu auch Ernst Deuerlein, Versäumnisse und Aufgaben der Deutschlandforschung, in: DA, 1. Jg. (1968), H. 5, S. 485 ff.

[16] Boris Meissner, Rußland, die Westmächte und Deutschland, Hamburg [2]1954.

[17] Ebd., S. 5.

[18] Richard Thilenius, Die Teilung Deutschlands, Hamburg 1957, S. 7.

[19] Ernst Deuerlein, Die Einheit Deutschlands, Bd. I: Die Erörterungen und Entscheidungen der Kriegs- und Nachkriegskonferenzen 1941—1949, Frankfurt a. M./Berlin [2]1961.

[20] Ebd., S. 5.

[21] Wolfgang Marienfeld, Konferenzen über Deutschland, Hannover 1962.

[22] Hans-Peter Schwarz, Vom Reich zur Bundesrepublik, Neuwied/Berlin 1966.

[23] Ebd., S. 217 ff.

[24] Ebd., S. XXXII.

[25] Ebd., S. 261.

[26] Die dem Moskauer Ministerium für Auswärtige Angelegenheiten nahestehende Zeitschrift „Meždunarodnaja žizn'" veröffentlichte zwischen 1961 und 1966 die sowjetischen Protokolle von den Vollsitzungen der „Großen Drei" in Teheran, Jalta und Potsdam, dazu weitere Aufzeichnungen von den Beratungen in der persischen Hauptstadt sowie die Texte der auf den drei Gipfeltreffen verabschiedeten Kommuniqués. Die Veröffentlichung wurde zu einem Sammelband zusammengefaßt: Tegeran-Jalta-Potsdam. Sbornik dokumentov [künftig zitiert: Teheran-Jalta-Potsdam], Moskau 1967, 2. Aufl. 1970, 3. Aufl. 1971 (englische Übersetzung: The Tehran, Yalta & Potsdam Conferences. Documents, Moskau 1969). Die offenkundigen Mängel dieser Dokumentation machten eine textʼkritische und editorisch verbesserte deutsche Ausgabe notwendig: Alexander Fischer (Hrsg.), Teheran-Jalta-Potsdam. Die sowjetischen Protokolle von den Kriegskonferenzen der „Großen Drei" [künftig zitiert: Sowjetische Protokolle], Köln 1968, 2. Aufl. 1973. Auch diese Ausgabe kann jedoch der vom State Department in Washington herausgegebenen Serie „Foreign Relations of the United States" [künftig zitiert: FRUS] den Rang nicht streitig machen, insbesondere nicht den amerikanischen Spezialbänden von den drei Gipfelkonferenzen in Teheran, Jalta und Potsdam: The Conferences at Cairo and Tehran 1943 [künftig zitiert: Teheran Papers], Washington 1961; The Conferences at Malta and Yalta 1945 [künftig zitiert: Jalta Papers], Washington 1955; The Conference of Berlin (The Potsdam Conference) 1945, Vol. 1/2, Washington 1960.

[27] Der Wortlaut der Resolutionen beider Konferenzen findet sich in: Lothar Berthold/Ernst Diehl (Hrsg.), Revolutionäre deutsche Parteiprogramme. Vom Kommunistischen Manifest zum Programm des Sozialismus, Berlin[-Ost] 1967, S. 129 ff. („Brüsseler" Konferenz) bzw. 162 ff. („Berner" Konferenz). Vgl. dazu auch Alexander Fischer, Antifaschismus und Demokratie. Zur Deutschlandplanung der UdSSR in den Jahren 1943—1945, in: Potsdam und die deutsche Frage, Köln 1970, S. 18 f.

[28] Vgl. die entsprechenden Titelangaben im Quellen- und Literaturverzeichnis unten, S. 226 f.

[29] Hier sei in diesem Zusammenhang stellvertretend nur auf die an der Ostberliner Parteihochschule „Karl Marx" beim ZK der SED angefertigte Dissertation von Horst Laschitza hingewiesen: Kämpferische Demokratie gegen Faschismus [künftig zitiert: Laschitza, Kämpferische Demokratie], Berlin[-Ost] 1969. Vgl. außerdem die parteiamtliche Geschichte der deutschen Arbeiterbewegung, Bd. 5: Von Januar 1933 bis Mai 1945, Berlin [-Ost] 1966, S. 289 ff.; sowie den Forschungsbericht in dem Sammelband „Historische Forschungen in der DDR 1960—1970" der Ostberliner „Zeitschrift für Geschichtswissenschaft" (XVIII. Jg., 1970, Sonderband, S. 552—589): Gerhard Förster/Bruno Löwel/Wolfgang Schumann, Forschungen zur Geschichte 1933—1945.

[30] Arnold Sywottek, Deutsche Volksdemokratie. Studien zur politischen Konzeption der KPD 1935—1946, Düsseldorf 1971 (Studien zur modernen Geschichte, Bd. 1).

[31] Horst Duhnke, Die KPD von 1933 bis 1945, Köln 1972.

[32] Gert Robel, Die deutschen Kriegsgefangenen in der Sowjetunion. Antifa, Bielefeld/München 1974 (Zur Geschichte der deutschen Kriegsgefangenen des Zweiten Weltkrieges, Bd. VIII).

I. REAKTIONEN AUF DEN DEUTSCHEN ÜBERFALL (1941)

1. Mobilisierung von Komintern und KPD

[1] Zum außenpolitischen Kalkül Stalins im Jahre 1939 vgl. den Beitrag von Andreas Hillgruber, Der Zweite Weltkrieg, 1939—1945, in: OEH Sowjetunion, aaO., S. 270 ff. Zur Entstehungsgeschichte der außenpolitischen Interessenkollision zwischen der Sowjetunion und dem „Dritten Reich" Hitlers vgl. ebd., S. 291 ff.; dazu Gerhard L. Weinberg, Germany and the Soviet Union 1939—1941, Leiden 1954, S. 135 ff.; sowie die Darstellungen von James McSherry, Stalin, Hitler, and Europe. Vol. II: The Imbalance of Power 1939—1941, Cleveland/New York 1970, S. 140 ff.; Philipp W. Fabry, Die Sowjetunion und das Dritte Reich, Stuttgart 1971, S. 220 ff.; und aus sowjetischer Sicht: Geschichte der sowjetischen Außenpolitik 1917 bis 1945, 1. Teil, Berlin[-Ost] 1969, S. 454 ff.; außerdem die Aufzeichnungen von Gerhard Thimm: Die letzten Tage in Moskau, in: „Die Gegenwart", 2. Jg., Nr. 17/18 (42/43) vom 30. 9. 1947, S. 15 ff.

[2] Gustav Hilger, Wir und der Kreml, Frankfurt a. M. 1955, S. 312 f.; vgl. auch Philipp W. Fabry, Der Hitler-Stalin-Pakt, Darmstadt 1962, S. 395 f.; und Bernard Bromage, Molotov, London 1956, S. 195.

[3] Vgl. Harrison E. Salisbury, 900 Tage, Frankfurt a. M. 1970, S. 157.

[4] Ebd., S. 165. Der sowjetische Schriftsteller Aleksandr Čakovskij hat in seinem historisch-dokumentarischen Roman „Blockade" Stalins Versagen in den ersten Stunden und Tagen des „Großen Vaterländischen Krieges" in einer Weise beschrieben, die den Schluß zuläßt, daß sich der Autor auf Zeugnisse unmittelbar Beteiligter stützen und demzufolge dem tatsächlichen Geschehen sehr nahekommen konnte. Demnach ist Stalin nach einem Besuch im Amtsgebäude des Volkskommissariats für Verteidigung am späten Abend des 22. Juni 1941 für Tage nicht mehr gesehen worden: „Niemand wußte", so heißt es in der dokumentarischen Erzählung Čakovskijs, „was Stalin in den anschließenden Stunden und Tagen dachte. Niemand sah ihn. Im Kreml zeigte er sich nicht. Niemand hörte seine Stimme am Telephon. Er rief niemanden an, und keiner von denen, die in diesen Tagen stündlich darauf warteten, bestellt zu werden, wagte es, ungerufen zu ihm zu fahren." Vgl. Alexander Tschakowski, „Stalin war restlos vernichtet". Der Kremlherr glaubte nicht an Hitlers Angriff, in: „DER SPIEGEL", 23. Jg., Nr. 9 vom 24. 2. 1969, S. 135; sowie Hermann Pörzgen, „Man muß die deutsche Botschaft anrufen!" Neue Moskauer Darstellungen über den 22. Juni 1941, in: „Frankfurter Allgemeine Zeitung", Nr. 273 vom 23. 11. 1968 (Tiefdruckbeilage).

[5] Vgl. Hilger, aaO., S. 314.

[6] „Am 22. Juni um 12.00 Uhr", so erinnert sich der damalige Volkskommissar für die Seestreitkräfte, Admiral N. G. Kuznecov, „wandten sich die Partei und die Sowjetregierung mit einer Erklärung über den Überfall des faschistischen Deutschlands an das sowjetische Volk": N. G. Kusnezow, Am Vorabend, Berlin[-Ost] 1973, 371.

[7] Wolfgang Leonhard, Die Revolution entläßt ihre Kinder [künftig zitiert: Leonhard, Revolution], Köln/Berlin 1957, S. 107 ff.; vgl. auch G. A. Tokaev, Comrade X, London 1956, S. 171 f.

[8] Ruth von Mayenburg, die sich bei Kriegsausbruch mit ihrem Ehemann, dem österreichischen Kommunisten Ernst Fischer, auf der Krim aufhielt, erwähnt in ihren Erinnerungen „das Stottern Molotows aus dem Lautsprecher" und registrierte es als „ein sehr beunruhigendes Zeichen", daß Stalin nicht gesprochen hatte: Blaues Blut und rote Fahnen, Wien/München/Zürich 1969, S. 276; vgl. auch Genia Quittner, Weiter Weg nach Krasnogorsk, Wien/München/Zürich 1971, S. 137 f.; und Elena Skrjabin, Leningrader Tagebuch, München 1972, S. 11.

[9] Der Wortlaut der Ansprache Molotovs wird zitiert nach: Vnešnjaja politika Sovetskogo Sojuza v period Otečestvennoj vojny, Tom I [künftig zitiert: Vnešnjaja politika I], Moskau 1946, S. 127—129. Vgl. dazu Leonhard, Revolution, S. 107 ff.; und Alexander Werth, Rußland im Krieg 1941—1945, München/Zürich 1965, S. 132 ff.

[10] Vnešnjaja politika I, S. 127.

[11] Leonhard, Revolution, S. 108.

[12] Vnešnjaja politika I, S. 128. Die „Hitleristen" hätten vom Tage der Machtergreifung [prichoda k vlasti] an, so erläuterte das theoretische Organ der KPdSU nach dem deut-

schen Angriff die angeblichen Leiden des deutschen Volkes, die Arbeiterklasse und die Intelligenz, „die Blüte des deutschen Volkes", bekämpft und Deutschland in ein riesiges Konzentrationslager verwandelt. Vgl. Pavel Judin, Razdavit' fašistskuju godinu!, in: Bol'ševik, Jg. 1941, H. 11—12, S. 24.

13 Vnešnjaja politika I, aaO.

14 „Auf der einen Seite", so wußte es Hermann Matern vom damaligen Zentralkomitee der KPD vor Funktionären seiner Partei kurz nach dem Kriege zu erläutern, „Hitler-Deutschland und der Triangel, das Dreieck Japan, Italien und Deutschland; auf dieser Seite räuberisch-imperialistischer [Krieg] und auf der anderen Seite vaterländischer Verteidigungskrieg." Vgl. Der Weg unserer Partei. Rede des Gen. Hermann Matern vor Funktionären der KPD am 1. Juli 1945, o. O., o. J. [künftig zitiert: Der Weg unserer Partei], S. 21; in stark überarbeiteter Form wiederabgedruckt in: Hermann Matern, Im Kampf für Frieden, Demokratie und Sozialismus [künftig zitiert: Matern, Im Kampf für Frieden], Bd. I, Berlin[-Ost] 1963, S. 113—147; dazu Peter Gosztony, Über die Entstehung der Nationalkomitees und der nationalen Militärformationen der osteuropäischen Nationen in der Sowjetunion während des Zweiten Weltkrieges, in: MGM, H. 2/1973, S. 31.

15 Für zahlreiche kommunistische Emigranten in Moskau blieb im August 1939, so erinnert sich Ruth von Mayenburg (aaO., S. 268) an die Situation bei Abschluß des Hitler-Stalin-Paktes, „die Kremluhr stehen". Auch prominente deutsche Kommunisten äußerten in jenen Tagen unverhohlen ihre Ratlosigkeit und ihr Unverständnis. Vgl. Ernst Fischer, Erinnerungen und Reflexionen, Reinbek 1969, S. 409 ff.

16 Über Grundsätze und Methoden dieses ideologischen Kampfes im Zweiten Weltkrieg informiert die Studie von I. A. Seleznev: Vojna i ideologičeskaja bor'ba, Moskau 1964. Das Schweizer Ost-Institut besorgte eine gekürzte deutsche Übersetzung des bemerkenswerten Bandes: I. A. Seleznev, Krieg und ideologischer Kampf. Psychologische Kriegführung in sowjetischer Sicht [künftig zitiert: Seleznev, Krieg und ideologischer Kampf], Bern o. J.

17 I. M. Majskij, der sowjetische Botschafter in London, berichtet in seinen Erinnerungen, daß er tagelang „mit Ungeduld" Weisungen aus Moskau erwartet habe, „vor allem Weisungen, ob ich in London den Boden für den Abschluß eines formellen britisch-sowjetischen Militärbündnisses vorbereiten sollte". Vgl. I. M. Maiski, Memoiren eines sowjetischen Botschafters [künftig zitiert: Maiski, Memoiren], Berlin[-Ost] 1967, S. 638.

18 Veselin Chadžinikolov, Georgi Dimitrov i s-vetskata obščestvenost 1934—1945, Sofia 1972, S. 318; vgl. auch M. Burcev, G. Dimitrov v gody bor'by s germaniskim fašizmom, in: VIŽ 1972, H. 6, S. 69; und Gosztony, aaO., S. 32.

19 Chadžinikolov, aaO. Teilnehmer dieses Treffens waren neben Dimitrov u. a. Dmitrij Manuil'skij (KPdSU), Palmiro Togliatti (Kommunistische Partei Italiens), Klement Gottwald (Kommunistische Partei der Tschechoslowakei), Johann Koplenig (Kommunistische Partei Österreichs), Raymond Guyot (Kommunistische Partei Frankreichs) sowie Wilhelm Pieck und Walter Ulbricht (beide KPD). Vgl. D. E. Kunina/V. M. Endakova, Georgij Dimitrov i bor'ba za sozdanie nacional'nych frontov protiv fašizma v period vtoroj mirovoj vojny, in: Georgij Dimitrov — vydajuščijsja dejatel' kommunističeskogo dviženija, Moskau 1972, S. 393.

20 Kunina/Endakova, aaO.

21 Klaus Mammach, Georgi Dimitroffs Hilfe für die KPD im antifaschistischen Kampf [künftig zitiert: Mammach, Dimitroffs Hilfe], in: BzG, 14. Jg. (1972), H. 4, S. 580; dazu Weselin Hadshinikolow, Georgi Dimitroff und die Rolle der Sowjetunion im weltrevolutionären Prozeß, in: Georgi Dimitroff — Kampf und Vermächtnis [künftig zitiert: Sammelband Dimitrov], Berlin[-Ost] 1972, S. 32.

22 Hadshinikolow, aaO.

23 Zitiert nach Sywottek, aaO., S. 112.

24 Kunina/Endakova, aaO., S. 394; vgl. auch Sywottek, aaO., S. 112; und Gosztony, aaO., S. 32.

25 Kunina/Endakova, aaO.

26 Sywottek, aaO., S. 112.

27 Vgl. Vnešnjaja politika I, S. 128 f. Molotovs Aufruf zum nationalen Verteidigungskrieg.

dem sich Stalin am 3. Juli 1941 anschloß (vgl. J. Stalin, Über den Großen Vaterländischen Krieg der Sowjetunion [künftig zitiert: Stalin, Kriegsreden], Berlin[-Ost] ³1952, S. 5 ff.), wurde durch öffentliche Erklärungen prominenter Sowjetbürger wie durch zahlreiche Beiträge in Zeitungen und Zeitschriften unterstützt. Der Historiker E. V. Tarle beispielsweise erinnerte daran, daß am 24. Juni 1812 der größte Feldherr der Weltgeschichte die Grenze des Russischen Reiches überschritten und damit „den Anfang vom Ende" seiner Herrschaft über Europa eingeleitet habe. Nun, so prophezeite er, habe das russische Volk erneut die Aufgabe übernommen, Europa aus einem schändlichen Joch zu befreien. Vgl. E. Tarle, Načalo konca, in: Bol'ševik, Jg. 1941, H. 11—12, S. 37.

[28] Der Weg unserer Partei, S. 21.

[29] Der Aufruf des ZK der KPD vom 24. Juni 1941 wird zitiert nach einem Auszug in: Geschichte der Arbeiterbewegung, Bd. 5, S. 547 f.; vgl. auch A. S. Blank, Kommunističeskaja partija Germanii v bor'be protiv fašistskoj diktatury (1933—1945) [künftig zitiert: Blank, KPG v bor'be], Moskau 1964, S. 201.

[30] Sywottek, aaO., S. 113

[31] In einer Rede vor dem Obersten Sowjet hatte beispielsweise der damalige Vorsitzende des Rates der Volkskommissare, V. M. Molotov, am 29. März 1940 dargelegt, die beiden Westmächte hätten unter dem Vorwand, ihre Verpflichtungen für Polen zu erfüllen, Deutschland den Krieg erklärt, weil dieses Land „offensichtlich zu einem gefährlichen Konkurrenten Englands und Frankreichs, der imperialistischen Hauptmächte Europas", geworden sei. Vgl. Vnešnjaja politika Pravitel'stva, in: Bol'ševik, Jg. 1940, H. 7, S. 2; dazu N. Rubinštejn, Ljubiteli zagrebat' žar čužimi rukami, in: ebd., H. 9, S. 29.

[32] Sywottek, aaO., S. 113 f.

[33] Geschichte der Arbeiterbewegung, Bd. 5, S. 547.

[34] Wie der Schriftsteller Fritz Erpenbeck, selbst Mitglied der kommunistischen deutschen Emigration in Moskau, berichtet, sei für den Parteivorsitzenden der KPD „wie für alle seine deutschen Freunde in der Sowjetunion dieser Sonntag [der 22. Juni 1941] einer der schrecklichsten, niederschmetterndsten Tage ihres an Schlägen reichen Lebens" gewesen: Fritz Erpenbeck, Wilhelm Pieck, Leipzig 1956, S. 162. Von einem hohen Funktionär der KPD, dem im Kominternapparat tätigen Philipp Dengel, wird berichtet, er sei von dem deutschen Überfall auf die UdSSR so stark erschüttert gewesen, daß er noch am gleichen Tag einen schweren Schlaganfall erlitt, von dem er sich bis zu seinem Tode im Jahre 1948 nie wieder erholte. Vgl. die biographische Skizze von Katja Haferkorn: Vom Bauernsohn zum Arbeiterführer, in: BzG, 9. Jg. (1967), H. 5, S. 880.

[35] Walter Ulbricht, Erinnerungen an das erste Kriegsjahr [künftig zitiert: Ulbricht, Erinnerungen], in: ders., Zur Geschichte der deutschen Arbeiterbewegung, Bd. II: 1933—1946 [künftig zitiert: Ulbricht, Zur Geschichte II], Berlin[-Ost] ⁵1963, S. 267. Zur Rolle Ulbrichts in der Moskauer Emigration der KPD vgl. Carola Stern, Ulbricht, Köln/Berlin 1963, S. 112 ff.; dazu Lieselotte Thoms/Hans Vieillard, Ein guter Deutscher, Berlin[-Ost] o. J. [1963], S. 51 f.

[36] Zu den wenig erfolgreichen Aktivitäten einzelner Gruppen der KPD in Deutschland vor Ausbruch des deutsch-sowjetischen Krieges vgl. Klaus Drobisch, Zur Tätigkeit der Beauftragten des ZK der KPD in Berlin 1939—1941, in: ZfG, XI. Jg. (1963), H. 3, S. 546 ff.

[37] Geschichte der deutschen Arbeiterbewegung, Bd. 5, aaO., S. 547; vgl. auch Gosztony, aaO., S. 33 f.

[38] Wilhelm Pieck, Im Sieg der Roten Armee liegt die Rettung des deutschen Volkes, zitiert nach: ders., Reden und Aufsätze, Bd. I. [künftig zitiert: Pieck, Reden und Aufsätze], Berlin[-Ost] 1951, S. 356—363.

[39] Ebd., S. 357.

[40] Ebd., S. 362.

[41] Vgl. Leonhard, Revolution, S. 120.

[42] Vgl. Pograničnye vojska SSSR 1939—ijun' 1941, Moskau 1970, S. 404. Liskow (auch Liskov, Dieskow, Lieskow, Lieskopf) wird in dieser Dokumentation irrtümlicherweise als Angehöriger des Pionierregiments 222 [sapernyj polk] vorgestellt. Wie der einschlägigen deutschen Literatur (z. B. Burkhart Mueller-Hillebrand, Das Heer 1933—1945, Bd. II, Frankfurt a. M. 1956, S. 164) leicht zu entnehmen ist, kann es sich jedoch nur

um das im Verband der 75. Inf.-Div. operierende Infanterieregiment 222 gehandelt
haben. Wie der damalige Kommandeur der Grenzabteilung von Vladimir-Volynsk, der
spätere Generalmajor M. Byčkovskij, berichtete (vgl. Nikolai Schwankow, Als der Krieg
begann. Eine Erinnerung, in: MAeO, Jg. 1965, H. 6, S. 14), wurde er am Abend des
21. Juni 1941 über Telefon von einem Offizier darüber unterrichtet, „daß im Raume der
4. Kommandantur ein gewisser Alfred Lieskopf [im folgenden verbessert in: Liskow]
vom deutschen Infanterieregiment 222 der 74. Infanteriedivision die Grenze überschritten
und etwas sehr Wichtiges mitzuteilen habe". Man habe den Deutschen sofort zum Stab
der Grenzabteilung gebracht. Als dieser dort „kaum die Schwelle des Zimmers übertreten"
hatte, habe er ausgerufen: „Es gibt Krieg!" Liskow habe berichtet, den Soldaten sei
vom Kompanieführer mitgeteilt worden, „die Hitlerarmee werde am 22. Juni, morgens
um 4 Uhr, den Krieg gegen die Sowjetunion beginnen". Er habe sich daher entschlossen,
„nach Sowjetrußland hinüberzugehen", habe aber noch den Angriffsbefehl abgewartet
und sei in der Nacht über den Bug hinübergeschwommen. Auf der sowjetischen Seite sei
er sofort auf Grenzsoldaten gestoßen, die ihn freundschaftlich aufgenommen hätten.
Byčkovskij gab diese Information sofort an den Kommandeur des ukrainischen Grenz-
militärbezirks und an den Befehlshaber der benachbarten 5. Armee weiter. Der dienst-
habende Offizier beim Stab dieser Armee, mit dem Byčkovskij selbst sprach, habe jedoch
erklärt, „es handele sich dabei nur um eine der üblichen faschistischen Provokationen".
Liskow selbst soll am 24. Juni 1941 „mit wahrer Begeisterung" ein Flugblatt an seine
Kameraden verfaßt haben, in dem er u. a. schrieb: „Wendet eure Bajonette gegen Hitler
und seine Banditenregierung... Damit verrichtet ihr eine heilige Sache. Es kommt der
Frieden, nach dem sich das deutsche Volk sehnt. Der verhaßte Faschismus... wird vernichtet werden." Vgl. Michail Iwanowitsch Burzew, Deutsche Antifaschisten an der Seite
der Roten Armee im Großen Vaterländischen Krieg der Sowjetunion [künftig zitiert:
Burzew, Deutsche Antifaschisten], in ZfM, 8. Jg. (1969), H. 4, S. 423; dazu die Angaben bei Wolfgang Leonhard, Kreml ohne Stalin, Köln 1959, S. 254. Liskow, der vor
seiner Einberufung in einer Möbelfabrik in Kolberg arbeitete, war offensichtlich kein
Einzelfall. Nach Ostberliner Darstellung wurden die sowjetischen Grenztruppen von
weiteren Überläufern aus den Reihen der Wehrmacht über die deutschen Angriffsvor-
bereitungen bzw. über den Angriffstermin informiert. Danach verließ schon am 10. Juni
1941 der einundzwanzigjährige Schütze Rudolf Richter, „Jungkommunist und Sohn
eines sozialdemokratischen Arbeiters", seine nördlich von Włodawa am Bug stationierte
Einheit, „um seine sowjetischen Klassenbrüder rechtzeitig vor dem vertragsbrüchigen
Vorhaben der deutschen Imperialisten und Militaristen zu warnen". Eine Stunde vor
Kriegsbeginn, als in seiner Einheit der Angriffsbefehl Hitlers schon verlesen worden war,
unternahm der Unteroffizier Wilhelm Schulz, Mitglied der KPD und vor seiner Einberufung Mechaniker in Eisenach, den Versuch, den San zu durchschwimmen. Er wurde an-
geblich durch Beschuß von deutscher Seite schwer verwundet und von einem sowjetischen
Grenzsoldaten vor dem Ertrinken gerettet. Im Sterben habe er, so wird berichtet, noch
flüstern können: „Freunde, ich bin Kommunist. In einer Stunde bricht der Krieg aus.
Man überfällt euch, seht euch vor, Genossen!" Vgl. Geschichte der deutschen Arbeiterbewegung, Bd. 5, S. 291; und die Angaben in dem Sammelband: Kampf um Deutschland,
Berlin[-Ost] 1968, S. 65.

[43] Vgl. Bruno Löwel, Der Kampf der KPD um die Schaffung der notwendigen Voraussetzungen für die Gründung des Nationalkomitees „Freies Deutschland" [künftig zitiert:
Löwel, Der Kampf der KPD], in: Der deutsche Imperialismus und der zweite Weltkrieg,
Bd. 4, Berlin[-Ost] 1961, S. 566 ff. Zu den damaligen Überläufern zählte auch der Soldat
Heinz Keßler, heute Generaloberst der NVA und stellvertretender Minister für Natio-
nale Verteidigung der DDR, der am 15. Juli 1941 als Angehöriger der 134. I.D. von
einem Spähtruppunternehmen nicht zurückkehrte. Vgl. Kampf um Deutschland, aaO.
Besonderes Aufsehen erregte die Meldung vom Übertritt der gesamten Besatzung einer
Ju 88, die drei Tage nach Kriegsbeginn auf dem Flugplatz von Kiev gelandet war. Die
vier Besatzungsmitglieder, der Unteroffizier Hans Hermann aus Breslau, der Beobachter
Hans Kratz aus Frankfurt a. M., der Obergefreite Adolf Appel aus Brünn und der
Funker Wilhelm Schmidt aus Regensburg hatten angeblich gemeinsam beschlossen, so
erinnert sich Wolfgang Leonhard (Revolution, aaO., S. 120), auf einem sowjetischen

Flugplatz zu landen. In einer Erklärung, die in allen sowjetischen Zeitungen veröffent-licht wurde, berichteten sie, daß sie schon mehr als ein Jahr zusammen geflogen seien und an den Luftangriffen auf London, Portsmouth, Plymouth und auf andere engliche Städte teilgenommen hätten: „Wir stellten uns oft die Frage: ‚Warum kämpft Hitler gegen die ganze Welt? Warum bringt er allen Völkern Europas Tod und Zerstörung?'... Jetzt, da Hitler den Krieg an Rußland erklärte, beschlossen wir, zu handeln. Am 25. Juni warfen wir unsere Bomben in den Dnjepr und landeten bei Kiew." Vgl. auch Burzew, Deutsche Antifaschisten, S. 423; dazu den Ausschnitt eines Flugblattes, abgedruckt in: Egbert von Frankenberg, Meine Entscheidung, Berlin[-Ost] 1963, Bildteil nach S. 320.

[44] Leonhard, Revolution, aaO.

[45] Vgl. Walter Ulbricht, Was wird aus Deutschland?, in: „Rundschau", Basel, Nr. 43 vom 17. August 1939, S. 863; erneut abgedruckt in: ders., Zur Geschichte II, S. 255.

[46] Partijno-političeskaja rabota v sovetskich voorožennych silach v gody Velikoj Otečest-vennoj vojny 1941—1945 [künftig zitiert: Partijno-političeskaja rabota], Moskau 1963, S. 468 f. Es muß nicht nur Zweckoptimismus gewesen sein, wenn von Friedl Fürnberg, dem österreichischen Vertreter bei der Komintern, berichtet wird, er habe im Juni 1941 erklärt: „In sechs Wochen sind wir in Berlin!" Vgl. Quittner, aaO., S. 138.

2. Kriegspropaganda im Verband der Roten Armee

[1] BA/MA Freiburg, RW 4/v. 251: OKW/Chi II Nr. 4281/41 g (Chi-Nachrichten/Rund-funkpropaganda-Lagebericht: Übersicht über die Propaganda des Moskauer Rundfunks zu Beginn des Krieges zwischen Deutschland und der Sowjetunion, Stand: 12. 7. 41), vom 14. Juli 1941 [künftig zitiert: Chi-Nachrichten], S. 6; vgl. dazu A. M. Schewtschenko, Die antifaschistische Propaganda innerhalb der Truppen und der Bevölkerung Deutsch-lands während des Großen Vaterländischen Krieges, in: Bulletin, Nr. 1/2 (1972), S. 40 ff.

[2] Die ehemalige Hauptverwaltung für Politische Propaganda der Roten Armee, die bald nach Kriegsbeginn wieder ihre frühere Bezeichnung erhalten hatte, schuf am 25. Juni 1941, dem dritten Tag nach Kriegsausbruch, unter dem Kommando von Oberst I. S. Braginskij ein „Besonderes Büro für die Leitung der politischen Propaganda unter den Truppen und der Bevölkerung des Gegners". Vgl. Burzew, Deutsche Antifaschisten, aaO., S. 418; sowie S. I. Tjulpanov, Der ideologische Kampf gegen den Faschismus im Großen Vaterländischen Krieg [künftig zitiert: Tjulpanov, Der ideologische Kampf], in: ZfG, XX. Jg. (1972), H. 2, S. 174; und K. L. Selesnjow, Zur Hilfe Georgi Dimitroffs für die Propaganda der Politorgane der Roten Armee in der faschistischen Wehrmacht [künftig zitiert: Selesnjow, Zur Hilfe Georgi Dimitroffs], in: BzG, 14. Jg. (1972), H. 5, S. 791. Aus der Meldung eines V-Mannes der Deutschen Informationsstelle III in Prag vom 4. August 1941 geht hervor, daß die deutschen Dienststellen von der Einrichtung einer besonderen Abteilung der III. Internationale, wie es hieß, „für politische Propa-ganda unter den Kriegsgefangenen" wußten. Vgl. PA Bonn, Büro Staatssekretär, Akten betr. Rußland, Bd. 6: Inf. III, Nr. 423 gRs vom 4. August 1941. Über den Stand der sowjetischen Forschung und über Quellenpublikationen in der UdSSR zur Frage des politisch-moralischen Zustandes der deutschen Wehrmacht unterrichten Olga Kusnezowa/ Konstantin Selesnjow: Der politisch-moralische Zustand der faschistischen deutschen Truppen an der sowjetisch-deutschen Front in den Jahren 1941—1945, in: ZfM, 9. Jg. (1970), H. 5, S. 598—608.

[3] Selesnjow, Zur Hilfe Georgi Dimitroffs, S. 791 f.

[4] Ebd., S. 792. Der Österreicher Ernst Fischer zum Beispiel, der Ende Mai 1941 einen Urlaub in einem ZK-Sanatorium auf der Krim angetreten hatte, erfuhr nach seiner sofort nach Kriegsausbruch erfolgten Rückkehr in die sowjetische Hauptstadt von Dimi-trov, daß er als deutscher Kommentator im Moskauer Rundfunk eingesetzt werden sollte. Über Einzelheiten seiner Tätigkeit berichtet er in seinen Memoiren: aaO., S. 430 ff.

[5] Das Zentralkomitee der KPD, so erinnert sich der damals in der GlavPURKKA tätige Regimentskommissar M. I. Burcev, habe schon am zweiten Kriegstag „seine besten Schriftsteller, Journalisten, Redakteure und Parteipropagandisten" der Roten Armee zur Verfügung gestellt. Der Schriftsteller Johannes R. Becher zum Beispiel wurde seinerzeit an

die Front geschickt und arbeitete dort in der Redaktion der in deutscher Sprache erscheinenden Frontzeitung „Die Wahrheit". Ähnliche Aufgaben übernahmen Erich Weinert, Willi Bredel, Friedrich Wolf, Heinrich Vogeler, Alfred Kurella und Frida Rubiner. Die Söhne vieler Emigranten traten in die Rote Armee ein. Willi Bredels Sohn Viktor beispielsweise war Sprecher des Schützengrabenlautsprechers der Politabteilung der 42. Armee. Auch der Sohn Friedrich Wolfs, Konrad Wolf, wurde sowjetischer Offizier. Arthur Pieck, Sohn des Parteivorsitzenden Wilhelm Pieck und bei Kriegsausbruch in der Presseabteilung des EKKI tätig, trat ebenfalls in die Reihen der Roten Armee ein, erhielt als Instrukteur Dienstrang (Politleiter, später Hauptmann) und war fast den ganzen Krieg über einer der engsten Mitarbeiter von M. I. Burcev in der GlavPURRKA. Vgl. Burzew, Deutsche Antifaschisten, S. 420; M. Burcev, Učastie germanskich antifašistov v ideologičeskoj bor'be Sovetskoj Armii protiv gitlerovskich zachvatčikov, in: VIŽ 1969, H. 10, S. 42 f.; Selesnjow, Zur Hilfe Georgi Dimitroffs, S. 792 f.; auch Bodo Rehboldt, Jenseits des Grabens, Berlin[-Ost] 1964, S. 34; und Gerhard Zirke, Im Tosen des Krieges geschrieben, Berlin[-Ost] 1964, S. 19 ff.

[6] Ulbricht, Erinnerungen, S. 267.

[7] Chi-Nachrichten, S. 6.

[8] Auf solche Erwartungen kann zum Beispiel aus einem Bericht General de Gaulles geschlossen werden, dem bei seinem Besuch in Moskau im Dezember 1944 ein diesbezüglich aufschlußreicher sowjetischer Propagandafilm vorgeführt wurde. „Man sah", so schreibt er in seinen Erinnerungen, „wie die Deutschen tückischerweise in Rußland einfielen. Aber bald wurden sie dank des Elans des russischen Volkes, des Mutes seiner Armee und der Tapferkeit seiner Generale zurückgeschlagen. Nun fielen die Russen ihrerseits in Deutschland ein. Sofort brach in ganz Deutschland die Revolution aus. Sie errang den Sieg in Berlin, wo unter den Ruinen und dank sowjetischer Hilfe eine Ära des Friedens und Wohlstandes aufblühte." Vgl. Charles de Gaulle, Memoiren 1942—1946, Düsseldorf 1961, S. 369. In diesem Zusammenhang ist es auch bezeichnend, daß es am Tag des deutschen Angriffs für einen sowjetischen Spitzenfunktionär offenbar keine Überraschung war, gerüchteweise von einem Staatsstreich in Deutschland, von der Verhaftung Hitlers und vom Einmarsch der Roten Armee in Warschau zu hören. Vgl. V. Emel'janov, O vremeni, o tovariščach, o sebe, in: Novyj mir, XLIII. Jg. (1967), Nr. 2, S. 119.

[9] Chi-Nachrichten, S. 6.

[10] Fischer, aaO., S. 431; Chi-Nachrichten, S. 6 f. Von Losungen wie „Halt! Hier ist das Land der Arbeiter und Bauern! Schießt nicht auf eure proletarischen Brüder!", die sowjetische Soldaten den deutschen Angreifern im Jahre 1941 zuriefen, berichtet N. K. Popel: Panzer greifen an, Berlin[-Ost] 1964, S. 35. Daß in diesem Zusammenhang auch versucht wurde, deutsche Kriegsgefangene zu ihren alten Einheiten zurückzuschicken, um ihre Kameraden zur Desertion zu veranlassen, könnte einen Vorgang erklären, der den zuständigen deutschen Dienststellen erhebliches Kopfzerbrechen bereitete: der Absprung zweier Angehöriger der deutschen Luftwaffe, eines Oberleutnants namens Lehmann und eines Feldwebels namens Aull, aus einem sowjetischen Flugzeug am 6. Januar 1942 bei Troppau in Schlesien. Lehmann, 9./K. G. 53, und Aull, 5./K. G. 51, waren bei Einsätzen am 29. Juni bzw. 11. Juli 1941 abgeschossen worden und in Kriegsgefangenschaft geraten. Lehmann, der bei ersten Vernehmungen auf die Frage, „wie er zu den Russen stände", geantwortet hatte, „er hätte sie ganz gern", wurde in ein Moskauer Gefängnis eingeliefert. Dort traf er Aull, der bei seinen ersten Vernehmungen mit politischen Fragen („Warum machen Sie Krieg? Warum gehen Sie in den Krieg? Warum schießen Sie auf uns? Warum befreien Sie sich nicht durch Absprung und retten sich? Ihr Volk wird von einer kleinen Clique unterjocht.") konfrontiert worden war und dabei auf die Russen offenbar einen vertrauenswürdigen Eindruck gemacht hatte. Nachdem er zu verstehen gegeben hatte, daß er dazu beitragen wolle, den Krieg sofort zu beenden, und auch auf wiederholtes Befragen seine Bereitschaft erklärte, alles zu tun, „um den Krieg zu beenden und der Naziherrschaft ein Ende zu machen", sah er sich der Frage gegenüber, wie er sich dazu stelle, wieder zu seinem Verband zurückzukehren „und die Flugzeugführer zu überreden, mit ihren Flugzeugen bei uns zu landen". Beider Ausbildung im Funk- und Chiffrierwesen sowie ihr Auftrag, im Raum Wien-Graz-Klagenfurt-Innsbruck-München aktiven Nachrichtendienst zu betreiben, deuten zwar eher auf ihren

Einsatz als sowjetische Agenten, jedoch könnte die Änderung der ursprünglich genannten Aufgabe auch darauf zurückzuführen sein, daß die Russen ihre anfänglich großen Hoffnungen „auf einen Umschwung in der Stimmung der Bevölkerung und in der Wehrmacht" inzwischen aufgegeben hatten. Der deutsche Vernehmungsoffizier, Major Geiger (?), hatte jedenfalls den Eindruck, daß die Russen von vornherein damit rechneten, „daß L. und A. nicht für Rußland arbeiten, aber auf Grund der ihnen zuteil gewordenen guten Behandlung und ihrer Beeindruckung durch russische Menschen und Einrichtungen unbewußt in Deutschland für Rußland Propaganda machen". In seinem Bericht fügte er hinzu, daß dafür „der augenblickliche Zustand des Winterkrieges, der für uns einige Schwierigkeiten gebracht hat, sehr geeignet" erscheine. Vgl. PA Bonn, Pol I M 195/15 g, Akten betr. Abwehr Rußland, Bd. 1: Schreiben VAA beim Luftwaffenführungsstab an AA Nr. 33/42 geh. vom 15. 1. 1942.

[11] Chi-Nachrichten, S. 7.

[12] K. L. Sselesnjow, Mit Walter Ulbricht im sowjetischen Kriegsgefangenenlager (Oktober 1941) [künftig zitiert: Sselesnjow, Mit Walter Ulbricht], in: BzG, 11. Jg. (1969), H. 5, S. 810.

[13] Wie K. L. Seleznev berichtet, beruhten diese Hoffnungen auf Nachrichten in der ausländischen Presse, „die über oppositionelle Aktionen einzelner Industrieller, Befürchtungen innerhalb der Generalität, über oppositionelle Elemente in katholischen Kreisen berichteten". In der GlavPURKKA ist im August 1941 in diesem Zusammenhang offenbar ernsthaft erwogen worden, in einer unter Mithilfe Anton Ackermanns vom ZK der KPD ausgearbeitetes anonymes Memorandum einer „bürgerlichen" Opposition in Deutschland zu veröffentlichen, „das die Auffassungen der genannten Kreise zum Ausdruck bringen sollte". Vgl. Selesnjow, Zur Hilfe Georgi Dimitroffs, S. 796 f.

[14] Geschichte der deutschen Arbeiterbewegung, Bd. 5, S. 303 f. Einer der ersten Parteifunktionäre, die im Auftrag des ZK der KPD mit dem Fallschirm über Deutschland absprangen, war im August 1941 Bruno Kühn. Er wurde jedoch offenbar sofort gefaßt und hingerichtet. Vgl. die biographischen Angaben in dem Sammelband: Deutsche Widerstandskämpfer 1933—1945, Bd. 1, Berlin[-Ost] 1970, S. 547 ff.

[15] Vgl. Selesnjow, Zur Hilfe Georgi Dimitroffs, S. 795.

[16] Die ersten „antifaschistischen" Sender auf sowjetischem Boden nahmen schon kurze Zeit nach dem deutschen Überfall ihre Arbeit auf. Bis zum Jahresende 1941 begann „ein ganzes System" von Sendern zu arbeiten. Die Gesamtleitung der Rundfunkstationen hatte der Generalsekretär der Komintern, Georgi Dimitrov, während die operative Leitung in den Händen seines Stellvertreters Palmiro Togliatti (Ercoli) lag. Die nationalen Landessender wurden unmittelbar von den in Moskau residierenden Leitungen der kommunistischen Parteien redigiert. Die Einrichtung eines deutschsprachigen Senders war am 4. September 1941 zwischen Dimitrov, Wilhelm Florin und Walter Ulbricht besprochen worden. Der Generalsekretär der Komintern stimmte den Vorschlägen der Führung der KPD für die Arbeit des Senders „als eines antifaschistischen, patriotischen Senders" zu, „dessen Sprache lebendig und volkstümlich sein, der an Meldungen der Nazipresse und des faschistischen Rundfunks anknüpfen, gegen sie polemisieren, die Wahrheit der Lage an den Fronten und in Deutschland verbreiten sowie über den antifaschistischen Kampf informieren sollte". Der in der Nähe von Moskau stationierte „Deutsche Volkssender" nahm am 10. September 1941 seine Sendetätigkeit auf. Das Redaktionskollektiv des Senders leitete bis zu seinem Tode im Sommer 1944 Wilhelm Florin. Zu seinen Redakteuren und ständigen Mitarbeitern zählten u. a. Georg Hansen als Chefredakteur des Hauptsenders, Elli Schmidt als leitende Redakteurin des Frauensenders, Fritz Schälike als leitender Redakteur des Jugendsenders „Sturmadler", Fritz Erpenbeck und Max Keilson als Redakteure des Senders „SA-Mann Weber", Otto Winzer und Richard Gyptner als Leiter der Redaktion des Soldatensenders, ferner Anton Ackermann, Fritz Apelt, Martha Arendsee, Johannes R. Becher, Willi Bredel, Bernhard Dohm, Karl Dröll, Gustav Gundelach, Edwin Hoernle, Bernard Koenen, Hans Mahle, Karl Maron, Paul Schwenk, Lotte Ulbricht, Paul Wandel, Friedrich Wolf und Hedda Zinner. Vgl. Richard Gyptner, Über die antifaschistischen Sender während des zweiten Weltkrieges, in: BzG, 6. Jg. (1964), H. 5, S. 881 f.; Zirke, aaO., S. 95 ff.; Luise Kraushaar, Zur Tätigkeit und Wirkung des „Deutschen Volkssenders" (1941—1945), in: BzG, 6. Jg. (1964), H. 1,

S. 116 ff.; dazu einen Zeitungsartikel von der gleichen Autorin: Die Gedanken sind frei. Vor 25 Jahren begann der „Deutsche Volkssender" seine Arbeit, in: „Neues Deutschland" vom 11. 9. 1966; außerdem Rudolf Falkenberg, Zur Arbeit des Nationalkomitees „Freies Deutschland" unter den jungen deutschen Kriegsgefangenen in der Sowjetunion, in: Für ein besseres Deutschland, Berlin[-Ost] 1966, S. 98; sowie Mammach, Dimitroffs Hilfe, S. 580; und Chi-Nachrichten, S. 7 ff. Über erfolgreiche Versuche im Spätherbst 1941, die Sendungen des sogenannten Großdeutschen Rundfunks „auf höchst hoch- und landesverräterische Weise" durch „Wellenreiten" zu stören, berichtet Anton Ackermann: Kampf um Deutschland, aaO., S. 87 f.

[17] Ulbricht, Erinnerungen, S. 267.

[18] So eine Formulierung in einer deutschsprachigen Sendung des Moskauer Rundfunks: Chi-Nachrichten, S. 2.

[19] Sselesnjow, Mit Walter Ulbricht, S. 810.

[20] Willy Wolff, Zur Beratung der 158 kriegsgefangenen deutschen Soldaten im Oktober 1941 in der Sowjetunion [künftig zitiert: Wolff, Zur Beratung], in: ZfM, 2. Jg. (1963). H. 1, S. 45.

[21] Ulbricht, Erinnerungen, S. 269.

[22] Wolff, Zur Beratung, S. 45; Falkenberg, aaO., S. 98 f.

[23] Von Ende 1941 bis Sommer 1943 erschien als erste Kriegsgefangenenzeitung das von der GlavPURKKA herausgegebene „Freie Wort". Die Zeitung, an der bald auch deutsche Kriegsgefangene wie beispielsweise der im Juli 1941 in Gefangenschaft geratene ehemalige Gefreite Dr. Günter Kertzscher, heute stellvertretender Chefredakteur des SED-Zentralorgans „Neues Deutschland", mitarbeiteten, „informierte die Antifaschisten in den Lagern nicht nur regelmäßig und objektiv über die Ereignisse an den Fronten, ... brachte nicht nur grundsätzliche, darunter auch von einfachen Kriegsgefangenen geschriebene Beiträge, die die faschistischen Irrlehren und ihre Träger entlarvten, sondern ... spiegelte auch das Leben in den Kriegsgefangenenlagern selbst wider". So Emil Jeschonnek, Wo der Landser denken lernte. Die sowjetische Kriegsgefangenschaft im Spiegel der Zeitung „Nachrichten", Berlin[-Ost] 1959, S. 22 f.; vgl. außerdem Zirke, aaO., S. 34 ff.; und K. L. Selesnjow, Zur Geschichte der Zeitung „Das freie Wort", in: BzG, 13. Jg. (1971), H. 6, S. 951 ff.

[24] Von den Kriegsgefangenen des Lagers Temnikov bezeichnete Ulbricht 20 % als „Faschisten" („Offiziere, Feldwebel, Flieger, SS-Leute, ein Teil der Unteroffiziere und ein geringer Teil Gefreiter und Obergefreiter"). Die übrigen Gefangenen, bei weitem der überwiegende Teil, gruppierte er in „Werktätige", „die durch den Faschismus verdorben sind"; solche, „die unter Nazieinfluß stehen, aber nachzudenken beginnen"; und solche, „die nur wenig unter dem Einfluß der Naziargumente stehen, aber unter dem Druck des faschistischen Terrors jetzt noch passiv sind". Vgl. Walter Ulbricht, Bericht der Kommission über die Arbeit im Kriegsgefangenenlager von Temnikow vom 4. bis 12. August 1941, in: ders., Geschichte der deutschen Arbeiterbewegung, Bd. II, 2. Zusatzband [künftig zitiert: Ulbricht, Zur Geschichte II/2], Berlin[-Ost] 1968, S. 245.

[25] Ebd., S. 249; Wolff, Zur Beratung, S. 45.

[26] Vgl. Ulbricht, Erinnerungen, S. 267 f.; dazu Falkenberg, aaO., S. 99.

[27] Erich Weinert, Memento Stalingrad [künftig zitiert: Weinert, Memento], Berlin[-Ost] [3]1961, S. 195; Wolff, Zur Beratung, S. 45 f.; Falkenberg, aaO., S. 100 f.

[28] Geschichte der deutschen Arbeiterbewegung, Bd. 5, S. 300. Der Aufruf trug die Unterschriften von Anton Ackermann, F. Arndt (Karl Mewis), W. Erasmus (Wilhelm Knöchel), Wilhelm Florin, Kurt Funk (Herbert Wehner), Irene Gärtner (Elli Schmidt), Michael Niederkirchner, Wilhelm Pieck, Gustav Sobottka, Richard Stahlmann und Walter Ulbricht. Vgl. Geschichte der deutschen Arbeiterbewegung. Chronik, Teil II, Berlin [-Ost] 1966, S. 433.

[29] Der Aufruf wird zitiert nach dem Teilabdruck in: Geschichte der deutschen Arbeiterbewegung, Bd. 5, S. 550—553.

[30] Ebd., S. 552.

[31] Ebd., S. 551.

[32] So Selesnev, Krieg und ideologischer Kampf, S. 72.

[33] Geschichte der deutschen Arbeiterbewegung, Bd. 5, S. 551 f.

[34] Zur Lage an der deutsch-sowjetischen Front im Herbst 1941 vgl. Kurt Tippelskirch, Geschichte des Zweiten Weltkrieges, Bonn [3]1959, S. 201 f.; sowie aus sowjetischer Sicht: Geschichte des Großen Vaterländischen Krieges, Bd. 2, S. 247 ff.

[35] Geschichte der deutschen Arbeiterbewegung, Bd. 5, S. 552.

[36] Ebd., S. 552 f.

[37] Vgl. Seleznev, Krieg und ideologischer Kampf, S. 69.

[38] Ebd., S. 71.

3. Die Funktion des „Appells der 158"

[1] Sselesnjow, Mit Walter Ulbricht, S. 815.

[2] Die Konferenz fand nicht in Krasnogorsk statt, wie Duhnke (aaO., S. 371) irrtümlicherweise behauptet. Nähere Angaben über den Straflagerbezirk von Temnikov, dessen Lager schon in den zwanziger Jahren existierten und mit Beginn des Krieges für die Aufnahme von Kriegsgefangenen der Achsenmächte umgestellt wurden, finden sich bei Kurt Bährens: Deutsche in Straflagern und Gefängnissen der Sowjetunion, München 1965, S. 264 ff.

[3] Selesnjow, Zur Hilfe Georgi Dimitroffs, S. 797. An anderer Stelle (Sselesnjow, Mit Walter Ulbricht, S. 811) heißt es, die Reise in das Durchgangslager sei durchgeführt worden, „um sich mit den deutschen Soldaten dort zu unterhalten und sich darüber klar zu werden, welche Prozesse sich in ihrem Bewußtsein vollzogen hatten".

[4] Wolff, Zur Beratung, S. 47.

[5] An der Reise nach Temnikov, einem nach den Angaben Seleznevs verhältnismäßig kleinen Durchgangslager in der Nähe der Station Pot'ma an der Bahnlinie Moskau—Kazan, nahmen von sowjetischer Seite P. N. Fedoseev vom ZK der KPdSU, K. L. Seleznev von der GlavPURKKA und ein Vertreter der Hauptverwaltung für Angelegenheiten der Kriegsgefangenen und Internierten im Volkskommissariat für Innere Angelegenheiten teil. Die Gruppe der ausländischen Kommunisten wurde von Walter Ulbricht geleitet. Ihr gehörten „seine ständige Begleiterin und treue Gefährtin" Lotte Kühn, „der bewährte Parteiarbeiter der KPD" Paul Försterling sowie der slowakische Kommunist Ján Šverma an. Außerdem wurde die Gruppe von einem Fotografen der Zeitschrift „Frontillustrierte" und von drei Mitarbeitern einer Schallplattenfabrik begleitet. Diese Angaben nach Sselesnjow: Mit Walter Ulbricht, S. 811. Einzelheiten über die politische Tätigkeit Švermas im Rahmen der Komintern berichtet Milovan Djilas: Memoir of a Revolutionary, New York 1973, S. 341 f.

[6] So Wolff, Zur Beratung, S. 47.

[7] Ihr Wortlaut findet sich in dem in Moskau veröffentlichten offiziellen Bericht über die Reise dieser „Brigade": First Conference of German Prisoner of War Privates and Non-Commissioned Officers in the Soviet Union [künftig zitiert: First Conference], Moskau 1941, S. 17—53.

[8] Vgl. Geschichte der deutschen Arbeiterbewegung, Bd. 5, S. 318; und Wolff, Zur Beratung, S. 47.

[9] Sseslesnjow, Mit Walter Ulbricht, S. 814.

[10] Wolff, Zur Beratung, S. 47.

[11] Vgl. Sselesnjow, Mit Walter Ulbricht, S. 815 f.

[12] Wolff, Zur Beratung, S. 47.

[13] Sselesnjow, Mit Walter Ulbricht, S. 815; Wolff, Zur Beratung, aaO.

[14] Der deutsche Kommunist Heinz Ewers war nach Kriegsbeginn von der Parteiführung der KPD im Einvernehmen mit der GlavPURKKA damit beauftragt worden, im Lager Temnikov „die politische Arbeit" unter den Kriegsgefangenen zu organisieren. Vgl. Wolff, Zur Beratung, S. 46.

[15] So Sselesnjow, Mit Walter Ulbricht, S. 815.

[16] Wolff, Zur Beratung, S. 47. Wolff weist mit Recht darauf hin, daß es in der bisher zur Geschichte des „Appells der 158" erschienenen Literatur einen Widerspruch hinsichtlich des Zeitpunktes der Beratung gibt. Bei Erich Weinert (Das Nationalkomitee „Freies Deutschland" [künftig zitiert: Weinert, Nationalkomitee], Berlin[-Ost] 1954, S. 11; Um Deutschlands Freiheit, Berlin[-Ost] 1958, S. 444), in einem vom ehemaligen Ost-

berliner Ministerium für Nationale Verteidigung herausgegebenen Sammelband (Sie kämpften für Deutschland, Berlin[-Ost] 1959, S. 113); bei Otto Korfes (Zur Geschichte des Nationalkomitees „Freies Deutschland", in: ZfG, VI. Jg. (1958), S. 1285) und bei I. S. Braginski, Auch unsere geistigen Waffen waren stärker, in: Einheit, 28. Jg. (1973), Nr. 8, S. 983, wird irrtümlich der Dezember 1941 als Zeitpunkt der Beratung angegeben. Vgl. dagegen Wilhelm Pieck, Zur Geschichte der Kommunistischen Partei Deutschlands, Berlin[-Ost] 1949, S. 39; und Ulbricht, Zur Geschichte II, S. 259; dazu A. Blank/B. Level', Naša cel' — svobodnaja Germanija, Moskau 1969, S. 52.

[17] Wolff, Zur Beratung, S. 48; vgl. auch Geschichte der Arbeiterbewegung, Bd. 5, S. 318. Wolff erwähnt, daß die berufliche Tätigkeit von fünf Teilnehmern der Beratung nicht mehr ermittelt werden konnte, und vermutet, daß es sich um Berufssoldaten handelte.

[18] Wolff, Zur Beratung, aaO.

[19] Vgl. oben, S. 20 ff.

[20] First Conference, S. 5.

[21] Wolff, Zur Beratung, S. 48 f.

[22] First Conference, S. 8.

[23] Wolff, Zur Beratung, S. 48.

[24] First Conference, S. 6.

[25] Wolff, Zur Beratung, S. 48 f.; First Conference, S. 8.

[26] First Conference, S. 7.

[27] Ebd., S. 8 ff.; vgl. auch Wolff, Zur Beratung, S. 49.

[28] First Conference, S. 8.

[29] Ebd., S. 8 f. Zwifelhofer, der 1941 zur Roten Armee übergelaufen war und später am ersten Antifa-Lehrgang in Lager 74 teilnahm, war der Sohn eines österreichischen Kommunisten. Vgl. Max Emendörfer, Rückkehr an die Front, Berlin[-Ost] 1972, S. 169 ff.

[30] First Conference, S. 9 f.

[31] Ebd., S. 10. Stenzel argumentierte beispielsweise, daß in den deutschen Schulen nur wenig Zeit auf das Studium der Werke Goethes, Schillers und Lessings verwandt würde. Statt dessen, so klagte er, würden die jungen Deutschen angehalten, „die kitschigen Romane" von Karl May zu lesen.

[32] Sein Lohn, so zeichnete Klassen in schlichten Worten das Zerrbild eines Landarbeiters, habe aus sechs Pfund Brot in der Woche bestanden, und sonntags habe er 15 Pfennige erhalten, um sich ein Stück Kuchen kaufen zu können. Die Suppe, die er bekam, sei reines Wasser gewesen. Er habe mehr Brot und bessere Verpflegung gefordert, sei aber zurückgewiesen worden, und dann habe er seinen Arbeitsplatz verlassen. Aber der Nazi-Gutsbesitzer habe ihm die Polizei auf den Hals geschickt, und er sei zur Rückkehr gezwungen worden. Für Klassen stand seitdem fest, daß der deutsche Landarbeiter der Sklave der Gutsbesitzer war und Hitlers Gesetze es erlaubten, diese Tagelöhner wie Vieh arbeiten zu lassen. Vgl. First Conference, S. 10 f.

[33] Wolff, Zur Beratung, S. 49; First Conference, S. 11.

[34] First Conference, aaO.

[35] Ebd., S. 12.

[36] Ebd., S. 12 f.

[37] Ebd., S. 15 f.

[38] Ebd., S. 14.

[39] Der Wortlaut des „Appells der 158" ist abgedruckt in: First Conference, S. 17 ff.; Sie kämpften für Deutschland, aaO., S. 114 ff.; Bodo Scheurig (Hrsg.), Verrat hinter Stacheldraht? [künftig zitiert: Scheurig, Verrat], München 1965, S. 43 ff.; außerdem auszugsweise in: Geschichte der deutschen Arbeiterbewegung, Bd. 5, S. 553 ff.; und in dem Sammelband: Die Front war überall, Berlin[-Ost] 1968, S. 43 f.

[40] Hier zitiert nach: Sie kämpften für Deutschland, aaO., S. 116 f.

[41] Vgl. Sywottek, aaO., S. 116.

[42] Vgl. Sie kämpften für Deutschland, aaO., S. 120; dazu Sywottek, aaO.

[43] Sselesnjow, Mit Walter Ulbricht, S. 816; vgl. dazu Geschichte der deutschen Arbeiterbewegung, Bd. 5, S. 318.

[44] So Sselesnjow, Mit Walter Ulbricht, aaO.

[45] So Wolff, Zur Beratung, S. 51; vgl. dazu Selesnjow, Zur Hilfe Georgi Dimitroffs, S. 798.

[46] Wolff (Zur Beratung, S. 50) berichtet, daß der „Appell der 158" durch den Moskauer Rundfunk, durch Grabensendungen an der Ostfront, durch Zeitungen und Flugblätter an der Front und in Deutschland sowie durch Abwurf aus sowjetischen Flugzeugen speziell im Raum Berlin und Norddeutschland verbreitet worden sei. Als Reaktion kann er freilich nur ein Anfang Dezember 1941 „den antifaschistischen deutschen Kriegsgefangenen in der UdSSR" zugegangenes Grußtelegramm von der New Yorker deutschen Jugendsektion der Naturfreunde verzeichnen, in dem erklärt wurde, „daß sich ihre Sektion dem Appell der 158 anschließt und ihren Anteil am Kampf gegen den Hitlerfaschismus leisten wird". Außerdem meldete sich der kommunistische Schriftsteller Willi Bredel, der selbst in der Kriegsgefangenenarbeit der GlavPURKKA tätig war, mit einem offenen Brief an die 158 deutschen Soldaten zu Wort, in dem er seinen tiefen Stolz und seine große Freude darüber zum Ausdruck brachte, daß die Soldaten „in der tragischsten Zeit unseres Volkes" ihre Stimme „mannhaft und offen" erhoben hätten.

[47] Vgl. Burzew, Deutsche Antifaschisten, S. 420. Auch S. I. Tjulpanov, der bis August 1942 für die Leitung der politischen Arbeit in den Reihen der feindlichen Truppen an der Leningrader Front verantwortlich war, berichtet von einer „anfänglich geringen Wirkung" der ideologischen Propaganda unter den deutschen Soldaten: Der ideologische Kampf, S. 180.

[48] Sie kämpften für Deutschland, aaO., S. 119 ff. Daß in Moskau auch während der Verlagerung der Diskussion um die deutsche Frage in den Bereich des britisch-sowjetischen Bündnisses an den Prinzipien und Methoden des ideologischen Kampfes gegen die Wehrmacht festgehalten wurde, bestätigt ein Vorgang, den Heinz Willmann, damals Redakteur an der von Johannes R. Becher geleiteten Zeitschrift „Internationale Literatur. Deutsche Blätter", in seinen Erinnerungen berichtet: Willmann wurde Ende November 1941 von einem Beauftragten der Roten Hilfe gebeten, vor Kommandeuren der Roten Armee über „die Lage in Deutschland" zu sprechen. Als er anderntags vor zweihundert Offizieren einer Sonderformation stand, erläuterte ihm ein Oberst, daß es sich um „gut ausgebildete Genossen" handele, „die die Aufgabe hätten, mit deutschen Überläufern zu arbeiten". Man ging in Moskau auch zu diesem Zeitpunkt noch von der Annahme aus, „daß bei dem großen Einfluß, den die KPD in Deutschland habe, und angesichts der Tatsache, daß noch 1933 unter den Bedingungen des faschistischen Terrors nahezu fünf Millionen Wähler ihre Stimme für die kommunistischen Kandidaten gegeben hätten, sicherlich auch viele dieser Wähler sich im Waffenrock ihre Sympathie für den Kommunismus bewahrt haben und nicht gegen die sowjetischen Klassenbrüder kämpfen würden". Vgl. Heinz Willmann, Das sowjetische Volk war uns immer Freund und Helfer, in: Im Kampf bewährt, Berlin[-Ost] 1969, S. 441 f.

4. Brüchiges Bündnis mit Großbritannien

[1] Zur Entwicklung der britisch-sowjetischen Beziehungen nach dem 22. Juni 1941 vgl. die Darstellungen von Sir Llewellyn Woodward, British Foreign Policy in the Second World War, London 1962, S. 151 ff.; Andreas Hillgruber, Hitlers Strategie, Frankfurt a. M. 1965, S. 557 ff.; und V. L. Israeljan, Antigitlerovskaja koalicija, Moskau 1964, S. 17 ff.; dazu die Berichte in den Erinnerungen von Winston Churchill (Der Zweite Weltkrieg, Bd. III/1, S. 440 ff.; und Bd. III/2, S. 7 ff.), Anthony Eden (The Eden Memoirs. The Reckoning [künftig zitiert: Eden Memoirs], London 1965, S. 270 ff.) und I. M. Majskij (Memoiren eines Sowjetbotschafters, Berlin[-Ost] 1967, S. 633 ff.).

[2] Zur Vorgeschichte der Moskauer Vereinbarung „über gegenseitige Hilfeleistung zwischen der UdSSR und Großbritannien" vgl. Churchill, Der Zweite Weltkrieg, Bd. III/2, S. 13 ff.; Woodward, aaO., S. 152 f.; Israeljan, aaO., S. 19 ff.; dazu den Bericht des sowjetischen Diplomaten V. M. Berežkov, der als Dolmetscher zu den britisch-sowjetischen Verhandlungen hinzugezogen worden war: Stanovlenie antigitlerovskoj koalicii [künftig zitiert: Berežkov, Stanovlenie], in: NNI 1973, H. 1, S. 95. Der Wortlaut des Abkommens ist abgedruckt in: Vnešnjaja politika I, S. 130 ff.

[3] Vgl. Geschichte des Großen Vaterländischen Krieges, Bd. 2, S. 213.

[4] Entstehungsgeschichte und Inhalt seiner Rundfunkansprache beschreibt Churchill in seinen Erinnerungen: Der Zweite Weltkrieg, Bd. III/1, S. 440 ff.; vgl. dazu den Memoiren-

band: Action This Day, London 1968, S. 89. Der Londoner Sowjetbotschafter Majskij, der die Ansprache des Premierministers mit Zufriedenheit zur Kenntnis nahm, berichtet (Memoiren, S. 636 ff.), er habe bei einem Gespräch mit Eden am Mittag des 22. Juni im Blick auf eine wünschenswerte Klärung des britisch-sowjetischen Verhältnisses darum gebeten, Churchill möge „zu zwei Fragen ganz unmißverständlich Stellung nehmen", nämlich: „daß England die UdSSR in diesem Kriege entschlossen unterstützen und auf keinen Fall einen Frieden mit Deutschland eingehen werde". Zum Verdruß Churchills reagierte man in Moskau nur zögernd auf die unverhohlenen und ernstgemeinten Angebote aus London für ein gemeinsames Vorgehen gegen Deutschland. Der Premierminister erinnert sich (Der Zweite Weltkrieg, Bd. III/2, S. 11), daß auf seine Rundfunkrede seitens der Sowjetregierung nur insofern eine Antwort erfolgt sei, „als Auszüge der Ansprache in der ‚Prawda' und anderen russischen Regierungsblättern veröffentlicht und wir gebeten wurden, eine russische Militärmission zu empfangen". Er läßt keinen Zweifel daran, daß das Schweigen an höchster Stelle in Moskau seinerzeit bedrückend gewirkt habe. Vgl. auch George Bilainkin, Maisky, London 1944, S. 334; und Maiski, Memoiren, S. 643.

[5] Vgl. Maiski, Memoiren, S. 676; Churchill, Der Zweite Weltkrieg, Bd. III/2, S. 179. Die hier formulierten außenpolitischen Zielvorstellungen äußerte Stalin Ende September 1941 auch bei Verhandlungen mit einer anglo-amerikanischen Delegation unter Lord Beaverbrook und W. Averell Harriman: Robert E. Sherwood, The White House Papers of Harry L. Hopkins [künftig zitiert: Sherwood, White House Papers], Vol. I, London 1948, S. 392.

[6] Es war unverkennbar, daß sich Moskau nur zögernd mit dem Gedanken befreundete, mit Großbritannien „jetzt ein ordentliches Stück historischen Weges gemeinsam zu gehen" (so Maiski, Memoiren, S. 636). Noch Ende Juni 1941 konnte weder die Entsendung einer sowjetischen Militärmission unter Führung von General Golikov nach Großbritannien noch die Rückkehr des britischen Botschafters Sir Stafford Cripps nach Moskau den Eindruck verwischen, daß Stalin unter dem Schock von Hitlers Vertragsbruch in seiner Deutschlandpolitik vorrangig auf die Karte des ideologischen Kampfes setzte. In seinem ersten öffentlichen Appell an die sowjetische Bevölkerung, der am 3. Juli 1941, elf Tage nach dem Überfall der deutschen Truppen, vom Moskauer Rundfunk ausgestrahlt wurde, vertrat er mit Nachdruck die von den deutschen Kommunisten entwickelte und von den Propagandisten der Komintern übernommene These von der Existenz zweier Deutschlands, des Deutschlands der „Faschisten" und des Deutschlands der „Werktätigen". Stalin zeigte sich zwar verbittert über „solche treubrüchigen Leute und Ungeheuer" wie die namentlich genannten Hitler und Ribbentrop, erinnerte jedoch auch an „alle besten Menschen Deutschlands", die „die treubrüchigen Handlungen der deutschen Faschisten brandmarken und der Sowjetregierung ihre Sympathien entgegenbringen". Sein Vertrauen in die optimistische Lagebeurteilung von Komintern und KPD war so groß, daß er die Hoffnung aussprach, in diesem „vaterländischen Volkskrieg" und „Befreiungskrieg", den das sowjetische Volk jetzt zu führen gezwungen sei, könne mit einer direkten Unterstützung durch die Deutschen selbst gerechnet werden: „In diesem großen Krieg", so äußerte sich der sowjetische Partei- und Regierungschef zuversichtlich, „werden wir treue Verbündete an den Völkern Europas und Amerikas haben, darunter auch am deutschen Volk, das von den faschistischen Machthabern versklavt ist." Vgl. den Wortlaut dieser Ansprache: Vystuplenie po radio Predsedatelja Gosudarstvennogo Komiteta Oborony I. V. Stalina, in: Bol'ševik, Jg. 1941, H. 11—12, S. 2 ff.; dazu die deutsche Übersetzung in: Stalin, Kriegsreden, S. 5—15; sowie eine in Schweden erschienene, nach den amtlichen Vorlagen autorisierte und von Wolfgang Steinitz redigierte Übertragung der Kriegsreden Stalins: Stalin spricht. Die Kriegsreden vom 3. Juli 1941 bis zum 9. Mai 1945, Stockholm 1945, S. 9—17. Alexander Werth, von 1941 bis 1946 Moskauer Korrespondent der Londoner „Sunday Times" und Mitarbeiter von BBC, schildert die Rede Stalins als „eine ganz ungewöhnliche Leistung": Rußland im Krieg 1941—1945, Zürich 1965, S. 134 ff.; vgl. dazu den Bericht bei Josef Czapski: Unmenschliche Erde, Frankfurt/Wien/Zürich 1969, S. 196.

[7] Es ist nicht übertrieben, wenn Churchill in seinen Erinnerungen (Der Zweite Weltkrieg, Bd. III/1, S. 76 f.) schreibt, daß der Sowjetregierung „der Zwischenfall Heß bös zu

schaffen gemacht" habe. In Moskau werde und wird mit der „Mission Heß" gemeinhin eine „allgemeine Koalition" gegen die Sowjetunion oder gar ein „deutsch-britisches Komplott zur gemeinsamen Invasion Rußlands" in Verbindung gebracht. Vgl. B. Šatrov, „Mirnye" manevry germanskogo imperializma, in: „Vojna i rabočij klass", Nr. 4 vom 15. 2. 1944, S. 11; P. Krajnov, Upročnenie meždunarodnogo položenija Sovetskogo Sojuza v dni Velikoj Otečestvennoj vojny, Moskau 1945, S. 7; sowie Israeljan, aaO., S. 20; dazu Werth, aaO., S. 134; und die Erinnerungen Wolfgang Leonhards: Revolution, S. 110; und des sowjetischen Diplomaten N. G. Pal'gunov: Tridcat' let, Moskau 1964, S. 235; außerdem Sherwood, White House Papers, S. 392.

[8] Die sowjetische Hauptstadt sah sich seit dem 29. September 1941 einem konzentrierten Angriff der deutschen Heeresgruppe Mitte (Operation „Taifun") ausgesetzt. Nähere Einzelheiten darüber vermitteln die Untersuchungen von Klaus Reinhard: Die Schlacht vor Moskau im Spiegel der sowjetischen Geschichtsschreibung, in: Jahresbibliographie BfZ, Jg. 43 (1971), S. 451 ff.; Die Wende vor Moskau, Stuttgart 1972; Das Scheitern der Strategie Hitlers vor Moskau im Winter 1941/42, in: Karl Bosl (Hrsg.), Das Jahr 1941 in der europäischen Politik, München/Wien 1972, S. 100 ff.; vgl. dazu Proval gitlerovskogo nastyplenija na Moskvu, Moskau 1966, S. 15 ff. Die Einwohnerzahl Moskaus hatte sich im Herbst 1941 durch die eingetretenen Verluste sowie durch Einberufungen und Evakuierungen merklich verringert. Zahlreiche Behörden und Regierungsorgane hatten angesichts der akuten Bedrohung der Metropole ihre Dienststellen nach Kuibyšev verlegt. Eine eindrucksvolle Schilderung der prekären Situation in der Stadt vermittelt aus eigenem Erleben S. M. Štemenko, der seinerzeit in der Operativen Verwaltung, dem Kernstück der Stavka, tätig war: S. M. Schtemenko, Im Generalstab, Berlin[-Ost] 1969, S. 37 ff.

[9] So der amerikanische Militärattaché in Moskau, Major Yeaton, in einem Bericht vom 10. Oktober 1941, zitiert nach: Sherwood, White House Papers, S. 397. In Großbritannien war nicht nur General Dill davon überzeugt, daß ein deutscher Angriff jeden Widerstand der Roten Armee „wie ein heißes Messer die Butter" durchschneiden werde. Vgl. The Memoirs of Lord Ismay, London 1960, S. 225. Von den ungünstigen Prognosen der britischen Militärexperten („fünf-sechs Wochen" bis zum Zusammenbruch der Roten Armee) berichtet auch Valentin M. Berežkov: Stanovlenie, S. 95. Daß auch in Washington seinerzeit allgemein angenommen wurde, die Sowjetunion werde sich nicht lange verteidigen können, bestätigt Lord Casey in seinen Erinnerungen: Personal Experience, London 1962, S. 67.

[10] Vgl. das Schreiben Stalins an Churchill vom 8. November 1941, abgedruckt in: Manfred Rexin (Hrsg.), Die unheilige Allianz. Stalins Briefwechsel mit Churchill 1941—1945 [künftig zitiert: Briefwechsel I], Reinbek 1964, S. 69 f.; Briefwechsel Stalins mit Churchill, Attlee, Roosevelt und Truman 1941—1945 [künftig zitiert: Briefwechsel II], Berlin [-Ost] 1961, S. 41 f.; vgl. dazu Churchill, Der Zweite Weltkrieg, Bd. III/2, S. 177 f. Die persönliche Botschaft Stalins läßt den hohen Grad von Verärgerung erkennen, der seinerzeit im britisch-sowjetischen Bündnis herrschte. Die Unstimmigkeiten hatten sich vor allem aus der sowjetischen Forderung nach unverzüglicher Errichtung einer zweiten Front ergeben. Die ebenso begründete wie beharrliche Weigerung der Briten, sich ohne hinreichende Vorbereitung auf ein solches Unternehmen einzulassen, verbitterte Stalin. Wie aus seinem Briefwechsel mit Churchill entnommen werden kann, verbarg er weder seine Enttäuschung noch sein wachsendes Mißtrauen, so daß sich zwischen London und Moskau eine zunehmend frostige Atmosphäre entwickelte. Vgl. zum Problem des Beistands an Rußland: Briefwechsel I, S. 50 ff.; Churchill, Der Zweite Weltkrieg, Bd. III/2, S. 90 ff.; sowie aus sowjetischer Sicht: V. M. Kuliš, Istorija vtorogo fronta, Moskau 1971, S. 51 ff.

[11] Maiski, aaO., S. 674; vgl. auch I. M. Majskij, Ljudi-sobytija-fakty [künftig zitiert: Majskij, Ljudi], Moskau 1973, S. 194 ff.

[12] George F. Kennan, Sowjetische Außenpolitik unter Lenin und Stalin [künftig zitiert: Kennan, Sowjetische Außenpolitik], Stuttgart 1961, S. 469.

[13] Vgl. das Telegramm Edens an den britischen Botschafter in Moskau, Sir Stafford Cripps, vom 20. November 1941, abgedruckt in: Churchill, Der Zweite Weltkrieg, Bd. III/2, S. 178 f.

[14] Vgl. das Schreiben Churchills an Stalin vom 21. November 1941, abgedruckt in: Briefwechsel I, S. 70 f.; Briefwechsel II, S. 43 f.; dazu Churchill, Der Zweite Weltkrieg, Bd. III/2, S. 180 f.

[15] Die UdSSR bekundete gegenüber der Atlantik-Charta eine weit weniger eindeutige Haltung. Als sie am 24. September 1941 auf einer internationalen Konferenz in London ihre Zustimmung zu diesem alliierten Grundsatzdokument mitteilte, tat sie es unter dem ausdrücklichen Vorbehalt, „daß die praktische Verwirklichung der ... genannten Prinzipien unbedingt auf die Umstände, Bedürfnisse und historischen Besonderheiten des jeweiligen Landes abgestimmt" sein müsse. Vgl. Vnešnjaja politika I, S. 166; Sbornik dejstvujuščich dogovorov, soglašenij i konvencii, zaključennych SSSR s inostrannymi gosudarstvami, Vyp. XI [künftig zitiert: Sbornik XI], Moskau 1955, S. 43; sowie Geschichte des Großen Vaterländischen Krieges, Bd. 2, S. 224 f.; und Gottfried Zieger, Die Atlantik-Charter, Hannover 1963, S. 43.

[16] Schreiben Churchills an Stalin vom 21. November 1941, in: Briefwechsel I, S. 71; Briefwechsel II, S. 44.

[17] Ebd., S. 71 bzw. 43. Eden selbst unterstrich die grundsätzliche Bereitschaft Großbritanniens zu einer engen Zusammenarbeit mit der UdSSR am 21. November 1941 in einer Rede, die er auf einer Veranstaltung des „Anglo-Soviet Public Relations Committee" in London hielt. Die britische Regierung, so betonte er bei dieser Gelegenheit, wünsche „vor allem eine gesunde und feste Basis für die britisch-sowjetischen Beziehungen". In diesem Kriege hätten beide Staaten ein gemeinsames Ziel und eine gemeinsame Aufgabe. Man müsse sich gegenseitig dabei helfen: „Unsere Ressourcen müssen auch die Ressourcen Rußlands, und die Ressourcen Rußlands müssen auch unsere Ressourcen sein." Diese wechselseitige Verbindung und dieses wechselseitige Interesse müßten sich während des Krieges und auch nach Kriegsende weiter entwickeln und festigen. Man müsse, so kam Eden den Wünschen der Russen entgegen, „bei den Nachkriegsregelungen in der Welt möglichst eng mit der UdSSR zusammenarbeiten". Vgl. Maiski, Memoiren, S. 687 f.; dazu den Bericht über die Veranstaltung in den von der Londoner Sowjetbotschaft herausgegebenen „Soviet War News": No 116 vom 22. 11. 1941, S. 2.

[18] Stalin unterstützte Churchills Anregung, Eden nach Moskau zu schicken, sofort „voll und ganz". In einem Schreiben vom 23. November 1941 weckte er Hoffnungen auf eine rasche Einigung in der Frage der europäischen Nachkriegsordnung. Es sei völlig richtig, so stimmte er seinem britischen Partner zu, „daß die Erörterung und Annahme eines Plans über die Friedensregelung nach dem Kriege davon ausgehen müssen, daß Deutschland, und vor allem Preußen, daran gehindert wird, noch einmal den Frieden zu verletzen und die Völker an ein neues Blutbad zu stürzen". Vgl. den Wortlaut des Schreibens Stalins an Churchill vom 23. November 1941, abgedruckt in: Briefwechsel I, S. 72; Briefwechsel II, S. 44 f.; sowie Churchill, Der Zweite Weltkrieg, Bd. III/2, S. 181 f.

[19] Maiski, Memoiren, S. 700; Majskij, Ljudi, S. 206 f.

[20] Churchill, Der Zweite Weltkrieg, Bd. III/2, S. 179.

[21] Ebd., S. 184 f.

[22] Vgl. Schreiben Churchills an Stalin vom 21. November 1941, in: Briefwechsel I, S. 71; Briefwechsel II, S. 44.

[23] Eden Memoirs, S. 284; Woodward, aaO., S. 190 f.

[24] Der britischen Delegation gehörten neben Eden noch der Unterstaatssekretär im Foreign Office, Sir Alexander Cadogan, der stellvertretende Generalstabschef, General Nye, und zwei Mitarbeiter des Foreign Office, Oliver Harvey und Frank Roberts, an. Vgl. Eden Memoirs, aaO., S. 285; und den Bericht Edens im britischen Rundfunk am 4. Januar 1942: Anthony Eden, Freedom and Order [künftig zitiert: Eden, Freedom], London 1947, S. 143 ff. Eine lebendige Schilderung der Reise der britischen Diplomaten von London über Scapa Flow und Murmansk bis nach Moskau gibt der sowjetische Botschafter Majskij in seinen Erinnerungen: Memoiren, S. 691 ff.; vgl. dazu auch die Tagebuchaufzeichnungen Cadogans: David Dilks (Hrsg.), The Diaries of Sir Alexander Cadogan 1938–1945 [künftig zitiert: Cadogan Diaries], London 1971, S. 416 ff.

[25] Eden Memoirs, S. 284.

[26] Edens Bericht, der vom 5. Januar 1942 datiert ist, findet sich in: Churchill, Der Zweite

Weltkrieg, Bd. III/2, S. 294 f.; vgl. auch Eden Memoirs, S. 289 f.; und Cadogan Diaries, S. 421 f.

[27] Maiski, Memoiren, S. 700.

[28] Vgl. den Bericht Edens vom 5. Januar 1942, in: Churchill, Der Zweite Weltkrieg, Bd. III/2, S. 294 f.; Eden Memoirs, S. 289 f.; sowie Woodward, aaO., S. 191.

[29] Vgl. Edens Bericht vom 5. Januar 1942, aaO., S. 294; Eden Memoirs, S. 289 ff.; Woodward, aaO.

[30] Eden Memoirs, S. 296; Cadogan Diaries, S. 421.

[31] So Churchill, Der Zweite Weltkrieg, Bd. III/2, S. 295.

[32] Vgl. den Wortlaut von Churchills Telegramm an Eden vom 20. Dezember 1941, abgedruckt in: Churchill, Der Zweite Weltkrieg, Bd. III/2, S. 296 f.

[33] Der Wortlaut des Kommuniqués wird zitiert nach: Vnešnjaja politika I, S. 192 f.; vgl. auch Maiski, Memoiren, S. 702.

[34] Eden Memoirs, S. 296; Eden, Freedom, S. 147.

[35] Maiski, Memoiren, S. 709 f.

II. ALTERNATIVEN ZUR ANTI-HITLER-KOALITION (1942/43)

1. Sonderfrieden mit dem „Dritten Reich"

a) Mutmaßungen in Berlin und Tokio

[1] Vgl. PA Bonn, Handakten Ritter, Akten betr. Rußland, Bd. 1—2: „Wie kann und wird die Sowjetunion den Krieg im Jahre 1942 weiterführen?" Die vierseitige Ausarbeitung trägt das Datum vom 8. 12. 1941 und ist ohne Unterschrift. Der handschriftliche Vermerk „Hilger Rußl[an]d" auf der ersten Seite, aber auch der sachliche Inhalt der Studie könnten darauf hindeuten, daß der ehemalige Botschaftsrat an der Deutschen Botschaft in Moskau, Gustav Hilger, der nach Kriegsausbruch dem Ministerbüro des Berliner Auswärtigen Amtes zur besonderen Verwendung zugeteilt worden war, der Verfasser dieser Ausarbeitung gewesen ist.

[2] Ebd., S. 1.

[3] Vgl. ebd., S. 2 f.

[4] Ebd., S. 3.

[5] Kein Geringerer als Sir Stafford Cripps, ehemaliger britischer Botschafter in der UdSSR (Mai 1940 bis Januar 1942) und bekannt als ein energischer Befürworter der Allianz zwischen London und Moskau, erkannte die Gefahr, die sich aus der Politik Großbritanniens ergeben könnte. Um der drohenden Entfremdung zwischen den Bündnispartnern entgegenzuwirken, entschloß er sich zu dem ungewöhnlichen Schritt, in aller Öffentlichkeit um Verständnis für die Ziele der Moskauer Außenpolitik zu werben. In einem Artikel des amerikanischen Nachrichtenmagazins „Life", der am 7. März 1942 vorab auch in der Londoner „Daily Mail" erschien, erläuterte er „Stalins Pläne" in einer Weise, wie sie ein sowjetischer Politiker kaum präziser hätte darlegen können: Nach dem letzten Weltkrieg und der russischen Revolution, so holte der britische Diplomat zu seiner historischen Argumentation aus, sei „das russische Territorium vielfach beschnitten" worden. Was man in den Händen der zaristischen Regierung für sicher gehalten habe, sei in den Händen ihrer Nachfolger als unsicher betrachtet worden: „Finnland wurde ein freies Land. Die baltischen Staaten wurden gegründet und zerfielen in drei kleine unabhängige Länder — Estland, Lettland und Litauen. Polen war als Königreich wiedererstanden und kämpfte gegen Rußland, wobei es seine Grenzen auf Kosten Rußlands ausdehnte. Bessarabien fiel an Rumänien." Die Änderungen seien absichtlich dazu ausersehen gewesen, so argumentierte Cripps in seinem geschichtlichen Rückblick, „das Land strategisch zu schwächen". Die Furcht vor dem Bolschewismus habe damals eine Form praktischer Maßnahmen angenommen, um die Macht Sowjetrußlands zu schmälern. Seit damals, seit den Jahren nach dem ersten Weltkrieg, sei es das Ziel der Sowjetregierung gewesen, „ihre Grenzen im Westen gegen Deutschland strategisch wieder aufzubauen". Bei einer solchen Hypothese überrascht es nicht, wenn Cripps die sowjetischen Gebietserweiterungen in Finnland, im Baltikum und in Ostpolen aus den Jahren 1939 und 1940 vorbehaltlos billigte. Für den Schutz Leningrads sei es notwendig, so machte er sich die

sowjetische Argumentation zu eigen, „daß die Russen die Kontrolle über den Finnischen Meerbusen und die baltische Küste haben". Ebenso bedeutsam sei es für sie, „daß es keine kleinen Staaten gibt, die so nahe an den lebenswichtigen Punkten der sowjetischen Industrie gelegen sind, die von feindlichen Mächten als Stützpunkt für einen Angriff benützt werden können". Das bedeute, so folgerte der britische Politiker in bemerkenswertem Gegensatz zu den entsprechenden Auffassungen seiner Regierung, „daß die sowjetische Regierung die Grenzen verlangen muß, um die sie zur Verteidigung gegen Deutschland gekämpft hat — nämlich die Grenzen des Juni 1941".
Die Ausführungen von Cripps werden hier nach einer vom 7. April 1942 datierten deutschen Übersetzung der Abteilung P XII (Sonderdienst Politischer Nachrichten, SPN) der Presseabteilung des Berliner Auswärtigen Amtes zitiert, die auf dem Text der Veröffentlichung in der „Daily Mail" vom 7. März 1942 beruht: PA Bonn, Büro Staatssekretär, Akten betr. Rußland, Bd. 8. Über die Tätigkeit von Cripps als Botschafter in Moskau berichtet sein Biograph Colin Cooke: The Life of Richard Stafford Cripps, London 1957, S. 266 ff.

6 Vgl. den Wortlaut dieser Tagesbefehle in: I. V. Stalin, Sočinenija, T. 2 [XV]: 1941—1945, Stanford, Calif. 1967, S. 36 ff. bzw. 46 ff.; hier zitiert nach den beiden vorliegenden deutschen Übersetzungen: Stalin spricht, S. 39 ff. bzw. 47 ff.; und Stalin, Kriegsreden, S. 43 ff. bzw. 53 ff. Vgl. außerdem die Aufzeichnung des ehemaligen Botschaftsrates bei der Deutschen Botschaft in Moskau, Werner v. Tippelskirch, vom 28. Februar 1942: PA Bonn, Büro Staatssekretär, Akten betr. Rußland, Bd. 7: Bemerkungen zum Armeebefehl Stalins am 24. Jahrestag der Roten Armee.

7 Stalin spricht, S. 33 bzw. Stalin, Kriegsreden, S. 36.

8 Ebd., S. 42 bzw. 47.

9 Vgl. ebd., S. 42 und 48 bzw. 47 und 54.

10 Ebd., S. 43 bzw. 48 f.

11 Ebd., S. 43 f. bzw. 48 ff.

12 Ebd., S. 50 bzw. 44.

13 Vgl. PA Bonn, Büro Staatssekretär, Akten betr. Rußland, Bd. 7: Aufzeichnung von Tippelskirch vom 28. 2. 1942, S. 3.

14 Vgl. Max Domarus, Hitler. Reden und Proklamationen 1932—1945, Bd. II, Würzburg 1963, S. 1850; dazu Alan Bullock, Hitler, Düsseldorf 1960, S. 676.

15 Schon im Jahre 1941 hatte es an Gerüchten über eine deutsch-sowjetische Sonderfriedensvereinbarung nicht gefehlt. Vgl. beispielsweise PA Bonn, Büro Staatssekretär, Akten betr. Rußland, Bd. 6: Telegramm Thomsen, Nr. 2903 vom 24. 8. 1941; sowie ebd., Bd. 7: Telegramm Papen, Nr. 1684 vom 17. 12. 1941; dazu die zusammenfassende Darstellung von Vojtech Mastny: Stalin and the Prospects of a Separate Peace in World War II, in: AHR, Vol. 77, No 5 (December 1972), S. 1365 ff.; sowie die Erinnerungen des schwedischen Journalisten Arvid Fredborg: Behind the Steel Wall, New York 1944, S. 156.

16 PA Bonn, Handakten Ritter, Akten betr. Rußland, Bd. 1—2: Aktennotiz Amt Ausland/ Abwehr vom 23. 3. 1942.

17 Fredborg, aaO., S. 156 f.

18 PA Bonn, Büro Staatssekretär, Akten betr. Rußland, Bd. 8: Telegramm Ott, Nr. 630 vom 2. 3. 1942, S. 3.

19 Ebd., S. 1; vgl. auch PA Bonn, Büro Staatssekretär, Akten betr. Japan, Bd. 6: Telegramm Ott, Nr. 798 vom 14. 3. 1942, S. 2.

20 PA Bonn, Büro Staatssekretär, Akten betr. Rußland, Bd. 8: Telegramm Ott, Nr. 630 vom 2. 3. 1942, S. 1 f.

21 Die japanische Marineleitung hielt es im Frühjahr 1942 für erforderlich, in den nächsten Monaten „eine Verbindung zwischen Ostasien und Europa über den Indischen Ozean herzustellen". Gelinge es, dieses Ziel zu erreichen, so argumentierten ihre Vertreter, dann sei „der Krieg so gut wie gewonnen und das britische Empire erledigt". Die Japaner stellten sich angesichts der günstigen militärischen Situation die Frage, „ob nicht Deutschland seine Kräfte jetzt gleichfalls auf dieses Ziel konzentrieren solle". Sie hielten es unbedingt für vorrangig und ermunterten unter diesen Umständen die Deutschen zu einem Kompromiß mit der Sowjetunion: „Wenn eine gleichzeitige Niederwerfung Rußlands und eine Öffnung des Weges über den Indischen Ozean nicht möglich sei", so

berichtete Ott in seinem Telegramm vom 2. März 1942 (PA Bonn, Büro Staatssekretär, aaO., S. 2) über ihre Ansichten nach Berlin, „erscheint es vielleicht ratsam, die endgültige Vernichtung der Sowjetunion zu vertagen und zu versuchen, auf einer für Deutschland tragbaren Basis zu einem Arrangement zu gelangen."

[22] PA Bonn, Büro Staatssekretär, aaO.

[23] PA Bonn, Büro Staatssekretär, Akten betr. Japan, Bd. 6: Aktennotiz v. Weizsäcker vom 12. 3. 1942.

[24] PA Bonn, Büro Staatssekretär, Akten betr. Rußland, Bd. 8: Telegramm Blücher, Nr. 599 vom 19. 3. 1942, S. 1.

[25] PA Bonn, Büro Staatssekretär, Akten betr. Rußland, Bd. 8: Telegramm Krauel, Nr. 61 vom 25. 3. 1942, S. 1. Krauels Mittelsmann wußte in diesem Zusammenhang sogar zu berichten, „daß bereits Tschechen aus Prag in Bern eingetroffen seien, um dort mit Russen über Friedensbedingungen zu sprechen".

[26] PA Bonn, Büro Staatssekretär, Akten betr. Rußland, Bd. 8: Telegramm Zechlin, Nr. 85 vom 30. 4. 1942.

[27] PA Bonn, Büro Staatssekretär, Akten betr. Rußland, Bd. 8: Telegramm Ribbentrop, Nr. 243 vom 7. 3. 1942, S. 1 ff.

[28] Vgl. PA Bonn, Büro Staatssekretär, Akten betr. Rußland, Bd. 8: Telegramm Ribbentrop, Nr. 808 vom 18. 3. 1942.

[29] Ebd., S. 2 f.

[30] Ebd., S. 4.

[31] PA Bonn, Büro Staatssekretär, Akten betr. Japan, Bd. 9: Telegramm Sonnleithner, Nr. 1072 vom 5. 9. 1942.

[32] So der japanische Außenminister Togo in einer „allgemeinen vertraulichen Aussprache über die gegenwärtige Gesamtlage und die sich daraus ergebende gemeinsame Weiterführung des Krieges" mit Botschafter Ott: PA Bonn, Büro Staatssekretär, Akten betr. Japan, Bd. 6: Telegramm Ott, Nr. 927 vom 25. 3. 1942, S. 2.

[33] PA Bonn, Büro Staatssekretär, Akten betr. Rußland, Bd. 8: Telegramm Ribbentrop, Nr. 808 vom 18. 3. 1942, S. 1.

[34] PA Bonn, Büro Staatssekretär, Akten betr. Japan, Bd. 6: Telegramm Ott, Nr. 927 vom 25. 3. 1942, S. 3.

[35] PA Bonn, Büro Staatssekretär, Akten betr. Rußland, Bd. 8: Telegramm Ribbentrop, Nr. 243 vom 7. 3. 1942, S. 2.

[36] PA Bonn, Büro Staatssekretär, Akten betr. Japan, Bd. 6: Telegramm Ott, Nr. 798 vom 14. 3. 1942, S. 2. Von einem V-Mann des deutschen Geheimdienstes in Samara war schon im Januar 1942 gemeldet worden, daß japanische Ermittlungen über die Möglichkeit eines Waffenstillstandsangebotes Stalins an Berlin ein negatives Ergebnis gebracht hatten: Stalin sei jetzt abgeneigt, „da territorialer Verlust bereits zu groß, und weil bedeutender Teil wichtiger Industrien gänzlich [in] deutscher Hand". Vgl. PA Bonn, Büro Staatssekretär, Akten betr. Rußland, Bd. 7: Telegramm Wagner, Nr. 54 vom 28. 1. 1942, S. 1.

[37] PA Bonn, Büro Staatssekretär, Akten betr. Japan, Bd. 6: Telegramm Ott, Nr. 927 vom 25. 3. 1942, S. 3.

[38] PA Bonn, Büro Staatssekretär, Akten betr. Japan, Bd. 7: Telegramm Mackensen, Nr. 1277 vom 17. 4. 1942, S. 1 f.

b) Kontakte in Stockholm

[1] Vgl. Mastny, aaO., S. 1369. Nicht zu Unrecht bemerkte der finnische Gesandte in Berlin, Kivimäki, zu einer an Helsinki gerichteten Sonderfriedenssondierung eines Angehörigen der sowjetischen Gesandtschaft in Stockholm vom 25. Oktober 1942 (vgl. PA Bonn, Büro Staatssekretär, Akten betr. Rußland, Bd. 9: Telegramm Blücher, Nr. 1884 vom 30. 10. 1942, S. 1 f.), daß ein Friedensschluß zwischen Finnland und der Sowjetunion nur sinnvoll erscheine, wenn gleichzeitig Deutschland und die Sowjetunion Frieden schlössen: ebd., Aufzeichnung Weizsäcker vom 11. 11. 1942, S. 1. Dagegen vermerkt der seinerzeit möglicherweise schon dem sowjetischen Geheimdienst verbundene Stig Wennerström in seinen Erinnerungen, daß in bezug auf deutsch-sowjetische Friedensvermittlung vor der Jahreswende 1942/43 „nichts Wesentliches" geschehen sei: Mein Verrat, München 1973, S. 35.

[2] Am 1. August 1942 wurde Unterstaatssekretär Woermann von einem Angehörigen der italienischen Botschaft in Berlin über ein Gespräch zwischen dem amerikanischen Gesandten in Helsinki und dem dortigen spanischen Geschäftsträger unterrichtet, wonach Stalin den Botschaftern der Vereinigten Staaten und Englands „in ultimativer Form" erklärt habe, „er werde mit Deutschland Frieden schließen, wenn nicht sofort die zweite Front errichtet werde". Der amerikanische Botschafter in der Sowjetunion habe aus Kuibyšev außerdem berichtet, daß durch die Vermittlung des dortigen japanischen Botschafters bereits „Vorbesprechungen für einen Waffenstillstand" zwischen Berlin und Moskau im Gange seien, dessen Bedingungen wie folgt beschrieben wurden: „Deutschland ziehe seine Truppen an die russische Grenze von 1930 (soll wohl heißen 1939) zurück. Finnische Truppen bleiben in den bisher von ihnen besetzten Gebieten, über die im Friedensschluß entschieden werde. Die russischen Truppen zögen sich hinter die Wolga zurück und weiter nördlich hinter den 50. Längengrad. Das Gebiet zwischen der deutschen und der russischen Linie werde demilitarisiert. Die Ukraine und der Kaukasus würden Deutschland in Pacht (en bail) überlassen." Vgl. PA Bonn, Büro Staatssekretär, Akten betr. Rußland, Bd. 9: Aufzeichnung Woermann vom 1. 8. 1942. Auch in einem Bericht des deutschen Gesandten in Lissabon von Anfang August 1942, der auf Äußerungen des brasilianischen Generalkonsuls in Glasgow beruhte und sich mit dem Besuch Molotovs in London und Washington vom Mai 1942 befaßte, war die Rede davon, daß der Volkskommissar bei seinen Vertragsverhandlungen unter Hinweis auf die prekäre innenpolitische Situation seines Landes damit gedroht habe, sich mit Deutschland zu verständigen, „wenn der Pakt nicht zustande käme". Vgl. ebd., Telegramm Weber, Nr. 2607 vom 7. 8. 1942, S. 1 f. Aus Santiago wurde dazu ergänzend berichtet, Molotov habe gedroht, „daß Rußland sich aus [dem] Krieg zurückziehen müsse, wenn [die] Hilfe nicht innerhalb von bestimmter Frist (angeblich zwei Monate) erfolge", und gegebenenfalls ein vorliegendes „bestimmes deutsches Angebot" angenommen würde. Vgl. PA Bonn, aaO.: Telegramm Schoen, Nr. 1013 vom 22. 8. 1942.

[3] Vgl. den Pressebericht der Deutschen Botschaft in Tokio vom 11. August 1942: PA Bonn, Büro Staatssekretär, Akten betr. Japan, Bd. 8: Telegramm Nr. 2449 vom 11. 8. 1942, S. 2 f.

[4] Vgl. PA Bonn, Dienststelle Ribbentrop, Akten betr. Vertrauliche Berichte, Bd. 6: Vertraulicher Bericht vom 23. 10. 1942, S. 1 f. Auf die „überall umlaufenden Gerüchte über einen bevorstehenden Waffenstillstand mit Rußland" bezog sich auch der slowakische Gesandte in Berlin, als er am 28. Oktober 1942 Unterstaatssekretär Woermann vom Auswärtigen Amt davon unterrichtete, daß er erfahren habe, „deutsche Urlauber von der Ostfront hätten auf ihrem Urlaubsschein einen Stempel, der besage, daß sich die Urlauber im Fall eines Waffenstillstands bei ihrem Ersatztruppenteil melden sollten": PA Bonn, Büro Staatssekretär, Akten betr. Rußland, Bd. 9: Aufzeichnung Woermann, Nr. 707 vom 28. 10. 1942, S. 1.

[5] Der deutsche Botschafter in Tokio, Eugen Ott, berichtete am 19. September 1942 nach Berlin, daß von der japanischen Absicht, einen Kompromißfrieden zu fördern, „hier nichts erkennbar", und der Plan, den Frieden zwischen Deutschland und der Sowjetunion zu vermitteln, seit der im Frühjahr berichteten Fühlungnahme „nicht mehr hervorgetreten" sei. Vgl. PA Bonn, Büro Staatssekretär, Akten betr. Japan, Bd. 9: Telegramm Ott, Nr. 2906 vom 19. 9. 1942, S. 2.

[6] PA Bonn, Büro Staatssekretär, Akten betr. Rußland, Bd. 9: Vertraulicher Bericht Likus, Nr. 3002 vom 10. 10. 1942; PA Bonn, Dienststelle Ribbentrop, Akten betr. Vertrauliche Berichte, Bd. 6: Vertraulicher Bericht vom 11. 10. 1942. Vgl. in diesem Zusammenhang auch die wiederholten Bemühungen des japanischen Gesandten in Madrid, den dortigen deutschen Botschafter Eberhard v. Stohrer davon zu überzeugen, „daß Stalin versuchen werde, demnächst einzulenken und mit uns zu einer Einigung zu kommen": PA Bonn, Handakten Ritter, Akten betr. Rußland, Bd. 1—2: Telegramm Stohrer, Nr. 4355 vom 21. 8. 1942.

[7] PA Bonn, Büro Staatssekretär, Akten betr. Rußland, Bd. 9: Vertraulicher Bericht Likus, Nr. 3002 vom 10. 10. 1942, S. 1 f.

[8] Ebd., S. 2. In diesem Zusammenhang verdient eine Meldung vom Oktober 1942 aus Stockholm Beachtung, wonach dortige „sowjetrussische Kreise" offen davon sprachen,

„daß im Falle [einer] Niederlage Deutschlands damit [der] Krieg für Rußland nicht zu Ende [sei], sondern gegen England weitergehen würde". Vgl. PA Bonn, Büro Staatssekretär, Akten betr. Rußland, Bd. 9: Telegramm Wied, Nr. 2918 vom 16. 10. 1942, S. 2.

[9] Vgl. ebd.: Vertraulicher Bericht Likus, Nr. 3002 vom 10. 10. 1942, S. 2 f.

[10] Uchida bezog sich offenbar auf eine am 4. Oktober 1942 anläßlich des Erntedanktages im Berliner Sportpalast gehaltene Rede Görings, in der sich dieser über die „Führung bei unseren Gegnern" verbreitete und bemerkte, daß „Josef, der Stalin, ... natürlich zweifellos der Bedeutendste" sei. Vgl. AdG, XII. Jg. (1942), S. 5666.

[11] PA Bonn, Staatssekretär, Akten betr. Rußland, Bd. 9: Vertraulicher Bericht Likus, Nr. 3002 vom 10. 10. 1942, S. 3.

[12] So Karl-Heinz Minuth, Sowjetisch-deutsche Friedenskontakte 1943, in: GWU, 16. Jg., H. 1 (Januar 1965), S. 38.

[13] Peter Kleist, bis zu seinem Freitod im Jahre 1971 in der Bundesrepublik Deutschland als Publizist und Organisator rechtsradikaler Gruppierungen bekannt geworden, wurde am 29. Januar 1904, wie er selbst schreibt, „jenseits der Weichsel in der Marienburger Niederung" geboren und wuchs in Danzig auf. Frühzeitig mit den politischen Problemen und mit den sprachlichen Besonderheiten des ost- und ostmitteleuropäischen Raumes vertraut, beschäftigte er sich schon während seines juristischen Studiums an den Universitäten Berlin und Halle, dem er nach eigener Aussage allerdings „nur die unbedingt examensnotwendige Sorgfalt" widmete, in den Seminaren von Karl Stählin mit der Geschichte des europäischen Ostens. Nach Abschluß des Studiums durch Staatsexamen und Promotion zum Dr. jur. fand er im Jahre 1932 eine Anstellung als Mitarbeiter im Berliner Büro der Provinzen Ost- und Westpreußen, das sich hauptsächlich „mit den Außenhandelsfragen der Provinz, mit der Vertretung der ‚Deutschen Ostmesse', des ‚Wirtschaftsinstitutes für die Oststaaten' und des Königsberger Hafenausschusses gegenüber den Berliner Behörden und den diplomatischen Missionen der östlichen Staaten" zu befassen hatte. Hier informierte er sich in vier Jahren nicht nur eingehend über die Wirtschaftsbeziehungen des Deutschen Reiches zu den osteuropäischen Nachbarstaaten, sondern machte auch eine Fülle interessanter persönlicher Bekanntschaften. Nebenher trieb er weiterhin völkerrechtliche und außenpolitische Studien über die Sowjetunion, Polen und das Minderheitenproblem, die ihn nach seiner Überzeugung „im kleinen Kreis der Fachleute" bekannt machten. Im Jahre 1936 wurde Kleist, der schon als Student Mitglied der NSDAP geworden war, Sachbearbeiter für Polen und die baltischen Staaten im Referat „Osten" der „Dienststelle Ribbentrop". Ein Jahr später gewann er mit der Bildung der „Deutsch-Polnischen Gesellschaft" als deren Sekretär „ein eigenes, abseits liegendes Tätigkeitsfeld", dessen Zielsetzung darin bestand, zur zwischenstaatlichen Klimaverbesserung beizutragen. 1939 wurde Kleist in die deutschen Sondierungen gegenüber der Sowjetunion vor Abschluß des Hitler-Stalin-Paktes eingeschaltet, als er im Frühjahr von Ribbentrop den Auftrag erhielt, seine persönlichen Verbindungen zu den Mitgliedern der sowjetischen Botschaft in Berlin zu verbessern. Als Ribbentrop zur Unterzeichnung des Paktes am 22. August 1939 nach Moskau flog, gehörte Kleist zur deutschen Delegation. 1941 in das Reichsministerium für die besetzten Ostgebiete kommandiert und dort zwei Jahre später zum Ministerialdirigenten befördert, stritt Kleist, wiederum nach seinen eigenen Angaben, dafür, „der unerhörten politischen Chance der Befreiung der Sowjetvölker Raum zu schaffen". Diese Angaben nach den Erinnerungen Kleists: Zwischen Hitler und Stalin 1939 bis 1945 [künftig zitiert: Kleist, Hitler und Stalin], Bonn 1950; bzw. in aktualisierter Auflage unter anderem Titel: Die europäische Tragödie [künftig zitiert: Kleist, Tragödie], Göttingen 1961; vgl. dazu die Angaben seines Studienfreundes Werner G. Boening: IfZ München, Zs 1624, S. 1; sowie den Nachruf Adolf v. Thaddens: „Dr. Peter Kleist lebt nicht mehr", in: „Deutsche Nachrichten", Hannover, Nr. 12/1972 vom 17. 3. 1972, S. 3.

[14] Kleist, Hitler und Stalin, S. 235; ders., Tragödie, S. 207. Zur Problematik der Ingermanländer und der Estlandschweden vgl. die Ausführungen Kleists, ebd., S. 232 ff. bzw. 205 ff.

[15] Ebd., S. 232 bzw. 205.

[16] Ebd., S. 235 bzw. 207.

[17] Ebd., S. 238 bzw. 209.

[18] Vgl. die Argumentation bei Mastny, aaO., S. 1372 f. In japanischen Botschaftskreisen in Berlin glaubte man im November 1942, eine beträchtliche Enttäuschung und Verärgerung des Kreml „über die schwache angelsächsische Kriegsführung" registrieren zu können. Wie Botschaftssekretär Uchida mitteilte, soll damals ein sowjetischer Diplomat in Tokio im Kreise von anderen Sowjetdiplomaten, wie von japanischer Seite abgehört worden sei, „die Möglichkeit eines Waffenstillstandes sehr entschieden bejaht" haben. Vgl. PA Bonn, Dienststelle Ribbentrop, Akten betr. Vertrauliche Berichte, Bd. 6: Vertraulicher Bericht vom 6. 11. 1942.

[19] Werner G. Boening, gebürtiger Ostpreuße und von Beruf Kaufmann, war — eigenen Angaben zufolge — seit dem Jahre 1931 in Berlin ansässig, um dort die Hochschule für Politik zu besuchen. In einem Seminar des damaligen Ostexperten des Auswärtigen Amtes, Georg Cleinow, lernte er Peter Kleist kennen und wurde näher mit ihm bekannt. Nach der „Machtergreifung" übernahm Boening kommissarisch zunächst die Stelle eines Bibliothekars und später die eines Studienleiters an der Hochschule, verließ diese jedoch im Sommer 1933 und nahm eine Stelle beim „Volksbund für das Deutschtum im Ausland" (VDA) an. Obwohl kein Student mehr, ging Boening im Jahre 1935 durch Vermittlung des Gesandten v. Hentig als Austauschstudent nach Polen. Als es ihm nach der Rückkehr nach Deutschland im Jahre darauf nicht gelang, im Auswärtigen Amt, im Propagandaministerium oder im Reichswirtschaftsministerium unterzukommen, ging er „zum Film". Hier konnte er seine polnischen Verbindungen verwenden, „indem er in Polen deutsch-polnische Gemeinschaftsfilme drehte". Nach Berlin zurückgekehrt, wurde er schließlich durch Vermittlung Kleists Geschäftsführer der „Deutsch-Polnischen Gesellschaft". Eine im Sommer 1939 eingegangene Verbindung zum Amt Ausland/Abwehr beim OKW führte dazu, daß Boening nach Kriegsausbruch im September in die Dienste der Abwehr trat, die ihn dem Militärattaché in Stockholm zuteilte. Seine Tätigkeit in der schwedischen Hauptstadt bestand nach seiner eigenen Aussage darin, „Zigaretten und Kaffee zu besorgen". Im Herbst 1940 wurde er schließlich als Angestellter in den diplomatischen Dienst übernommen und der Kulturabteilung der deutschen Gesandtschaft in Stockholm mit der Aufgabe zugeteilt, deutsche Filme nach Schweden zu vermitteln. Vgl. IfZ München, Zs 1624, S. 1 f.

[20] Ebd., S. 2 ff.

[21] Kleist, Hitler und Stalin, S. 239; ders., Tragödie, S. 210. Der am 27., nach anderen Angaben am 28. Oktober 1879 in Riga geborene Edgar Klaus (auch Klauss, Clauss, Clauß) besaß — Angaben seines Freundes Boening zufolge (vgl. IfZ München, Zs 1624, S. 2 f.) — zwar seit dem Jahre 1924 die deutsche Staatsangehörigkeit, sprach jedoch ein schlechtes und mit Russizismen durchsetztes Deutsch. Russisch dagegen soll er ebenso vorzüglich gesprochen haben, wie er das Land kannte. Klaus hatte in Riga die Volksschule und bis zu seinem Abgang im Jahre 1895 sieben Klassen der Städtischen Realschule besucht. Danach trat er als Lehrling bei der Russisch-Französischen Handelsbank ein und machte sich eineinhalb Jahre später als Haus- und Grundstücksmakler selbständig. Von 1905 bis 1907 lebte er in Dorpat. Im Ersten Weltkrieg wurde er nach Sibirien evakuiert, wo er Stalin kennengelernt haben will. Anfang 1918 kehrte er nach Riga zurück und lebte dort, von einem Aufenthalt in Berlin im Jahre 1919 abgesehen, bis 1921. Seitdem hielt er sich in Berlin auf, und bekam im Jahre 1924 einen deutschen Paß, ehe er im Jahre 1935 nach Jugoslawien übersiedelte, wo er ein Bergwerk besaß und sich auch verheiratete. Im April 1939 kehrte er nach Riga zurück, von wo aus er im Dezember nach Kaunas übersiedelte.

Obwohl Klaus in der sogenannten „Riga-Liste", vermutlich einem Verzeichnis von internationalen Agenten und V-Leuten der Deutschen Gesandtschaft in Riga, als getaufter Jude und Kommunist geführt wurde, der im französischen und sowjetischen Nachrichtendienst arbeitete (vgl. PA Bonn, Pol. IV, Geheimakten der Deutschen Gesandtschaft Riga, Bd. 2), spricht vieles dafür, daß er vom Dezember 1939 bis April 1940 als Nachrichtenagent beim deutschen Militärattaché in Kaunas tätig war. Vgl. PA Bonn, Pol I M geh. 242, Akten betr. Agenten- und Spionagewesen. Einzelfälle, Bd. 2: Aufzeichnung Kurschat vom 27. 7. 1942; außerdem IfZ München, Zs 1624, S. 3.

[22] So Kleist, Hitler und Stalin, S. 239; bzw. ders., Tragödie, S. 210. Boening berichtet (IfZ München, Zs 1624, S. 4), daß Klaus schon bei Beginn des deutsch-sowjetischen

Krieges über „beste Verbindungen zu den Stockholmer Sowjetvertretern" verfügt habe: Näher bekannt gewesen sein soll er mit der Botschafterin A. M. Kollontaj, „mit der er häufig Bridge spielte"; und auch mit dem aus seiner Karlshorster Nachkriegstätigkeit bekannten Botschaftsrat V. S. Semenov sei es zu einem „ausgesprochen freundschaftlichen Verhältnis" gekommen. Daß die deutsche Abwehr dem Mann aus Riga eine große Bedeutung beimaß, wurde auch in dem Moment deutlich, als die schwedischen Behörden Klaus nach einjährigem Aufenthalt in Stockholm die Verlängerung der Aufenthalts-genehmigung verweigerten. Bescheinigungen Boenings, die dieser ohne Wissen der deutschen Vertretung in seiner Eigenschaft als „Filmsachbearbeiter der Kulturabteilung der Gesandtschaft" bereitwillig ausstellte, konnten die Behörden offenbar nicht davon über-zeugen, daß Klaus nur „den Verkauf deutscher Filme nach Schweden" kontrolliere. Deshalb gab das Amt Ausland/Abwehr im Sommer 1942 der Gesandtschaft zu verstehen, daß „die Paßverhältnisse des Klaus" laufend in Ordnung sein müßten, weil „der Amts-chef allergrößten Wert darauf [lege], daß Klaus in Schweden verbleibt, da er dort über sehr gute Beziehungen verfügt und somit für die Abwehr wertvolle Dienste leisten kann". Die Stockholmer Vertretung wurde gebeten, sich in die Angelegenheit einzuschal-ten und dem Mitarbeiter Boenings „eine irgendwie geartete Unterstützung zukommen zu lassen, damit er unter allen Umständen in Schweden verbleiben kann". Vgl. PA Bonn, Pol I M 38, Akten betr. Abwehr Schweden, Bd. 1: Schreiben Wied, VS A 58 gRs vom 6. 5. 1942; Schreiben Amt Ausland/Abwehr an VAA vom 20. 6. 1942; Schreiben Dank-wort, VS A 116 gRs vom 22. 7. 1942 und Schreiben v. Grote an Amt Ausland/Abwehr vom 21. 8. 1942.

Einem Schreiben von Oberst Piekenbrock von der Abwehr an den Vertreter des Aus-wärtigen Amts bei Dienststellen im Osten vom 17. Juli 1942 (vgl. ebd.: Schreiben Amt Ausland/Abwehr an VAA vom 17. 7. 1942) ist zu entnehmen, daß der V-Mann Edgar Klaus in Stockholm über „besonders gute Beziehungen zur dortigen Sowjetgesandt-schaft" verfüge und dadurch in der Lage sei, „dem Amt äußerst wichtige und wertvolle Meldungen über die Sowjetunion und deren militärischen [!] Beziehungen zu den übri-gen Feindstaaten zu geben".

[23] Kleist, Hitler und Stalin, S. 239; ders., Tragödie, S. 210.

[24] „Man sagte von ihr", so schreibt Kleist in seinen Aufzeichnungen (ebd.), „daß sie im Gegensatz zu Stalin stünde, sich aber durch beiseitegeschafftes Material über Stalins Weg zur Macht dem neuen Selbstherrscher gegenüber gesichert habe." Nach Aussagen Boenings (IfZ München, Zs 1624, S. 4), die von Kleist im wesentlichen übernommen wurden, gab die Kollontaj im Sommer 1941 nach den Erfolgen der deutschen Truppen die Sowjet-union offenbar verloren „und wollte sich den Deutschen verkaufen". Klaus soll in den Sommermonaten dieses Jahres zweimal auf Bestellung der Kollontaj in Berlin bei Canaris gewesen sein, um den Frontwechsel der Diplomatin vorzubereiten. Canaris habe zu diesen Angeboten aber nur ungläubig den Kopf geschüttelt und sie nicht weiter-gegeben. Dem widerspricht die Überlieferung dieser Gerüchte in den Akten: Bereits am 20. Juli 1941 notierte sich Botschafter Ritter vom Auswärtigen Amt „zur Vorlage" bei Ribbentrop, Admiral Canaris habe in einem Vortrag bei Hitler darüber berichtet, „daß an ihn durch seine Abwehrleute Mitteilungen darüber gelangt seien, daß die russische Gesandtin in Stockholm, Frau Kollontai, die Absicht habe, sich von der Sowjetregierung loszusagen und sich nach Deutschland zu begeben, wenn ihr die nötigen Sicherheiten geboten werden". Frau Kollontaj habe „ein Vermögen von 3 Millionen Dollar" und wolle in Deutschland „ein Haus kaufen". Einer Weisung General Jodls zufolge ordnete Hitler daraufhin seinerzeit an, „daß Frau Kollontai in jeder Weise und sehr großzügig entgegengekommen werden soll (Steuerfreiheit, absolute Sicherheit)". Vgl. PA Bonn, Handakten Ritter, Akten betr. Rußland, Bd. 1—2: Aktennotiz Ritter vom 20. 7. 1941.

[25] Boening bezeichnete die Darstellung dieses Treffens durch Kleist als im wesentlichen zutreffend und korrigierte nur einige Kleinigkeiten, z. B. daß das Blockhaus nicht einem schwedischen Freund, sondern ihm gehört habe; daß Klaus nicht mit einer Schwedin russischer Abkunft verheiratet gewesen sei, sondern nur mit ihr zusammengelebt habe; oder daß Klaus zu dem Treffen erst gekommen sei, als Kleist bereits bei Boening ein-getroffen war. Vgl. IfZ München, Zs 1624, S. 5.

[26] Vgl. Kleist, Hitler und Stalin, S. 239 f.; ders., Tragödie, S. 210 f.; dazu die Aussagen von Boening: IfZ München, Zs 1624, aaO.

[27] Kleist, Hitler und Stalin, S. 240 f.; ders., Tragödie, S. 211.

[28] Ebd., S. 242 f. bzw. 212.

[29] Erste Angaben über Auslandskontakte v. Trotts während des Zweiten Weltkrieges bei: Allen Welsh Dulles, Verschwörung in Deutschland, Kassel 1949, S. 116. Dulles geht so weit zu behaupten (ebd. S. 116 f.), v. Trott sei in dem Augenblick von der Gestapo verhaftet worden, „als er gerade von einer Reise nach Schweden, wo er mit Madame Alexandra Michailowna Kollontay, der Sowjetbotschafterin, in Verbindung getreten war, zurückkehrte". Inzwischen ist nach der Veröffentlichung eines Berichts des amerikanischen Gesandten in Stockholm, Johnson, vom 26. Juni 1944 zwar die Absicht v. Trotts bekannt, „auch Mme Kollontai ... zu sehen, um Klarheit über die Haltung Rußlands zu einer nach-Hitlerischen zivilen Regierung zu erlangen", jedoch auch die Tatsache, „daß es zu der Begegnung nicht kam". Vgl. Hans Rothfels, Trott und die Außenpolitik des Widerstandes, in: VfZ, 12. Jg. (1964), H. 3, S. 309; dazu Christopher Sykes, Adam von Trott, Düsseldorf 1969, S. 365 f.

[30] Kleist, Hitler und Stalin, S. 242; ders., Tragödie, S. 212.

[31] Ebd., S. 242 f. bzw. 212; vgl. auch Mastny, aaO., S. 1371 ff.

[32] So die Argumentation der Kollontaj gegenüber Stig Wennerström, die dieser in seinen Erinnerungen berichtet: aaO., S. 36; vgl. auch die Ausführungen Stalins in seinem Tagesbefehl zum 25. Jahrestag der Roten Armee am 23. Februar 1943: Stalin, Kriegsreden, S. 105; bzw. Stalin spricht, S. 86.

[33] So Mastny, aaO., S. 1373. In diesem Zusammenhang verdient festgehalten zu werden, daß in der sowjetischen Historiographie über den „Großen Vaterländischen Krieg" natürlich jeder Hinweis auf Friedensinitiativen Moskaus fehlt, aber immerhin eine deutsche „diplomatische Friedensoffensive" nach dem Fall von Stalingrad mit Versuchsballons im Westen wie im Osten registriert wird. Als Zentren der „Friedensoffensive 1943" werden von sowjetischer Seite Stockholm, Madrid, der Vatikan und Ankara genannt. Vgl. Diplomatische Chronik des Zweiten Weltkrieges, Berlin 1946, S. 64 f.; und I. M. Lemin, Vnešnjaja politika Sovetskogo Sojuza v period Velikoj Otečestvennoj vojny, Moskau 1947, S. 19.

[34] Wennerström berichtet von dem sowjetischen Wunsch nach einer „ehrenhafte[n] Regelung für beide Seiten" in seinen Erinnerungen: aaO., S. 36.

[35] Mastny, aaO., S. 1374.

[36] Vgl. den Wortlaut des Befehls Nr. 95 des Obersten Befehlshabers der Roten Armee vom 23. Februar 1943: Stalin, Kriegsreden, S. 98 ff.; bzw. Stalin spricht, S. 81 ff.; dazu Mastny, aaO., S. 1373.

[37] Vgl. PA Bonn, Büro Staatssekretär, Akten betr. Rußland, Bd. 10: Aktennotiz Weizsäcker, Nr. 245 vom 19. 4. 1943; sowie Dienststelle Ribbentrop, Akten betr. Vertrauliche Berichte, Bd. 6: Vertrauliche Berichte vom 15. 3. 1943 und vom 19. 4. 1943.

[38] Nach Mastny, aaO., S. 1375 f.

[39] Vgl. den Wortlaut des Befehls Nr. 195 vom 1. Mai 1943: Stalin, Kriegsreden, S. 108 ff.; bzw. Stalin spricht, S. 89 ff.

[40] Ebd., S. 111 bzw. 91 f.

[41] So Werth, aaO., S. 489.

[42] Stalin, Kriegsreden, S. 112; Stalin spricht, S. 92.

[43] Vgl. dazu Jane Degras (Hrsg.), The Communist International 1919—1943, Vol. 3, London 1965, S. 476 ff.; K. E. McKenzie, Comintern and World Revolution 1928—1943, New York 1964, S. 178 ff.; Julius Braunthal, Geschichte der Internationale, Bd. 2, Hannover 1963, S. 545 ff.; Günther Nollau, Die Internationale, Köln 1959, S. 159 ff.; ders., Die Komintern, in: PZ, Nr. 2—3/64 vom 8. 1. 1964, S. 43 ff.; Artur W. Just, Die Welt ohne Komintern, in: „Die Gegenwart", 2. Jg., Nr. 7/8 (32/33) vom 30. 4. 1947, S. 19; sowie Leonhard, Revolution, S. 247 ff.; Milovan Djilas, Gespräche mit Stalin [künftig zitiert: Djilas, Gespräche], Frankfurt a. M. 1962, S. 106; und Quittner, aaO., S. 255 f. Die Version, mit der Auflösung der Komintern habe Stalin auch „den Deutschen einen Verständigungsknochen hingeworfen", findet sich in einem Bericht des deutschen

Botschafters in Ankara. Vgl. PA Bonn, Büro Staatssekretär, Akten betr. Rußland, Bd. 10: Telegramm v. Papen, Nr. 780 vom 27. 5. 1943.

[44] Mastny, aaO., S. 1373.

[45] Vgl. Werth, aaO., S. 451 und 489.

[46] Mastny, aaO., S. 1376 f.

[47] So Stalin in seinem Tagesbefehl zum 25. Jahrestag der Gründung der Roten Armee am 23. Februar 1943: Stalin, Kriegsreden, S. 99 f.; bzw. Stalin spricht, S. 82.

[48] Vgl. das vom amerikanischen Botschafter in Moskau, Admiral Standley, am 4. Juni 1943 überreichte Schreiben Roosevelts an Stalin: Briefwechsel II, S. 537; dazu Mastny, aaO., S. 1378.

[49] Schreiben Stalins an Roosevelts vom 11. 6. 1943, abgedruckt in: Briefwechsel II, S. 540.

[50] Schreiben Stalins an Churchill vom 24. 6. 1943, hier zitiert nach: Briefwechsel II, S. 174; vgl. auch Briefwechsel I, S. 181.

[51] Nachdem M. M. Litvinov, der sowjetische Botschafter in den Vereinigten Staaten, schon im Mai 1943 „zur Berichterstattung" nach Moskau zurückberufen worden war, wurde I. M. Majskij, der sowjetische Vertreter in Großbritannien, Ende Juni 1943 aus London zurückbeordert. Wie Majskij selber berichtet, geschah das seitens der Sowjetregierung offensichtlich in der Absicht, „der britischen Regierung ihre Unzufriedenheit [zu] bekunden". Majskij kehrte nicht wieder auf seinen Londoner Posten zurück, sondern wurde am 27. Juli 1943 zum stellvertretenden Volkskommissar für Auswärtige Angelegenheiten ernannt. Zu seinem Nachfolger wurde am 2. August 1943 der sowjetische Gesandte in Kanada, F. T. Gusev, nominiert. Am 22. August wurde in Moskau bekanntgegeben, daß Litvinov von seinem Posten als Botschafter der Sowjetunion in den USA abberufen und A. A. Gromyko zu seinem Nachfolger ernannt worden sei. Vgl. AdG, XIII. Jg. (1943), S. 5949 D, 6006 A, 6034 B und 6056 E sowie Maiski, Memoiren, S. 821 f.

[52] Mastny, aaO., S. 1378; vgl. dazu PA Bonn, Büro Staatssekretär, Akten betr. Schweden, Bd. 7: Telegramm Thomsen, Nr. 1748 vom 18. 6. 1943.

[53] Mastny, aaO.

[54] So Kleist, Hitler und Stalin, S. 251; bzw. ders., Tragödie, S. 217.

[55] PA Bonn, Büro Staatssekretär, Akten betr. Schweden, Bd. 7: Telegramm Thomsen, Nr. 1767 vom 21. 6. 1943. In dem Telegramm wies Thomsen ausdrücklich darauf hin, „daß die Initiative zu einem derartigen Zusammentreffen in vorliegendem Fall von Alexandrow ausgeht". Aleksandrov wurde dabei irrtümlicherweise als ehemaliger Botschaftsrat (im Text: Legationsrat) an der Sowjetbotschaft in Berlin und derzeitiger Stellvertreter Molotovs bezeichnet, während es sich in Wirklichkeit um den ehemaligen Leiter der Europa-Abteilung im Volkskommissariat für Auswärtige Angelegenheiten gehandelt haben dürfte. Aleksandrovs Name wird auch im Zusammenhang mit einem angeblichen Friedensfühler Moskaus vom Januar 1943 genannt (vgl. Donald B. Sanders, Stalin Plotted a Separate Peace, in: „The American Mercury", Vol. LXV, Nr. 287 (November 1947), S. 521 f.). Seine Schwedenreise vom Juni 1943 ist im übrigen umstritten: Während der deutsche V-Mann Boening den sowjetischen Diplomaten in Stockholm seinerzeit selbst gesehen haben will, nahm Frau Kollontaj erste amerikanische Nachkriegsveröffentlichungen über deutsch-sowjetische Sonderfriedenskontakte im Zweiten Weltkrieg im Juli 1947 zum Anlaß, um die Reise und die damit verbundenen Spekulationen überhaupt zu bestreiten. Aleksandrov könne gar nicht in Stockholm gewesen sein, so schrieb sie in der „Izvestija" am 29. Juli 1947, weil er damals schon der sowjetischen Botschaft in Australien angehört habe. Vgl. Mastny, aaO., S. 1379. Knappe Angaben über den dienstlichen Werdegang Aleksandrovs in: Diplomatičeskij slovar', T. I, Moskau 1971, S. 40.

[56] Kleist, Hitler und Stalin, S. 243 f.; ders., Tragödie, S. 213. Thomsen berichtet (PA Bonn, Büro Staatssekretär, Akten betr. Schweden, Bd. 7: Telegramm Thomsen, Nr. 1767 vom 21. 6. 1943, S. 1), Aleksandrov habe beabsichtigt, „in den nächsten Tagen nach London zu fliegen und nach etwa zweiwöchigem Aufenthalt nach Stockholm zurückzukehren".

[57] IfZ München, Zs 1624, S. 5.

[58] Nach Kleist, Hitler und Stalin, S. 246; ders., Tragödie, S. 214.

[59] Ebd., S. 248 bzw. 216.

[60] Vgl. ebd., S. 245 bzw. 214.

[61] Wie aus einem Artikel der „Pravda" vom 22. Juni 1943 hervorgeht, wurde in Moskau ein Sieg über Deutschland ohne eine zweite Front offenbar für unmöglich gehalten. Vgl. Mastny, aaO., S. 1379.

[62] Kleist, Hitler und Stalin, S. 246; ders., Tragödie, S. 214 f.; sowie IfZ München, Zs 1624, S. 5.

[63] Kleist, aaO., S. 246 f. bzw. 215.

[64] Vgl. PA Bonn, Handakten Ritter, Akten betr. Rußland, Bd. 1—2: Telegramm Ribbentrop, Nr. 1146 vom 1. 8. 1943, S. 1.

[65] PA Bonn, Büro Staatssekretär, Akten betr. Japan, Bd. 12: Telegramme Stahmer, Nr. 2319 vom 28. 7. 1943 und Nr. 2320 vom 28. 7. 1943.

[66] Das Ziel Deutschlands gehe nach wie vor dahin, so ließ Reichsaußenminister v. Ribbentrop nach Tokio übermitteln, „den Kampf mit Sowjetrußland bis zur Vernichtung des Bolschewismus durchzufechten". Vgl. PA Bonn, Handakten Ritter, Akten betr. Rußland, Bd. 1—2: Telegramm Ribbentrop, Nr. 1146 vom 1. 8. 1943, S. 1.

[67] Vgl. Kleist, Hitler und Stalin, S. 252 ff.; ders., Tragödie, S. 218 f.

[68] Ebd., S. 243 bzw. 212.

[69] Vgl. dazu Mastny, aaO., S. 1382 f.; sowie Leonhard, Revolution, S. 294 f.; außerdem PA Bonn, Handakten Ritter, Akten betr. Rußland, Bd. 1—2: Telegramm Papen, Nr. 1355 vom 22. 9. 1942.

2. Appelle an die deutsche Nation zum Sturze Hitlers

a) Ernst Hadermanns „Manneswort eines deutschen Hauptmanns"

[1] Sywottek, aaO., S. 117.

[2] So ebd., S. 120.

[3] Vgl. dazu die Ausführungen von Bruno Löwel: Der Kampf der KPD, S. 577 f.

[4] Sywottek, aaO., S. 120.

[5] Selesnjow, Zur Hilfe Georgi Dimitroffs, S. 799.

[6] Zur Entstehungsgeschichte dieser Offiziersgruppe vgl. die Dokumentation von Willy Wolff: Die erste Konferenz antifaschistischer deutscher Offiziere in der Sowjetunion [künftig zitiert: Wolff, Die erste Konferenz], in: ZfG, XIII. Jg. (1965), H. 2, S. 277—289; sowie ders., Die Rolle der Lehrer in der antifaschistischen Bewegung unter den deutschen Kriegsgefangenen in der UdSSR bis zur Gründung des Nationalkomitees „Freies Deutschland", in: Die Lehrer im antifaschistischen Widerstandskampf der europäischen Völker (1933—1945) [künftig zitiert: Lehrer im Widerstandskampf], Bd. 2, Potsdam o. J. [1966], S. 152; und Bodo Scheurig, Freies Deutschland [künftig zitiert: Scheurig, Freies Deutschland], München 1960, S. 36. In der einschlägigen Literatur schwanken die Angaben über die Anzahl der beteiligten Offiziere: Erich Weinert (Memento, S. 197) und Bruno Löwel (Der Kampf der KPD um die Schaffung der notwendigen Voraussetzungen für die Gründung des Nationalkomitees „Freies Deutschland", in: Der deutsche Imperialismus und der zweite Weltkrieg, Bd. 4, Berlin[-Ost] 1961, S. 579) sprachen von 22 Mann; Generalmajor M. I. Burcev von der GlavPURKKA (M. I. Burzew, Mit Wilhelm Pieck in den Tagen des zweiten Weltkrieges [künftig zitiert: Burzew, Mit Wilhelm Pieck], in: ZfM, 10. Jg. (1971), H. 3, S. 340) erinnert sich an „insgesamt 15 bis 20 Mann"; während die parteiamtliche Ostberliner „Geschichte der deutschen Arbeiterbewegung" (aaO., Bd. 5, S. 331) korrekt 21 Mann nennt. Ihre Namen werden von Wolff (Die erste Konferenz, S. 279), der sich auf persönliche Mitteilungen Otto Brauns, eines damals im Lager Nr. 95 tätigen Politinstrukteurs, stützen kann, für den Zeitpunkt der Konstituierung der Gruppe am 1. Mai 1942 wie folgt aufgeführt: Hauptmann Ernst Hadermann, Oberleutnant Friedrich Reyher, Oberleutnant Eberhard Charisius, Leutnant Georg Gudzent, Zahlmeister Konrad Strieder, Oberleutnant Heinz Horner, Leutnant Friedrich Augustin, Leutnant Gerhard Müller, Leutnant Friedrich Kohl, Leutnant Joachim Sagasser, Leutnant Otto Podescht, Unterarzt Dr. Hans Maleton, Musikmeister Willi Kaufmann, Leutnant Karl Schneider, Unterarzt Dr. Wolfgang Nagel, Leutnant Hermann-Ernst Schauer, Leutnant Heinz A. F. Schmidt, Leutnant Horst Vieth, Stabsarzt Dr. Wilhelm Haddenhorst, Leutnant Anton Hirner und Leutnant Josef Bachleitner.

[7] Ernst Hadermann, geb. 22. 5. 1896 in Schlüchtern/Hessen, gest. im 72. Lebensjahr am 2. 1. 1968 als emeritierter Professor mit Lehrstuhl für Neuere deutsche Literatur an der Martin-Luther-Universität Halle-Wittenberg, war Kriegsfreiwilliger und Reserveoffizier des Ersten Weltkriegs. Nach Kriegsende schloß er sein Studium der Altphilologie und Germanistik mit der Promotion zum Dr. phil. ab. H., ehemaliges Mitglied des Stahlhelm und der NSDAP (seit. 1. 5. 1937, Mitglieds-Nr. 5 698 532), war bis zu seiner Einberufung zur Wehrmacht als Studienrat in Kassel tätig. Er geriet als Hauptmann d. R. im Artillerie-Regiment 152 im Juli 1941 verwundet in sowjetische Kriegsgefangenschaft und galt auf deutscher Seite als vermißt. Vgl. SBZ-Biographie, Bonn/Berlin [3]1965, S. 127 f.; „Die dritte Norm der Generale Korfes, Lattmann, Bamler, Lenski und Genossen" — eine Informationsschrift, Köln o. J., S. 17; sowie PA Bonn, Abt. Inland II g, Akten betr. Deutsche Freiheitsorganisationen 1937 bis 1945: Schnellbrief des Chefs der Sicherheitspolizei und des SD an das Auswärtige Amt vom 3. 8. 1943, S. 4; und PA Bonn, Akten betr. Kriegsgefangene 1943—1944: Ausarbeitung „Deutsche Kriegsgefangene in der Sowjetunion", S. 32 f.

[8] Vgl. Scheurig, Freies Deutschland, S. 36 f.; dazu die Ausführungen in dem Bericht Heinrich Gerlachs: Odyssee in Rot, München 1966, S. 139 f.

[9] Zur Entstehungsgeschichte dieser Konferenz vgl. die Angaben bei Wolff, Die erste Konferenz, S. 278 ff.

[10] [Ernst Hadermann,] Wie ist der Krieg zu beenden? Ein Manneswort eines deutschen Hauptmanns [künftig zitiert: Hadermann, Manneswort], Moskau o. J. [1942]. Die Ansprache Hadermanns ist wiederabgedruckt in: Scheurig, Verrat, aaO., S. 53—73; sowie auszugsweise bei: Wolff, Die erste Konferenz, S. 286—289. Von Hadermann wird berichtet (Burzew, Mit Wilhelm Pieck, S. 347), daß er erst später, nach dem Besuch einer sogenannten Antifa-Schule im Herbst 1942, „im wesentlichen auf marxistisch-leninistischen Positionen" stand. Wolfgang Leonhard erinnert sich an die im Vergleich zu der seit Kriegsbeginn üblichen Propaganda „völlig andere Sprache" der Broschüre Hadermanns: Revolution, S. 205. Über die Motive Hadermanns für sein Engagement in einer antifaschistischen Offiziersgruppe berichtet Heinrich Graf v. Einsiedel: Tagebuch der Versuchung [künftig zitiert: Einsiedel, Tagebuch], Berlin/Stuttgart 1950, S. 37 f. Umstritten bleibt das Datum der Ansprache Hadermanns. Während in der Moskauer Broschüre von 1942 (vgl. Hadermann, Manneswort, S. 9) der 21. 5. angegeben ist, wurde die Rede nach Wolff (Die erste Konferenz, S. 280) am 30. 5. 1942 gehalten.

[11] Hadermann, Manneswort, S. 9.

[12] Ebd., S. 27 f.

[13] Ebd., S. 9 f.

[14] Ebd., S. 11.

[15] Ebd., S. 13 f.

[16] Ebd., S. 14 f.

[17] Ebd., S. 26 f.

[18] Ebd., S. 28 f.

[19] Ebd., S. 37.

[20] Ebd., S. 23 f.

[21] Scheurig, Freies Deutschland, S. 37.

b) Die Sammlung aller „Anti-Hitler-Kräfte" und die KPD

[1] Vgl. Scheurig, Freies Deutschland, S. 37. Wie eine Lagerversammlung, auf der Hadermann sprechen sollte, von den Gefangenen mit „Gepfeife und Gebrüll" verhindert wurde, schildert Heinrich Gerlach: aaO., S. 149. Von den wenigen deutschen Kriegsgefangenen, die sich von Hadermanns „Manneswort" überaus beeindruckt zeigten, haben Otto Rühle (Genesung in Jelabuga, Berlin[-Ost] [2]1968, S. 276 ff.) und vor allem Heinrich Gerlach (aaO., S. 134 ff.) eindrucksvolle Schilderungen ihrer Begegnung mit dem deutschen Artilleriehauptmann gegeben.

[2] Walter Ulbricht, Politischer Bericht über die Arbeit unter den deutschen Kriegsgefangenen im Lager Spassko-Sawodsk, in: ders., Zur Geschichte II/2, S. 266—281.

[3] Ebd., S. 273.

[4] Ebd., S. 274.

⁵ Vgl. dazu Geschichte der deutschen Arbeiterbewegung, Bd. 5, S. 329 f.; sowie Bruno Löwel, Die Gründung des NKFD im Lichte der Entwicklung der Strategie und Taktik der KPD [künftig zitiert: Löwel, Gründung], in: BzG, 5. Jg. (1963), H. 4, S. 615 ff.; außerdem Selesnjow, Zur Hilfe Georgi Dimitroffs, S. 799 f.

⁶ Vgl. Lothar Berthold, Der Kampf gegen das Hitlerregime — der Kampf für ein neues demokratisches Deutschland [künftig zitiert: Berthold, Kampf gegen das Hitlerregime], in: BzG, 6. Jg. (1964), H. 6, S. 1013 f.

⁷ Geschichte der deutschen Arbeiterbewegung, Bd. 5, S. 329.

⁸ Zitiert nach Löwel, Gründung, S. 616.

⁹ Ebd., S. 615.

¹⁰ Vgl. den Auszug aus dem „Dokument des Politbüros des ZK der KPD über neue Schritte zur Verwirklichung der Einheits- und Volksfrontpolitik" vom 3. April 1942, abgedruckt in: Geschichte der deutschen Arbeiterbewegung, Bd. 5, S. 560.

¹¹ Ebd., S. 559

¹² Ebd., S. 560. Von einem Hauch von Nationalismus durchweht war allenfalls eine knappe Schlußformel des Aufrufs (ebd., S. 561 f.), in der davon gesprochen wurde, daß es „die nationale Pflicht jedes Deutschen, der seine Heimat liebt", sei, „seine ganze Kraft, sein ganzes Können in den Dienst der großen nationalen Aufgabe, der Rettung von Land und Volk aus der Hitlerbarbarei und der Kriegskatastrophe, zu stellen".

¹³ Ebd., S. 560 f.

¹⁴ Ebd., S. 330; Blank, KPG v bor'be, S. 249.

¹⁵ Scheurig, Freies Deutschland, S. 38.

¹⁶ Vgl. Scheurig, Verrat, S. 11.

¹⁷ Hadermann, Manneswort, S. 3.

¹⁸ Vgl. ebd., S. 4.

¹⁹ Wilhelm Pieck, Der Hitlerfaschismus und das deutsche Volk [künftig zitiert: Pieck, Hitlerfaschismus], Moskau 1942; vgl. dazu Sywottek, aaO., S. 117 ff.

²⁰ Pieck, Hitlerfaschismus, S. 88 f.

²¹ So Sywottek, aaO., S. 117.

²² Pieck, Hitlerfaschismus, S. 87 f.

²³ Ebd., S. 89 ff.; vgl. dazu Sywottek, aaO., S. 118.

²⁴ Pieck, Hitlerfaschismus, S. 103.

²⁵ Ebd., S. 105.

²⁶ Vgl. Sywottek, aaO., S. 118.

²⁷ Pieck, Hitlerfaschismus, S. 108.

²⁸ Ebd., S. 109.

²⁹ Geschichte der deutschen Arbeiterbewegung, Bd. 5, S. 347 f.

³⁰ Vgl. den Auszug aus dem „Friedensmanifest an das deutsche Volk und an die deutsche Wehrmacht" vom 6. Dezember 1942, ebd., S. 569 f.

³¹ Vgl. ebd., S. 348.

³² Vgl. Sywottek, aaO., S. 120.

³³ Boris Meissner, Rußland, die Westmächte und Deutschland [künftig zitiert: Meissner, Rußland], Hamburg ²1954, S. 13.

c) Die Bewegung „Freies Deutschland"

¹ Zur strategischen Planung Washingtons und Londons vgl. Maurice Matloff/Edwin M. Snell, Strategic Planning for Coalition Warfare 1941—1942, Washington, D.C. 1953, S. 170 ff.; John L. Snell, Illusionen und Realpolitik [künftig zitiert: Snell, Illusionen], München 1966, S. 139 ff.

² Vgl. Löwel, Gründung, S. 618 f.; Berthold, Der Kampf gegen das Hitlerregime, S. 1016 f.; Blank/Level', aaO., S. 57 ff.

³ Zur Entstehungsgeschichte der Forderung nach bedingungsloser Kapitulation vgl. Günter Moltmann, Die Genesis der Unconditional-Surrender-Forderung, in: WWR, 6. Jg. (1956), S. 105 ff. und 177 ff.; wiederabgedruckt in: Andreas Hillgruber (Hrsg.), Probleme des Zweiten Weltkrieges, Köln/Berlin 1967, S. 171 ff.; dazu die Überlegungen von Alfred Vagts: Unconditional Surrender — vor und nach 1945, in: VfZ, 7. Jg. (1959),

H. 3, S. 280 ff.; und Anne Armstrong, Bedingungslose Kapitulation, Wien/München o. J. [1965].

4 So Helmut Krausnick/Hermann Graml, Der deutsche Widerstand und die Alliierten, in: Vollmacht des Gewissens, Bd. II, Frankfurt a. M./Berlin 1965, S. 513; vgl. dazu Duhnke, aaO., S. 385 f.

5 Vgl. Erpenbeck, aaO., S. 165 f. Um die Bereitschaft deutscher Generale und Offiziere zu verstehen, sich als Kriegsgefangene in der Sowjetunion dem Nationalkomitee anzuschließen, ist schon an anderer Stelle (vgl. Scheurig, Freies Deutschland, S. 30 ff.; dazu Otto Korfes, Das Nationalkomitee Freies Deutschland, in: Alfred Anderle/Werner Basler (Hrsg.), Juni 1941, Berlin[-Ost] 1961, S. 347 f.; sowie Joachim Wieder, Stalingrad und die Verantwortung des Soldaten, München 1962) auf die Bedeutung des furchtbaren Sterbens Abertausender deutscher Soldaten im Kessel von Stalingrad hingewiesen worden. Mit Recht wurde aber auch daran erinnert, daß „die ‚Ostorientierung' gerade in nationalen, vor allem auch Offizierskreisen, eine, wenn auch vielfach mißverstandene, echte Tradition" gehabt habe. Vgl. Karl O. Paetel, Das Nationalkomitee „Freies Deutschland" [künftig zitiert: Paetel, Nationalkomitee], in: Politische Studien, 6. Jg., H. 69 (Januar 1956), S. 10; bzw. ders., Versuchung oder Chance? [künftig zitiert: Paetel, Versuchung], Göttingen 1965, S. 247; dazu aus der Sicht eines Beteiligten Felix-Heinrich Gentzen: Die Ostpolitik des Nationalkomitees „Freies Deutschland" und ihre Traditionen, in: MAeO, Jg. 1963, H. 10 (Oktober), S. 8 ff.

Zur Geschichte der Bewegung „Freies Deutschland" nach wie vor grundlegend: Scheurig, Freies Deutschland; dazu Hans Martens, General v. Seydlitz 1942—1945, Berlin o. J., S. 27 ff.; sowie aus Ostberliner bzw. Moskauer Sicht: Weinert, Nationalkomitee, S. 19 ff. und 32 ff.; Geschichte der deutschen Arbeiterbewegung, Bd. 5, S. 348 ff. und 360 f.; A. S. Blank, Nacional'nyj komitet „Svobodnaja Germanija" — centr antifašistskoj bor'by nemeckich patriotov (1943—1945 gg.), Vologda 1963, S. 30 ff.; Blank, KPG v bor'be, S. 254 ff.; Blank/Level', aaO., S. 69 ff. und 90 ff.; vgl. außerdem aus der Fülle der Memoirenliteratur die persönlichen Erinnerungen von Einsiedel, Tagebuch, S. 41 ff. und 78 ff.; Leonhard, Revolution, S. 274 ff.; Frankenberg, aaO., S. 103 ff. und 170 ff.; Wilhelm Adam, Der schwere Entschluß, Berlin[-Ost] 1965, S. 371 ff.; Rühle, aaO., S. 298 ff.; Luitpold Steidle, Entscheidung an der Wolga, Berlin[-Ost] 1969, S. 311 ff.; Emendörfer, aaO., S. 193 ff. Daß der Gründung des Nationalkomitees seinerzeit in Berlin große Aufmerksamkeit entgegengebracht wurde, beweist eine geheime Ausarbeitung des Reichssicherheitshauptamtes (RSHA): PA Bonn, Abt. Inland II g, Akten betr. Kriegsgefangene 1943—1944: „Deutsche Kriegsgefangene in der Sowjetunion", S. 36 ff. Dort hieß es (S. 39) das Nationalkomitee sei „ein volksfront-ähnliches, von den Sowjets geschaffenes Gebilde mit demokratisch-bürgerlichen Forderungen unter nationalem Deckmantel" und stelle „letzten Endes ein Mittel zur Bolschewisierung des Reiches" dar.

6 Zu den diesbezüglichen Beobachtungen des deutschen Sicherheitsdienstes und der deutschen Gesandtschaft in Stockholm vgl. PA Bonn, Abt. Inland II g, Akten betr. Deutsche Freiheitsorganisationen: Schnellbrief des Chefs der Sicherheitspolizei und des SD an das Auswärtige Amt vom 3. 8. 1943, S. 1; und Telegramm Thomsen, Nr. 2086 vom 26. 7. 1943.

7 Vgl. Meissner, Rußland, S. 13.

8 So Bodo Scheurig, Das Manifest von Krasnogorsk, in: „Frankfurter Allgemeine Zeitung" vom 6. 7. 1968 (Tiefdruckbeilage); vgl. außerdem ders., Ein gescheiterter und verfemter Rettungsversuch, in: Neue Politik, 18. Jg. (1973), Nr. IX (September), S. 61 f.; Heinrich Graf von Einsiedel, Verräter oder Patrioten? [künftig zitiert: Einsiedel, Verräter oder Patrioten?], in „DIE ZEIT", Nr. 37 vom 7. 9. 1973, S. 54. Einsiedel berichtet an anderer Stelle („Die Freiheit sollte aus Moskau kommen", in: „Süddeutsche Zeitung", Nr. 25 vom 29. 1. 1970, S. 10), die Russen hätten gemeint: „Kämpft energisch gegen Hitler, versucht, Eure Kameraden drüben zu bewegen, Hitler zu stürzen, und die Grenzen werden anders aussehen."

9 Deutsche, Wohin? Protokoll der Gruendungsversammlung des National-Komitees Freies Deutschland und des Deutschen Offiziersbundes [künftig zitiert: Protokoll], Mexiko o. J., S. 57.

[10] In der „Pravda" wurde zwei Wochen nach der Gründung des Nationalkomitees in einem längeren Leitartikel die Meinung geäußert, daß es „noch eine wichtige Rolle beim Sturz des Hitler-Regimes spielen wird, um Deutschland aus dem Krieg herauszubringen". Zitiert nach PA Bonn, Abteilung Inland II g, Akten betr. Kriegsgefangene 1943—1944: „Deutsche Kriegsgefangene in der Sowjetunion", S. 40; und Akten betr. Deutsche Freiheitsorganisationen 1937—1945: Transocean-Europapress: I-Dienst, Nr. 18 vom 1. 8. 1943.

Hermann Matern, einer der kommunistischen Mitbegründer der deutschen „Anti-Hitler-Koalition" in der Sowjetunion, erklärte im Juli 1945, mit dem Nationalkomitee und dem im September 1943 entstandenen Bund Deutscher Offiziere habe man „auf die Armee und Teile der Bourgeoisie in Deutschland" einwirken wollen, „die die Katastrophe kommen sahen", und „ganze Armeeteile aus der deutschen Armee herausbrechen" wollen, „um sie gegen Hitler zu führen". Vgl. Der Weg unserer Partei, S. 21.
Zur Zielsetzung des Nationalkomitees vgl. Bernt von Kügelgen, Das Nationalkomitee „Freies Deutschland" und die deutsch-sowjetische Freundschaft, in: Deutsche Arbeiter forderten: Hände weg von Sowjetrußland!, o. O. [Berlin(-Ost)], o. J. [1957], S. 222; Gerhard Leschkowitz, Zu einigen Fragen des Nationalkomitees „Freies Deutschland", in: ZfG, X. Jg. (1962), Sonderheft, S. 184 ff.; sowie Falkenberg, aaO., S. 103 und 107.

[11] Einsiedel, Verräter oder Patrioten?, aaO.; vgl. dazu Paetel, Nationalkomitee, S. 9; bzw. ders., Versuchung, S. 246.

[12] Otto Korfes, Das Nationalkomitee „Freies Deutschland", seine Kritiker und seine Gegner [künftig zitiert: Korfes, Nationalkomitee], in: MAeO, Jg. 1960, H. 9 (September), S. 12.

[13] Meissner, Rußland, S. 11; Scheurig, Verrat, S. 17 f.

[14] Korfes, Nationalkomitee, S. 12; Löwel, Gründung, S. 625; Zirke, aaO., S. 67.

[15] Vgl. Martens, aaO., S. 32 f.; dazu Scheurig, Freies Deutschland, S. 57; und Gerlach, aaO., S. 218.

[16] Die Fronttätigkeit des Nationalkomitees galt als „ein vorwiegend politisch-ideologischer, mit pädagogischen und psychologischen, teilweise aber auch mit militärischen Mitteln geführter systematischer Kampf gegen die Wehrmacht". Vgl. Willy Wolff, An der Seite der Roten Armee [künftig zitiert: Wolff, An der Seite], Berlin[-Ost] 1973, S. 17. Zu den Aktivitäten der Frontorganisationen im zweiten Halbjahr 1943 vgl. die Angaben ebd., S. 41 ff.; außerdem in dem Sammelband: Sie kämpften für Deutschland, aaO., passim; bei Zirke, aaO., S. 68 ff.; Ernst Kehler, In Leningrad, in: Die Front war überall, aaO., S. 103 ff.; Bernt v. Kügelgen, Erinnerungen aus drei Jahren, in: ebd., S. 137 ff.; und Emendörfer, aaO., S. 207 ff.; sowie die Berichte von Politabteilungen der Roten Armee: Willy Wolff, Dokumente von Politorganen der Roten Armee zur Fronttätigkeit des Nationalkomitees „Freies Deutschland", in: ZfG, XXI. Jg. (1973), H. 8, S. 953 ff.
Wie der Chefredakteur des Senders „Freies Deutschland", Anton Ackermann, in seinen Erinnerungen berichtet, beschränkten sich die Sendungen seiner Anstalt damals keineswegs „auf die Propagierung einer disziplinierten und geordneten Rückführung der Wehrmacht unter höherem Befehl oder auf Weisung einer nach dem Sturz Hitlers gebildeten Volksregierung". Es wurde auch „zur Initiative von unten" aufgerufen. So wurde zum Beispiel in der Sendung vom 12. August 1943 die Forderung nach rechtzeitiger Rückführung der Wehrmacht an die Reichsgrenzen mit dem Aufruf verbunden, „nationale Komitees zu bilden, die die Träger der Bewegung für die rasche Beendigung des Krieges und die Rückführung der Wehrmacht in die Heimat sein sollten". Und im Nachrichtenteil der Sendung vom 27. August 1943 hieß es: „Bildet überall in den Ämtern und Betrieben, in den Stäben und Truppenteilen nationale Komitees, die die Wehrmacht und unser Volk noch vor dem Ärgsten bewahren, die die Wehrmacht an die Reichsgrenzen zurückführen, die Hitlerregierung stürzen und eine Regierung aus wahrhaft deutschen Männern bilden, eine Regierung, die unserem Volk einen gerechten und ehrenvollen Frieden bringt." Vgl. Anton Ackermann, Das Nationalkomitee „Freies Deutschland" — miterlebt und mitgestaltet, in: Im Kampf bewährt, aaO., S. 324.

[17] Vgl. Scheurig, Freies Deutschland, S. 42 f. Hermann Matern hat kurz nach Kriegsende in einer Rede vor Funktionären der gerade neugegründeten KPD offen zugegeben, daß sich die kommunistischen „Politemigranten" im Sommer 1943 „nicht ganz wohl gefühlt"

hätten, als sie „mit dem ‚Eichenlaub‘ und den breiten Streifen zusammensaßen". Vgl. Der Weg unserer Partei, S. 21. Dieses Eingeständnis fehlt in der offensichtlich stark redigierten Fassung dieser Rede in einer Auswahl aus Reden und Schriften Materns: Im Kampf für Frieden, S. 136.

[18] Bereits am 24. April 1943 fand auf sowjetischer Seite eine Beratung statt, die von A. S. Ščerbakov, den für diesen Bereich verantwortlichen Sekretär des ZK der KPdSU, geleitet wurde und „konkrete Maßnahmen für die Organisierung der Erziehungsarbeit unter den bei Stalingrad gefangengenommenen deutschen Soldaten festlegte". Nach der Überzeugung von S. I. Tjulpanov, eines Mitarbeiters der GlavPURKKA, schuf erst „das gesamte sowjetische System der Behandlung der Kriegsgefangenen von den ersten Stunden ihrer Gefangennahme durch die kämpfende Truppe bis zu ihrer Unterbringung und der politischen Arbeit in den Lagern" die Möglichkeiten für die Gründung des Nationalkomitees „Freies Deutschland". Vgl. Tjulpanov, Der ideologische Kampf, S. 188 f.

[19] So die in dieser Form unhaltbare These des Buches von Peter Straßner: Verräter. Das Nationalkomitee „Freies Deutschland" — Keimzelle der sogenannten DDR, München 1960.

[20] Zum Gründungskongreß von Krasnogorsk vgl. Scheurig, Freies Deutschland, S. 43 ff.; dazu vor allem Protokoll, S. 9 ff.; außerdem Rehboldt, aaO., S. 62 f.

[21] So Scheurig, Freies Deutschland, S. 42; vgl. dazu Der Weg unserer Partei, S. 21 f.; und Emendörfer, aaO., S. 202.

[22] Zur Biographie Erich Weinerts vgl. die Angaben in: Lexikon sozialistischer deutscher Literatur [künftig zitiert: Lexikon Literatur], Leipzig 1964, S. 530 ff.; Biographisches Lexikon zur deutschen Geschichte [künftig zitiert: Biographisches Lexikon I], Berlin [-Ost] 1970, S. 726 f.; Geschichte der Arbeiterbewegung: Biographisches Lexikon [künftig zitiert: Biographisches Lexikon II], Berlin[-Ost] 1970, S. 472 ff.; sowie die Würdigung Friedrich Wolfs anläßlich der Rückkehr seines Freundes Weinert aus der sowjetischen Emigration Anfang 1946: „Erich Weinert", nachgedruckt in: Friedrich Wolf, Aufsätze 1945—1953, Berlin[-Ost]/Weimar 1968, S. 32 ff.

[23] Protokoll, aaO., S. 18. Zur Wirkung der Rede Weinerts vgl. Einsiedel, Tagebuch, S. 60; dazu Emendörfer, aaO., S. 194 ff.

[24] Hans-Georg v. Studnitz berichtet in seinen Tagebuchaufzeichnungen (Als Berlin brannte, Stuttgart 1963, S. 88), daß die Gründung des Nationalkomitees in London und Washington größeres Ärgernis erregt habe als in Berlin. Eine eingehende Untersuchung der Reaktionen des Auslandes im allgemeinen und der Westmächte und des „Drittes Reiches" im besonderen auf die Gründungsversammlung in Krasnogorsk steht jedoch noch aus. Vgl. dazu die Angaben in der schon erwähnten Ausarbeitung der RSHA: PA Bonn, Abt. Inland II g, Akten betr. Kriegsgefangene 1943—1944: „Deutsche Kriegsgefangene in der Sowjetunion", S. 40 ff.; dazu Berichte der Presseabteilung des Auswärtigen Amtes in Berlin: PA Bonn, Abt. Inland II g, Akten betr. Deutsche Freiheitsorganisationen 1937—1945: Auslands-Presse-Bericht (APB) vom 31. 7. 1943 aus Stockholm, Blatt 15 f.; und Sonderdienst Politischer Nachrichten (SPN) vom 13. 8. 1943 aus Stockholm, Blatt 2; und vom 18. 8. 1943 aus Berlin, Blatt 20 f.; sowie einen Bericht der deutschen Gesandtschaft in Stockholm: Telegramm Thomsen, Nr. 2086 vom 26. 7. 1943; außerdem die umstrittenen Angaben bei Dulles, aaO., S. 218; sowie Weinert, Nationalkomitee, S. 102 ff.; Olaf Groehler, Das Nationalkomitee „Freies Deutschland" und die Westmächte, in: MAeO, Jg. 1963, H. 8 (August), S. 10 ff.; Scheurig, Verrat, S. 19 f.; Willy Wolff, Die Reaktion des Oberkommandos der Wehrmacht auf die Gründung und Wirksamkeit des Nationalkomitees „Freies Deutschland", in: MAeO, Jg. 1965, H. 7 (Juli), S. 14 ff.; Bernt von Kügelgen, Die Sendung des Nationalkomitees „Freies Deutschland", in: MAeO, Jg. 1968, H. 7 (Juli), S. 7; und Emendörfer, aaO., S. 214 ff.

[25] Protokoll, aaO., S. 21.

[26] Ebd., S. 20.

[27] Vgl. den „Vorschlag des Politbüros des ZK der KPD zur Bildung eines deutschen Komitees zum Kampf gegen Hitlerkrieg und Nazityrannei" vom 25. Mai 1943, im Auszug abgedruckt in: Geschichte der deutschen Arbeiterbewegung, Bd. 5, S. 574 f.

[28] Protokoll, aaO., S. 22; Blank/Level', aaO., S. 77 f.

[29] Protokoll, aaO.

[30] Der im Jahre 1892 in Moskau geborene Rücker, der schon im Ersten Weltkrieg als Student der Germanistik, Anglistik und Romanistik an der Berliner Friedrich-Wilhelm-Universität Soldat geworden war und als Leutnant der Reserve heimkehrte, war nach 1933 von den Nationalsozialisten zeitweilig aus dem Schuldienst entfernt worden, weil er aus „seiner demokratischen, antichauvinistischen Einstellung" kein Hehl machte. 1941 erneut zum Wehrdienst einberufen, geriet Rücker Ende 1942 in sowjetische Kriegsgefangenschaft. Hier stellte er sich sofort „der patriotischen Bewegung deutscher Antifaschisten" zur Verfügung, wie es in einer Ostberliner Würdigung heißt, und half mit, „in den Köpfen deutscher Kriegsgefangener eine politische Klarheit und Überzeugung zu entwickeln, die sie einmal befähigen sollte, ein von antinationalen und antidemokratischen Kräften freies Deutschland zu schaffen". Nach der Gründung des Nationalkomitees „Freies Deutschland" gehörte Rücker der Operativ-Abteilung des Geschäftsführenden Ausschusses an und arbeitete in der Kommission zur Ausarbeitung von Richtlinien zur deutschen Geschichte. Im August 1945 kehrte er nach Deutschland zurück. Vgl. „Dr. h. c. Fritz Rücker 75 Jahre alt", in: MAeO, Jg. 1967, H. 4 (April), S. 12; außerdem Fritz Rücker, Die Arbeit der Lehrer im Nationalkomitee „Freies Deutschland" und die schulpolitisch-pädagogische Arbeit des Nationalkomitees, in: Lehrer im Widerstandskampf, Bd. 2, S. 159 ff.; dazu die spärlichen Angaben in der Ausarbeitung des RSHA: PA Bonn, Abt. Inland II g, Akten betr. Kriegsgefangene 1943—1944: „Deutsche Kriegsgefangene in der Sowjetunion", S. 48. Darin wird von Rücker behauptet, er sei „politisch nachteilig nicht bekannt geworden".

[31] Protokoll, aaO., S. 60 f.

[32] Scheurig, Freies Deutschland, S. 42. Der Text des Manifests ist abgedruckt in: Protokoll, aaO., S. 9 ff.; Weinert, Nationalkomitee, S. 19 ff.; Sie kämpften für Deutschland, aaO., S. 146 ff.; Scheurig, Verrat, S. 77 ff. Heinrich Gerlach (aaO., S. 157 ff.) erinnert sich, daß der Aufruf nicht in der „Gossensprache" der Kriegsgefangenenzeitung „Freies Wort" und auch nicht in der infantilen Sprache der russischen Flugblätter abgefaßt gewesen sei.

[33] Vgl. den persönlichen Erlebnisbericht von Heinrich Graf von Einsiedel: Tagebuch, S. 54 f.

[34] Leonhard, Revolution, S. 274.

[35] Protokoll, aaO., S. 57.

[36] Ebd., S. 10.

[37] So auch die Interpretation amerikanischer Kommentatoren: PA Bonn, Abt. Inland II g, Akten betr. Deutsche Freiheitsorganisationen 1937—1945: Telegramm Thomsen, Nr. 2086 vom 26. 7. 1943, S. 1; vgl. im übrigen Scheurig, Verrat, S. 17 f.; und Einsiedel, Verräter oder Patrioten?, aaO.

[38] So Zirke, aaO., S. 67.

[39] Vgl. die Stellungnahmen der in Malmö erschienenen sozialdemokratischen Zeitung „Arbetet" sowie der britischen Presse zur Gründung des Nationalkomitees: PA Bonn, Abt. Inland II g, Akten betr. Deutsche Freiheitsorganisationen 1937—1945: Auslands-Presse-Bericht (APB) vom 31. 7. 1943 aus Stockholm, Blatt 15 f.; und Sonderdienst Politischer Nachrichten (SPN) vom 13. 8. 1943 aus Stockholm, Blatt 2.

[40] So eine Äußerung Alfred Kurellas, des stellvertretenden Chefredakteurs des „Freien Deutschland", zu deutschen Kriegsgefangenen: Gerlach, aaO., S. 283 f.

[41] Ebd., S. 210.

III. ANZEICHEN EINER INTERALLIIERTEN SOLIDARITÄT (1943/44)

1. Die Moskauer Zustimmung zur Deutschlandkonzeption Washingtons

[1] Zum damaligen Stand der politischen Beziehungen zwischen den drei Mächten der Anti-Hitler-Koalition im allgemeinen vgl. Snell, Illusionen, S. 111 ff.; Günter Moltmann, Amerikas Deutschlandpolitik im zweiten Weltkrieg [künftig zitiert: Moltmann, Amerikas Deutschlandpolitik], Heidelberg 1958, S. 78 ff.; sowie ders., Die amerikanisch-sowjetische Partnerschaft im zweiten Weltkrieg [künftig zitiert: Moltmann, Partnerschaft], in: GWU, 15. Jg. (1964), H. 3, S. 173 ff.; dazu aus sowjetischer Sicht: L. N. Ivanov,

Očerki meždunarodnych otnošenij v period vtoroj mirovoj vojny (1939—1945 gg.), Moskau 1958, S. 195 ff.; Israeljan, aaO., S. 301 ff.; V. G. Truchanovskij, Sovetskij Sojuz i put' antigitlerovskoj koalicii k Potsdamu, in: Oktjabr' i graždanskaja vojna v SSSR, Moskau 1966, S. 488 ff.; und die parteiamtliche Darstellung in: Geschichte des Großen Vaterländischen Krieges, Bd. 3, S. 585 ff.

² John R. Deane, Ein seltsames Bündnis. Amerikas Bemühungen während des Krieges mit Rußland zusammenzuarbeiten, Wien o. J., S. 20; vgl. dazu Gottfried Zieger, Die Teheran-Konferenz 1943 [künftig zitiert: Zieger, Teheran], Hannover 1967, S. 10 ff. Der in der sowjetischen Historiographie (vgl. z. B. Geschichte der sowjetischen Außenpolitik, aaO., S. 489; Kuliš, aaO., S. 206) in Zusammenhang mit dem „Kampf um die zweite Front in Europa" immer wieder erhobene Vorwurf, das lange Hinauszögern einer Landung britischer und amerikanischer Truppen auf dem Kontinent erkläre sich aus dem Wunsch der Regierungen in London und Washington, die Sowjetunion „maximal zu schwächen und ausbluten zu lassen", findet sich als Feststellung schon 1943 in den Akten des Berliner Auswärtigen Amtes. Dort heißt es, England sei vor allem daran gelegen gewesen, „den sowjetischen Bundesgenossen zur Fortsetzung seines mit vollem Einsatz gegen das deutsche Ostheer geführten verlustreichen Kampfes zu veranlassen". London habe damit zweierlei erreichen wollen: Einmal sollte „durch die totale Bindung an der Ostfront ein aktives bolschewistisches Eingreifen in anderen für England interessanten Teilen Europas erschwert werden". Daneben hätten die Engländer gehofft, „daß sich bei großen Erfolgen der Roten Armee die von Moskau immer wieder geforderte Errichtung der zweiten Front in Frankreich, die für England mit bisher nicht erlebten blutigen Verlusten und einer unberechenbaren machtpolitischen Schwächung verbunden sein würde, erübrigen könnte". Vgl. PA Bonn, Handakten Etzdorf, Akten betr. Rußland 1943—1944: Ausarbeitung Pol I 9 g vom 31. 12. 1943, S. 3.

³ Zur Deutschlandplanung der westlichen Alliierten vgl. Moltmann, Amerikas Deutschlandpolitik, S. 52 ff.; und Paul H. Hammond, Directives for the occupation of Germany, in: Harold Stein (Hrsg.), American Civil-Military Decisions, Birmingham/Alabama 1963, S. 314 ff.; dazu Snell, Illusionen, S. 139 ff.; und Schwarz, aaO., S. 105 ff.

⁴ Conrad F. Latour, Amerikas Weg nach Potsdam. Wie die Vereinigten Staaten sich die Gestalt Deutschlands nach dem Kriege vorstellten, in: „Frankfurter Allgemeine Zeitung", Nr. 178 vom 4. April 1965, S. 11. Vgl. dazu Moltmann, Amerikas Deutschlandpolitik, S. 63 ff.; Vagts, aaO., S. 293 ff.; Armstrong, aaO., S. 13 ff.; und Snell, Illusionen, S. 119 ff.

⁵ Ernst Deuerlein, Das Problem der „Behandlung Deutschlands" [künftig zitiert: Deuerlein, Behandlung Deutschlands], in: PZ, Nr. 18/65 vom 5. 5. 1965, S. 29.

⁶ So eine amerikanische Studie, die Roosevelts Sonderberater Harry Hopkins auf der Konferenz von Quebec im August 1943 vorlegte: Robert E. Sherwood, Roosevelt und Hopkins [künftig zitiert: Sherwood, Roosevelt], Hamburg 1950, S. 612.

⁷ Moltmann, Partnerschaft, S. 174.

⁸ Vgl. Postwar Foreign Policy Preparation 1939—1945 [künftig zitiert: Postwar Foreign Policy], Washington 1949, S. 558 f.; Herbert Feis, Churchill-Roosevelt-Stalin, Princeton, N.J. 1957, S. 219 f.; dazu Wolfgang Marienfeld, Konferenzen über Deutschland, Hannover 1962, S. 55. Aus Berichten der türkischen Botschaft in London, die in Berlin bekannt wurden, kann entnommen werden, daß in London und Washington „über die in der letzten Zeit in Moskau gebildeten nationalen Komitees verschiedener europäischer Staaten" große Besorgnis herrsche. Während die Angelsachsen die bedingungslose Kapitulation verlangten, so befürchtete man dort offenbar, „würde sich Rußland nur mit der des nationalsozialistischen Regimes begnügen und mit einer links gerichteten deutschen Regierung sofort ein Bündnis gegen die angelsächsischen Interessen in Europa abschließen". In britischen diplomatischen Kreisen wurde bis in das Jahr 1944 hinein die Befürchtung geäußert, „der Krieg werde genau so aufhören, wie er begonnen habe, mit einem deutschrussischen Bündnis". Vgl. PA Bonn, Inland II g 476, Akten betr. Diplomatische Aktionen von 1939—1944: Telegramm v. Papen, Nr. 1161 vom 12. 8. 1943, S. 1 f.; und Schreiben des Chefs der Sicherheitspolizei und des SD an das Auswärtige Amt vom 3. 4. 1944, S. 3.

⁹ Bruce Kuklick, The Genesis of the European Advisory Commission, in: JCH, Vol. 4 (1969), No 4, S. 190 f.

[10] Ernst Deuerlein, Ursprünge der alliierten Deutschlandpolitik [künftig zitiert: Deuerlein, Ursprünge], in: Die politische Meinung, 12. Jg. (1967), H. IV (121), S. 24.

[11] Vgl. The Problem of Germany. An Interim Report by a Chatham House Study Group, London 1943 (deutsche Ausgabe: Das Problem Deutschland. Bericht einer Studiengruppe des Chatham House, hrsg. vom Royal Institute of International Affairs, London/ Zürich/New York 1945); dazu Deuerlein, Behandlung Deutschlands, aaO., S. 34.

[12] Philip E. Mosely, Dismemberment of Germany, in: FA, Vol. 28, No 3 (April 1950), S. 488 f.; Moltmann, Amerikas Deutschlandpolitik, S. 54 ff.; Marienfeld, aaO., S. 52 ff.

[13] Vgl. dazu den Bericht des britischen Außenministers: Eden Memoirs, S. 370 ff.; sowie Moltmann, Amerikas Deutschlandpolitik, S. 78; und Hammond, aaO., S. 314 f.

[14] Vgl. den Bericht Churchills: Der Zweite Weltkrieg, Bd. IV/2, S. 441 ff.; dazu Moltmann, Amerikas Deutschlandpolitik, S. 79 f.

[15] Ebd., S. 80

[16] Mosely, aaO.; Moltmann, Amerikas Deutschlandpolitik, S. 78 ff.

[17] Vgl. Sherwood, Roosevelt, S. 584 f.; dazu Mosely, aaO., S. 488; außerdem Moltmann, Amerikas Deutschlandpolitik, S. 79.

[18] Postwar Foreign Policy, aaO., S. 558 ff.

[19] Zur Vorgeschichte der Konferenz von Teheran vgl. vor allem den Briefwechsel zwischen den „Großen Drei", abgedruckt in: Churchill, Der Zweite Weltkrieg, Bd. V/1, S. 320 ff.; Briefwechsel II, S. 801 f., 179 ff., 548 ff.; dazu Feis, aaO., S. 237 ff.; und Zieger, Teheran, S. 9 ff.

[20] Zur Vorgeschichte der Konferenz von Moskau vgl. Zieger, Teheran, aaO. Die sowjetische Behauptung, die Konferenz verdanke ihr Zustandekommen einer sowjetischen Initiative (so beispielsweise bei Israeljan, aaO., S. 305) bleibt umstritten.

[21] Eden Memoirs, S. 402.

[22] Zieger, Teheran, S. 20.

[23] Vgl. Churchill, Der Zweite Weltkrieg, Bd. V/1, S. 320 ff.; Briefwechsel II, S. 179 ff.; dazu FRUS 1943, Vol. II, S. 521 f. (amerikanischer Vorschlag zur Tagesordnung), S. 525 f. (britischer Entwurf) und S. 534 f. (sowjetische Anregung).

[24] Vgl. „Pravda" vom 13. 10. 1943, in der außerdem erklärt wurde, die Grenzen der Sowjetunion könnten ebensowenig das Thema von Verhandlungen sein wie beispielsweise die Grenzen der Vereinigten Staaten. Zitiert nach PA Bonn, Handakten Etzdorf, Akten betr. Rußland 1943—1944: Ausarbeitung Hencke über die „Dreimächtekonferenz in Moskau" vom Okt. 1943, S. 3 f.; vgl. außerdem: The Memoirs of Lord Ismay, London 1960, S. 321; sowie Geschichte des Großen Vaterländischen Krieges, Bd. 3, S. 598; und Zieger, Teheran, S. 10 ff.

[25] Dieser Eindruck verstärkt sich bei der Durchsicht sowjetischer Darstellungen der Moskauer Konferenz: F. D. Volkov, SSSR-Anglija 1929—1945, Moskau 1964, S. 440 f.; Israeljan, aaO., S. 305; Istorija meždunarodnych otnošenij i vnešnej politiki SSSR, T. 2, Moskau 1967, S. 198 f.; Geschichte des Großen Vaterländischen Krieges, Bd. 3, S. 598 ff.

[26] Eden Memoirs, S. 410.

[27] Zur Reise des ehemaligen sowjetischen Botschafters vgl. Maiski, Memoiren, S. 826 f.; und Eden Memoirs, S. 404.

[28] Ebd., S. 404 f.

[29] Ebd., S. 405.

[30] Moltmann, Partnerschaft, S. 174.

[31] Vgl. die Ausarbeitung Churchills vom 11. Oktober 1943 über die Hauptpunkte, die seiner Meinung nach von der bevorstehenden Außenministerkonferenz behandelt werden sollten, abgedruckt in: Churchill, Der Zweite Weltkrieg, Bd. V/1, S. 325 ff.

[32] The Memoirs of Cordell Hull [künftig zitiert: Hull Memoirs], Vol. 2, New York 1948, S. 1284 ff.; Mosely, aaO., S. 489; Feis, aaO., S. 220 f.; Zieger, Teheran, S. 20 f.; FRUS 1943, Vol. I, S. 629 ff. Das amerikanische Memorandum ist als Konferenzdokument No 20 abgedruckt in: FRUS, aaO., S. 720 ff. Einzelheiten des Konferenzablaufs berichten V. M. Berežkov: Stanovlenie, S. 105; Lord Ismary, aaO., S. 324 ff.; und Deane, aaO., S. 17 ff.

[33] Berežkov, Stanovlenie, aaO.

[34] Vgl. FRUS 1943, Vol. I, S. 621; Berežkov, Stanovlenie, aaO. Molotov, der den Erhalt

des amerikanischen Entwurfs über Deutschland gegen Ende der Sitzung bestätigte, verband damit den Wunsch, genügend Zeit zu seinem Studium zu haben und bat darum, die Beratung dieser Frage auf einen späteren Zeitpunkt zu vertagen. Zu Beginn der 6. Sitzung am 24. Oktober 1943 äußerte er den Wunsch, die Erörterung der Deutschland-frage auf das nächste Treffen zu vertagen, um noch mehr Zeit für eine Analyse des Entwurfs zu gewinnen. Vgl. FRUS 1943, Vol. I, S. 624.

[35] Ebd., S. 721—723; Berežkov, Stanovlenie, aaO.

[36] Berežkov, Stanovlenie, S. 111; vgl. dazu das separate amerikanische Memorandum, das als Dokument No 39 in die Konferenzpapiere aufgenommen wurde: FRUS 1943, Vol. I, S. 740.

[37] Ebd., S. 723.

[38] Berežkov, Stanovlenie, aaO., S. 108; Hull Memoirs, S. 1287.

[39] Vgl. die Aufzeichnung über dieses Gespräch, abgedruckt in: FRUS 1943, Vol. I, S. 542; dazu Latour, aaO.

[40] Zur Entwicklung der amerikanischen Vorstellungen über eine mögliche Aufgliederung Deutschlands vgl. Siegfried Koß, Vorstellungen der Alliierten von Nachkriegs-Deutschland, in: PZ, Nr. 42—43/72 vom 14. 10. 1972, S. 21 ff.

[41] Vgl. die Aufzeichnung Bohlens von den Verhandlungen der 7. Sitzung der Konferenz am Nachmittag des 25. Oktober 1943: FRUS 1943, Vol. I, S. 629 ff.; dazu Hull Memoirs, S. 1287.

[42] FRUS 1943, Vol. I, S. 629.

[43] Hull Memoirs, S. 1285; vgl. auch Berežkov, Stanovlenie, S. 108.

[44] FRUS 1943, Vol. I, S. 632; Hull Memoirs, S. 1287.

[45] Vgl. die Aufzeichnungen des Moskauer Ministeriums für Auswärtige Angelegenheiten, zitiert nach: Geschichte des Großen Vaterländischen Krieges, Bd. 3, S. 600; und Volkov, aaO., S. 441 f.; dazu FRUS 1943, Vol. I, S. 631; sowie Zieger, Teheran, S. 23 f.

[46] FRUS 1943, Vol. I, S. 631 f. Bei Israeljan (aaO., S. 313) wie in der offiziösen Geschichte des Großen Vaterländischen Krieges (Bd. 3, S. 599 f.) wird dieser Sachverhalt so verkürzt wiedergegeben, daß der Eindruck entsteht, als habe die amerikanische Delegation vorgeschlagen, Deutschland aufzugliedern.

[47] Vgl. FRUS 1943, Vol. I, S. 631 f.; dazu Hull Memoirs, S. 1287. Es bleibt unerfindlich, worauf sich die in der sowjetischen Historiographie gängige Behauptung stützt, die Sowjetunion sei auf dem Moskauer Außenministertreffen dafür eingetreten, „die Entwicklung Deutschlands als einheitlichen demokratischen Staat zu gewährleisten". Vgl. als Beispiel Volkov, aaO., S. 442.

[48] Marienfeld, aaO., S. 89.

[49] Vgl. den Bericht Harrimans an Hull vom 13. November 1943, abgedruckt in: FRUS 1943, Vol. I, S. 502 f.; dazu den Bericht Hulls vom Festbankett zum Abschluß der Moskauer Außenministerkonferenz am Abend des 30. Oktober 1943: Hull Memoirs, S. 1310.

[50] Vgl. den Bericht Harrimans an Roosevelt vom 4. November 1943, abgedruckt in: Teheran Papers, S. 154.

2. Unverbindlichkeiten der „Großen Drei" in Teheran

[1] Zur Konferenz von Teheran vgl. die Darstellung bei Feis, aaO., S. 269 ff.; Woodward, aaO., S. 247 ff.; und in der Moskauer Geschichte des Großen Vaterländischen Krieges, Bd. 3, S. 602 ff.; dazu Zieger, Teheran, S. 88 ff.; sowie die persönlichen Erinnerungen von Churchill: Der Zweite Weltkrieg, Bd. V/2, S. 27 ff.; und A. H. Birse: Memoirs of an Interpreter, New York 1967, S. 153 ff. Über die mit der Konferenz verbundenen militärischen Sicherheitsmaßnahmen und protokollarischen Schwierigkeiten unterrichtet ein von deutscher Seite dechiffrierter Funkspruch der türkischen Botschaft in Teheran an das Außenministerium in Ankara: PA Bonn, Inland II g 462, Akten betr. Berichte und Meldungen zur Lage in und über die Türkei 1943, Bd. 2: Schreiben des Chefs der Sicherheitspolizei und des SD an das Auswärtige Amt vom 21. 12. 1943. Von den Protokollen des Gipfeltreffens in Teheran existieren die folgenden amerikanischen und sowjetischen Aus-

gaben: Teheran Papers, S. 459 ff.; und Tegeran-Jalta-Potsdam, S. 5 ff.; letztere in deutscher Übersetzung: Sowjetische Protokolle, S. 17 ff.

[2] Vgl. den Text der Drei-Mächte-Erklärung in: Teheran Papers, S. 640 f.; Tegeran-Jalta-Potsdam, S. 54 f.; hier zitiert nach: Sowjetische Protokolle, S. 90. Eine erste deutsche Übersetzung der Presseabteilung des Auswärtigen Amtes aus dem Jahre 1943 findet sich in: PA Bonn, Handakten Ritter, Akten betr. Rußland, Bd. 1—2: Sonderdienst Politischer Nachrichten (SPN) vom 7. 12. 1943, Blatt 2—2b.

[3] Vgl. die Diskussionen zwischen Stalin, Roosevelt und Churchill auf der ersten und zweiten Vollsitzung der Konferenz am 28. und 29. November 1943 (Teheran Papers, S. 487 ff., 533 ff.; Sowjetische Protokolle, S. 22 ff., 49 ff.), dazu die Beratungen der Militärvertreter am 29. November 1943 (Teheran Papers, S. 514 ff.; Sowjetische Protokolle, S. 33 ff.).

[4] So Zieger, Teheran, S. 90; vgl. dazu Postwar Foreign Policy, aaO., S. 200. Im Berliner Auswärtigen Amt wurde vermutet, auf der Konferenz von Teheran sei es Briten und Amerikanern vor allem darum gegangen, ihr „in vieler Hinsicht recht problematisches Verhältnis" mit der Sowjetunion „um den Preis weitgehender Zugeständnisse zu festigen". Auf alle Fälle hätten es die Westmächte vermeiden wollen, so hieß es in einer Sprachregelung für die deutschen Auslandsvertretungen, „daß durch ein Abspringen der beiden östlichen Mächte [Sowjetunion und China] vorzeitig Kräfte auf ihrer Seite ausfielen, auf die sie für eine schnelle und erfolgreiche Beendigung des Krieges und zur Ersparung eigener hoher Blutopfer einstweilen nicht verzichten zu können glaubten". Vgl. PA Bonn, Handakten Etzdorf, Akten betr. Rußland 1943—1944: Ausarbeitung Pol I 9 g vom 31. 12. 1943, S. 2.

[5] Zur Rolle Polens in der diplomatischen Geschichte des Zweiten Weltkrieges vgl. die einführende Darstellung Gotthold Rhodes, Die politische Entwicklung Polens im Zweiten Weltkrieg, in: OEH Polen, S. 194 ff.; dazu Woodward, aaO., S. 200 ff.

[6] Teheran Papers, aaO., S. 510; vgl. auch Sherwood, Roosevelt, S. 638 f.

[7] Teheran Papers, S. 512; sowie Churchill, Der Zweite Weltkrieg, Bd. V/2, S. 50.

[8] Ebd., S. 49 f.

[9] Ebd., S. 50.

[10] Vgl. Wolfgang Wagner, Die Entstehung der Oder-Neiße-Linie in den diplomatischen Verhandlungen während des Zweiten Weltkrieges [künftig zitiert: Wagner, Entstehung], Stuttgart ³1964, S. 46 ff.; sowie Koß, aaO., S. 15 ff.; dazu für die Entstehungsgeschichte der Forderung nach der Oder-Neiße-Linie in den verschiedenen politischen Gruppierungen Polens im Zweiten Weltkrieg: Viktoria Vierheller, Polen und die Deutschland-Frage 1939—1949, Köln 1970, S. 21 ff.; 67 ff.; 94 ff.

[11] So bei Churchill, Der Zweite Weltkrieg, Bd. V/2, S. 88; vgl. dazu Teheran Papers, S. 598; Tegeran-Jalta-Potsdam, S. 49; Sowjetische Protokolle, S. 83; sowie die Untersuchung von Heinz Günther Sasse, Die ostdeutsche Frage auf den Konferenzen von Teheran bis Potsdam, in: JbGMOD, Bd. 2, Tübingen 1954, S. 17 ff.

[12] Vgl. die Erinnerungen des Stabschefs der U.S. Air Forces, General Henry H. Arnold: Global Mission, New York 1949, S. 469.

[13] Valentin Berežkov, Tegeran, 1943 [künftig zitiert: Berežkov, Tegeran], Moskau 1968, S. 35; vgl. auch Churchill, Der Zweite Weltkrieg, Bd. V/2, S. 33.

[14] Postwar Foreign Policy, S. 201.

[15] Sherwood, Roosevelt, S. 639.

[16] Vgl. das über die Gespräche am Abend des 28. November 1943 angefertigte Memorandum Bohlens, abgedruckt in: Teheran Papers, S. 513; dazu Sherwood, Roosevelt, aaO.

[17] Teheran Papers, S. 513.

[18] Ebd., S. 510.

[19] Über dieses Gespräch existieren Aufzeichnungen des State Department (Teheran Papers, S. 509 ff.), Churchills (Der Zweite Weltkrieg, Bd. V/2, S. 46 ff.) und des Stalin-Dolmetschers Valentin M. Berežkov (Tegeran, S. 110 ff.).

[20] Teheran Papers, S. 511; Berežkov, Tegeran, S. 110.

[21] Churchill, Der Zweite Weltkrieg, Bd. V/2, S. 46. Bei Berežkov (Tegeran, aaO.) bleibt offen, wer die Initiative zu diesem Gespräch ergriff: „Churchill, Stalin, Eden und Molo-

tov", so heißt es bei ihm, „begaben sich ins Nebenzimmer, wo der Kaffee schon serviert war."

[22] Berežkov, Tegeran, S. 111; Churchill, Der Zweite Weltkrieg, Bd. V/2, S. 46 f. Im gleichen Sinne äußerte sich Stalin über die Tüchtigkeit der Deutschen gegenüber Milovan Djilas im Frühjahr 1945: „Sie sind eine hoch entwickelte Industrienation mit einer äußerst qualifizierten und zahlreichen Arbeiterklasse und einer technischen Intelligentsia. Gebt ihnen zwölf oder fünfzehn Jahre Zeit, und sie werden wieder auf den Beinen stehen." Vgl. Djilas, Gespräche, S. 147.

[23] Berežkov, Tegeran, S. 110.

[24] Berežkov glaubt, Churchill habe gemerkt, daß Stalin auf die Gesellschaftsordnung Nachkriegsdeutschlands hinauswollte, und daraufhin sofort das Thema gewechselt (Tegeran, aaO.). Diese Angabe läßt sich mit den Angaben Churchills (vgl. Der Zweite Weltkrieg, Bd. V/2, S. 46 ff.) und den Aufzeichnungen Bohlens (Teheran Papers, S. 511 ff.) nicht in Einklang bringen.

[25] Churchill, Der Zweite Weltkrieg, Bd. V/2, S. 47; Teheran Papers, S. 511.

[26] Churchill, Der Zweite Weltkrieg, Bd. V/2, S. 48.

[27] Teheran Papers, S. 511.

[28] Ebd., S. 513. Nicht ohne einen gewissen Respekt äußerte sich Stalin in diesem Zusammenhang über seinen deutschen Gegenspieler Hitler. Dieser sei, so führte er aus, „ein sehr fähiger Mensch, aber im Grunde nicht intelligent". Es mangele ihm an Bildung, und von den politischen und sonstigen Problemen habe er nur primitive Anschauungen. Stalin widersprach der Auffassung des Präsidenten, daß Hitler geistig nicht normal sei, und betonte demgegenüber, „nur ein sehr fähiger Mensch könnte fertigbringen, was Hitler in der Einigung des deutschen Volkes geleistet habe, ganz gleich, was wir von seinen Methoden hielten". Obwohl er es nicht ausdrücklich sagte, hatte der amerikanische Protokollant Bohlen den Eindruck, als sei Stalin der Auffassung, daß sich Hitler durch seinen „dummen Streich", die Sowjetunion anzugreifen, um alle Früchte seiner früheren Siege gebracht habe. Mit beträchtlicher Skepsis muß der Angabe Stalins begegnet werden, er sei im Jahre 1907 in Leipzig gewesen. Zwar vertrat er als nichtstimmberechtigter Delegierter im April und Mai 1907 die Tifliser Parteiorganisation der SDAPR auf dem V. Parteitag in London, jedoch ist nicht bekannt, daß er sich bei dieser Gelegenheit auch in der sächsischen Messemetropole aufgehalten hätte. Es hat eher den Anschein, als habe sich Stalin des Beispiels von der Untertanenmentalität der Deutschen in Gesprächen gern bedient. Eine ähnliche Geschichte erzählte er im Dezember 1931 dem deutschen Schriftsteller Emil Ludwig, als dieser ihn fragte, ob er glaube, die Deutschen hätten als Nation mehr Ordnungs- als Freiheitsliebe. Auch damals berief sich Stalin auf Erlebnisse, die er im Jahre 1907 bei einem zwei- bis dreimonatigen Aufenthalt in Berlin gehabt haben wollte und berichtete von einer seinerzeit in Umlauf befindlichen Anekdote: „Als der Berliner sozialdemokratische Vorstand für einen bestimmten Tag und eine bestimmte Stunde eine Kundgebung ansetzte, zu der die Mitglieder der Organisation aus allen Vororten erscheinen sollten, da konnte eine Gruppe von zweihundert Personen aus einem Vorort, obgleich sie rechtzeitig zur festgesetzten Stunde in der Stadt eingetroffen war, nicht zur Demonstration erscheinen, weil sie zwei Stunden lang auf dem Bahnsteig stand und es nicht wagte, ihn zu verlassen: der Schaffner, der die Fahrkarten am Ausgang abnehmen sollte, war nicht da, und die Genossen konnten daher ihre Karten nicht abgeben." Vgl. J. W. Stalin, Werke, Bd. 13 (Juli 1930 bis Januar 1934), Berlin[-Ost] 1955, S. 108; dazu die biographischen Angaben ebd., Bd. 2 (1907—1913), Berlin[-Ost] ⁵1953, S. 368 ff.

[29] Churchill, Der Zweite Weltkrieg, Bd. V/2, S. 48 f.

[30] Vgl. die Aufzeichnungen Bohlens über dieses Gespräch: Teheran Papers, S. 532 f.

[31] Teheran Papers, S. 553 f.; Churchill, Der Zweite Weltkrieg, Bd. V/2, S. 62 ff.; Lord Moran, Churchill, München/Zürich 1967, S. 162.

[32] In den Aufzeichnungen Bohlens (Teheran Papers, S. 554): „German Commanding Staff".

[33] Churchill, Der Zweite Weltkrieg, Bd. V/2, S. 63; Moran, aaO., S. 162; Arnold, aaO., S. 466.

[34] Teheran Papers, S. 554.

[35] Vgl. das Protokoll Bohlens von dieser Schlußsitzung, abgedruckt in: Teheran Papers, S. 596 ff.; sowie die sowjetischen Aufzeichnungen: Tegeran-Jalta-Potsdam, S. 50 ff.; Sowjetische Protokolle, S. 84 ff.; und die Darstellung bei Churchill, Der Zweite Weltkrieg, Bd. V/2, S. 95 ff.; dazu Zieger, Teheran, S. 95 ff.

[36] Teheran Papers, S. 600; Tegeran-Jalta-Potsdam, S. 50; Sowjetische Protokolle, S. 84; dazu die Aussagen des sowjetischen Konferenzdolmetschers Berežkov in einem Interview mit Horst Siebecke: „Und jetzt sage ich Ihnen offiziell, daß der Krieg erklärt ist..." [künftig zitiert: Publik-Gespräch], in: „Publik", Nr. 25 vom 18. 6. 1971, S. 25.

[37] Teheran Papers, aaO. Die ausdrückliche Zustimmung Stalins zur Zerstückelung Deutschlands bezeugt auch der amerikanische Finanzminister Henry Morgenthau, dem Eden bei einem Besuch in London im August 1944 Einblick in die britischen Protokolle der Konferenz von Teheran gewährte. Vgl. John Morton Blum, Deutschland ein Ackerland?, Düsseldorf 1968, S. 213 f. Hingegen fehlt in den sowjetischen Protokollen jeder Hinweis auf die Zustimmung Stalins zur Aufgliederung des Deutschen Reiches: Tegeran-Jalta-Potsdam, aaO.; bzw. Sowjetische Protokolle, aaO.; dazu die Aussagen Berežkovs in: Publik-Gespräch, aaO.

[38] Roosevelt teilte mit Churchill die Meinung, daß Preußen eine der Hauptursachen allen Übels sei. Im einzelnen schlug er folgenden Teilungsplan vor: „Meiner Meinung nach muß Preußen möglichst geschwächt und in seinem Umfang verkleinert werden. Preußen sollte den ersten selbständigen Teil Deutschlands bilden. In den zweiten Teil Deutschlands sollten Hannover und die nordwestlichen Gebiete Deutschlands einbezogen werden. Der dritte Teil ist Sachsen und das Gebiet von Leipzig. Der vierte Teil ist die Provinz Hessen, Darmstadt, Kassel und die Gebiete südlich des Rheins sowie die alten westfälischen Städte. Der fünfte Teil ist Bayern, Baden und Württemberg. Jeder dieser Teile wird einen unabhängigen Staat bilden. Außerdem müssen von Deutschland das Gebiet des Kieler Kanals und das Gebiet von Hamburg abgetrennt werden. Diese Gebiete müssen von den Vereinten Nationen oder von den vier Mächten verwaltet werden. Das Ruhrgebiet und die Saar sollten entweder der Kontrolle der Vereinten Nationen oder der Treuhandschaft ganz Europas unterstellt werden." Vgl. Teheran-Jalta-Potsdam, S. 50 f.; Sowjetische Protokolle, S. 84 f.; Teheran Papers, S. 600 ff.

[39] Churchill, Der Zweite Weltkrieg, Bd. V/2, S. 96; Tegeran-Jalta-Potsdam, S. 51; Sowjetische Protokolle, S. 85; Teheran Papers, S. 602.

[40] Churchill, Der Zweite Weltkrieg, Bd. V/2, S. 96; vgl. dazu Berežkov, Tegeran, S. 114.

[41] Teheran Papers, S. 602 f.; Tegeran-Jalta-Potsdam, S. 51 f.; Sowjetische Protokolle, S. 85 f.; Churchill, Der Zweite Weltkrieg, Bd. V/2, S. 96 f.; Berežkov, Tegeran, S. 114 f.

[42] Churchill, Der Zweite Weltkrieg, Bd. V/2, S. 101.

[43] Tegeran-Jalta-Potsdam, S. 52; Sowjetische Protokolle, S. 86.

[44] Arnold, aaO., S. 469.

[45] Berežkov, Tegeran, S. 118.

[46] Zieger, Teheran, S. 136; vgl. dazu auch den Kommentar von General de Gaulle zu den Ergebnissen der Konferenz von Teheran in seinen Memoiren: aaO., S. 189.

[47] „Die Vereinigten Staaten hatten in der Tat keine Deutschlandpolitik", mußte der amerikanische Diplomat Charles W. Thayer auf dem Wege nach London zu den Beratungen der „European Advisory Commission" feststellen. Vgl. Charles W. Thayer, Die unruhigen Deutschen, Bern/Stuttgart/Wien 1958, S. 26. Von ähnlichen Erfahrungen berichtet Thayers Kollege Robert Murphy: Diplomat unter Kriegern, Berlin ²1966, S. 276 ff.

[48] Der Plan beruhte, wie der schwedische Diplomat Sven Allard unter Hinweis auf Äußerungen des ungarischen Kommunisten Mátyás Rákosi berichtet, auf einer neuen Taktik, die eine „revolutionäre Umwälzung von oben" anstrebte. Diese sollte Schritt für Schritt unter Anwendung „friedlicher Mittel" durchgeführt werden. Nachdem die jeweilige Kommunistische Partei „antifaschistische Koalitionen" unter Beteiligung der Sozialdemokraten und kompromißwilliger bürgerlicher Elemente zustande gebracht und sodann Vertrauensleute in wichtige Posten eingesetzt hatte, sollten die Polizei und andere wichtige Verwaltungszweige mit offenen oder verkappten Anhängern des Kommunismus infiltriert und der Widerstand der Bevölkerung nach und nach gebrochen werden. Das sollte sowohl durch Terrorakte wie durch Nationalisierung, Aufteilung des Großgrundbesitzes

und andere „Reformen" geschehen, mit denen der Einfluß und die wirtschaftliche Stellung der besitzenden Klasse geschwächt werden konnte. Der zukünftige Staatsstreich sollte auf diese Weise so gründlich vorbereitet werden, daß zu einem gegebenen Zeitpunkt jeder Versuch eines effektiven Widerstandes zum Scheitern verurteilt war. Vgl. Sven Allard, Diplomat in Wien, Köln 1965, S. 59 f.; dazu den Bericht des tschechoslowakischen Staatspräsidenten Beneš an General de Gaulle über seine Gespräche mit Stalin im Dezember 1943: de Gaulle, aaO., S. 192 f.; sowie die Überlegungen des amerikanischen Diplomaten Charles E. Bohlen zu den vermutlichen Plänen Stalins für Nachkriegseuropa in einem Memorandum an den Moskauer US-Botschafter Harriman, abgedruckt in: Charles E. Bohlen, Witness to History 1929–1969, New York 1973, S. 153. In diesem Zusammenhang verdient auch das Kadermaterial einer Widerstandsgruppe der illegalen KPD im „Dritten Reich", der sogenannten Saefkow-Gruppe, Aufmerksamkeit. Es ist zwar nicht auf Anweisung der Moskauer Parteiführung entstanden und läßt somit keine unmittelbaren Rückschlüsse auf die von Rákosi erwähnten Ziele einer sowjetischen Besatzungspolitik zu, jedoch offenbart es jene „klassenmäßige Ausrichtung" Moskauer Außenpolitik, die im Dezember 1943 bei der Erörterung der europäischen Nachkriegsordnung im Politbüro der KPdSU eine Rolle gespielt haben könnte. So heißt es beispielsweise in dem im Oktober 1943 herausgegebenen „Material Nr. 2" im Blick auf die außenpolitischen Zielsetzungen der Sowjetunion, es bestehe die Gefahr, daß in Mitteleuropa „der letzte Krieg um den Sieg des Sozialismus über den Kapitalismus" unmittelbar anschließend an den jetzigen ausgetragen werde: „Wenn es nach dem Imperialisten ginge, würde es so sein. Sie spekulieren auf die materiellen Verluste der Sowjet-Union und möchten der Bildung und Konsolidierung neuer proletarischer Staaten damit zuvorkommen." In dem Kadermaterial der Saefkow-Gruppe wurde kein Zweifel daran gelassen, daß es das Ziel der sowjetischen Außenpolitik sein werde, eine solche Entwicklung zu verhindern. Die Sowjetunion und „das Proletariat der europäischen Länder", so wurde argumentiert, brauchten nach dem Aderlaß dieses Weltkrieges Frieden und Erholung. Es komme also alles darauf an, „eine politische Kräfteverteilung zu schaffen und zu erzwingen, die es den Imperialisten auch nach einem Sieg über den deutschen Faschismus unmöglich macht, sich gegen die europäische Arbeiterklasse und die Sowjetunion zu wenden". Dazu sei „die Schaffung eines Blocks sozialistischer Staaten in Europa im Bunde mit der Sowjet-Union die sicherste Voraussetzung". Deutschland spielte in diesen Überlegungen als „sozialistisches Zentrum in Europa" eine zentrale Rolle, das „die übrigen europäischen Völker nicht durch Terror und Gewalt, sondern kraft des siegreichen Beispieles in seinen Bann zwingt". Vgl. George Kennan/Hermann Weber, Aus dem Kadermaterial der illegalen KPD 1943, in: VfZ, 20. Jg. (1972), H. 4, S. 432 f. Zur Einordnung des genannten Dokuments und der Widerstandsgruppe Saefkow vgl. die Ausführungen von Hermann Weber, ebd., S. 423 ff.; dazu aus Ostberliner Sicht die Untersuchungen von Gerhard Nitzsche: Die Saefkow-Jacob-Bästlein-Gruppe, Berlin [-Ost] 1957, S. 28 ff.; und Gerhard Rossmann: Der Kampf der KPD um die Einheit aller Hitlergegner, Berlin[-Ost] 1963, S. 36 ff.

[49] So Überlegungen von Captain Harry C. Butcher, des Marine-Adjutanten General Eisenhowers, vom 5. Dezember 1943: Drei Jahre mit Eisenhower, Bern 1946, S. 493.

3. Rahmenvereinbarungen zur Besetzung und Verwaltung Deutschlands

[1] Zu dem insgesamt positiven historiographischen Echo des Gipfeltreffens im Iran vgl. als Beispiele McNeill, aaO., S. 362 f.; und die Geschichte des Großen Vaterländischen Krieges, Bd. 3, S. 606; dazu Zieger, Teheran, S. 142 ff.

[2] Einen ersten zusammenfassenden Bericht über die Entstehung der „European Advisory Commission" (EAC) vermittelt Bruce Kuklick: aaO., S. 189 ff.; vgl. dazu Deuerlein, Ursprünge, S. 23 ff.; ders., Die Präjudizierung der Teilung Deutschlands 1944/45 [künftig zitiert: Deuerlein, Präjudizierung], in: DA, 2. Jg. (1969), H. 4, S. 360 ff.; die eher skizzenhafte Darstellung Boris Meissners: Die Vereinbarungen der Europäischen Beratenden Kommission über Deutschland von 1944/45, in: PZ, Nr. 46/70 vom 14. 11. 1970, S. 3 ff.; und vor allem die gründliche Untersuchung von Hans-Günter Kowalski: Die „European Advisory Commission" als Instrument alliierter Deutschlandplanung 1943–1945, in: VfZ, 19. Jg. (1971), S. 261 ff.; sowie aus Ostberliner Sicht Siegfried

Thomas: Von der EAC zum Bruch der Abkommen über den Kontrollmechanismus und die Besatzungszonen in Deutschland durch die Westmächte [künftig zitiert: Thomas, EAC], in: ZfG, VII. Jg. (1959), H. 4, S. 844 ff.

[3] Vgl. Lord Strang, Home and Abroad, London 1956, S. 203; George F. Kennan, Memoiren eines Diplomaten, Stuttgart 1968, S. 170; dazu Kowalski, aaO., S. 263 f.

[4] Kennan, Memoiren, S. 172 ff.; vgl. auch Kuklick, aaO., S. 189.

[5] Vgl. den knappen Bericht Winants an Stettinius vom 14. Januar 1944, abgedruckt in: FRUS 1944, Vol. I, S. 17 f.; dazu Kowalski, aaO., S. 265.

[6] Strang, aaO., S. 202; vgl. dazu den britischen Richtlinienentwurf für die „European Advisory Commission", abgedruckt in: FRUS 1943, Vol. I, S. 710 f.

[7] Eden Memoirs, S. 425.

[8] Kennan, Memoiren, S. 169. Vgl. dazu den Bericht Murphys über eine Unterredung mit Roosevelt kurz vor Antritt seines Amtes als politischer Berater General Eisenhowers: aaO., S. 277 f.

[9] Kennan, Memoiren, S. 169 f.; vgl. auch die Ansprache Hulls vor beiden Häusern des amerikanischen Kongresses vom 18. November 1943: The Department of State Bulletin, Vol. IX, No 230 vom 20. 11. 1943, S. 343; dazu Kowalski, aaO., S. 262.

[10] Hull Memoirs, S. 1279; Berežkov, Stanovlenie, S. 110.

[11] Vgl. Thayer, aaO., S. 25.

[12] Kennan, Memoiren, S. 170 f.; vgl. dazu Murphy, aaO., S. 281.

[13] Thayer, aaO., S. 26. Als die britische Regierung am 23. Januar 1944 durch ihren Geschäftsträger in Moskau den Vorschlag unterbreitete, die Frage der Aufgliederung Deutschlands „so schnell wie möglich" in der EAC erörtern zu lassen, weil dieses Problem äußerst kompliziert und überaus wichtig sei, beharrte das Volkskommissariat für Auswärtige Angelegenheiten in seiner Antwort vom 30. Januar noch darauf, daß sich die EAC in erster Linie mit den Kapitulationsbedingungen für die Feindstaaten und der Garantie ihrer Einhaltung zu beschäftigen habe. Vgl. P. Tolmačev, Teheran, Jalta, Potsdam i sovremennost', in: MŽ 1966, H. 12, S. 107 f. Zu beträchtlichen Schwierigkeiten mit dem sowjetischen Bündnispartner kam es in der Frage einer gemeinsamen alliierten Besatzungswährung, über die parallel zu den Tagungen der Londoner Kommission vorwiegend zwischen Washington und Moskau direkt verhandelt wurde, wie aus den Tagebüchern Henry Morgenthaus hervorgeht: Blum, aaO., S. 104 ff. Zur Verhandlungstaktik der sowjetischen Delegation in London vgl. die Ausführungen Kowalskis, aaO., S. 268 f.; dazu Murphy, aaO., S. 281 f.

[14] Vgl. das Memorandum Strangs an die EAC vom 15. Januar 1944 sowie den Wortlaut der beiden Dokumente in: FRUS 1944, Vol. I, S. 112 ff., 116 ff. bzw. 121 ff.; dazu Thayer, aaO., S. 37.

[15] Vgl. den Wortlaut der beiden Dokumente in: FRUS 1944, Vol. I, S. 104 ff. bzw. 168 ff.

[16] Vgl. den Wortlaut des sowjetischen Entwurfs: ebd., S. 173 ff.

[17] Strang, aaO., S. 209; vgl. dazu Kowalski, aaO., S. 270 ff.

[18] Vgl. FRUS 1944, Vol. I, S. 114 und 136; dazu Strang, aaO., S. 209 f.; und Thayer, aaO., S. 37.

[19] Thayer, aaO.

[20] Geschichte des Großen Vaterländischen Krieges, Bd. 4, S. 744; Strang, aaO., S. 209 f.; Kowalski, aaO., S. 271.

[21] Strang, aaO., S. 210.

[22] Vgl. die Aufzeichnungen von der 7. Sitzung der EAC am 25. Juli 1944, abgedruckt in: FRUS 1944, Vol. I, S. 252 ff., insbesondere S. 256 ff. (Annex 2: Unconditional Surrender of Germany); dazu Kowalski, aaO., S. 272; Thomas, EAC, S. 845.

[23] FRUS 1944, Vol. I, S. 260.

[24] Deuerlein I, S. 61.

[25] Strang, aaO., S. 212.

[26] Vgl. den Wortlaut des britischen Memorandums „The Military Occupation of Germany" vom 15. Januar 1944, abgedruckt in: FRUS 1944, Vol. I, S. 140 ff.; dazu Deuerlein, Ursprünge, S. 24; ders., Präjudizierung, S. 360 f.; sowie Thomas, EAC, S. 845.

[27] FRUS 1944, Vol. I, S. 145; Deuerlein, Ursprünge, S. 25 ff.

[28] FRUS 1944, Vol. I, S. 147.

²⁹ Ebd., S. 150 ff.; Thomas, EAC, S. 845 f.
³⁰ FRUS 1944, Vol. I, S. 153 f.; vgl. dazu auch Deuerlein, Ursprünge, S. 26 f.; ders., Präjudizierung, S. 360 f.
³¹ Über die hartnäckigen Versuche der Russen, die Nachlässigkeit eines britischen Kartenzeichners dazu zu benutzen, um die Insel von Schleswig-Holstein und damit von der britischen Besatzungszone abzutrennen, berichtet Strang in seinen Erinnerungen: aaO., S. 207.
³² Kennan, Memoiren, S. 171; Deuerlein, Ursprünge, S. 28; vgl. auch die sarkastischen Kommentare von Charles W. Thayer: aaO., S. 25 f.
³³ Vgl. den Wortlaut des Memorandums vom 18. Februar 1944, abgedruckt in: FRUS 1944, Vol. I, S. 174 ff.; dazu Deuerlein, Ursprünge, S. 27; und ders., Präjudizierung, S. 361 f.
³⁴ FRUS 1944, Vol. I, S. 177 f.; vgl. dazu auch Deuerlein, Ursprünge, S. 27 f.
³⁵ FRUS 1944, Vol. I, aaO.; vgl. auch den Bericht Murphys über die inneramerikanische Diskussion um den Zugang nach Berlin: aaO., S. 282 ff.; dazu Gerhard Wettig, Berlin in den interalliierten Vereinbarungen der Kriegszeit und im Potsdamer Abkommen, in: Potsdam und die deutsche Frage, Köln 1970, S. 95 f.; sowie Deuerlein, Ursprünge, S. 28 f.
³⁶ Vgl. den Briefwechsel zwischen London und Washington in dieser Frage, zum Teil abgedruckt in: FRUS 1944, Vol. I, S. 180 ff.; dazu Strang, aaO., S. 212; und Churchill, Der Zweite Weltkrieg, Bd. VI/2, S. 298.
³⁷ Deuerlein I, S. 314 ff.
³⁸ Strang, aaO., S. 218; vgl. Kowalski, aaO., S. 276 ff.; und die Geschichte des Großen Vaterländischen Krieges, Bd. 4, S. 745.
³⁹ Vgl. die Texte der britischen und amerikanischen Entwürfe in: FRUS 1944, Vol. I, S. 155 ff.; 202 ff.; 212 ff.; bzw. S. 185 ff.; 247 f. und 376 ff.; dazu Kowalski, aaO., S. 276 f.
⁴⁰ Strang, aaO., S. 218.
⁴¹ Vgl. den Wortlaut des sowjetischen Memorandums vom 26. August 1944, abgedruckt in: FRUS 1944, Vol. I, S. 299 ff.; dazu Kowalski, aaO., S. 277.
⁴² Vgl. Kowalski, aaO., S. 278.
⁴³ Vgl. Strang, aaO., S. 218 f.
⁴⁴ Vgl. den Wortlaut des Abkommens über das Kontrollsystem in Deutschland vom 14. November 1944, abgedruckt in: Jalta Papers, S. 124; Deuerlein I, S. 321 ff.; dazu Geschichte des Großen Vaterländischen Krieges, Bd. 4, S. 744 f.
⁴⁵ Strang, aaO., S. 219; vgl. auch Kowalski, aaO., S. 278.
⁴⁶ Strang, aaO., S. 321 ff.
⁴⁷ So Klaus Altmeyer, Die Dokumente vom 5. Juni 1945 und die politische Einheit Deutschlands, in: EA, 10. Jg. (1955), S. 7370.
⁴⁸ Walter L. Dorn, Die Debatte über die amerikanische Besatzungspolitik für Deutschland (1944–45), in: VfZ, 6. Jg. (1958), S. 65.
⁴⁹ Deuerlein I, S. 74 ff.; Dorn, aaO.
⁵⁰ Thayer, aaO., S. 26 und 37; vgl. dazu das freundlichere Porträt Gusevs bei Strang: aaO., S. 207.
⁵¹ Davon und von unkonventionellen Versuchen, den sowjetischen Diplomaten „die Zunge zu lösen", um etwas über die sowjetischen Deutschlandpläne zu erfahren, berichtet Thayer: aaO., S. 26 f.; vgl. dazu Deuerlein I, S. 75 ff.
⁵² Strang, aaO., S. 208; vgl. auch Thayer, aaO., S. 14 f.
⁵³ So Kowalski, aaO., S. 281.

IV. ANFÄNGE DER SOWJETISCHEN DEUTSCHLANDPLANUNG (1944)

1. Die Bildung einer Arbeitskommission der KPD

¹ So Horst Laschitza, Zum antifaschistischen Widerstandskampf und zur programmatischen Vorbereitung auf die antifaschistisch-demokratische Umwälzung in Deutschland unter Führung der KPD [künftig zitiert: Laschitza, Widerstandskampf], in: Bulletin, Nr. 1/2 (1970), S. 47.

[2] Heinz Abraham, „Mit diesen Menschen werden wir den Sozialismus aufbauen", in: TuP, 11. (14.) Jg. (1965), II. 2, S. 7.

[3] Meissner, Rußland, S. 35.

[4] Vgl. Rhode, aaO., S. 207 f.; Ernst Birke/Rudolf Neumann (Hrsg.), Die Sowjetisierung Ost-Mitteleuropas, Bd. I, Frankfurt/Berlin 1959, S. 66 f.

[5] Geschichte der deutschen Arbeiterbewegung, Bd. 5, S. 420.

[6] Ebd., S. 386 f.; vgl. auch Emendörfer, aaO., S. 221; Zirke, aaO., S. 72 ff.; Leschkowitz, aaO., S. 195 f.; sowie Hermann Lewerenz, Zur Entstehungsgeschichte des „Bundes deutscher Offiziere", in: MAeO, Jg. 1963, H. 10 (Oktober), S. 13; und Wilhelm Eildermann, Tagebuchnotizen aus einer antifaschistischen Frontschule der Sowjetarmee, in: BzG, 9. Jg. (1967), H. 4, S. 694.

[7] Walter Ulbricht, Erstes Zusammentreffen bei Stalingrad, in: ders., Zur Geschichte II/2, S. 289.

[8] Laschitza, Widerstandskampf, S. 49.

[9] Berthold, Kampf gegen das Hitlerregime, S. 1016.

[10] So Laschitza, Widerstandskampf, S. 47; vgl. dazu Lothar Berthold, Für ein neues Deutschland [künftig zitiert: Berthold, Deutschland], in: BzG, 7. Jg. (1965), H. 3, S. 393.

[11] Vgl. Mammach, Dimitroffs Hilfe, S. 580.

[12] Laschitza, Kämpferische Demokratie, S. 90; vgl. auch Berthold, Kampf gegen das Hitlerregime, S. 1019; sowie ders., Deutschland, S. 393.

[15] Über die seit dem Februar 1943 eingeleiteten Maßnahmen zur Vorbereitung der „Politemigranten" der KPD auf die Zeit nach dem Sturz Hitlers vgl. Berthold, Deutschland, krieges auf die antifaschistisch-demokratische Umwälzung in Deutschland [künftig zitiert: Laschitza, Vorbereitung], in: TuP, 11. (14.) Jg. (1965), H. 2, S. 10; sowie ders., Kämpferische Demokratie, S. 90 ff. Aus der Anwesenheitsliste der Kommission und aus Notizen Wilhelm Piecks geht hervor, daß später auch Paul Försterling, Karl Maron, Ernst Noffke und Wilhelm Zaisser „für einige Zeit" zur Kommissionsarbeit herangezogen wurden. Berthold (Deutschland, aaO.) nennt in diesem Zusammenhang auch Richard Gyptner.

[14] So Berthold, Deutschland, aaO.

[15] Über die seit dem Februar 1943 eingeleiteten Maßnahmen zur Vorbereitung der „Politemigranten" der KPD auf die Zeit nach dem Sturz Hitlers vgl. Berthold, Deutschland, S. 391; ders., Kampf gegen das Hitlerregime, S. 1016 f.

[16] Berthold, Deutschland, aaO.

[17] So Gertrud Glondajewski/Gerhard Rossmann, Ein bedeutendes politisches Dokument des illegalen antifaschistischen Kampfes der Kommunistischen Partei Deutschlands, in: BzG, 8. Jg. (1966), H. 4, S. 648.

[18] Diese Angaben nach handschriftlichen Notizen Wilhelm Piecks über den Bericht Walter Ulbrichts in einer Parteiversammlung der KPD in Moskau vom 13. Februar 1944, abgedruckt in: Walter Ulbricht, Zur Geschichte der deutschen Arbeiterbewegung, Bd. II (Zusatzband) [künftig zitiert: Ulbricht, Zur Geschichte II/1, Berlin[-Ost] 1966, S. 171 f.; und Hinweisen Lothar Bertholds: Kampf gegen das Hitlerregime, S. 1017; vgl. auch Laschitza, Kämpferische Demokratie, S. 91; sowie Geschichte der deutschen Arbeiterbewegung, Bd. 5, S. 420. In den Notizen Piecks (Ulbricht, Zur Geschichte II/1, S. 172) wird in Zusammenhang mit dem Stichwort „Wirtschaft" der Name Fred Oelßners („Larew") genannt; hinter dem Stichwort „Intellektuelle" tauchen die Namen Rudolf Herrnstadts sowie Johannes R. Bechers („Lehrer") und Greta Keilsons („Geistliche") auf.

[19] Berthold, Kampf gegen das Hitlerregime, S. 1017; Laschitza, Kämpferische Demokratie, S. 91.

[20] Laschitza, Vorbereitung, S. 10; ders., Kämpferische Demokratie, S. 91. Die übrigen Themen wurden nach Laschitza (Kämpferische Demokratie, aaO.) größtenteils in die von März bis August 1944 erörterten Grundprobleme mit einbezogen und unter etwas veränderter Thematik in einer Beratung der Parteiführung der KPD mit deutschen Kulturschaffenden am 25. September 1944 sowie in den Arbeitskommissionssitzungen von Januar bis März 1945 behandelt.

[21] Laschitza, Kämpferische Demokratie, S. 92; vgl. dazu Anton Ackermann, Der neue Weg

zur Einheit [künftig zitiert: Ackermann, Weg zur Einheit], in: Vereint sind wir alles, Berlin[-Ost] 1966, S. 77.

22 Laschitza, Vorbereitung, S. 10; ders., Kämpferische Demokratie, S. 19.

23 Zur „Berner" Konferenz vgl. Duhnke, aaO., S. 311 ff.

24 Zur Biographie Florins vgl. die Angaben bei Hermann Weber, Die Wandlung des deutschen Kommunismus, Bd. 2 [künftig zitiert: Weber, Wandlung], Frankfurt a. M. 1969, S. 121 f.; Biographisches Lexikon I, S. 176 ff.; Biographisches Lexikon II, S. 133 ff.; sowie die biographische Skizze von Eckhard Trümpler, „Die Sache der Arbeiter war seine Sache", in: BzG, 14. Jg. (1972), H. 1, S. 111 ff.

25 Vgl. Laschitza, Kämpferische Demokratie, S. 92; dazu Werner Berthold, Die Konzipierung von Richtlinien für den Unterricht in deutscher Geschichte in der Arbeitskommission des Politbüros des ZK der KPD und in ihrem Auftrag (1944/45) [künftig zitiert: Berthold, Zum Geschichtsbild der KPD], in: JbG, Bd. 3, Berlin[-Ost] 1969, S. 308.

26 Laschitza, Kämpferische Demokratie, aaO.

27 Diese Angaben nach Berthold, Zum Geschichtsbild der KPD, aaO., S. 308.

28 Vgl. dazu Werner Berthold, Marxistisches Geschichtsbild — Volksfront und antifaschistisch-demokratische Revolution [künftig zitiert: Berthold, Marxistisches Geschichtsbild], Berlin[-Ost] 1970, S. 95 ff.

29 Laschitza, Kämpferische Demokratie, S. 92.

30 Ebd., S. 93.

31 Handschriftlichen Notizen Wilhelm Piecks kann entnommen werden, daß dem Referat zumindest in seinem ersten Teil jene Disposition zugrunde lag, die Ulbricht auch für einen mündlichen Bericht bei Dimitrov im Frühjahr 1944 niedergeschrieben hatte. Vgl. die Aufzeichnungen Wilhelm Piecks über das Referat Ulbrichts über „die politische Führung beim Sturze Hitlers und im neuen Deutschland" [künftig zitiert: Ulbricht, Politische Führung], abgedruckt in: Ulbricht, Zur Geschichte II/1, S. 176 f.; sowie die Disposition Ulbrichts für einen mündlichen Bericht bei Dimitrov über „Die Veränderungen in den Klassenkräften und im Denken der verschiedenen Schichten der Bevölkerung während der faschistischen Herrschaft" [künftig zitiert: Ulbricht, Disposition], abgedruckt in: Ulbricht, Zur Geschichte II, S. 327 ff.

32 Ulbricht, Disposition, S. 327.

33 Ebd., S. 329.

34 Ulbricht, Politische Führung, S. 176; ders., Disposition, S. 328 f.

35 Ebd., S. 176 bzw. 329 f.

36 Ebd., S. 176 f. bzw. 330.

37 Ebd., S. 177 bzw. 330 f.

38 Ulbricht, Disposition, S. 329.

39 Ulbricht, Politische Führung, S. 177.

40 Vgl. Laschitza, Kämpferische Demokratie, S. 93

41 Ulbricht, Politische Führung, S. 177.

42 Ebd., S. 178 f.

43 Zur Biographie Herrnstadts vgl. SBZ-Biographie, aaO., S. 146; und Biographisches Lexikon II, S. 200 f.; sowie die Angaben bei Leonhard, Revolution, S. 289 f.

44 Laschitza, Kämpferische Demokratie, S. 93.

45 Berthold, Zum Geschichtsbild der KPD, S. 308. Über die parteiinterne „Geschichtsdiskussion" der KPD in den Jahren 1941 bis 1943 berichtet: ders., Zum Kampf der Führung der KPD gegen die faschistische Geschichtsideologie und die Misereekonzeption in der deutschen Geschichte 1939—1945, in: ZfG, XVII. Jg. (1969), H. 6, S. 692 ff.

46 Zur Biographie Schwabs vgl. die spärlichen Angaben in: SBZ-Biographie, aaO., S. 320; und SBZ von A bis Z, Bonn ¹⁰1966, S. 418.

47 Berthold, Zum Geschichtsbild der KPD, S. 308 f.

48 Laschitza, Kämpferische Demokratie, S. 94.

49 Vgl. den Wortlaut seines Manuskripts „Zur Politik der Partei beim Wiederaufbau der Gewerkschaften" [künftig zitiert: Matern, Zur Politik der Partei], in: Matern, Im Kampf für Frieden, S. 93—103; dazu Laschitza, Kämpferische Demokratie, S. 94 f. Zur Biographie Materns vgl. Weber, Wandlung, S. 216 f.; Werner Müller, Hermann Matern, in: Fritz Selbmann (Hrsg.), Die erste Stunde, Berlin[-Ost] 1969, S. 266 ff.; sowie die

Skizze von Lya Rothe: Du bist immer den geraden Weg eines Revolutionärs gegangen, in: BzG, 15. Jg. (1973), H. 3, S. 485 ff.

[50] Matern, Zur Politik der Partei, S. 93.

[51] Ebd., S. 97 f.

[52] Ebd., S. 99.

[53] Ebd., S. 96 und 100.

[54] Ebd., S. 93 f.

[55] Ebd., S. 94 f.

[56] Ebd., S. 95.

[57] Ebd., S. 99 f.

[58] Ebd., S. 96 f.

[59] Ebd., S. 100 f.

[60] Ebd., S. 96.

[61] Ebd., S. 96 f. und 101.

[62] Ebd., S. 100.

[63] Ebd., S. 102 f.

[64] Vgl. Laschitza, Kämpferische Demokratie, S. 94.

[65] Der Unterkommission für Gewerkschaftsfragen gehörten neben Florin noch Matern sowie Gustav Sobottka, Fritz Apelt und Fred Oelßner an. Nach dem Tode Florins am 5. Juli 1944 übernahm Hermann Matern den Kommissionsvorsitz und Paul Wandel wurde neues Kommissionsmitglied. Vgl. ebd., S. 95.

[66] Ebd., S. 94 f.; vgl. auch Laschitza, Vorbereitung, S. 10.

[67] Berthold, Deutschland, S. 398 f.; Laschitza, Kämpferische Demokratie, S. 95.

[68] Ebd., S. 95 f.

[69] Nach Berthold, Deutschland, S. 398 f.

[70] Laschitza, Vorbereitung, S. 10; ders., Kämpferische Demokratie, S. 96; vgl. auch Ackermann, Weg zur Einheit, S. 77. Außer Ackermann gehörten der Unterkommission noch Paul Wandel, Georg Hansen, Fred Oelßner, Sepp Schwab und Rudolf Herrnstadt an.

[71] Zur Biographie Hoernles vgl. Weber, Wandlung, S. 166 f.; Biographisches Lexikon I, S. 311 ff.; Biographisches Lexikon II, S. 213 ff.; sowie die Angaben in den vom Ostberliner Institut für Agrargeschichte der Deutschen Akademie der Landwirtschaftswissenschaften herausgegebenen Dokumentationen: Edwin Hoernle. Ein Leben für die Bauernbefreiung [künftig zitiert: Hoernle I], Berlin[-Ost] 1965, S. 7 ff.; und Edwin Hoernle. Zum Bündnis zwischen Arbeitern und Bauern [künftig zitiert: Hoernle II], Berlin[-Ost] 1972, S. 9 ff.

[72] Vgl. Edwin Hoernle, Das Agrarprogramm des Blocks der kämpferischen Demokratie. August 1944 [künftig zitiert: Hoernle, Agrarprogramm], in: Hoernle II, S. 333.

[73] Ebd., S. 333 f.

[74] Vgl. ebd., S. 335.

[75] Ebd., S. 336 f.

[76] Ebd., S. 338 f.

[77] Vgl. Hoernle I, S. 139.

[78] Hoernle, Agrarprogramm, S. 340 ff.

[79] Vgl. den Essay „Edwin Hoernles Wirken für die Ausarbeitung der Strategie und Taktik der revolutionären Partei der deutschen Arbeiterklasse", in: Hoernle II, S. 46.

[80] Laschitza, Kämpferische Demokratie, S. 96.

[81] Hoernle II, S. 45; vgl. dazu Berthold, Deutschland, S. 399; Laschitza, Kämpferische Demokratie, S. 96 f.; ders., Vorbereitung, S. 10. Einer speziellen Unterkommission für das agrarpolitische Sofortprogramm gehörten neben Hoernle noch Sepp Schwab, Hermann Matern, Paul Wandel und Willi Kropp an.

[82] Vgl. Laschitza, Kämpferische Demokratie, S. 97.

[83] Auf dem Treffen, an dem auch Sepp Schwab und Arthur Pieck teilnahmen, referierten Becher, Rodenberg und Vallentin über die Probleme der deutschen Literatur, des Films und des Theaters. Unter dem Vorsitz Bechers wurde eine sogenannte Kulturkommission mit Rodenberg, Vallentin, Wangenheim und Schwab als Mitgliedern gebildet, „die Maßnahmen zur ideologischen Umerziehung des deutschen Volkes im antifaschistisch-demokratischen Geist auszuarbeiten und im einzelnen jene Aufgaben zu formulieren

[hatte], die dabei der Literatur, dem Rundfunk, dem Film und den Theatern zukommt".
Die Ausarbeitungen des ehemaligen Produktionsleiters der Filmgesellschaft der „Internationalen Arbeiterhilfe" und Mitarbeiters des Moskauer Rundfunks Hans Rodenberg über „Einige Bemerkungen zur Kinematographie in Hitlerdeutschland sowie Vorschläge für einige dringende Maßnahmen der Kinematographie nach der Zerschmetterung der Hitlerbande" lagen im Dezember 1944 vor. Vgl. Berthold, Kampf gegen das Hitlerregime, S. 1018; Laschitza, Kämpferische Demokratie, S. 97; sowie Harry Wilde, Theodor Plivier, München/Wien/Basel 1965, S. 408 f.; und Karl-Heinz Schulmeister, Zum Anteil Johannes R. Bechers an der Vorgeschichte und Gründung des Kulturbundes, in: Johannes R. Becher als sozialistischer Kulturpolitiker, Berlin[-Ost] 1972, S. 114.

[84] So Laschitza, Kämpferische Demokratie, aaO.

[85] Vgl. den Bericht über „Eine bedeutsame Tagung" im Organ des NKFD, „Freies Deutschland", am 18. Juni 1944, abgedruckt in: Klaus Drobisch (Hrsg.), Christen im Nationalkomitee „Freies Deutschland" [künftig zitiert: Drobisch, Christen], Berlin[-Ost] 1973, S. 219 ff.; dazu Weinert, Nationalkomitee, S. 37 ff.; sowie die Erinnerungen des ehemaligen Kriegspfarrers der 24. Pz.Div., Erich Arndt: Osterfahrung, in: MAeO, Jg. 1968, H. 8 (August), S. 10 ff.; des früheren Obersten und Regimentskommandeurs Luitpold Steidle: aaO., S. 386 ff.; und des ehemaligen Soldaten Max Emendörfer: aaO., S. 241 f.

[86] Drobisch, Christen, S. 98 f.; vgl. dazu Weinert, Nationalkomitee, S. 37 f.; und Emendörfer, aaO., S. 241.

[87] Vgl. den Wortlaut der Ansprache Piecks auf der 10. Vollsitzung des Nationalkomitees zum Tagesordnungspunkt „Schaffung eines Arbeitskreises für die kirchlichen Angelegenheiten", abgedruckt in: Wilhelm Pieck. Dem Vorkämpfer für ein neues Deutschland zum 70. Geburtstag, Berlin 1946, S. 118; und Pieck, Reden und Aufsätze, S. 419.

[88] Die Leitung dieses Arbeitskreises übernahmen die Geistlichen Josef Kayser, Dr. Friedrich-Wilhelm Krummacher, Dr. Alois Ludwig, Peter Mohr, Johannes Schröder und Nikolai Sönnichsen. Vgl. Drobisch, Christen, S. 102; dazu Weinert, Nationalkomitee, S. 40; und Emendörfer, aaO., S. 241.

[89] Die mit dem Datum des 29. September 1944 versehene Ausarbeitung stammt von Dr. Friedrich-Wilhelm Krummacher, Johannes Schröder und Nikolai Sönnichsen. Sie ist im Wortlaut abgedruckt in: Drobisch, Christen, S. 253–262. Für Krummacher war die Mitarbeit im Nationalkomitee nach eigener Bezeugung „gegenüber der bisherigen ethischen Tradition des Luthertums ein ungewöhnlicher, einmaliger, aus letzter Gewissensentscheidung kommender Schritt". Vgl. Friedrich-Wilhelm Krummacher, Ruf zur Entscheidung, Berlin[-Ost] 1965, S. 9.

[90] Vgl. den Brief von Johannes Schröder an den Lagerpfarrer Ernst Türk vom 26. November 1944, abgedruckt in: Drobisch, Christen, S. 263 f.; dazu den über den Sender „Freies Deutschland" verbreiteten Aufruf Krummachers „An die evangelischen Pfarrer der Heimat", abgedruckt in: Krummacher, aaO., S. 85 ff.

[91] So Heinz Kühnrich/Gerhard Nitzsche, Gehütet als kostbarstes Gut, in: BzG, 12. Jg. (1970), H. 2, S. 264.

[92] Laschitza, Kämpferische Demokratie, S. 168.

[93] Geschichte der deutschen Arbeiterbewegung, Bd. 5, S. 420.

[94] Laschitza, Kämpferische Demokratie, S. 168.

[95] Vgl. ebd., S. 168 f.; sowie Kühnrich/Nitzsche, aaO., S. 264.

[96] Unter den zur Herausgabe vorgesehenen Titeln von Marx und Engels befanden sich das „Manifest der Kommunistischen Partei", eine Ausgabe des „Kapital" in drei Bänden, die „Kritik des Gothaer Programms", die Artikelserie „Zur Wohnungsfrage" und der Diskussionsbeitrag „Zur Kritik des sozialdemokratischen Programmentwurfs 1891". Von Lenin war die Veröffentlichung seiner Werke „Der Imperialismus als höchstes Stadium des Kapitalismus", „Staat und Revolution", „Zwei Taktiken der Sozialdemokratie in der demokratischen Revolution", „Was tun?", „Der ‚linke Radikalismus', die Kinderkrankheit im Kommunismus", „Der Zusammenbruch der II. Internationale" und „Die drohende Katastrophe und wie man sie bekämpfen soll" geplant. Von den Reden und Schriften Stalins sollten zuerst die „Grundlagen des Leninismus", „Über den dialektischen und historischen Materialismus" und „Über den Großen Vaterländischen Krieg der Sowjetunion" erscheinen. Von Dimitrov sollten die Materialien über den Reichstags-

brandprozeß und seine Rede auf dem VII. Weltkongreß der Komintern herausgegeben werden. Vgl. Laschitza, Kämpferische Demokratie, S. 169; und Kühnrich/Nitzsche, aaO., S. 265.

[97] Nach längerer Pause waren im August 1944 wieder fünf deutsche Kommunisten für einen Einsatz im deutschen Hinterland ausgewählt worden: Unter der Leitung des ehemaligen Spanienkämpfers Joseph Gieffer sollten Ferdinand Greiner, Rudolf Gyptner, Artur Hofmann und Josef Kiefel zunächst die Aktionen der Partisanen in Westpolen unterstützen und dann alles unternehmen, „um westwärts der Oder zu gelangen". Dort, auf deutschem Gebiet, sollten „direkte Verbindungen mit Widerstandsgruppen deutscher Antifaschisten" hergestellt werden, „um so den Krieg verkürzen und weitere Verluste und Schäden verhindern zu helfen". In einem Funkspruch Wilhelm Piecks, den die Gruppe während des Einsatzes am 29. September 1944 erhielt, hieß es, ihre wichtigste Aufgabe sei „die Bildung von Parteigruppen und ihre Aktivierung für die Organisation des Widerstandes in den Betrieben und im Dorf".
Neben Pieck, der mit jedem einzelnen Teilnehmer vor Beginn des Einsatzes ein persönliches Gespräch führte, empfing auch Dimitrov die Gruppe vor dem Abflug, erteilte Ratschläge für den illegalen Kampf und empfahl schließlich, „jedem noch einen goldenen Wertgegenstand mitzugeben". Die Gruppe Gieffer sprang in der Nacht vom 22. zum 23. August 1944 über einem von polnischen und sowjetischen Partisanen kontrollierten Waldgebiet bei dem Dorfe Kotfin in der Nähe von Radomsko ab und nahm mit den dort operierenden polnischen Gruppen Verbindung auf. Mit ihrer Hilfe erreichte die Gruppe das Gebiet von Lubliniec, wo sie sich auf den weiteren Vormarsch über die Oder nach Schlesien hinein vorbereitete und auf einen ortskundigen Führer wartete. Verstärkte Einsätze deutscher Polizei- und Wehrmachtseinheiten erzwangen jedoch eine Teilung der Gruppe. Während sich Kiefel, Hofmann und Greiner schwer verwundet in die Wälder von Kotfin zurückziehen mußten und sich erst am 16. Januar 1945 mit den vorrückenden Truppen der Roten Armee vereinigen konnten, fanden Gieffer und Gyptner am 28. November 1944 in der Mühle von Pawonków „im Kugelhagel der Faschisten" den Tod. Im September 1944 folgte eine weitere Gruppe deutscher Kommunisten, die von dem ehemaligen Spanienkämpfer Georg Thiele geleitet wurde und der noch die beiden Überläufer Erwin Flegel und der ehemalige Bordfunker Gerhard Barth angehörten. Thiele erschien es erfolgversprechender, den Weg nach Berlin von Jugoslawien aus zu nehmen. Mit Hilfe jugoslawischer Partisanen und dank gefälschter Papiere gelang es der Gruppe, am 11. November 1944 in die deutsche Hauptstadt vorzudringen. Vgl. dazu Klaus Mammach, Georgi Dimitroff und die revolutionäre deutsche Arbeiterbewegung, in: Sammelband Dimitrov, S. 110; und Geschichte der deutschen Arbeiterbewegung, Bd. 5, S. 419; sowie die Berichte über die beiden Gruppen von Ferdinand Greiner in einer Leserzuschrift in: BzG, 3. Jg. (1961), H. 3, S. 694 f.; Richard Gyptner, An der Mühle von Pawonkow — der letzten Kampfstätte deutscher Antifaschisten, in: BzG, 4. Jg. (1962), H. 1, S. 77 ff.; Artur Hofmann, Die Partei ruft!, in: ebd., S. 79 ff.; Karl Krahn, Bei Pawonków, in: „Neues Deutschland", Beilage Nr. 49 vom 5. Dezember 1964, S. 2; Georg Thiele, Im Rücken des Feindes, in: „Neues Deutschland", Beilage Nr. 19 vom 8. Mai 1965, S. 5; Christa Otten, Memento einer Nacht, in: Die Front war überall, aaO., S. 310–325; und den Beitrag „Deutsche im polnischen Widerstand", in: Osteuropa, 20. Jg., H. 1 (Januar 1970), S. A 35 ff.; außerdem Władysław Góra/Stanisław Okęcki, Walczyli o nowe Niemcy, Warschau 1972, S. 45 ff. und 171 ff.

[98] So Greiner in seiner Leserzuschrift, aaO., S. 694.

[99] Laschitza, Kämpferische Demokratie, S. 97 f.

2. Das „Aktionsprogramm des Blocks der kämpferischen Demokratie"

[1] Horst Laschitza, Über Inhalt und Programm eines Blocks der kämpferischen Demokratie [künftig zitiert: Laschitza, Inhalt und Programm], in: BzG, 6. Jg. (1964), H. 6, S. 1037; ders., Kämpferische Demokratie, S. 98 ff.; dazu Ackermann, Weg zur Einheit, S. 77.

[2] Zu Inhalt und Bedeutung des „Aktionsprogramms des Blocks der kämpferischen Demokratie" vgl. Laschitza, Inhalt und Programm, S. 1037 ff.; ders. (Hrsg.), Zwei Dokumente der KPD aus den Jahren 1944 und 1945 für das neue, demokratische Deutsch-

land [künftig zitiert: Laschitza, Zwei Dokumente], in: BzG, 7. Jg. (1965), H. 2,
S. 258 ff.; ders., Kämpferische Demokratie, S. 98 ff.

3 Vgl. Laschitza, Zwei Dokumente, S. 259.

4 Laschitza, Kämpferische Demokratie, S. 193.

5 Ackermann, Weg zur Einheit, S. 77.

6 Laschitza, Kämpferische Demokratie, S. 104.

7 Vgl. W. I. Lenin, Zwei Taktiken der Sozialdemokratie in der demokratischen Revolution, in: ders., Werke, Bd. 9, Berlin[-Ost] ²1960, S. 1 ff.

8 Laschitza, Kämpferische Demokratie, S. 104 f.

9 Vgl. Lenin, aaO., S. 13; dazu Laschitza, Kämpferische Demokratie, S. 105 f.

10 Lenin, aaO., S. 77.

11 Laschitza, Kämpferische Demokratie, S. 106.

12 Vgl. den Wortlaut des „Aktionsprogramms", abgedruckt in: Laschitza, Kämpferische Demokratie, S. 193—196; Laschitza, Zwei Dokumente, S. 261—263; Geschichte der deutschen Arbeiterbewegung, Bd. 5, S. 607—609 (Auszug).

13 Laschitza, Inhalt und Programm, S. 1039; ders., Kämpferische Demokratie, S. 193.

14 Vgl. Laschitza, Kämpferische Demokratie, aaO.; dazu Ulbricht, Disposition, S. 329.

15 Laschitza, Kämpferische Demokratie, S. 194.

16 Vgl. Fred Kohlsdorf, Die Anwendung der Leninschen Lehre von der führenden Rolle der Arbeiterklasse in der demokratischen Revolution durch die Sozialistische Einheitspartei Deutschlands, in: Das Leninsche Werk „Zwei Taktiken der Sozialdemokratie in der demokratischen Revolution" in unserer Zeit [künftig zitiert: Das Leninsche Werk], Berlin[-Ost] 1965, S. 13 f.

17 Laschitza, Kämpferische Demokratie, S. 194 ff.

18 Laschitza, Inhalt und Programm, S. 1040; ders., Kämpferische Demokratie, S. 194 f.

19 Ebd., S. 195.

20 Ebd., S. 195 f.

21 Ebd., S. 195.

22 Ebd., S. 196.

23 Ebd., S. 195 f.

24 Ebd., S. 196.

25 Vgl. die einschlägigen Aufrufe der KPD bzw. des Nationalkomitees: Geschichte der deutschen Arbeiterbewegung, Bd. 5, S. 554, 570 und 576.

26 Der Begriff „kämpferische Demokratie" geht möglicherweise auf eine Formulierung Lenins zurück, die dieser im Dezember 1905 in einem Artikel für die „Novaja zizn'" über „Sozialistische Partei und parteiloser Revolutionismus" gebrauchte. Lenin hatte seinerzeit gefordert, „die nächsten politischen Aufgaben der Gegenwart" für die vollständige Umwälzung zu einem Programm von Reformen zusammenzufassen, „welche die kämpfende revolutionäre Demokratie zum Unterschied von der schachernden liberalen Demokratie zu verwirklichen hat". Vgl. Laschitza, Kämpferische Demokratie, S. 107.

27 Vgl. ebd., S. 108.

28 Ebd., S. 106.

29 Ebd., S. 112.

30 So die Formulierung Wilhelm Piecks: ebd., S. 111.

31 Vgl. dazu die Angaben ebd., S. 114 f.

32 Ebd., S. 115

3. Anton Ackermanns erweiterte Fassung des „Aktionsprogramms"

1 Ackermann, Weg zur Einheit, S. 77.

2 Anton Ackermann, Aktionsprogramm des Blocks der kämpferischen Demokratie [künftig zitiert: Ackermann, Aktionsprogramm], abgedruckt in: Laschitza, Kämpferische Demokratie, S. 197—209.

3 Ackermann, Aktionsprogramm, S. 197.

4 Ebd., S. 197 f.

5 Ebd., S. 198.

6 Ebd., S. 199.

[7] Ebd., S. 199 f.
[8] Ebd., S. 200.
[9] Laschitza, Kämpferische Demokratie, S. 95 f.
[10] Ackermann, Aktionsprogramm, S. 200 ff.
[11] Ebd., S. 200 f.
[12] Ebd., S. 201.
[13] Ebd., S. 201 f.
[14] Ebd., S. 203.
[15] Ebd., S. 203 f.
[16] Ebd., S. 203.
[17] Ebd., S. 204.
[18] Ebd., S. 203 f.
[19] Ebd., S. 204 f.
[20] Ebd., S. 204.
[21] Ebd., S. 204 f.
[22] Ebd., S. 205 f.
[23] Ebd., S. 205.
[24] Ebd., S. 205 f.
[25] Ebd., S. 206.
[26] Ebd., S. 206 ff.
[27] Ebd., S. 207.
[28] Ebd., S. 206 f.
[29] Ebd., S. 207 ff.
[30] Ebd., S. 208 f.
[31] Ebd., S. 207.
[32] Ebd., S. 207 f.
[33] Ebd., S. 209; vgl. dazu Laschitza, Kämpferische Demokratie, S. 97.
[34] Ackermann, Aktionsprogramm, S. 209.
[35] Vgl. Geschichte der deutschen Arbeiterbewegung, Bd. 5, S. 421.
[36] Vgl. die Ausführungen Wilhelm Piecks über „Die KPD — ihr Aufbau und ihre organisatorischen Probleme" vom 14. Dezember 1944, zitiert nach: Laschitza, Kämpferische Demokratie, S. 129.
[37] Churchill, Der Zweite Weltkrieg, Bd. VI/1, S. 284 f.; [Anthony Eden] Erinnerungen Edens aus den Kriegsjahren, in: „Neue Zürcher Zeitung", Nr. 74 (Fernausgabe) vom 16. März 1965, S. 3.
[38] Vgl. das Memorandum Roosevelts vom 20. Oktober 1944, abgedruckt in: Jalta Papers, S. 158; Jalta-Protokolle, S. 148; Marienfeld, aaO., S. 147.
[39] Vgl. Sywottek, aaO., S. 156 ff.
[40] Vgl. den Wortlaut des Manifests des Nationalkomitees „Freies Deutschland" vom Juli 1943 an die Wehrmacht und an das deutsche Volk, hier zitiert nach: Scheurig, Verrat, S. 79.

V. VORAUSSETZUNGEN FÜR EINEN „ANTIFASCHISTISCH-DEMOKRATISCHEN" NEUBEGINN (1945)

1. Unstimmigkeiten zwischen den „Großen Drei" in Jalta

[1] Zur militärischen Situation in Europa zu Beginn des Jahres 1945 vgl. die Lageberichte des stellvertretenden Generalstabschefs der Roten Armee, Armeegeneral Antonov, und des amerikanischen Generalstabschefs, General George C. Marshall, auf der ersten Vollsitzung der Konferenz von Jalta am 4. Februar 1945, abgedruckt in: Tegeran-Jalta-Potsdam, S. 57 ff.; Jalta Papers, S. 575 ff. bzw. 581 ff.; Sowjetische Protokolle, S. 95 ff.; dazu Tippelskirch, aaO., S. 534 ff.; Geschichte des Großen Vaterländischen Krieges, Bd. 5, S. 33.
[2] Churchill, Der Zweite Weltkrieg, Bd. VI/1, S. 379.
[3] Vgl. den Wortlaut des Berichts von Harriman an Stettinius vom 10. Januar 1945, ab-

gedruckt in: Jalta-Papers, S. 450 ff.; Jalta-Protokolle, S. 419 ff.; dazu Marienfeld, aaO., S. 150 f.

[4] Vgl. das Schreiben Churchills an Roosevelt vom 8. Januar 1945, abgedruckt in: Churchill, Der Zweite Weltkrieg, Bd. VI/1, S. 390.

[5] Nicht zuletzt durch die unterschiedliche Beurteilung der innenpolitischen Entwicklung in Polen drängte insbesondere Churchill, der schon am 16. November 1944 in einem Schreiben an Stalin für eine Zusammenkunft der „Großen Drei" eintrat, auf die Einberufung einer Gipfelkonferenz, deren Vorbereitung zu Beginn des Jahres 1945 unter dem Decknamen „Argonaut" begann. Vgl. Briefwechsel II, S. 336 und 361 ff.; außerdem Churchill, Der Zweite Weltkrieg, Bd. VI/1, S. 380 ff.

[6] Zur Geschichte der Konferenz von Jalta vgl. die amerikanischen und sowjetischen Quellenveröffentlichungen: Jalta Papers, aaO.; Jalta-Protokolle, aaO.; Tegeran-Jalta-Potsdam, S. 57 ff.; Sowjetische Protokolle, S. 95 ff.; sowie die Erinnerungen Churchills: Der Zweite Weltkrieg, Bd. VI/1, S. 392 ff.; und Bd. VI/2, S. 7 ff.; und Bohlens: aaO., S. 161 ff.; dazu John L. Snell (Hrsg.), The Meaning of Yalta, Baton Rouge ³1966, S. 3 ff.; Kolko, aaO., S. 343 ff.; S. B. Sosinskij, Akcija „Argonavt", Moskau 1970, S. 48 ff.

[7] Der amerikanische Präsident zeigte sich „über das Ausmaß der von den Deutschen auf der Krim angerichteten Zerstörung sehr beeindruckt" und erklärte in einem Gespräch mit Stalin am 4. Februar 1945, daß er aus diesem Grunde den Deutschen gegenüber „viel blutrünstiger" („more bloodthirsty") sei als noch vor einem Jahr. Vgl. Jalta Papers, S. 571; dazu Jalta-Protokolle, aaO., S. 535. Roosevelts Eindrücke von den zerstörten Städten auf der Krim fanden auch Eingang in seinen Bericht an den Kongreß, wie Samuel I. Rosenman berichtet: Working with Roosevelt, London 1952, S. 481.

[8] Vgl. Eden Memoirs, S. 511; deutsche Übersetzung: „Erinnerungen Edens aus den Kriegsjahren", VI., in: „Neue Zürcher Zeitung", Nr. 81 vom 23. 3. 1965, Blatt 2.

[9] Als Churchill am Schluß der ersten Vollsitzung am 4. Februar 1945 vorschlug, am nächsten Tag „über die Zukunft Deutschlands" zu verhandeln, „wenn es überhaupt eine Zukunft habe", beeilte sich Stalin hinzuzufügen, daß Deutschland eine Zukunft haben werde. Vgl. Tegeran-Jalta-Potsdam, S. 68; bzw. Sowjetische Protokolle, S. 105.

[10] Tegeran-Jalta-Potsdam, S. 69 f.; Sowjetische Protokolle, S. 106 f.

[11] Jalta Papers, S. 612; Jalta-Protokolle, S. 573; Tegeran-Jalta-Potsdam, S. 69; Sowjetische Protokolle, S. 106; vgl. auch Mosely, aaO., S. 491 f.

[12] Tegeran-Jalta-Potsdam, aaO.; Sowjetische Protokolle, aaO.

[13] Marienfeld, aaO., S. 149.

[14] Tegeran-Jalta-Potsdam, S. 70; Sowjetische Protokolle, S. 107.

[15] Vgl. ebd.; dazu Jalta Papers, S. 624; und Jalta-Protokolle, S. 585.

[16] Über die Aufgliederung Deutschlands war während Churchills Aufenthalt in Moskau im Oktober 1944 mit Stalin inoffiziell gesprochen worden, wie der Premierminister am 22. Oktober 1944 in einem Schreiben an Präsident Roosevelt berichtete. Bei dieser Gelegenheit hatte der sowjetische Regierungschef erkennen lassen, daß er es im Gegensatz zu seinem früheren Standpunkt begrüßen würde, „Wien als die Hauptstadt eines süddeutschen Staatenbundes zu sehen". Was Preußen betraf, so wünschte Stalin „die Gebiete um Ruhr und Saar abzutrennen, außer Betrieb zu setzen und sie wohl auch einer internationalen Kontrolle zu unterstellen". Aus dem Rheinland sollte ein selbständiger Staat, der „Kieler Kanal" internationalisiert werden. Churchill hatte gegen diese Gedankengänge „nichts einzuwenden", versicherte dem amerikanischen Präsidenten jedoch, daß keine festen Beschlüsse gefaßt worden seien. Vgl. Churchill, Der Zweite Weltkrieg, Bd. VI/1, S. 285; sowie Eden Memoirs, S. 488.

[17] Jalta Papers, S. 612 und 625; Jalta-Protokolle, S. 574 und 585; vgl. dazu Tegeran-Jalta-Potsdam, S. 70; Sowjetische Protokolle, S. 107; und Bohlen, aaO., S. 183 f.

[18] Tegeran-Jalta-Potsdam, S. 70 f.; Sowjetische Protokolle, S. 107 f.; vgl. dazu Churchill, Der Zweite Weltkrieg, Bd. VI/2, S. 13 f.; und Bohlen, aaO., S. 183.

[19] Tegeran-Jalta-Potsdam, S. 73; Sowjetische Protokolle, S. 110; vgl. dazu Bohlen, aaO.

[20] Vgl. Tegeran-Jalta-Potsdam, S. 73 f.; Sowjetische Protokolle, S. 110 f.

[21] Tegeran-Jalta-Potsdam, S. 74; Sowjetische Protokolle, S. 111; Churchill, Der Zweite Weltkrieg, Bd. VI/2, S. 14.

[22] Jalta Papers, S. 615 und 627; Jalta-Protokolle, S. 576 und 587; Stettinius, aaO., S. 119.

[23] Zur Diskussion der Aufgliederung Deutschlands auf der Sitzung der Außenminister am 6. Februar 1945 vgl. den Wortlaut des amerikanischen Protokolls und die knappen Aufzeichnungen Matthews', abgedruckt in: Jalta Papers, S. 655 ff.; und Jalta-Protokolle, S. 613 ff.

[24] Eden Memoirs, S. 516.

[25] Jalta Papers, S. 656; Jalta-Protokolle, S. 614.

[26] „Ich war bereit, bei der Erörterung der künftigen Sicherheitsvorkehrungen in Europa eine Aufgliederung Deutschlands ins Auge zu fassen, aber ich wollte mich nicht zum voraus auf Entscheidungen festlegen, für die sich Molotow immer nachdrücklicher einsetzte, um die Macht der Sowjets zu steigern", so begründet der britische Außenminister seine Haltung in seinen Erinnerungen: Eden Memoirs, S. 516; deutsche Übersetzung: „Erinnerungen Edens aus den Kriegsjahren", VII., in: „Neue Zürcher Zeitung", Nr. 82 vom 24. 3. 1965, Blatt 3.

[27] Jalta Papers, S. 656 f.; Jalta-Protokolle. S. 614.

[28] Mosely, aaO., S. 492.

[29] Das Ergebnis der Diskussion über die Aufgliederung Deutschlands in Jalta fand seinen Niederschlag im offiziellen „Protokoll über die Tätigkeit der Krim-Konferenz" vom 11. Februar 1945, abgedruckt in: Sbornik XI, S. 76 f.; Jalta Papers, S. 978; Sowjetische Protokolle, S. 191.

[30] Schon Mitte August 1943 war der vom Londoner Botschafterposten abberufene I. M. Majskij mit der Leitung einer Sonderkommission betraut worden, die das Programm der sowjetischen Reparationsforderungen für eine Friedenskonferenz ausarbeiten sollte. Vgl. Maiski, Memoiren, S. 826.

[31] Tegeran-Jalta-Potsdam, S. 76 f.; Sowjetische Protokolle, S. 115 ff.; Stettinius, aaO., S. 123 ff.

[32] Tegeran-Jalta-Potsdam, S. 78 ff.; Sowjetische Protokolle, S. 117 f.; Churchill, Der Zweite Weltkrieg, Bd. VI/2, S. 15 f.; Bohlen, aaO., S. 185 f.

[33] Tegeran-Jalta-Potsdam, S. 80 ff.; Sowjetische Protokolle, S. 119 f.

[34] Zu den deutschlandpolitischen Absichten Morgenthaus vgl. Hammond, aaO., S. 348 ff.

[35] Tegeran-Jalta-Potsdam, S. 82; Sowjetische Protokolle, S. 120.

[36] Ebd., S. 83 bzw. 121; Churchill, Der Zweite Weltkrieg, Bd. VI/2, S. 15.

[37] Stalin nannte folgende Grundprinzipien für die Verteilung von Reparationen, mit denen sich Roosevelt und Churchill einverstanden erklärten: „Reparationen erhalten in erster Linie die Staaten, die die Hauptlast des Krieges auf ihren Schultern getragen und den Sieg über den Feind organisiert haben. Diese Staaten seien die UdSSR, die USA und Großbritannien. Eine Wiedergutmachung im größtmöglichen Umfang müßten nicht nur die Russen, sondern auch die Amerikaner und Engländer erhalten. ... Auf jeden Fall müsse mit Bestimmtheit festgesetzt werden, daß diejenigen in erster Linie ein Recht auf Reparationen haben, die den größten Beitrag zur Zerschlagung des Feindes geleistet haben." Vgl. Tegeran-Jalta-Potsdam, S. 83 f.; Sowjetische Protokolle, S. 121; dazu die kritischen Einwände von Walter L. Dorn: aaO., S. 68.

[38] Vgl. den Wortlaut des amerikanischen Protokolls über die Sitzung der Außenminister vom 10. Februar 1945 und das britische Memorandum über „Grundprinzipien für die Eintreibung von Reparationen aus Deutschland" vom gleichen Tag, abgedruckt in: Jalta Papers, S. 874 und 885; Jalta-Protokolle, S. 809 f. und 819 f.

[39] Vgl. Tegeran-Jalta-Potsdam, S. 143; bzw. Sowjetische Protokolle, S. 185.

[40] Jalta Papers, S. 909; Jalta-Protokolle, S. 840. In den sowjetischen Konferenzprotokollen wirkt diese Diskussion entschärft: Tegeran-Jalta-Potsdam, S. 134 f.; Sowjetische Protokolle, S. 173 f.

[41] Zur Diskussion der Grenzprobleme auf der Konferenz von Jalta vgl. Wagner, Entstehung, S. 116 ff.; dazu Vierheller, aaO., S. 96 ff.

[42] Vgl. die Ausführungen Churchills auf der dritten und Roosevelts auf der vierten Vollsitzung der Krim-Konferenz am 6. bzw. 7. Februar 1945: Tegeran-Jalta-Potsdam, S. 97 und 103; Sowjetische Protokolle, S. 134 und 139; Churchill, Der Zweite Weltkrieg, Bd. VI/2, S. 32.

[43] Tegeran-Jalta-Potsdam, S. 99; Sowjetische Protokolle, S. 135 f.

[44] Tegeran-Jalta-Potsdam, S. 108 f.; Sowjetische Protokolle, S. 145; Jalta Papers, S. 716, 720 und 725; Jalta-Protokolle, S. 668, 672 und 677.
[45] Tegeran-Jalta-Potsdam, S. 100; Sowjetische Protokolle, S. 136.
[46] Tegeran-Jalta-Potsdam, S. 109 f.; Sowjetische Protokolle, S. 146 f.; Jalta Papers, S. 717, 720 und 726; Jalta-Protokolle, S. 670, 672 und 678.
[47] Tegeran-Jalta-Potsdam, S. 115; Sowjetische Protokolle, S. 152.
[48] Jalta Papers, S. 905 f.; Jalta-Protokolle, S. 837 f.
[49] Vgl. Jalta Papers, S. 776 f.
[50] Sowjetische Protokolle, S. 187 f.
[51] So Snell, Illusionen, S. 189.
[52] Vgl. Tegeran-Jalta-Potsdam, S. 69; Sowjetische Protokolle, S. 106.
[53] Vgl. Geschichte der deutschen Arbeiterbewegung, Bd. 5, S. 423.
[54] Tegeran-Jalta-Potsdam, S. 142 f.; Sowjetische Protokolle, S. 184 f.; vgl. dazu de Gaulle, aaO., S. 379.
[55] So Wettig, Entmilitarisierung, S. 73 f.

2. Der Moskauer Verzicht auf die Forderung nach Aufgliederung Deutschlands

[1] Zur sowjetischen Politik der vollendeten Tatsachen in Ostdeutschland vgl. Wagner, Entstehung, S. 144 f.; Boris Meissner, Stalin und die Oder-Neiße-Linie, in: Osteuropa, 1. Jg. (1951), H. 1, S. 8 f.; sowie Jens Hacker, Legenden um das Potsdamer Abkommen, in: Macht und Recht im kommunistischen Herrschaftssystem, Köln 1965, S. 83 f.
[2] Werth, aaO., S. 655 f. Von dem amerikanischen Außenminister Stettinius ist ein Ausspruch Edens während der Konferenz von San Franzisko überliefert, wonach er davon überzeugt war, „daß sich in Moskau nach der Konferenz von Jalta irgend etwas ereignet habe". Vgl. Stettinius, aaO., S. 272; dazu Sywottek, aaO., S. 159.
[3] Der Wortlaut des „Kommuniqués über die Konferenz der Regierungschefs der drei alliierten Mächte — der Sowjetunion, der Vereinigten Staaten von Amerika und Großbritanniens — auf der Krim" vom 11. Februar 1945 ist abgedruckt in: Sbornik XI, S. 67 ff.; Tegeran-Jalta-Potsdam, S. 141 ff. (russischer Text); Jalta Papers, S. 968 ff. (englischer Text); Sowjetische Protokolle, S. 183 ff. (deutsche Übersetzung).
[4] „K itogam Krymskoj konferencii rukovoditelej trech sojuznych deržav", in: „Vojna i rabočij klass", No 4 vom 15. 2. 1945, S. 2.
[5] Vgl. ebd. und Tegeran-Jalta-Potsdam, S. 143.
[6] Der Wortlaut des von den Außenministern unterzeichneten „Protokolls über die Tätigkeit der Krim-Konferenz" vom 11. Februar 1945 ist abgedruckt in: Sbornik XI, S. 74 ff. (russischer Text); Jalta Papers, S. 975 ff. (englischer Text); und Sowjetische Protokolle, S. 189 ff. (deutsche Übersetzung).
[7] Vgl. Sbornik XI, S. 77; und Sowjetische Protokolle, S. 191.
[8] A. S. Erusalimskij, Krymskaja konferencija, Moskau 1945, S. 19.
[9] Vgl. Tegeran-Jalta-Potsdam, S. 74; Sowjetische Protokolle, S. 111; dazu Mosely, aaO., S. 492.
[10] Vgl. FRUS 1945, Vol. III, S. 205 (Bericht Winants an Stettinius vom 29. 3. 1945); außerdem Mosely, aaO.
[11] FRUS 1945, Vol. III, S. 205 f.
[12] Vgl. den Wortlaut des Kommuniqués der Konferenz von Jalta: Tegeran-Jalta-Potsdam, S. 142 f.; Jalta Papers, S. 970; Sowjetische Protokolle, S. 184.
[13] FRUS 1945, Vol. III, S. 205.
[14] Vgl. Mosely, aaO., S. 493.
[15] FRUS 1945, Vol. III, S. 206; Mosely, aaO., S. 493; vgl. dazu auch Karl Bittel, Das gescheiterte Projekt einer deutschen Zentralregierung (1944/45), in: UZ, Jg. 1962, H. 4, S. 428.
[16] Vgl. Wagner, Teilung, S. 168 ff.; und Hacker, aaO., S. 84.
[17] John L. Snell, Wartime Origins of the East-West-Dilemma over Germany, New Orleans 1959, S. 95.
[18] Vgl. den Artikel „Pered razgromom gitlerovskoj Germanii", in: „Vojna i rabočij klass", No 7 vom 1. 4. 1945, S. 1 f.; dazu Werth, aaO., S. 622. Bei den Gesprächen, die General

de Gaulle im Dezember 1944 in Moskau führte, herrschte zwar Einigkeit darüber, daß Deutschland „binnen kurzem" unter den Schlägen der alliierten Armeen zusammenbrechen werde, jedoch unterstrich Stalin, „daß die härtesten dieser Schläge von den Russen geführt würden". Vgl. de Gaulle, aaO., S. 356.

[19] Sherwood, Roosevelt, S. 745.

[20] Vgl. Boris Meissner, Der Kreml und das Ruhrgebiet, in: Osteuropa, 1. Jg. (1951), H. 2, S. 18 ff.

[21] Zur Diskussion und zur Vereinbarung über die Absicht der drei Alliierten, Frankreich eine Besatzungszone in Deutschland zuzuweisen sowie Sitz und Stimme in der Alliierten Kontrollkommission zu verschaffen, vgl. Jalta Papers, S. 616 ff.; 628 ff. und 709 f.; Jalta-Protokolle, S. 577 ff.; 588 ff. und 662 f.

[22] Vgl. de Gaulle, aaO., S. 362; Jalta Papers, S. 616 und 625.

[23] So Wagner, Teilung, S. 169; vgl. dazu auch Kennan, Sowjetische Außenpolitik, S. 515. W. Averell Harriman meint im Rückblick, angesichts des geschlagenen und zerrütteten Europa habe Stalin nach dem Kriege die Gelegenheit für so unwiderstehlich gehalten, „daß er gar nicht anders konnte, als sein kommunistisches Imperium auszudehnen". Als der amerikanische Diplomat den sowjetischen Regierungschef während der Konferenz von Potsdam fragte, ob es für ihn nicht befriedigend sei, nach den Schlachten des Krieges nun in Berlin zu sein, erwiderte dieser nach kurzem Zögern bezeichnenderweise: „Zar Alexander ist bis nach Paris gekommen." Vgl. Averell Harriman, Das Ende der Konfrontation, in: „DIE ZEIT", Nr. 22 vom 28. 5. 1971, S. 8. Der französische Historiker Georges Castellan vermutet, Stalin habe die sowjetische Außenpolitik seinerzeit deshalb „offensiv" gestaltet, weil er der Meinung gewesen sei, „daß das Frühjahr 1945 eines der großen Scharniere der Geschichte darstellt". Zitiert nach Wagner, Teilung, S. 169.

[24] Vgl. die scharfen Angriffe auf eine Studie über „Germany after Hitler", die der ehemalige Vorsitzende der „Gruppe Neu Beginnen", Karl Frank, im Jahre 1944 unter dem Pseudonym Paul Hagen in den Vereinigten Staaten veröffentlichte: L. Jakovlev, Novaja nemeckaja idillija, in: „Vojna i rabočij klass", No 3 vom 1. 2. 1945, S. 25 ff.

[25] „K itogam Krymskoj konferencii rukovoditelej trech sojuznych deržav", in: ebd., No 4 vom 15. 2. 1945, S. 2.

[26] V. Borisov, Krymskie rešenija i germanskaja problema, in: ebd., No 6 vom 15. 3. 1945, S. 17.

[27] Djilas, Gespräche, S. 146.

[28] Vgl. den Bericht Harrimans an Stettinius vom 10. 1. 1945, in: Jalta-Protokolle, S. 421 f.; dazu Churchill, Der Zweite Weltkrieg, Bd. VI/2, S. 90 ff.; und François Fejtö, Geschichte der Volksdemokratien, Bd. I, Graz/Wien/Köln 1972, S. 57 f.

[29] Vgl. Sywottek, aaO., S. 159 f.

[30] Wettig, Entmilitarisierung, S. 76. Der amerikanische Diplomat George F. Kennan schätzte in einer Denkschrift über „Rußlands internationale Stellung am Ende des Krieges gegen Deutschland" vom Mai 1945 die Aussichten für Sowjetrußland, nach dem Rückzug der Amerikaner aus Europa und dem Ende des Krieges im Fernen Osten „zum ersten Mal in seiner Geschichte ohne einen einzigen ernstzunehmenden Machtrivalen auf dem eurasischen Landblock" dazustehen und damit die Geschicke des Kontinents nach eigenen Vorstellungen bestimmen zu können, als recht günstig ein. Vgl. Kennan, Memoiren, S. 536.

[31] Vgl. „K itogam Krymskoj konferencii rukovoditelej trech sojuznych deržav", in: „Vojna i rabočij klass", No 4 vom 15. 2. 1945, S. 2; und V. Borisov, Krymskie rešenija i germanskaja problema, in: ebd., No 6 vom 15. 3. 1945, S. 16 ff.

[32] Vgl. den Wortlaut des Kommuniqués der Konferenz von Jalta: Tegeran-Jalta-Potsdam, S. 142 f.; Sowjetische Protokolle, S. 184.

[33] Pieck referierte Anfang März 1945 in der Sowjetunion vor deutschen Kommunisten über „Die Krimkonferenz". Unter Hinweis auf die Beschlüsse des kurz zuvor beendeten Treffens der „Großen Drei" stellte er fest, daß unter den Problemen des Ringens für ein neues Deutschland der Kampf für die „Vernichtung und Ausrottung des Nazismus und Militarismus" an der Spitze stehen müsse: „Auf diese Aufgabe", so forderte er seine Genossen auf, „müssen alle unsere Kräfte konzentriert werden, um unser Volk von der Notwendigkeit dieses Kampfes zu überzeugen und in den Kampf zu führen." Im Vortrag Piecks wurde jener Passus aus dem Kommuniqué über die Konferenz von Jalta

besonders hervorgehoben, in dem es hieß: „Es ist unsere unbeugsame Absicht, den deutschen Militarismus und Nazismus zu vernichten und die Garantie dafür zu schaffen, daß Deutschland nie wieder in der Lage sein wird, den Weltfrieden zu brechen. ... Es ist nicht unsere Absicht, das deutsche Volk zu vernichten. Nur dann, wenn Nazismus und Militarismus ausgerottet sind, besteht für das deutsche Volk die Hoffnung auf eine würdige Existenz und auf einen Platz in der Gemeinschaft der Nationen." Vgl. Laschitza, Kämpferische Demokratie, S. 132 f.

[34] Vgl. Kennan, Memoiren, S. 257; dazu Sywottek, aaO., S. 158.

[35] Vgl. dazu Sergei Tulpanow, „Woher haben Sie eigentlich die Kraft genommen?", in: TuP, 11. (14.) Jg. (1965), H. 2, S. 3 ff.; sowie Siegfried Ruch/Hans Schürer, Die Rolle der Sowjetarmee bei der Entstehung eines neuen Deutschlands, ebd., S. 27 f.

[36] Davon berichtet S. M. Štemenko, der damalige Chef der Operativen Verwaltung der Roten Armee, in seinen Erinnerungen: aaO., S. 341.

[37] Schon im Dezember 1944 hatte Stalin Glückwünsche General de Gaulles zum erfolgreichen Vordringen der 3. Ukrainischen Front Marschall Tolbuchins in Ungarn mit der bezeichnenden Bemerkung quittiert: „Ach, die paar Städte! Wir müssen nach Berlin und Wien!" Vgl. de Gaulle, aaO., S. 357.

[38] So Valentina Kutschinskaja in einem ansonsten wenig überzeugenden Beitrag über: Die politische Bedeutung der Berliner Operation der Sowjetarmee und die Haltung der Westmächte, in: WZ Berlin, XIX. Jg. (1970), H. 2, S. 173; vgl. auch K. Telegin, Na zaključitel'nom etape vojny, in: VIŽ, 7. Jg. (1965), H. 4, S. 67.

[39] Vgl. I. S. Konew, Das Jahr fünfundvierzig, Berlin[-Ost] 1969, S. 93 f. Tatsächlich gab es im anglo-amerikanischen Lager keine einheitliche Auffassung über die politische oder militärische Zweckmäßigkeit einer Eroberung Berlins. Während sich Churchill und Montgomery nach der Überquerung des Rheins im März 1945 für einen Vorstoß auf die deutsche Hauptstadt einsetzten, weil sie sich vom Fall Berlins vor allem eine rasche Brechung des deutschen Widerstandswillens versprachen, vertrat Eisenhower die Meinung, der psychologische Effekt sei der gleiche, wenn die Stadt in die Hände der Sowjets falle. Er setzte sich mit dieser Auffassung durch. Zu diesem politischen Aspekt des Kampfes um Berlin vgl. den Literaturbericht von Dieter Gaedke: Berlin 1945, in: Jahresbibliographie BfZ, Jg. 43 (1971), Frankfurt a. M. 1972, S. 480 f.; außerdem Cornelius Ryan, Der letzte Kampf, München/Zürich 1966, S. 145 ff.

[40] Einzelheiten bei: Konew, aaO., S. 93 ff.; und Georgi K. Schukow, Erinnerungen und Gedanken, Stuttgart 1969, S. 575 ff.; vgl. dazu Gaedke, aaO., S. 481 f.

[41] Konew, aaO., S. 98.

[42] Zur „Berliner Operation" der Roten Armee vgl. die Beiträge von G. K. Žukov, K. K. Rokossovskij und N. A. Antipenko in dem Sammelband: 9 maja 1945 goda, Moskau 1970, S. 66 ff., 161 ff. und 722 ff.; dazu Geschichte des Großen Vaterländischen Krieges, Bd. 5, S. 287 ff.; und Gaedke, aaO., S. 481 ff.; sowie die Angaben in den Memoiren von V. I. Čujkov, Kapituljacija gitlerovskoj Germanii, in: NNI 1965, H. 2, S. 3 ff.; Telegin, aaO., S. 62 ff.; Wassilij Tschuikow, Das Ende des Dritten Reiches, München 1966, S. 101 ff.; Schukow, aaO., S. 575 ff.; Konew, aaO., S. 105 ff.; Schtemenko, aaO., S. 316 ff.; und N. A. Antipenko, In der Hauptrichtung, Berlin[-Ost] 1973, S. 273 ff. Bereits am 24. April 1945, acht Tage vor dem Ende der „Berliner Operation", ernannte der Kriegsrat der 1. Belorussischen Front den Oberbefehlshaber der 5. Stoßarmee, Generaloberst N. E. Berzarin, zum ersten sowjetischen Stadtkommandanten und Chef der Garnison von Berlin. Anfang April hatte in Birnbaum ein Stabskriegsspiel stattgefunden, auf dem der Plan für die bevorstehende „Berliner Operation" ausgearbeitet worden war. Dabei hatte Marschall Žukov offiziell verkündet, „daß der Oberbefehlshaber gerade jener Armee, die den Angriff auf Berlin am erfolgreichsten führen und dabei die wirksamsten Erfolge erringen werde, zum Chef der Berliner Garnison und zum ersten Kommandanten der Hauptstadt des geschlagenen Feindes ernannt werden sollte". Vgl. Fjodor Bokow, Ein Leningrader wurde zum „Berliner", in: „Neues Deutschland" vom 13. 6. 1970, S. 12. Eine Sammlung von Dokumenten „zur Befreiung Berlins 1945", darunter Aufzeichnungen über die Kapitulationsverhandlungen Marschall Žukovs mit dem Generalstabschef des Heeres, General Hans Krebs, am 30. April und 1. Mai 1945 in Berlin und über die Kapitulation des Befehlshabers Verteidigungsbereich Berlin,

General Weidling, in der Nacht vom 1. auf den 2. Mai 1945 sowie die ersten Befehle und Aufrufe der sowjetischen Besatzungsmacht an die Berliner Bevölkerung enthält: Bulletin, Nr. II (1965).

[43] Vgl. Kutschinskaja, aaO., S. 173.

[44] So Werth, aaO., S. 623.

[45] So Marschall G. K. Žukov in einem Exklusivbericht über die „Berliner Operation" der sowjetischen Streitkräfte: Die Krönung des Sieges, in: „Neues Deutschland" vom 25. 4. 1970, S. 4.

[46] Schukow, aaO., S. 575; vgl. dazu Kutschinskaja, aaO., S. 171.

[47] Telegin, aaO., S. 67.

[48] So Hermann Matern: Berlin und Deutschland, Berlin o. J. [1947], S. 29.

3. Die Sicherung politischer Schlüsselpositionen auf örtlicher Ebene

[1] Anton Ackermann, [Zur Krimkonferenz, künftig zitiert: Ackermann, Krimkonferenz], in: Internationale Literatur. Deutsche Blätter, 15. Jg. (1945), H. 4, S. 1 ff.

[2] Ebd., S. 3.

[3] Nach den Angaben Wolfgang Leonhards (Revolution, S. 325) war der Grundtenor an den Schulungsabenden für die zur Rückkehr nach Deutschland vorgesehenen Emigranten im Frühjahr 1945 folgender: „Der Sieg über den Hitlerfaschismus sei nicht durch eine innere Erhebung des deutschen Volkes, sondern durch die Armeen der Anti-Hitler-Koalition errungen worden. Während in den von Hitler okkupierten Ländern mehr oder minder starke Widerstandsbewegungen einen aktiven Kampf geführt hätten, sei dies in Deutschland nicht der Fall gewesen. Das deutsche Volk habe sich, objektiv gesehen, an den Verbrechen Hitler-Deutschlands mitschuldig gemacht."

[4] Ackermann, Krimkonferenz, S. 3 f.

[5] Vgl. Günter Benser, Über den friedlichen Charakter der revolutionären Umwälzung in Ostdeutschland, in: BzG, 7. Jg. (1965), H. 2, S. 195 f.

[6] Vgl. Leonhard, Revolution, S. 325.

[7] Benser, aaO., S. 196; vgl. auch Leonhard, Revolution, aaO., S. 326 f.

[8] Laschitza, Kämpferische Demokratie, S. 138.

[9] Auf den Schulungsabenden der Moskauer KPD-Emigration sei immer wieder, wie Wolfgang Leonhard (Revolution, S. 327) berichtet, auf die Unterschiede zwischen der Situation in Deutschland und in anderen Ländern aufmerksam gemacht worden: „Während es in anderen Ländern starke Widerstandsbewegungen gegeben habe, wäre dies in Deutschland nicht der Fall gewesen. Daher sei es logisch, daß die politische Entwicklung in Deutschland, wie wir uns damals ausdrückten, ‚nachhinken‘ würde, eine Kommunistische Partei für absehbare Zeit nicht in Erscheinung treten könne und selbst die Schaffung eines ‚Blocks der kämpferischen Demokratie‘ noch nicht unmittelbar bevorstehe."

[10] Vgl. Benser, aaO., S. 196.

[11] Laschitza, Kämpferische Demokratie, S. 138.

[12] Ebd., S. 132; vgl. dazu auch Ackermann, Krimkonferenz, S. 4.

[13] So Laschitza, Kämpferische Demokratie, S. 139.

[14] Geschichte der deutschen Arbeiterbewegung, Bd. 5, S. 424; Heinz Voßke (Hrsg.), Dokumente aus der programmatischen Tätigkeit der KPD für den Aufbau eines neuen antifaschistisch-demokratischen Deutschlands (Februar/März 1945) [künftig zitiert: Voßke, Dokumente], in: BzG, 10. Jg. (1968), H. 3, S. 470; vgl. dazu Walter Ulbricht, Über die Arbeit der deutschen Antifaschisten in den vom Hitlerfaschismus befreiten deutschen Gebieten [künftig zitiert: Ulbricht, Arbeit], in: ders., Zur Geschichte II, S. 368; Laschitza, Kämpferische Demokratie, S. 136; sowie Klaus Mammach, Georgi Dimitroff und die revolutionäre deutsche Arbeiterbewegung [künftig zitiert: Mammach, Dimitroff], in: Sammelband Dimitrov, S. 110.

[15] So Laschitza, Kämpferische Demokratie, S. 136.

[16] Vgl. ebd., S. 136 f. Laschitza weist dort darauf hin, daß in die thematische Reihe dieser Dokumente auch die vom 4. März 1945 datierten „Vorschläge für das Theater" von Maxim Vallentin gehören. Sie sind wie die Vorschläge Wolfs, die Ratschläge Hoernles

sowie die gemeinsame Ausarbeitung Schwenks und Wandels abgedruckt bei: Voßke, Dokumente, S. 477 ff.; und Laschitza, Kämpferische Demokratie, S. 229 ff.

[17] Der Wortlaut von Willmanns Ausarbeitung über „Sofortmaßnahmen auf dem Gebiete der ideologischen Aufklärung" ist abgedruckt bei: Voßke, Dokumente, S. 472—475; und Laschitza, Kämpferische Demokratie, S. 224—228; vgl. dazu die Erinnerungen Willmanns in: Im Kampf bewährt, aaO., S. 457 f.

[18] Der Wortlaut von Ulbrichts „Entwurf zu Anweisungen für die Anfangsmaßnahmen zum Aufbau der Parteiorganisation" ist abgedruckt bei: Voßke, Dokumente, S. 476—477; und Laschitza, Kämpferische Demokratie, S. 228—229.

[19] Zur Biographie Willmanns vgl. seine Erinnerungen in: Im Kampf bewährt, aaO., S. 419 ff.; sowie die knappen Angaben in: Günther Buch (Hrsg.), Namen und Daten [künftig zitiert: Namen und Daten], Berlin/Bonn-Bad Godesberg 1973, S. 315.

[20] Vgl. Voßke, Dokumente, S. 472 f.; und Laschitza, Kämpferische Demokratie, S. 224 f.

[21] Für das Folgende vgl. ebd., S. 473 ff. bzw. 225 ff.

[22] So Laschitza, Kämpferische Demokratie, S. 139.

[23] Vgl. Voßke, Dokumente, S. 476; und Laschitza, Kämpferische Demokratie, S. 228. Um diesen organisatorischen Vorsprung zu erzielen, wurden von der Moskauer Parteiführung der KPD mit sowjetischer Hilfe offenbar frühzeitig Versuche unternommen, kommunistische Funktionäre in das noch nicht von alliierten Truppen besetzte Reichsgebiet zu entsenden. Zum Beispiel sprang der Kommunist Fritz Krenkel am 16. März 1945 in der Nähe von Hormersdorf im Erzgebirge mit dem Fallschirm ab, um das Wiederaufleben der KPD in Chemnitz zu aktivieren. Walter Ulbricht beschrieb ihm seine Aufgabe in der sächsischen Industriemetropole in einer letzten Aussprache vor dem Abflug wie folgt: „Dein Parteiauftrag liegt nicht auf militärischem Gebiet, sondern er dient bereits der Vorbereitung unserer Parteikader auf die friedliche Arbeit nach der Befreiung. Erstens gilt es, illegale Parteigruppen zu schaffen und sie auf die letzten Auseinandersetzungen mit den Faschisten vorzubereiten. Zweitens werdet ihr die sowjetischen Truppen bei ihrem Einmarsch entsprechend unterstützen, und drittens, Genosse Krenkel, wirst Du vor allem den Genossen die Direktiven unserer Partei für die antifaschistische Volksfrontpolitik nach der Zerschlagung des Faschismus erläutern. Sie ist die Richtschnur für die weitere Arbeit." Vgl. Johannes Emmerich, Die Entstehung demokratischer Selbstverwaltungsorgane und ihr Kampf um die antifaschistisch-demokratische Ordnung in Chemnitz (I), in: Beiträge zur Heimatgeschichte von Karl-Marx-Stadt, H. 19, Karl-Marx-Stadt 1972, S. 16.

[24] Nach den Vorstellungen Ulbrichts konnten die folgenden Personen sofort in die KPD aufgenommen werden:

a) wer vor 1933 Mitglied der KPD gewesen war und auch nach 1933 an der illegalen Arbeit teilgenommen hatte; und

b) wer vor 1933 „antifaschistischen Organisationen" wie dem Roten Frontkämpferbund (RFB), der Roten Jungfront, den Gewerkschaften, Arbeitersportorganisationen, der Roten Hilfe, Freidenkerorganisationen, „linken Strömungen in der Sozialdemokratie" oder „katholischen Organisationen" angehört und im „Dritten Reich" an der illegalen Arbeit teilgenommen hatte.

Besondere Überprüfungen kündigte Ulbricht für jene früheren KPD-Mitglieder an, „die nicht an der illegalen Arbeit teilnahmen". In solchen Fällen war nach seiner Meinung bei jedem Kandidaten zu prüfen, „wie er sich in der Zeit der Haft verhalten hat, unter welchen Umständen die Entlassung aus dem Gefängnis oder KZ erfolgte, wie er sich nach der Entlassung im Betrieb sowie gegenüber den Genossen verhalten hat und wie er sich in der Wehrmacht verhielt". Frühere Parteimitglieder, die längere Zeit der deutschen Fronttruppe an der Ostfront angehörten oder „mehrere Auszeichnungen" erhielten, sollten über ihr Verhalten in der Truppe befragt werden; und außerdem sei festzustellen, „warum sie nicht auf die Seite der Roten Armee übergegangen sind". Für frühere Parteimitglieder, „die sich dem Faschismus angepaßt haben und unter dem Einfluß der faschistischen Ideologie standen", schloß Ulbricht eine Mitgliedschaft in der KPD aus. Wer etwa nach der Entlassung aus dem KZ die Wiederherstellung der Wehrwürdigkeit beantragt habe, könne in der Regel nicht aufgenommen werden. Auch wer früher wegen der Zugehörigkeit zu „parteifeindlichen Gruppierungen" (erwähnt wurden die „Brandleristen", die „Trotzkisten" und die „Neumanngruppe") ausgeschlossen wurde oder aus der Partei ausgetreten sei, könne ebenfalls keine Aufnahme finden. Gleiches gelte „für Elemente, die die Partei bei den Massen diskreditieren". Im übrigen sollte über die Parteimitgliedschaft eines jeden Genossen die zuständige Kommission beschließen. Solange die Prüfung des Aufnahmeantrags nicht abgeschlossen und der Kommissionsbeschluß auf Zugehörigkeit zur Partei noch nicht gefaßt war, sollte sich kein Genosse als Mitglied der KPD bezeichnen können. Vgl. Voßke, Dokumente, S. 476; und Laschitza, Kämpferische Demokratie, S. 228 f.

[25] Ebd., S. 476 f. bzw. 229.

[26] Der Entwurf enthielt Vorschläge für die nächsten Maßnahmen zur Vorbereitung des Unterrichts in der Volksschule (z. B. Feststellung der früheren Lehrer, die für den Volksschulunterricht „im antifaschistisch-demokratischen Sinne" geeignet sind, sowie „solcher Antifaschisten, die keine besondere Lehrerbildung haben", aber zur Ausbildung als Lehrer für bestimmte Unterrichtsthemen befähigt sind; Ausarbeitung von Richtlinien für die Durchführung der ersten sechs Monate des Schulunterrichts, da das alte Unterrichtsmaterial, auch das aus der Zeit der Weimarer Republik, nicht als Grundlage des Unterrichts verwendet werden könne; Bildung einer Schulkommission für jede Stadt und jeden Ort aus Vertretern der Ortsverwaltung und „zuverlässigen antifaschistischen Lehrern"; Einrichtung von zweimonatlichen Kursen für die Lehrerkandidaten); einen Lehrplan für die Lehrerschulung, der u. a. die Kriegsschuld Deutschlands, die Verantwortung des deutschen Volkes für den Hitlerkrieg und die Rolle der Sowjetunion „im Bunde der freiheit- und friedenliebenden [bei Laschitza nur: friedensliebenden] Völker als stärkstes Bollwerk des Friedens und des Fortschritts und als entschlossenste Kraft zur Vernichtung des Nazismus und deutschen Militarismus und der Verhinderung eines dritten Krieges" hervorhob; ein Verzeichnis der Unterrichtsfächer sowie stichwortartige Hinweise auf pädagogische Themenbereiche und Probleme der Schulorganisation. Der Wortlaut des „Entwurfs eines Lehrplans zur Schulung antifaschistischer Volksschullehrer" ist abgedruckt ebd., S. 488—492 bzw. 242—247.

[27] Einzelheiten der Ausführungen Hoernles referiert Werner Berthold: Die Verbreitung marxistischer Geschichtserkenntnisse durch die KPD im Kampf um die antifaschistisch-demokratische Umwälzung und für die Einheit der Arbeiterbewegung (1945/46), in: WZ Leipzig, 15. Jg. (1966), H. 1, S. 5 ff.; und ders., Marxistisches Geschichtsbild, S. 124 ff. Ebendort (S. 134 ff.) finden sich detaillierte Angaben über die Arbeitsergebnisse einer „Kommission für die Umgestaltung des Schul- und Unterrichtswesens" des Nationalkomitees „Freies Deutschland", die von der deutschen Kommunistin Frida Rubiner betreut wurde und in der eine Reihe von Lehrern mitarbeiteten, die in sowjetische Kriegsgefangenschaft geraten waren, z. B. der Oberstudienrat (und Oberleutnant d. R.) Fritz Rücker, der im März 1945 auch die Leitung der Kommission übernahm; der Studienrat (und Hauptmann d. R.) Dr. Ernst Hadermann; der Studienrat (und Oberleutnant d. R.) Heinrich Gerlach; der Studienassessor (und Gefreite) Dr. Günter Kertzscher; der Berufsschullehrer (und Leutnant d. R.) Heinrich Abel; der Mittelschullehrer (und Oberst) Wilhelm Adam. Vgl. dazu die Angaben von Fritz Rücker: Gedanken eines Arbeitskreises des Nationalkomitees „Freies Deutschland" zur Neuordnung des Bildungswesens nach der Niederwerfung des Faschismus, in: TuP, 10. (13.) Jg. (1964), Sonderheft 3, S. 73 ff.; bzw. Die Arbeit der Lehrer im Nationalkomitee „Freies Deutschland" und die schulpolitisch-pädagogische Arbeit des Nationalkomitees, in: Lehrer im Widerstandskampf, S. 165 ff.

[28] Nach Hinweisen in: Geschichte der deutschen Arbeiterbewegung, Bd. 5, S. 425; und bei Laschitza: Kämpferische Demokratie, S. 137.

[29] Vgl. Voßke, Dokumente, S. 471; und Laschitza, Kämpferische Demokratie, S. 137.

[30] So die Formulierung in: Geschichte der deutschen Arbeiterbewegung, Bd. 5, S. 424.

[31] Vgl. Laschitza, Kämpferische Demokratie, S. 140 ff. Der Wortlaut der „Richtlinien für die Arbeit der deutschen Antifaschisten in dem von der Roten Armee besetzten deutschen Gebiet" wurde erstmalig veröffentlicht von Horst Laschitza: Zwei Dokumente, S. 263—268; und wiederabgedruckt in: Geschichte der deutschen Arbeiterbewegung, Bd. 5, S. 618—623 (auszugsweise); und bei Laschitza: Kämpferische Demokratie, S. 247—253.

[32] So eine Formulierung in den „Richtlinien", zitiert nach: Laschitza, Kämpferische Demokratie, S. 248.

³³ Ebd., S. 247 f. In Aufzeichnungen Ulbrichts vom Februar 1945 heißt es, die deutschen Antifaschisten hätten die sowjetischen Besatzungsbehörden „mit allen Kräften" zu unterstützen. Vgl. Ulbricht, Arbeit, S. 386.
³⁴ Laschitza, Kämpferische Demokratie, S. 248; vgl. auch Ulbricht, Arbeit, aaO.
³⁵ Laschitza, Kämpferische Demokratie, S. 248 f.
³⁶ Vgl. ebd., S. 248.
³⁷ Zu den Prinzipien kommunistischer Pressepolitik vgl. Bruno Kalnins, Der sowjetische Propagandastaat, Stockholm 1956, S. 168 ff.; dazu E. M. Herrmann, Die Presse in der Sowjetischen Besatzungszone Deutschlands, Bonn 1957, S. 5 ff.; dies., Zur Theorie und Praxis der Presse in der Sowjetischen Besatzungszone Deutschlands, Berlin 1963, S. 12 ff.; und die Leipziger Dissertation von Günter Raue: Im Dienst der Wahrheit. Ein Beitrag zur Pressepolitik der sowjetischen Besatzungsmacht 1945–1949, Leipzig 1966, S. 15 ff.
³⁸ Laschitza, Kämpferische Demokratie, S. 248.
³⁹ Ebd., S. 248 f.; vgl. dazu die Angaben bei Gerhard Walther: Der Rundfunk in der Sowjetischen Besatzungszone Deutschlands, Bonn/Berlin 1961, S. 9 f.
⁴⁰ Laschitza, Kämpferische Demokratie, S. 249.
⁴¹ Ebd., S. 250. Detaillierte Anweisungen für die nächsten Aufgaben der Stadt- und Gemeindeverwaltungen, ebd., S. 250 ff.
⁴² Ebd., S. 250.
⁴³ Ebd., S. 252 f. Spezielle Ratschläge für die Durchführung der Frühjahrsbestellung finden sich in Aufzeichnungen Ulbrichts vom Februar 1945: Arbeit, S. 387 f.
⁴⁴ Vgl. den Tagesbefehl Nr. 5 des Kriegsrates der 1. Belorussischen Front vom 23. April 1945, abgedruckt in: Bulletin, Nr. II (1965), S. 41; dazu Horst Schützler, Die Unterstützung der Sowjetunion für die demokratischen Kräfte Berlins in den ersten Nachkriegsmonaten, in: ZfG, XIII. Jg. (1965), H. 3, S. 399.
⁴⁵ Vgl. S. I. Tjulpanov, Die Rolle der Sowjetischen Militäradministration im demokratischen Deutschland, in: 50 Jahre Triumph des Marxismus-Leninismus, Berlin[-Ost] 1967, S. 34 f.

4. Initiativgruppen der KPD als Kontrollorgane des „antifaschistisch-demokratischen" Neubeginns

¹ Vgl. den dokumentarischen Bericht Anton Ackermanns: Von der Geburt der neuen Staatsmacht [künftig zitiert: Ackermann, Staatsmacht], in: StuR, 14. Jg. (1965), H. 5, S. 667; sowie die Erinnerungen von Gottfried Hamacher: Zur Tätigkeit des Nationalkomitees „Freies Deutschland" bei der 2. Belorussischen Front (Februar bis Juni 1945), in: Befreiung und Neubeginn, Berlin[-Ost] 1966, S. 132. Über eine spezielle Mission Arthur Piecks, des Sohnes von Wilhelm Pieck, im umkämpften Berlin Ende April 1945 berichtet K. L. Seleznev in seinen Erinnerungen: Selesnjow, Zur Hilfe Georgi Dimitroffs, S. 801 f.
² So Bernhard Bechler, Aus der Arbeit des Nationalkomitees „Freies Deutschland" bei der 2. Belorussischen Front im Jahre 1945, in: Befreiung und Neubeginn, aaO., S. 128.
³ Laschitza, Kämpferische Demokratie, S. 140; Berthold, Kampf gegen das Hitlerregime, S. 1020 f.; vgl. dazu die Erinnerungen Otto Winzers in dem Sammelband: Kampf um Deutschland, aaO., S. 131 ff.
⁴ Vgl. Ackermann, Staatsmacht, S. 666. Nach dem Bericht von Elly Winter, einer der Töchter des KPD-Vorsitzenden Wilhelm Pieck, eröffnete dieser am 10. Dezember 1944 einen „Vorbereitungskursus für den Einsatz in Deutschland", der jeden Sonntagabend stattfand und an dem etwa fünfzig KPD-Mitglieder der Moskauer Emigration teilnahmen, „die sich auf Grund ihrer Tätigkeit nicht ständig mit der Politik und Agitation der Partei in der gegenwärtigen Situation beschäftigten". Ihre Zahl wurde im Januar 1945 bis auf ca. einhundertfünfzig erhöht. Einer der Kursusteilnehmer, der damals vierundzwanzigjährige Wolfgang Leonhard, berichtet, daß schon die Aussicht auf Schulung für den Einsatz in der Heimat bei vielen Kursisten ein „Deutschland-Fieber" ausgelöst habe. Vor allem die jüngeren Emigranten hätten darauf gebrannt, möglichst bald nach Deutschland zurückkehren und dort politisch tätig werden zu können. Dem Bericht Leonhards zufolge traf man sich in der Regel einmal in der Woche zu einem Vortrag mit anschlie-

ßender Diskussion, um bei dieser Gelegenheit „noch einmal alle politischen Probleme zu besprechen, die für unsere zukünftige politische Arbeit in Deutschland wichtig sind", wie Wilhelm Pieck erläuterte. Als Referenten sind alle Spitzenfunktionäre der Moskauer Emigration wie Wilhelm Pieck, Walter Ulbricht, Anton Ackermann, Hermann Matern, Johannes R. Becher, Edwin Hoernle und Paul Wandel tätig gewesen. Pieck sprach über die allgemeinen Aufgaben, Ulbricht über die „Zielsetzung der antifaschistisch-demokratischen Kräfte", Matern „über die Lehren aus dem Kampf der KPD in der Periode der Weimarer Republik", Ackermann über den Kampf „gegen den Hitler-Faschismus" in den Jahren 1933 bis 1945 und die sich daraus ergebenden Schlußfolgerungen, Hoernle über Landwirtschaftsprobleme, wobei er „die antifaschistischen Kräfte des deutschen Volkes" dazu aufrief, „unverzüglich alle faschistischen Zwangseinrichtungen und Verordnungen außer Kraft zu setzen, neue staatliche Machtorgane im Dorfe zu schaffen und mit Hilfe von Bodenkommissionen eine Bodenreform zur endgültigen Beseitigung der militärischen Großgrundbesitzer und der faschistischen Kriegsverbrecher durchzuführen". Rudolf Lindau, der sich damals Paul Graetz nannte, referierte über die Lehren aus der November-Revolution von 1918, und ein weiterer Vortrag, so erinnert sich Leonhard, war den zukünftigen Aufgaben der Gewerkschaften gewidmet. Vgl. Elly Winter, An der Seite Wilhelm Piecks in den ersten Monaten des Neubeginns, in: Vereint sind wir alles, aaO., S. 115 f.; Leonhard, Revolution, S. 324 f.; ders., „Es muß demokratisch aussehen...", in: „DIE ZEIT", Nr. 19 vom 7. 5. 1965, S. 32; sowie Hans Schürer, Der Kampf um das Bündnis der Arbeiterklasse mit den werktätigen Bauern in der antifaschistisch-demokratischen Etappe unserer Revolution, in: Das Leninsche Werk, aaO., S. 58. Zum Programm der Kursusteilnehmer vgl. die Angaben bei Berthold: Kampf um das Hitlerregime, S. 1020 f. Über Bemühungen der Frontstäbe aller drei nach Deutschland vordringenden sowjetischen Heeresgruppen, an sogenannten antifaschistischen Frontschulen zuverlässige Kader für den Neuaufbau in den besetzten Gebieten heranzubilden, berichtet Willy Wolff: An der Seite, S. 254.

[5] Auf einer Besprechung zwischen Dimitrov und der KPD-Führung am 6. Februar 1945 soll der ehemalige Generalsekretär der Komintern vorgeschlagen haben, „im Zusammenhang mit dem Vorstoß der Roten Armee den Einsatz von antifaschistischen Kadern zur Organisierung des Neuaufbaus vorzubereiten und die Kader möglicherweise noch vor dem Eintreffen der Roten Armee abzusetzen". Vgl. Mammach, Dimitroff, S. 110.

[6] Für diese Arbeitsgruppen waren seinerzeit die folgenden KPD-Mitglieder vorgesehen: Fritz Apelt, Lothar Bolz, Richard Gyptner, Georg Kahmann, Hans Mahle, Hermann Matern, Paul Schwenk, Gustav Sobottka, Stanislaw Switalla, Otto Winzer und ein namentlich nicht genanntes Mitglied des Auslandsbüros der KPD. Vgl. Laschitza, Kämpferische Demokratie, S. 140 f.

[7] Ebd., S. 141.

[8] Ebd., S. 253; vgl. dazu Frank Moraw, Die Parole der „Einheit" und die Sozialdemokratie, Bonn-Bad Godesberg 1973, S. 93.

[9] Richard Gyptner, Aktivisten der ersten Stunde [künftig zitiert: Gyptner, Aktivisten], in: BzG, 1. Jg. (1959), H. 4, S. 745; wiederabgedruckt in: Wir sind die Kraft, Berlin [-Ost] 1959, S. 81 f.; Heinz Voßke, Über die Initiativgruppe des Zentralkomitees der KPD in Mecklenburg-Vorpommern (Mai bis Juli 1945) [künftig zitiert: Voßke, Initiativgruppe], in: BzG, 6. Jg. (1964), H. 3, S. 425; Siegfried Thomas, Entscheidung in Berlin [künftig zitiert: Thomas, Entscheidung], Berlin[-Ost] ²1967, S. 31; Willy Sägebrecht, Nicht Amboß, sondern Hammer sein [künftig zitiert: Sägebrecht, Amboß], Berlin[-Ost] 1968, S. 305.

[10] Ackermann, Staatsmacht, S. 666 f.; vgl. auch Mammach, Dimitroff, S. 110.

[11] Einzelheiten beschreibt Helmut Welz: Die Stadt, die sterben sollte [künftig zitiert: Welz, Stadt], Berlin[-Ost] 1972, S. 21 ff.

[12] Karl Maron, Unerschütterlicher Optimismus, in: Walter Ulbricht. Schriftsteller, Künstler, Wissenschaftler und Pädagogen zu seinem siebzigsten Geburtstag, Berlin[-Ost] 1963, S. 150 f.; Wolfgang Kießling, Die letzte und die erste Stunde, in: „Neues Deutschland", vom 4. 4. 1965.

[13] Leonhard, Revolution, S. 332 f.; vgl. dazu Hans Adler, Berlin in jenen Tagen, Berlin [-Ost] 1955, S. 21 f.

[14] Leonhard, Revolution, S. 334 f.

[15] Vgl. Adler, aaO., S. 22; dazu Siegfried Thomas, Der Wiederbeginn des politischen Lebens in Berlin und die Aktionseinheit der Arbeiterparteien (Mai—Juli 1945), in: ZfG, VIII. Jg. (1960), H. 6, S. 1316; und ders., Entscheidung, S. 30. Über die Tätigkeit Ulbrichts als Erster Sekretär des Parteibezirks Berlin-Brandenburg der KPD in den Jahren 1929 bis 1932 informiert Carola Stern: aaO., S. 54 ff.

[16] Diese Angaben nach Leonhard, Revolution, S. 336 ff. Entgegen den Angaben bei Thomas (Entscheidung, S. 30) hat Arthur Pieck, der Sohn des KPD-Vorsitzenden Wilhelm Pieck, niemals der „Gruppe Ulbricht" angehört. Vgl. Leonhard, „Es muß demokratisch aussehen...", aaO.; und Selesnjow, Zur Hilfe Georgi Dimitroffs, S. 802. Zu den biographischen Angaben vgl. ergänzend für Richard Gyptner: SBZ-Biographie, aaO., S. 125; für Otto Winzer: ebd., S. 386 f.; und Namen und Daten, S. 318; für Hans Mahle: SBZ-Biographie, aaO., S. 224; für Gustav Gundelach: Weber, Wandlung, S. 146 f.; und Biographisches Lexikon II, S. 178 f.; für Karl Maron: SBZ-Biographie, aaO., S. 228; und Namen und Daten, aaO., S. 184; sowie Karl Maron, Von Charkow bis Berlin. Frontberichte aus dem Zweiten Weltkrieg, Berlin[-Ost] 1960; für Fritz Erpenbeck: SBZ-Biographie, aaO., S. 81 f.; Namen und Daten, S. 60 f.; und Lexikon Literatur, S. 159 ff.

[17] Zu den zehn Mitgliedern dieses zweiten Flugzeuges gehörten Paul Markgraf, ein ehemaliger Oberst und Ritterkreuzträger und später Polizeipräsident von Berlin; der ehemalige Unteroffizier und evangelische Pfarrer Matthäus Klein, später Personalchef des Berliner Rundfunks; sowie Dr. Otto Blankmeister. Vgl. Leonhard, Revolution, S. 341 f., und Welz, Stadt, S. 27; dazu Matthäus Klein, Wofür ich Sowjetmenschen danke, in: Tag der Befreiung, Berlin[-Ost] 1960, S. 124 ff.

[18] Vgl. W. N. Belezki, Die Unterstützung und Hilfe der Sowjetarmee für die Bevölkerung Berlins und die antifaschistisch-demokratischen Kräfte des deutschen Volkes bei der Normalisierung des Lebens in den ersten Monaten nach der Befreiung der Stadt, in: Befreiung und Neubeginn, aaO., S. 167; sowie Leonhard, Revolution, S. 342; ders., „Es muß demokratisch aussehen...", aaO.; und Paul Gabriel, Gruppe Ulbricht in Berlin, in: „Neues Deutschland" vom 30. 4. 1970.

[19] Ackermann, Weg zur Einheit, S. 78 f.; Hermann Matern, Im Mai 1945 begannen wir mit dem Aufbau eines neuen Deutschland [künftig zitiert: Matern, Im Mai 1945], in: Vereint sind wir alles, aaO., S. 303.

[20] Einzelheiten berichtet Helmut Welz: Stadt, S. 29 ff.; vgl. auch Ackermann, Staatsmacht, S. 667; und Müller, Matern, S. 267.

[21] Matern, Im Mai 1945, S. 303. Zu den biographischen Angaben vgl. ergänzend für Anton Ackermann: SBZ-Biographie, aaO., S. 12; für Hermann Matern: Weber, Wandlung, S. 239; für Fred Oelßner: SBZ-Biographie, aaO., S. 258; Namen und Daten, S. 209; Weber, Wandlung, S. 239; und Biographisches Lexikon II, S. 351 f.; für Kurt Fischer: Welz, Stadt, S. 41 f.; und Biographisches Lexikon II, S. 128 ff.; für Heinrich Greif: Lexikon Literatur, S. 164 f.; und Biographisches Lexikon II, S. 164 f.; und für Peter Florin: SBZ-Biographie, aaO., S. 90 f.; und Namen und Daten, S. 68.

[22] So Matern, Im Mai 1945, S. 303 f., und ders., Gedanken nach 20 Jahren ([künftig zitiert: Matern, Gedanken], in: BzG, 7. Jg. (1965), H. 4, S. 598. Neben Helmut Welz, einem ehemaligen Wehrmachtsmajor, sind von den anderen sogenannten Antifaschisten der „Gruppe Ackermann" nur die Namen Baust, Herbert Oehler, Sonnet und Speiser bekannt. Vgl. Welz, Stadt, S. 43; und Helfried Wehner, Die Unterstützung der sowjetischen Militärorgane für die deutschen Antifaschisten im Mai 1945 in Sachsen, in: ZfG, XVIII. Jg. (1970), H. 4, S. 516. Die „Gruppe Ackermann" erhielt etwa zwei Wochen nach ihrem Eintreffen in Deutschland weitere Verstärkung aus Moskau durch die KPD-Mitglieder Fritz Schälike, Georg Schneider, Helmut Gennys, Käthe Wald, Jenny Matern und Gertrud Balzer. Vgl. Matern, Im Mai 1945, S. 304.

[23] Vgl. Voßke, Initiativgruppe, S. 426; ders., Zur Tätigkeit der Initiativgruppe des ZK der KPD von Anfang Mai bis Anfang Juni 1945 in Mecklenburg/Vorpommern, in: Befreiung und Neubeginn, aaO., S. 192 ff.; sowie Gottfried Grünberg, Als Mitglied der Gruppe Sobottka im Einsatz, in: Vereint sind wir alles, aaO., S. 616.

[24] Voßke, Initiativgruppe, S. 426. Zu den biographischen Angaben vgl. ergänzend für Gustav Sobottka: Weber, Wandlung, S. 308; und Biographisches Lexikon II, S. 434 f.;

für Willi Bredel: SBZ-Biographie, aaO., S. 47 f.; Lexikon Literatur, S. 122 ff.; und Biographisches Lexikon II, S. 64 ff.; für Gottfried Grünberg: SBZ-Biographie, aaO., S. 120; für Anton Switalla: ebd., S. 347; für Karl Raab: Namen und Daten, S. 223; für Rudolf Herrnstadt: vgl. oben, S. 201; sowie für Fritz Kahmann: Weber, Wandlung, S. 175. Ende Mai 1945 erhielt die „Gruppe Sobottka" Verstärkung aus Moskau durch weitere KPD-Mitglieder, darunter Kurt Bürger, Lore Pieck, Anne Kundermann, Gerda Baum, Willi Kropp und Adam Scharrer. Vgl. Voßke, Initiativgruppe, S. 432. Der gelegentlich hervorgerufene Eindruck (vgl. Biographisches Lexikon II, S. 73; Geschichte der deutschen Arbeiterbewegung, Bd. 6, S. 18), der ehemalige Spanienkämpfer Kurt Bürger alias Karl Ganz habe der „Gruppe Sobottka" von Anfang an angehört, ist demnach irreführend.

[25] Voßke, Initiativgruppe, S. 426.

[26] Ackermann, Weg zur Einheit, S. 79; ders., Staatsmacht, S. 668 ff.; vgl. dazu auch Jerusalimski, aaO., S. 51 ff.

[27] Adler, aaO., S. 22 f.; vgl. dazu Belezki, aaO., S. 171 ff.; außerdem die Dokumentation: Ein halbes Jahr Berliner Magistrat. Der Magistrat gibt Rechenschaft, Berlin o. J.; sowie Matern, Im Mai 1945, S. 305; und den Bericht Otto Winzers: Kampf um Deutschland, aaO., S. 136. A. S. Erusalimskij schrieb am 3. Mai 1945 in Berlin bezeichnende Worte in sein Kriegstagebuch: „Man muß Berlin sehen, um zu begreifen, in welche Katastrophe der Faschismus Deutschland gestürzt habe." Vgl. Jerusalimski, aaO., S. 53.

[28] Vgl. die Berichte von Leonhard, Revolution, S. 346; ders., „Es muß demokratisch aussehen...", aaO.; Fred Oelßner, Die Anfänge unserer Parteischulung, in: Vereint sind wir alles, aaO., S. 154 f.; Grünberg, aaO., S. 617; sowie Welz, Stadt, S. 38 und 44 f.

[29] Ackermann, Weg zur Einheit, S. 79 f.; ders., Staatsmacht, S. 672; dazu Thomas, Entscheidung, S. 35 f.

[30] Voßke, Initiativgruppe, S. 429.

[31] Grünberg, aaO., S. 618 ff.

[32] Ackermann, Staatsmacht, S. 674.

[33] So Ulbricht in einem Brief an Wilhelm Pieck vom 17. Mai 1945: Ulbricht, Zur Geschichte II/1, S. 204 f.

[34] Vgl. Ackermann, Weg zur Einheit, S. 79; Ulbricht, Zur Geschichte II/1, S. 204 f.; und Fred Oldenburg, Konflikt und Konfliktregelung in der Parteiführung der SED 1945/46 — 1972, in: BBI, Nr. 48/1972, S. 4 f.

[35] Belezki, aaO., S. 167.

[36] Leonhard, Revolution, S. 344; ders., „Es muß demokratisch aussehen...", aaO.; vgl. dazu den Bericht Otto Winzers: Kampf um Deutschland, aaO., S. 135 f.; sowie Rudi Liening, Aufruf zum neuen Leben, in: „Neues Deutschland", vom 24. 4. 1970; und Paul Gabriel, Gruppe Ulbricht in Berlin, in: „Neues Deutschland" vom 30. 4. 1970.

[37] Thomas, Entscheidung, S. 30; Belezki, aaO., S. 168.

[38] Nach einem Bericht Willy Sägebrechts, des späteren Sekretärs der Bezirksleitung Brandenburg der KPD, begann der Aufbau der Partei in dieser Provinz unter Anleitung der „Gruppe Ulbricht" schon im Mai 1945: „Genosse Ulbricht... ließ mir mitteilen, daß ich sofort mit ihm den Aufbau der Partei beginnen sollte. Er erteilte mir zunächst den Auftrag, alle Genossen, die im Berliner Magistrat — dem damaligen Sitz des Genossen Ulbricht — erschienen, mit den nächsten Aufgaben vertraut zu machen und alle Genossen aus dem Land Brandenburg kadermäßig zu erfassen, um mit ihnen eine neue Bezirksleitung aufzubauen und die wichtigsten Staatsfunktionen mit Antifaschisten zu besetzen." Vgl. Karl Urban, Die Herausbildung der Aktionseinheit der Arbeiterklasse und der demokratischen Selbstverwaltungsorgane unter Führung der KPD in der Provinz Brandenburg (Ende April bis Anfang Juni 1945), in: BzG, 5. Jg. (1963), H. 5/6, S. 887; dazu Sägebrecht, Amboß, S. 305 f.; sowie ders., Ich erhielt den Auftrag zum Aufbau der Bezirksleitung Brandenburg, in: Vereint sind wir alles, aaO., S. 554 f.

[39] So Otto Winzer in seinen Erinnerungen: Kampf um Deutschland, aaO., S. 139. Eine Äußerung Ulbrichts in einer Rede anläßlich des Befehls der SMAD über die Zulassung politischer Parteien vom 12. Juni 1945 vor Funktionären der KPD im Berliner Stadthaus zeugt ebenfalls davon, daß das Beispiel „antifaschistischer Zusammenarbeit" im Berliner Magistrat als beispielhaft für die politische Entwicklung in anderen Teilen

Deutschlands angesehen wurde: „Wir stimmen wohl alle darin überein", so verkündete er den etwa zweihundert Teilnehmern der Zusammenkunft, „daß die Tätigkeit der antifaschistischen, demokratischen Kräfte in gemeinsamer Arbeit erfolgen soll, wie sie sich in der Berliner Stadtverwaltung bereits herausgebildet hat". Vgl. Ulbricht, Zur Geschichte II, S. 418; sowie Dokumente und Materialien zur Geschichte der deutschen Arbeiterbewegung, Reihe III, Bd. 1: Mai 1945 — April 1946, Berlin[-Ost] 1959, S. 21; dazu Geschichte der deutschen Arbeiterbewegung, Bd. 6, S. 17.

[40] Leonhard, Revolution, S. 348; ders., „Es muß demokratisch aussehen…", aaO.

[41] Belezki, aaO., S. 169.

[42] Leonhard, Revolution, S. 356.

[43] Gyptner, Aktivisten, S. 83; Leonhard, „Es muß demokratisch aussehen…", aaO.

[44] So Walter Ulbricht auf dem Empfang der sogenannten Aktivisten der ersten Stunde im Ostberliner Rathaus am 12. Mai 1960, hier zitiert nach: Rolf Badstübner/Siegfried Thomas, Die Spaltung Deutschlands 1945—1949, Berlin[-Ost] 1966, S. 46.

[45] Diese Angaben nach Leonhard, Revolution, S. 356 f.

[46] Vgl. Ferdinand Friedensburg, Es ging um Deutschlands Einheit, Berlin 1971, S. 45; Belezki, aaO., S. 169 f.; Thomas, Entscheidung, S. 37 f.; dazu Josef Orlopp, Berlin wird vor dem Hungertod gerettet, in: Tag der Befreiung, aaO., S. 50.

[47] Leonhard, Revolution, S. 378 f.; vgl. dazu Heinrich Grüber, Erinnerungen aus sieben Jahrzehnten, Köln/Berlin 1968, S. 235.

[48] Ackermann, Staatsmacht, S. 668; ders., Weg zur Einheit, S. 79.

[49] Welz, Stadt, S. 74 f.; Hermann Matern, Die Partei wies uns den Weg, in: Wir sind die Kraft, aaO., S. 43; ders., Im Mai 1945, S. 309. Ein bezeichnendes Beispiel für die ausschlaggebende Rolle der kommunistischen Funktionäre beim Aufbau der neuen Verwaltungsstruktur im Frühjahr 1945 ist die Besetzung des Amtes des Oberbürgermeisters von Dresden mit dem Sozialdemokraten Rudolf Friedrichs. Wie Helmut Welz berichtet, waren sich die in Dresden tätigen Mitglieder der „Gruppe Ackermann" einig, daß als neues Stadtoberhaupt „nur ein Kenner der örtlichen Verhältnisse, ein Einheimischer, also ein Bürger dieser Stadt eingesetzt werden [konnte], ein Kenner und Könner, dem unsere Gruppe helfend zur Seite stehen würde". Es war selbstverständlich, daß es an der „antifaschistischen Gesinnung" des Kandidaten keinen Zweifel geben durfte. Am 9. Mai 1945 versammelten sich in der Ortskommandantur der Roten Armee, einer Dresdner Schule, die Oberbürgermeister-Anwärter: „eine lange Reihe grauhaariger Männer, die in ihren Wohnungen und Zufluchtstätten von freiwilligen Helfern aufgestöbert worden waren". Während sie warteten, so berichtet Welz, hatte nur Hermann Matern zu tun: „Unermüdlich ging er auf und ab, gemessenen Schrittes und den Kopf zu seinem Begleiter hingeneigt, sprechend, fragend, und bisweilen fiel unter den buschigen Augenbrauen ein abschätzender Seitenblick auf den anderen, wenn dieser seine Ansichten und Vorstellungen entwickelte. Nach einem kurzen Händedruck ging es in die nächste Runde. Jeder erhielt seine Chance, jeder sagte, woher er kam und wohin er wollte. Das kostete viel Zeit. Aber schließlich schien der Richtige gefunden zu sein, ein weißhaariger Mann mit energischem Mund, knappen Gesten und aufrechtem Gang. Er wurde untergehakt, und dann schritten die beiden Weißköpfe die Treppe hinab. Jetzt mußte der Stadtkommandant entscheiden." Vgl. Helmut Welz, Als die Brücken noch im Wasser lagen, in: MAeO, Jg. 1965, H. 2, S. 13 f.; dazu ders., Stadt, S. 52; sowie Hermann Matern, So fing die neue demokratische Verwaltung an, in: Beginn eines neuen Lebens, Dresden 1960, S. 6.

[50] Ackermann, Weg zur Einheit, S. 79; ders., Staatsmacht, S. 668.

[51] Matern, Im Mai 1945, S. 309.

[52] Leonhard, Revolution, S. 357 f.; ders., „Es muß demokratisch aussehen…", aaO.

SCHLUSSWORT

[1] Zu den Vorgängen um die deutsche Kapitulation im Jahre 1945 vgl. die Untersuchungen von Reimer Hansen: Das Ende des Dritten Reiches, Stuttgart 1966, S. 133 ff.; und Der totale deutsche Zusammenbruch 1945, in: PZ, Nr. 19/70 vom 9. 5. 1970, S. 11 ff.; dazu die Augenzeugenberichte vom Kapitulationsvorgang in Berlin-Karlshorst: Jerussalimski, aaO., S. 58 ff.; und Schukow, aaO., S. 610 ff.

[2] Zitiert nach Ernst Deuerlein: Behandlung Deutschlands, S. 26.

[3] Ebd., S. 26 f.; vgl. auch Walter Lippmann, Die Außenpolitik der Vereinigten Staaten, Zürich 1944, S. 176.

[4] „Meine Gesprächspartner waren u. a.", so berichtet Seleznev über seine Erfahrungen im zerstörten Berlin, „der Techniker einer zerstörten Glasfabrik, der Arbeiter eines Rüstungswerkes, der zum Volkssturm einberufen worden war, aus seiner Einheit jedoch desertiert war, einige Chauffeure und ein Garagenbesitzer, ein Schuhmacher, ein kleiner Kolonialwarenhändler, die Inhaberin einer Farbenhandlung, der arbeitslose Verkäufer eines Textilgeschäfts, ein Textilwarengroßhändler, die Frau eines Soldaten — sie war Köchin in einem Pferdefuhrgeschäft —, eine Hausfrau aus dem Wedding, eine arbeitslose Stenographin, die apathisch in einem Sessel an der Kreuzung zweier niedergebrannter Straßen saß, die Frau eines Künstlers, der sich in englischer Kriegsgefangenschaft befand, ein pensionierter Oberregierungsrat, ein Filmregisseur." Vgl. Selesnjow, Zur Hilfe Georgi Dimitroffs, S. 802.

[5] Vgl. ebd., S. 804.

[6] Ebd., S. 802 f.

[7] Die Bevölkerung könne sich nicht vorstellen, so berichteten beispielsweise Anton Switalla und Gottfried Grünberg von der „Gruppe Sobottka", der Initiativgruppe der KPD bei der 2. Belorussischen Front, ihrem Gruppenleiter über ihre Erfahrungen bei sogenannten antifaschistischen Massenversammlungen in Greifswald, Bergen und Putbus, „wie Deutschland unter den Bedingungen der Besatzung sich weiterentwickeln könnte". Vielfach herrsche die Meinung, so mußten sie feststellen, „für Deutschland gäbe es keine Zukunft". Vgl. Der antifaschistische Widerstandskampf unter Führung der KPD in Mecklenburg 1933 bis 1945, Rostock 1970, S. 305.

[8] Selesnjow, Zur Hilfe Georgi Dimitroffs, S. 802.

[9] Vgl. Wolfgang Hoffmann, Zur Problematik der nationalen Frage 1945 und der Stellung der Mittelschichten, in: BzG, 7. Jg. (1965), H. 3, S. 459.

[10] Michael Balfour, Vier-Mächte-Kontrolle in Deutschland 1945–1946, Düsseldorf 1959, S. 92.

[11] Vgl. dazu die Ausführungen und Berichte in den Bänden I/1 und 2 der von dem ehemaligen Bundesministerium für Vertriebene herausgegebenen „Dokumentation der Vertreibung der Deutschen aus Ost-Mitteleuropa": Die Vertreibung der deutschen Bevölkerung aus den Gebieten östlich der Oder-Neisse, Bonn o. J.; außerdem den eindrucksvollen Bericht von Hans Graf von Lehndorff: Ostpreußisches Tagebuch, München 1961.

[12] Vgl. die dafür bezeichnende Argumentation von Hermann Matern in einer Rede im Kurhaus Dresden-Bühlau am 21. April 1965: Gedanken, S. 600.

[13] Deuerlein, Behandlung Deutschlands, S. 27.

[14] So eine Formulierung bei Schwarz: aaO., S. 24.

[15] Vgl. Die Befreiungsmission der Sowjetstreitkräfte im Zweiten Weltkrieg, Berlin[-Ost] 1973, S. 432.

[16] Vgl. J. R. von Salis, Weltchronik 1939–1945, Zürich 1966, S. 508 ff.

[17] Vgl. FRUS 1945, Vol. III, S. 208 ff.

[18] Stalin, Kriegsreden, S. 217.

[19] Vgl. Deuerlein, Behandlung Deutschlands, S. 35 f.; dazu Sywottek, aaO., S. 161.

[20] Stalin, Kriegsreden, S. 217.

[21] Ebd., S. 223.

[22] Selesnjow, Zur Hilfe Georgi Dimitroffs, S. 803 f.

[23] Vgl. die Wochenendbeilage der „Neuen Zürcher Zeitung" zum Thema „8. Mai 1945. Zwanzig Jahre nach der Kapitulation des Dritten Reiches": F[red] L[uchsinger], Von der Niederlage zur Partnerschaft, in: „Neue Zürcher Zeitung", Nr. 126 vom 9. 5. 1965.

[24] Vgl. Badstübner/Thomas, aaO., S. 41 f.

[25] Walter Wimmer, Das Bild von Deutschland (II), in: BzG, 9. Jg. (1967), H. 1, S. 7.

[26] Vgl. Schwarz, aaO., S. 204 ff.

[27] Vgl. Sergej Ivanovič Tjulpanov, Die Rolle der SMAD bei der Demokratisierung Deutschlands, in: ZfG, XV. Jg. (1967), H. 2, S. 247; dazu Helmut Anders, Die Demokratisierung der Justiz beim Aufbau der antifaschistisch-demokratischen Ordnung 1945 bis 1949, in: JbG, Bd. 9, Berlin[-Ost] 1973, S. 388.

[28] W. Hoffmann, Zur Frage der politisch-ideologischen Grundproblematik der Neugründung der bürgerlichen Parteien 1945, in: Befreiung und Neubeginn, aaO., S. 224.

[29] So der Titel des Erinnerungsbandes eines sowjetischen Kulturoffiziers: Alexander Dymschitz, Ein unvergeßlicher Frühling, Berlin[-Ost] 1970.

Quellen- und Literaturverzeichnis

I. Ungedruckte Quellen

1. Politisches Archiv des Auswärtigen Amtes, Bonn (zitiert: PA Bonn)

Büro des Staatssekretärs

Akten betr. Japan:

Bd. 6: 10. Februar 1942 — 31. März 1942.
Bd. 7: 1. April 1942 — 30. Juni 1942.
Bd. 8: 1. Juli 1942 — 31. August 1942.
Bd. 9: 1. September 1942 — 31. Oktober 1942.
Bd. 10: 1. November 1942 — 31. Dezember 1942.
Bd. 12: 1. April 1943 — 31. Juli 1943.
Bd. 13: 1. August 1943 — 31. Dezember 1943.

Akten betr. Rußland:

Bd. 6: 1. Juli 1941 — 30. September 1941.
Bd. 7: 1. Oktober 1941 — 28. Februar 1942.
Bd. 8: 1. März 1942 — 30. Juni 1942.
Bd. 9: 1. Juli 1942 — 31. Dezember 1942.
Bd. 10: 1. Januar 1943 — 31. Mai 1943.

Akten betr. Schweden:

Bd. 5: 1. Juli 1942 — 31. Dezember 1942.
Bd. 6: 1. Januar 1943 — 15. Mai 1943.
Bd. 7: 16. Mai 1943 — 31. Oktober 1943.
Bd. 8: 1. November 1943 — 3. April 1944.

Akten betr. Türkei:

Bd. 9: 1. November 1943 — 30. April 1944.

Akten betr. „Zweite Front":

Bd. 1: 29. Juni 1942 — 31. Oktober 1942.
Bd. 2: 1. November 1942 — 31. März 1943.
Bd. 3: 1. April 1943 — 30. Juni 1944.

Politische Abteilung I Militärfragen (Pol I M)

Bd. 35: Abwehr Rußland (Juli 1941 — Oktober 1943).
Bd. 36: Abwehr Ivar Lissner.
Bd. 37: Abwehr Ivar Lissner.
Bd. 38: Abwehr Schweden (September 1941 — September 1944).
Bd. 39: Abwehr KO Schweden (24. März 1942 — 25. September 1944).
Bd. 54: Abwehr Türkei (5. August 1941 — 19. September 1944).
Bd. 195: Abwehr Rußland (15. Januar 1942 — August 1944).
Bd. 225: Agenten- und Spionagewesen. Nachrichten (6. November 1941 — September 1944).
Bd. 242: Agenten- und Spionagewesen. Einzelfälle (14. November 1939 — 4. September 1944).

Dienststelle Ribbentrop

Akten betr. Vertrauliche Berichte:

Bd.   6: 11. Juni 1942 — 7. Juli 1943.
Bd.   7:   8. Juli 1943 — 8. September 1944.

Abteilung Inland II AB

Akten betr. Kommunistische und marxistische Zersetzungsarbeit:
Bd.   9: 1941—1944.

Abteilung Inland II Geheim (Inland II g)

Bd. 29: Kriegsgefangene (1943—1945).
Bd. 30: Kriegsgefangene (1943—1944).
Bd. 32: Deutsche Freiheitsorganisationen (1937—1945).
Bd. 42: Kommunismus. Überwachung der rotspanischen Botschaft in Berlin. Dimitroff-dokument (1936—1943).
Bd. 95: Schweden: Tätigkeit des SD., d. Abwehr, d. Agenten und Polizeiattachés (1940—1943).
Bd. 157: Auslandsreisen nach Schweden (1940—1944).
Bd. 462: Berichte und Meldungen zur Lage in und über die Türkei (1943).
Bd. 463: Berichte und Meldungen zur Lage in und über die Türkei (1944).
Bd. 464: Zwischenfall in Grenoble. Verratsvorgänge. Ciceroangelegenheit Türkei (1944).
Bd. 476: Diplomatische Aktionen (1939—1944).

Handakten Ritter (HA Ritter)

Akten betr. Rußland (Juli 1941 — Mai 1944).

Handakten Etzdorf (HA Etzdorf)

Bd. 25: Rußland (1943—1944).
Bd. 26: Rußland: Vortragsnotizen und Berichte, Lagebeurteilungen Ost (betr. Fremde Heere Ost) (1940—1942).

2. Bundesarchiv/Militärarchiv Freiburg/Brsg. (zitiert: BA/MA Freiburg)

Rw 4/v. 251	Akte Propaganda für die Wehrmacht (1941).
Rw 4/v. 254	Akte Propaganda-Angelegenheiten (1941—1942).
Rw 4/v. 329	Akte Fremde Staaten — Rußland (1941).
Rw 4/v. 331	Akte Fremde Staaten — Rußland (1942—1943).
Rw 5/v. 173	Akte Sicherheitsmaßnahmen, Beutebefehle, Gefangenen- und Agentenaussagen (1942—1943).
Wi I D 185	Akte Übersicht über die wirtschaftliche Lage der Sowjet-Union im Winter 1942.
H III 1001/7	Akte Schriftwechsel OQu IV — Mil. Att. Bukarest (1939—1941).
H III 1001/13	Akte Schriftwechsel OQu IV — Mil. Att. Moskau (1937—1941).
H III 1001/16	Akte Schriftwechsel OQu IV — Mil. Att. Preßburg (1939—1942).
H III 1001/18	Akte Schriftwechsel OQu IV — Mil. Att. Sofia (1937—1942).
H III 1001/19	Akte Schriftwechsel OQu IV — Mil. Att. Stockholm (1939—1942).

3. Institut für Zeitgeschichte, München (zitiert: IfZ München)

Zs 1624	Aktenvermerk von Herrn Dr. H. Heiber vom 13. 12. 1957 über eine Stellungnahme von Herrn Werner G. Boening zu den sowjetischen Friedensfühlern 1942/43.

II. Gedruckte Quellen

1. Dokumentationen und Protokolle

Lothar Berthold/Ernst Diehl (Hrsg.), Revolutionäre deutsche Parteiprogramme. Vom Kommunistischen Manifest zum Programm des Sozialismus, Berlin[-Ost] 1967.

First Conference of German Prisoner of War Privates and Non-Commissioned Officers in the Soviet Union, Moskau 1941 [zitiert: First Conference].

W. Cornides/H. Volle (Hrsg.), Um den Frieden mit Deutschland. Dokumente zum Problem der deutschen Friedensordnung 1941—1948, Oberursel 1948 (Dokumente und Berichte des Europa-Archivs, Bd. 6).

A Decade of American Foreign Policy. Basic Documents 1941—1949, Washington 1950.

Ernst Deuerlein (Hrsg.), Die Einheit Deutschlands, Bd. I: Die Erörterungen und Entscheidungen der Kriegs- und Nachkriegskonferenzen 1941—1949. Darstellung und Dokumente, Frankfurt a. M./Berlin ²1961, S. 303—473 [zitiert: Deuerlein I].

Deutsche, Wohin? Protokoll der Gruendungsversammlung des National-Komitees Freies Deutschland und des Deutschen Offiziersbundes, Mexiko o. J. [zitiert: Protokoll].

Sie kämpften für Deutschland. Zur Geschichte des Kampfes der Bewegung „Freies Deutschland" bei der 1. Ukrainischen Front der Sowjetarmee, Berlin[-Ost] 1959.

Dokumente und Materialien zur Geschichte der deutschen Arbeiterbewegung, Reihe III: ab 1945, Bd. I: Mai 1945 — April 1946, Berlin[-Ost] 1959.

Dokumente zur Befreiung Berlins 1945, in: Bulletin, Nr. II (1965), S. 3—66.

Dokumente zur Geschichte des Schulwesens in der Deutschen Demokratischen Republik, Teil I: 1945 bis 1949, Berlin[-Ost] 1970.

Klaus Drobisch (Hrsg.), Christen im Nationalkomitee „Freies Deutschland". Eine Dokumentation, Berlin[-Ost] 1973 [zitiert: Drobisch, Christen].

Alexander Fischer (Hrsg.), Teheran-Jalta-Potsdam. Die sowjetischen Protokolle von den Kriegskonferenzen der „Großen Drei", Köln ²1973 [zitiert: Sowjetische Protokolle].

Gertrud Glondajewski/Gerhard Roßmann, Ein bedeutendes politisches Dokument des illegalen antifaschistischen Kampfes der Kommunistischen Partei Deutschlands, in: BzG, 8. Jg. (1966), H. 4, S. 644—675.

Rudi Goguel (Hrsg.), Polen, Deutschland und die Oder-Neiße-Grenze, Berlin[-Ost] 1959 (Dokumentation zur Zeitgeschichte, Bd. I).

Eberhard Heidmann/Käthe Wohlgemuth (Hrsg.), Zur Deutschlandpolitik der Anti-Hitler-Koalition (1943 bis 1949), Berlin[-Ost] ²1968.

Die Jalta-Dokumente. Vollständige deutsche Ausgabe der offiziellen Dokumente des U.S. State Departments über die Konferenz von Jalta, Göttingen 1957.

George Kennan/Hermann Weber, Aus dem Kadermaterial der illegalen KPD 1943, in: VfZ, 20. Jg. (1972), H. 4, S. 422—446.

Die Konferenzen von Teheran zwischen den Oberhäuptern der drei Großmächte. 28. November bis 1. Dezember 1943, in: DAP, 6. Jg. (1961), S. 1113—1132 und 1264—1284.

Die Konferenzen von Malta und Jalta, Düsseldorf o. J. [zitiert: Jalta-Protokolle].

Horst Laschitza (Hrsg.), Zwei Dokumente der KPD aus den Jahren 1944 und 1945 für das neue, demokratische Deutschland, in: BzG, 7. Jg. (1965), H. 2, S. 258—268 [zitiert: Laschitza, Zwei Dokumente].

Horst Laschitza, Kämpferische Demokratie gegen Faschismus. Die programmatische Vorbereitung auf die antifaschistisch-demokratische Umwälzung in Deutschland durch die Parteiführung der KPD, Berlin[-Ost] 1969, S. 189—253 [zitiert: Laschitza, Kämpferische Demokratie].

W. I. Lenin, Werke, Bd. 9 (Juni — November 1905), Berlin[-Ost] ²1960.

H. von Mangoldt (Hrsg.), Kriegsdokumente über Bündnisgrundlagen, Kriegsziele und Friedenspolitik der Vereinten Nationen, Hamburg 1946 (Veröffentlichungen des Instituts für Internationales Recht an der Universität Kiel, Heft 1).

Iz materialov Evropejskoj Konsul'tativnoj Komissii, in: MŽ 1968, H. 4, S. 151—160; H. 5, S. 152—160; H. 6, S. 151—160; H. 7, S. 154—159.

Sovetsko-francuzskie otnošenija vo vremja Velikoj Otečestvennoj vojny 1941–1945. Dokumenty i materialy, Moskau 1959.

Vnešnjaja politika Sovetskogo Sojuza v period Otečestvennoj vojny. Dokumenty i materialy, Tom I/II, Moskau 1946 [zitiert: Vnešnjaja politika I bzw. II].

Foreign Relations of the United States. Diplomatic Papers [zitiert: FRUS mit Jahres- und Bandangabe]:
1943, Vol. I: General, Washington 1963.
1944, Vol. I: General, Washington 1966.
1945, Vol. III: European Advisory Commission; Austria; Germany, Washington 1968.
1945, Vol. IV: Europe, Washington 1968.
1945, Vol. V: Europe, Washington 1967.

The Conferences at Cairo and Tehran 1943, Washington 1961 [zitiert: Teheran Papers].

The Conferences at Malta and Yalta, Washington 1955 [zitiert: Jalta Papers].

Hans Rothfels (Hrsg.), Trott und die Außenpolitik des Widerstandes, in: VfZ, 12. Jg. (1964), H. 3, S. 300–323.

Sbornik dejstvujuščich dogovorov, soglašenij i konvencij, zaključennych SSSR s inostrannymi gosudarstvami. Vypusk XI: Dejstvujuščie dogovory, soglašenija i konvencii, vstupivšie v silu meždu 22 ijunja 1941 goda i 2 sentjabrja 1945 goda, Moskau 1955 [zitiert: Sbornik XI].

Bodo Scheurig (Hrsg.), Verrat hinter Stacheldraht? Das Nationalkomitee „Freies Deutschland" und der Bund Deutscher Offiziere in der Sowjetunion 1943–1945, München 1965 (dtv dokumente, Bd. 270) [zitiert: Scheurig, Verrat].

Walter A. Schmidt, Damit Deutschland lebe. Ein Quellenwerk über den deutschen antifaschistischen Widerstandskampf 1933–1945, Berlin[-Ost] [2]1959.

Tegeran-Jalta-Potsdam. Sbornik dokumentov, Moskau [2]1970 [zitiert: Tegeran-Jalta-Potsdam].

Pograničnye vojska SSSR 1939 – ijun' 1941. Sbornik dokumentov i materialov, Moskau 1970.

Heinz Voßke (Hrsg.), Dokumente aus der programmatischen Tätigkeit der KPD für den Aufbau eines neuen antifaschistisch-demokratischen Deutschland (Februar/März 1945), in: BzG, 10. Jg. (1968), H. 3, S. 470–492 [zitiert: Voßke, Dokumente].

Hermann Weber (Hrsg.), Der deutsche Kommunismus. Dokumente, Köln/Berlin 1963.

Willy Wolff, Dokumente von Politorganen der Roten Armee zur Fronttätigkeit des Nationalkomitees „Freies Deutschland", in: ZfG, XXI. Jg. (1973), H. 8, S. 950–969.

2. Briefwechsel, Sammlungen von Reden und Schriften, zeitgenössische Schriften

Anton Ackermann, [Zur Krimkonferenz], in: Internationale Literatur. Deutsche Blätter, 15. Jg. (1945), H. 4, S. 1–4 [zitiert: Ackermann, Krimkonferenz].

Johannes R. Becher, Erziehung zur Freiheit. Gedanken und Betrachtungen, Berlin/Leipzig 1946.

Willy Brandt, Draußen. Schriften während der Emigration, München 1966.

Briefwechsel Stalins mit Churchill, Attlee, Roosevelt und Truman 1941–1945, Berlin [-Ost] 1961 [zitiert: Briefwechsel II].

Winston S. Churchill, Reden 1938–1944, Bd. 1–7, Zürich 1944–1949.

Winston S. Churchill, Reden 1938–1945, Berlin 1955 (Ullstein-Buch, Nr. 58).

Anthony Eden, Freedom and Order. Selected Speeches 1939–1946, London 1947.

[Ernst Hadermann] Wie ist der Krieg zu beenden? Ein Manneswort eines deutschen Hauptmanns, Moskau o. J. [1942, zitiert: Hadermann, Manneswort].

Julius Hay/Maxim Vallentin, Aus den Erfahrungen des Sowjet-Theaters. Neudruck einer Aufsatzreihe, o. O. 1945.

Edwin Hoernle. Ein Leben für die Bauernbefreiung. Das Wirken Edwin Hoernles als Agrarpolitiker und eine Auswahl aus seinen agrarpolitischen Schriften, Berlin[-Ost] 1965 [zitiert: Hoernle I].

Edwin Hoernle. Zum Bündnis zwischen Arbeitern und Bauern. Eine Auswahl seiner agrarpolitischen Reden und Schriften 1928—1951, Berlin[-Ost] 1972 [zitiert: Hoernle II].

Friedrich-Wilhelm Krummacher, Ruf zur Entscheidung. Predigten — Ansprachen — Aufsätze 1944/45. Dokumente aus dem Arbeitskreis für kirchliche Fragen beim Nationalkomitee „Freies Deutschland", Berlin[-Ost] 1965.

[Hermann Matern] Der Weg unserer Partei. Rede des Gen. Hermann Matern vor Funktionären der KPD am 1. Juli 1945, o. O. o. J. [zitiert: Der Weg unserer Partei].

Hermann Matern, Berlin und Deutschland, Berlin o. J. [1947].

Hermann Matern, Im Kampf für Frieden, Demokratie und Sozialismus. Ausgewählte Reden und Schriften, Bd. I: 1926—1956, Berlin[-Ost] 1963 [zitiert: Matern, Im Kampf für Frieden].

Hermann Matern, Gedanken nach 20 Jahren. Rede im Kurhaus Dresden-Bühlau am 21. April 1965, in: BzG, 7. Jg. (1965), H. 4, S. 598—605 [zitiert: Matern, Gedanken].

Wilhelm Pieck, Der Hitlerfaschismus und das deutsche Volk, Moskau 1942 [zitiert: Pieck, Hitlerfaschismus].

Wilhelm Pieck, Reden und Aufsätze. Auswahl aus den Jahren 1908—1950, Bd. I, Berlin [-Ost] 1951 [zitiert: Pieck, Reden und Aufsätze].

Manfred Rexin (Hrsg.), Die unheilige Allianz. Stalins Briefwechsel mit Churchill 1941—1945, Reinbek 1964 [zitiert: Briefwechsel I].

Roosevelt spricht. Die Kriegsreden des Präsidenten, Stockholm 1945.

Elliott Roosevelt (Hrsg.), F.D.R. His Personal Letters, Vol. II: 1928—1945, New York 1950.

I. V. Stalin, Sočinenija, Tom 2 [XV]: 1941—1945, Stanford, Calif. 1967.

J. Stalin, Über den Großen Vaterländischen Krieg der Sowjetunion, Berlin[-Ost] ³1952 [zitiert: Stalin, Kriegsreden].

Stalin spricht. Die Kriegsreden vom 3. Juli 1941 bis zum 9. Mai 1945, Stockholm 1945.

Walter Ulbricht, Zur Geschichte der neuesten Zeit. Die Niederlage Hitlerdeutschlands und die Schaffung der antifaschistisch-demokratischen Ordnung, Bd. I, 1. Halbband, Berlin[-Ost] ²1955.

Walter Ulbricht, Zur Geschichte der deutschen Arbeiterbewegung. Aus Reden und Aufsätzen, Bd. II: 1933—1946, Berlin[-Ost] ⁵1963 [zitiert: Ulbricht, Zur Geschichte II].

Walter Ulbricht, Zur Geschichte der deutschen Arbeiterbewegung. Aus Reden und Aufsätzen, Bd. II: 1933—1946. Zusatzband, Berlin[-Ost] 1965 [zitiert: Ulbricht, Zur Geschichte II/1].

Walter Ulbricht, Zur Geschichte der deutschen Arbeiterbewegung. Aus Reden und Aufsätzen, Bd. II: 1933—1946. 2. Zusatzband, Berlin[-Ost] 1968 [zitiert: Ulbricht, Zur Geschichte II/2].

Erich Weinert, Um Deutschlands Freiheit. Literarische Arbeiten aus der Zeit des zweiten Weltkrieges, Berlin[-Ost] 1960.

Erich Weinert, Memento Stalingrad. Frontnotizbuch. Worte als Partisanen. Aus dem Bericht über das Nationalkomitee „Freies Deutschland", Berlin[-Ost] 1961 [zitiert: Weinert, Memento].

Friedrich Wolf, Aufsätze 1919—1944, Berlin/Weimar 1967 (Gesammelte Werke in sechzehn Bänden, Bd. 15).

Friedrich Wolf, Aufsätze 1945—1953, Berlin/Weimar 1968 (Gesammelte Werke in sechzehn Bänden, Bd. 16).

3. Autobiographien, Memoiren, Tagebücher, biographische Gedenkschriften

Heinz Abraham, „Mit diesen Menschen werden wir den Sozialismus aufbauen". Erinnerungen an ein Gespräch mit dem Genossen Wilhelm Pieck im Winter 1943/44, in: TuP, 11. (14.) Jg. (1965), H. 2, S. 6—8.

Dean Acheson, Present at the Creation. My Years in State Department, New York 1969.

Action This Day. Working with Churchill. Memoirs by Lord Normanbrook, John Colville, Sir John Martin, Sir Ian Jacob, Lord Bridges, Sir Leslie Rowan, London 1968.

Wilhelm Adam, Der schwere Entschluß, Berlin[-Ost] 1965.

Sven Allard, Diplomat in Wien. Erlebnisse, Begegnungen und Gedanken um den österreichischen Staatsvertrag, Köln 1965.

N. A. Antipenko, In der Hauptrichtung, Berlin[-Ost] 1973.

Erich Arndt, Osterfahrung. Erinnerungen eines Mitarbeiters des „Arbeitskreises für kirchliche Fragen" beim Nationalkomitee „Freies Deutschland", in: MAeO, Jg. 1968, H. 7 (Juli), S. 9—10; und H. 8 (August), S. 10—12.

H. H. Arnold, Global Mission, New York 1949.

C. R. Attlee, As It Happened, London 1954.

Beginn eines neuen Lebens ... Eine Auswahl von Erinnerungen an den Beginn des Neuaufbaus in Dresden im Mai 1945, Dresden 1960 (Beiträge zur Geschichte der Dresdner Arbeiterbewegung, H. 7).

Valentin Michailowitsch Bereshkow, Mit Stalin in Teheran, Frankfurt a. M. 1968.

Valentin Berežkov, Tegeran, 1943. Na konferencii Bol'šoj trojki i v kuluarach, Moskau 1968 [zitiert: Berežkov, Tegeran].

V. M. Berežkov, Gody diplomatičeskoj služby, Moskau 1972.

V. M. Berežkov, Stanovlenie antigitlerovskoj koalicii, in: NNI 1973, H. 1, S. 92—108 [zitiert: Berežkov, Stanovlenie].

A. H. Birse, Memoirs of an Interpreter, New York 1967.

A. S. Blank, Die Zusammenkunft Wilhelm Piecks mit kriegsgefangenen Generalen und Offizieren der Hitlerwehrmacht in Susdal, in: BzG, 5. Jg. (1963), H. 4, S. 675—678.

Wipert v. Blücher, Gesandter zwischen Diktatur und Demokratie. Erinnerungen aus den Jahren 1935—1944, Wiesbaden 1951.

Charles E. Bohlen, Witness to History 1929—1969, New York 1973.

Walter Bosshard, Erlebte Weltgeschichte. Reisen und Begegnungen eines neutralen Berichterstatters im Weltkrieg 1939—1945, Zürich 1947.

I. S. Braginski, Auch unsere geistigen Waffen waren stärker, in: Einheit, 28. Jg. (1973), H. 8, S. 981—986.

Arthur Bryant (Hrsg.), Sieg im Westen (1943—1946). Aus den Kriegstagebüchern des Feldmarschalls Lord Alanbrooke, Chef des Empire-Generalstabes, Düsseldorf 1960.

M. Burcev, Učastie germanskich antifašistov v ideologičeskoj bor'be Sovetskoj Armii protiv gitlerovskich zachvatčikov, in: VIŽ 1969, H. 10, S. 41—49.

M. Burcev, G. Dimitrov v gody bor'by s germanskim fašizmom, in: VIŽ 1972, H. 6, S. 67—72.

Michail Iwanowitsch Burzew, Deutsche Antifaschisten an der Seite der Roten Armee im Großen Vaterländischen Krieg. Gedanken und Erinnerungen, in: ZfM, 8. Jg. (1969), H. 4, S. 416—431 [zitiert: Burzew, Deutsche Antifaschisten].

Michail Iwanowitsch Burzew, Mit Wilhelm Pieck in den Tagen des zweiten Weltkrieges, in: ZfM, 10. Jg. (1971), H. 3, S. 339—347 [zitiert: Burzew, Mit Wilhelm Pieck].

Harry C. Butcher, Drei Jahre mit Eisenhower. Das persönliche Tagebuch von Kapitän zur See Harry C. Butcher, USNR, Marine-Adjutant von General Eisenhower 1942—1945, Bern 1946.

James F. Byrnes, Speaking Frankly, New York/London 1947.

J. F. Byrnes, In aller Offenheit, Frankfurt a. M. o. J.

James F. Byrnes, All in One Lifetime, New York 1958.

Lord Casey, Personal Experience 1939—1946, London 1962.

Winston S. Churchill, Der Zweite Weltkrieg, Bd. III/2, IV/1 und 2, V/1 und 2, VI/1 und 2, Stuttgart/Hamburg 1950—1954.

Lord Citrine, Men and Work. An Autobiography, London 1964.

Lord Citrine, Two Careers, London 1967.

Lucius D. Clay, Entscheidung in Deutschland, Frankfurt a. M. o. J.

Josef Czapski, Unmenschliche Erde, Frankfurt a. M./Wien/Zürich 1969.

V. I. Čujkov, Kapituljacija gitlerovskoj Germanii, in: NNI 1965, H. 2, S. 3—25.

John R. Deane, Ein seltsames Bündnis. Amerikas Bemühungen während des Krieges mit Rußland zusammenzuarbeiten, Wien o. J.

Raymond Dennet/Joseph E. Johnson (Hrsg.), Mit den Russen am Verhandlungstisch, Nürnberg 1953.

David Dilks (Hrsg.), The Diaries of Sir Alexander Cadogan 1938—1945, London 1971 [zitiert: Cadogan Diaries].

Nikolai Dmitrijewitsch Djatlenko, Wie ich meinen ersten deutschen Kriegsgefangenen vernahm, in: MAeO, Jg. 1971, H. 7 (Juli), S. 6—8.

Milovan Djilas, Gespräche mit Stalin, Frankfurt a. M. 1962 [zitiert: Djilas, Gespräche].

Milovan Djilas, Memoir of a Revolutionary, New York 1973.

Allen Welsh Dulles, Verschwörung in Deutschland, Kassel 1949.

Alexander Dymschitz, Ein unvergeßlicher Frühling. Literarische Porträts und Erinnerungen, Berlin[-Ost] 1970.

The Eden Memoirs. The Reckoning, London 1965 [zitiert: Eden Memoirs].

Wilhelm Eildermann, Tagebuchnotizen aus einer antifaschistischen Frontschule der Sowjetarmee, in: BzG, 9. Jg. (1967), H. 4, S. 693—700.

Heinrich Graf von Einsiedel, Tagebuch der Versuchung, Berlin/Stuttgart 1950 [zitiert: Einsiedel, Tagebuch].

Dwight D. Eisenhower, Kreuzzug in Europa, Amsterdam o. J.

V. Emel'janov, O vremeni, o tovariščach, o sebe. Zapiski inženera, in: Novyj mir, Jg. XLIII (1967), No 1, S. 5—82; und No 2, S. 61—141.

Max Emendörfer, Rückkehr an die Front. Erlebnisse eines deutschen Antifaschisten, Berlin[-Ost] 1972.

Erinnerungen und Dokumente aus der Zeit der Vereinigung der KPD und SPD zur SED 1945/46, Rostock o. J.

Ernst Fischer, Erinnerungen und Reflexionen, Reinbek 1969.

Egbert von Frankenberg, Meine Entscheidung. Erinnerungen aus dem zweiten Weltkrieg und dem antifaschistischen Widerstandskampf, Berlin[-Ost] 1963.

A. Fredborg, Behind the Steel Wall. A Swedish Journalist in Berlin 1941—1943, New York 1944.

Ferdinand Friedensburg, Es ging um Deutschlands Einheit. Rückschau eines Berliners auf die Jahre nach 1945, Berlin 1971.

Die Front war überall. Erlebnisse und Berichte vom Kampf des Nationalkomitees „Freies Deutschland", Berlin[-Ost] ³1968.

Charles de Gaulle, Memoiren 1942—46. Die Einheit — Das Heil, Düsseldorf 1961.

Von der Geburt der neuen Staatsmacht. Dokumentarische Berichte von Aktivisten der ersten Stunde, in: StuR, 14. Jg., H. 5 (Mai 1965), S. 662—697.

Heinrich Gerlach, Odyssee in Rot. Bericht einer Irrfahrt, München 1966.

Peter Gosztony (Hrsg.), Der Kampf um Berlin 1945 in Augenzeugenberichten, Düsseldorf 1970.

Heinrich Grüber, Erinnerungen aus sieben Jahrzehnten, Köln/Berlin 1968.

Richard Gyptner, Aktivisten der ersten Stunde, in: BzG, 1. Jg. (1959), H. 4, S. 745—751 [zitiert: Gyptner, Aktivisten].

Richard Gyptner, An der Mühle von Pawonkow — der letzten Kampfstätte deutscher Antifaschisten, in: BzG, 4. Jg. (1962), H. 1, S. 77—79.

Richard Gyptner, Über die antifaschistischen Sender während des zweiten Weltkrieges, in: BzG, 6. Jg. (1964), H. 5, S. 881—884.

Julius Hay, Geboren 1900. Erinnerungen, Reinbek 1971.

Gustav Hilger, Wir und der Kreml. Deutsch-sowjetische Beziehungen 1918—1941. Erinnerungen eines deutschen Diplomaten, Frankfurt a. M./Berlin 1955.

Artur Hofmann, Die Partei ruft!, in: BzG, 4. Jg. (1962), H. 1, S. 79—81.

Douglas Hyde, Anders als ich glaubte. Der Weg eines Revolutionärs, Freiburg/Brsg. 1952.

George F. Kennan, Memoiren eines Diplomaten, Stuttgart 1968.

Ivone Kirkpatrick, Im inneren Kreis. Erinnerungen eines Diplomaten, Berlin o. J.

Peter Kleist, Zwischen Hitler und Stalin 1939—1945. Aufzeichnungen, Bonn 1950 [zitiert: Kleist, Hitler und Stalin].

Peter Kleist, Die europäische Tragödie, Göttingen 1961 [zitiert: Kleist, Tragödie].

Iwan Stepanowitsch Konew, Das Jahr fünfundvierzig, Berlin[-Ost] 1969.

Bernt von Kügelgen, Die Sendung des Nationalkomitees „Freies Deutschland", in: MAeO, Jg. 1968, H. 7 (Juli), S. 1—6.

N. G. Kusnezow, Am Vorabend, Berlin[-Ost] 1973.

Laurence S. Kuter, Airman at Yalta, New York 1955.

William D. Leahy, I Was There. The Personal Story of the Chief of Staff to Presidents Roosevelt and Truman Based on His Notes and Diaries Made at the Time, London 1950.

Ernst Lemmer, Manches war doch anders. Erinnerungen eines deutschen Demokraten, Frankfurt a. M. 1968.

Wolfgang Leonhard, Die Revolution entläßt ihre Kinder, Köln/Berlin 1957 [zitiert: Leonhard, Revolution].

Hermann Lewerenz, Zur Entstehungsgeschichte des „Bundes deutscher Offiziere", in: MAeO, Jg. 1963, H. 9 (September), S. 10—13; und H. 10 (Oktober), S. 11—14.

Harold Macmillan, The Blast of War 1939—1945, London 1967.

I. M. Maiski, Memoiren eines sowjetischen Botschafters, Berlin 1967 [zitiert: Maiski, Memoiren].

I. M. Majskij, Vospominanija sovetskogo diplomata 1925—1945 gg., Moskau 1971.

I. M. Majskij, Ljudi-sobytija-fakty, Moskau 1973 [zitiert: Majskij, Ljudi].

Ruth von Mayenburg, Blaues Blut und rote Fahnen. Ein Leben unter vielen Namen, Wien/München/Zürich 1969.

The Memoirs of Cordell Hull, Vol. 1/2, New York 1948 [zitiert: Hull Memoirs].

The Memoirs of General The Lord Ismay, London 1960.

Lord Moran, Winston Churchill. The Struggle of Survival 1940—1965, London 1966.

[Lord Moran] Churchill. Der Kampf ums Überleben 1940—1965. Aus dem Tagebuch seines Leibarztes Lord Moran, München/Zürich 1967.

Robert Murphy, Diplomat Among Warriors, New York 1964.

Robert Murphy, Diplomat unter Kriegern. Zwei Jahrzehnte Weltpolitik in besonderer Mission, Berlin o. J.

John North (Hrsg.), The Alexander Memoirs 1940—1945, London 1962.

Hans Oley/Joachim Hellwig (Hrsg.), Kampf um Deutschland, Berlin[-Ost] 1968 [zitiert: Kampf um Deutschland].

N. G. Pal'gunov, Tridcat' let (Vospominanija žurnalista i diplomata), Moskau 1964.

Wilhelm Pieck. Dem Vorkämpfer für ein neues Deutschland zum 70. Geburtstag, Berlin 1946.

Genia Quittner, Weiter Weg nach Krasnogorsk. Schicksalsbericht einer Frau, Wien/München/Zürich 1971.

Hermann Rentzsch, Es war die Schule meines Lebens, in: BzG, 7. Jg. (1965) H. 2, S. 269—277.

Elliott Roosevelt, Wie er es sah, Zürich 1947.

Jelena Rshewskaja, Hitlers Ende ohne Mythos, Berlin[-Ost] 1967.

Fritz Rücker, Gedanken eines Arbeitskreises des Nationalkomitees „Freies Deutschland" zur Neuordnung des Bildungswesens nach der Niederwerfung des Faschismus, in: TuP, 10. (13.) Jg. (1964), Sonderheft 3, S. 73—75.

Otto Rühle, Genesung in Jelabuga. Autobiographischer Bericht, Berlin[-Ost] ²1968.

Willy Sägebrecht, Nicht Amboß, sondern Hammer sein. Erinnerungen, Berlin[-Ost] 1968 [zitiert: Sägebrecht, Amboß].

A. M. Samsonov (Hrsg.), 9 maja 1945 goda, Moskau 1970.

S. M. Schtemenko, Im Generalstab, Berlin[-Ost] 1969.

Nikolai Schwankow, Als der Krieg begann. Eine Erinnerung, in: MAeO, Jg. 1965, H. 6, S. 12—15.

K. L. Selesnjow, Reise mit deutschen Antifaschisten in ein Kriegsgefangenenlager bei Karaganda (Dezember 1941), in: BzG, 12. Jg. (1970), H. 2, S. 278—290.

K. L. Selesnjow, Zur Geschichte der Zeitung „Das freie Wort", in: BzG, 13. Jg. (1971), H. 6, S. 951—966.

K. L. Selesnjow, Zur Hilfe Georgi Dimitroffs für die Propaganda der Politorgane der Roten Armee in der faschistischen Wehrmacht, in: BzG, 14. Jg. (1972), H. 5, S. 790—804 [zitiert: Selesnjow, Zur Hilfe Georgi Dimitroffs].

K. L. Sselesnjow, Mit Walter Ulbricht im sowjetischen Kriegsgefangenenlager (Oktober 1941), in: BzG, 11. Jg. (1969), H. 5, S. 809—819 [zitiert: Sselesnjow, Mit Walter Ulbricht].

Luitpold Steidle, Entscheidung an der Wolga, Berlin[-Ost] 1969.
Edward R. Stettinius jr., Roosevelt and the Russians. The Yalta Conference, London 1950.
Lord Strang, Home and Abroad, London 1956.
Hans-Georg v. Studnitz, Als Berlin brannte. Diarium der Jahre 1943—1945, Stuttgart 1963.
K. Telegin, Na zaključitel'nom etape vojny (Iz zapisok člena Voennogo soveta 1-go Belorusskogo fronta), in: VIŽ 1965, H. 4, S. 54—70.
Charles W. Thayer, Bären im Kaviar, Bonn 1952.
Charles W. Thayer, Hallo, Genosse General!, Bonn 1953.
S. I. Tjulpanov, Der ideologische Kampf gegen den Faschismus im Großen Vaterländischen Krieg, in: ZfG, XX. Jg. (1972), H. 2, S. 174—199 [zitiert: Tjulpanov, Der ideologische Kampf].
G. A. Tokaev, Comrade X, London 1956.
Wassilij Tschuikow, Das Ende des Dritten Reiches, München 1966.
Sergei Tulpanow, „Woher haben Sie eigentlich die Kraft genommen?", in: TuP, 11. (14.) Jg. (1965), H. 2, S. 3—5.
Walter Ulbricht. Schriftsteller, Künstler, Wissenschaftler und Pädagogen zu seinem siebzigsten Geburtstag, Berlin[-Ost] 1963.
Vereint sind wir alles. Erinnerungen an die Gründung der SED, Berlin[-Ost] 1966.
Heinz Voßke (Hrsg.), Im Kampf bewährt. Erinnerungen deutscher Genossen an den antifaschistischen Widerstand von 1933 bis 1945, Berlin[-Ost] 1969.
Helmut Welz, Als die Brücken noch im Wasser lagen. Erinnerungen an die Zerstörung und den Wiederaufbau Dresdens, in: MAeO, Jg. 1965, H. 2, S. 12—16.
Helmut Welz, Die Stadt, die sterben sollte, Berlin[-Ost] 1972 [zitiert: Welz, Stadt].
Stig Wennerström, Mein Verrat. Erinnerungen eines Spions, München 1973.
Thomas P. Whitney, Russia in My Life, London 1963.
John G. Winant, A Letter from Grosvenor Square. An Account of a Stewardship, London 1947.
Wir sind die Kraft. Der Weg zur Deutschen Demokratischen Republik. Erinnerungen, Berlin[-Ost] 1959.

III. Literatur

1. Gesamtdarstellungen und Nachschlagewerke

SBZ-Biographie. Ein biographisches Nachschlagebuch über die Sowjetische Besatzungszone Deutschlands, Bonn/Berlin ³1964.
Ernst Birke/Rudolf Neumann (Hrsg.), Die Sowjetisierung Ost-Mitteleuropas. Untersuchungen zu ihrem Ablauf in den einzelnen Ländern, Frankfurt a. M./Berlin 1959.
Franz Borkenau, Der europäische Kommunismus. Seine Geschichte von 1917 bis zur Gegenwart, Bern 1952.
Günter Buch (Hrsg.), Namen und Daten. Biographien wichtiger Personen der DDR, Berlin/Bad Godesberg 1973 [zitiert: Namen und Daten].
Edward L. Crowley (Hrsg.), The Soviet Diplomatic Corps 1917—1967, Metuchen, N. J. 1970.
François Fejtö, Die Geschichte der Volksdemokratien, Bd. I: Die Ära Stalin 1945—1953, Graz/Wien/Köln 1972.
Geschichte der deutschen Arbeiterbewegung, Bd. 5: Von Januar 1933 bis Mai 1945, Berlin[-Ost] 1966.
Geschichte der deutschen Arbeiterbewegung, Bd. 6: Von Mai 1945 bis 1949, Berlin[-Ost] 1966.
Geschichte der deutschen Arbeiterbewegung: Chronik, Teil II: Von 1917 bis 1945, Berlin [-Ost] 1966.
Geschichte der deutschen Arbeiterbewegung: Biographisches Lexikon, Berlin[-Ost] 1970 [zitiert: Biographisches Lexikon II].

Geschichte der sowjetischen Außenpolitik 1917 bis 1945, I. Teil, Berlin[-Ost] 1969.
Geschichte des Großen Vaterländischen Krieges der Sowjetunion, Bd. 1—6, Berlin[-Ost] 1962—1968.
Istorija meždunarodnych otnošenij i vnešnej politiki SSSR, Tom vtoroj: 1939—1945 gg., Moskau 1967.
Istorija Velikoj Otečestvennoj vojny Sovetskogo Sojuza 1941—1945, T. 1—6, Moskau 1960—1965.
George F. Kennan, Sowjetische Außenpolitik unter Lenin und Stalin, Stuttgart 1961 [zitiert: Kennan, Sowjetische Außenpolitik].
Horst Laschitza/Siegfried Vietzke, Deutschland und die deutsche Arbeiterbewegung 1933—1945, Berlin[-Ost] 1964.
Lexikon sozialistischer deutscher Literatur. Von den Anfängen bis 1945. Monographisch-biographische Darstellungen, Leipzig 1964 [zitiert: Lexikon Literatur].
Biographisches Lexikon zur deutschen Geschichte. Von den Anfängen bis 1945, Berlin [-Ost] 1970 [zitiert: Biographisches Lexikon I].
J. M. Mackintosh, Strategie und Taktik der sowjetischen Außenpolitik, Stuttgart 1963.
Osteuropa-Handbuch: Polen, Köln/Graz 1959 [zitiert: OEH Polen].
J. R. von Salis, Weltchronik 1939—1945, Zürich 1966.
Diplomatičeskij slovar', T. I—III, Moskau 1971—1973.
SSSR v Velikoj Otečestvennoj vojne 1941—1945 gg. (Kratkaja chronika), Moskau 1974.
Kurt von Tippelskirch, Geschichte des Zweiten Weltkrieges, Bonn ³1959.
Adam B. Ulam, Expansion and Coexistence. The History of Soviet Foreign Policy, 1917—1967, New York 1968.
Thilo Vogelsang, Das geteilte Deutschland, München 1966 (dtv-Weltgeschichte des 20. Jahrhunderts, Bd. 11).
Hermann Weber, Die Wandlung des deutschen Kommunismus. Die Stalinisierung der KPD in der Weimarer Republik, Bd. 2, Frankfurt a. M. 1969.
Chester Wilmot, Der Kampf um Europa, Frankfurt a. M. 1960.
Sir Llewellyn Woodward, British Foreign Policy in the Second World War, London 1962.

2. *Sammelbände und Tagungsprotokolle*

Deutsche Arbeiter forderten: Hände weg von Sowjetrußland! Über deutsch-sowjetische Beziehungen in den Jahren 1917—1945. Überarbeitetes Protokoll der Propagandisten-tagung der Gesellschaft für Deutsch-Sowjetische Freundschaft am 6. und 7. Juni 1957 im Zentralen Haus der Deutsch-Sowjetischen Freundschaft in Berlin, o. O. [Berlin(-Ost)] o. J. [1957].
Johannes R. Becher als sozialistischer Kulturpolitiker. Werk und Wirken. Sein Beitrag zur marxistisch-leninistischen Kulturpolitik der Partei der Arbeiterklasse, Berlin[-Ost] 1972.
Befreiung und Neubeginn. Ausgewähltes und überarbeitetes Protokoll der Wissenschaft-lichen Konferenz des Historischen Instituts der Ernst-Moritz-Arndt-Universität Greifs-wald in Verbindung mit der Gesellschaft für Deutsch-Sowjetische Freundschaft und der Deutschen Historiker-Gesellschaft am 29. und 30. April 1965, Berlin[-Ost] 1966.
Befreiung und Neubeginn. Zur Stellung des 8. Mai 1945 in der deutschen Geschichte, Berlin[-Ost] 1968 (Schriften der Deutschen Sektion der Kommission der Historiker der DDR und der UdSSR, Bd. V) [zitiert: Befreiung und Neubeginn].
Floyd A. Cave (Hrsg.), The Origins and Consequences of World War II, New York 1948.
G. A. Deborin (Hrsg.), Pravda i lož' v istorii diplomatii, Moskau 1964.
Für ein besseres Deutschland. Protokoll der wissenschaftlichen Konferenz der Arbeits-gemeinschaft „Geschichte der deutschen Jugendbewegung" bei der Sektion Geschichte der Deutschen Akademie der Wissenschaften zu Berlin über den Anteil junger deut-scher Antifaschisten an der Befreiung Deutschlands vom Faschismus, Greifswald, 28. und 29. Mai 1966, Berlin[-Ost] 1966.

Georgi Dimitroff — Kampf und Vermächtnis. Sammelband, Berlin[-Ost] 1972 [zitiert: Sammelband Dimitrov].

Andreas Hillgruber (Hrsg.), Probleme des Zweiten Weltkrieges, Köln/Berlin 1967.

Der deutsche Imperialismus und der zweite Weltkrieg, Bd. 1—5, Berlin[-Ost] 1960—1962.

Hans-Adolf Jacobsen/Jürgen Rohwer (Hrsg.), Entscheidungsschlachten des Zweiten Weltkrieges, Frankfurt a. M. 1960.

20 Jahre Blockpolitik, Berlin[-Ost] 1965.

Zwei Jahrzehnte deutsch-sowjetische Beziehungen 1945—1965. Beiträge von einem Kollektiv beim Institut für Geschichte der Völker der UdSSR an der Martin-Luther-Universität Halle, Berlin[-Ost] 1965.

Die Lehrer im antifaschistischen Widerstandskampf der europäischen Völker (1933—1945). Konferenz der Forschungsgemeinschaft „Schulpolitische und pädagogische Traditionen der deutschen Arbeiterbewegung" vom 22. bis 25. November 1965 an der Pädagogischen Hochschule Potsdam, Bd. 1/2, Potsdam o. J. [1966, zitiert: Lehrer im Widerstandskampf].

Werner Markert (Hrsg.), Deutsch-russische Beziehungen von Bismarck bis zur Gegenwart, Stuttgart 1964.

Potsdam und die deutsche Frage. Mit Beiträgen von Ernst Deuerlein, Alexander Fischer, Eberhard Menzel, Gerhard Wettig, Köln 1970.

John L. Snell (Hrsg.), The Meaning of Yalta, Baton Rouge [3]1966.

Tag der Befreiung, Berlin[-Ost] 1960.

Das Leninsche Werk „Zwei Taktiken der Sozialdemokratie in der demokratischen Revolution" in unserer Zeit. Eine Sammlung von Aufsätzen, Berlin [-Ost] 1965 [zitiert: Das Leninsche Werk].

3. Biographische Darstellungen und Artikel

George Bilainkin, Maisky. Ten Years Ambassador, London 1944.

Hans Botzenhardt, „... er hat immer in den vordersten Reihen der Partei gekämpft". Kurt Bürger, in: BzG, 11. Jg. (1969), H. 5, S. 840—848.

Bernard Bromage, Molotov. The Story of an Era, London 1956.

Allan Bullock, The Life and Times of Ernest Bevin, Vol. 1/2, London 1967.

Veselin Chadžinikolov, Georgi Dimitrov i s-vetskata obščestvenost 1934—1945, Sofia 1972.

Colin Cooke, The Life of Richard Stafford Cripps, London 1957.

Isaac Deutscher, Stalin. Eine politische Biographie, Stuttgart 1962.

Fritz Erpenbeck, Wilhelm Pieck. Ein Lebensbild, Leipzig 1956.

Michael Foot, Aneurin Bevan. A Biography, Vol. 1: 1897—1945, London 1962.

Katja Haferkorn, Vom Bauernsohn zum Arbeiterführer. Philipp Dengel, in: BzG, 9. Jg. (1967), H. 5, S. 871—880.

Ernest J. King/Walter Muir Whitehill, Fleet Admiral King. A Naval Record, New York 1952.

D. E. Kunina/V. M. Endakova, Georgij Dimitrov i bor'ba za sozdanie nacional'nych frontov protiv fašizma v period vtoroj mirovoj vojny, in: Georgij Dimitrov — vydajuščijsja dejatel' kommunističeskogo dviženija, Moskau 1972, S. 369—404.

Klaus Mammach, Georgi Dimitroffs Hilfe für die KPD im antifaschistischen Kampf, in: BzG, 14. Jg. (1972), H. 4, S. 566—582 [zitiert: Mammach, Dimitroffs Hilfe].

Hans Martens, General v. Seydlitz 1942—1945. Analyse eines Konfliktes, Berlin o. J.

Julius W. Pratt, Cordell Hull, 1933—1944, Vol. I/II, New York 1964 (The American Secretaries of State and Their Diplomacy, Vol XII/XIII).

Lya Rothe, Du bist immer den geraden Weg eines Revolutionärs gegangen. Hermann Matern, in: BzG, 15. Jg. (1973), H. 3, S. 485—496.

Fritz Selbmann (Hrsg.), Die erste Stunde. Porträts, Berlin[-Ost] 1969.

Robert E. Sherwood, The White House Papers of Harry L. Hopkins. An intimate history, Vol. I/II, London 1948—1949 [zitiert: Sherwood, White House Papers].

Carola Stern, Ulbricht. Eine politische Biographie, Köln/Berlin 1963.

Lieselotte Thoms/Hans Vieillard, Ein guter Deutscher. Walter Ulbricht — eine biographische Skizze aus seinem Leben, Berlin[-Ost] o. J. [1963].

Eckhard Trümpler, „Die Sache der Arbeiter war seine Sache". Wilhelm Florin, in: BzG, 14. Jg. (1972), H. 1, S. 111—118.

Deutsche Widerstandskämpfer 1933—1945. Biographien und Briefe, Bd. 1/2, Berlin [-Ost] 1970.

Harry Wilde, Theodor Plivier. Nullpunkt der Freiheit, München/Wien/Basel 1965.

4. Darstellungen (Monographien, Aufsätze, Miszellen)

Hans Adler, Berlin in jenen Tagen. Berichte aus der Zeit von 1945—1948, Berlin[-Ost] 1959.

Helmut Anders, Die Demokratisierung der Justiz beim Aufbau der antifaschistisch-demokratischen Ordnung 1945 bis 1949, in: JbG, Bd. 9, Berlin[-Ost] 1973, S. 385—438.

Anne Armstrong, Bedingungslose Kapitulation. Die teuerste Fehlentscheidung der Neuzeit, Wien/München o. J.

Rolf Badstübner/Siegfried Thomas, Die Spaltung Deutschlands 1945—1949, Berlin[-Ost] 1966.

Michael Balfour, Vier-Mächte-Kontrolle in Deutschland 1945—1946, Düsseldorf 1959.

Die Befreiungsmission der Sowjetstreitkräfte im Zweiten Weltkrieg, Berlin[-Ost] 1973.

Günter Benser, Über den friedlichen Charakter der revolutionären Umwälzung in Ostdeutschland, in: BzG, 7. Jg. (1965), H. 2, S. 189—220.

Lothar Berthold, Der Kampf gegen das Hitlerregime — der Kampf für ein neues demokratisches Deutschland, in: BzG, 6. Jg. (1964), H. 6, S. 1007—1022 [zitiert: Berthold, Kampf gegen das Hitlerregime].

Lothar Berthold, Für ein neues Deutschland, in: BzG, 7. Jg. (1965), H. 3, S. 387—409 [zitiert: Berthold, Deutschland].

Werner Berthold, Die Stellungnahme der KPD zu aktuellen Grundfragen der deutschen Geschichte 1945/46, in: ZfG, XIII. Jg. (1965), H. 8. S. 1323—1341.

Werner Berthold, Die Verbreitung marxistischer Geschichtserkenntnisse durch die KPD im Kampf um die antifaschistisch-demokratische Umwälzung und für die Einheit der Arbeiterbewegung (1945/46), in: WZ Leipzig, 15. Jg. (1966), H. 1, S. 3—19.

Werner Berthold, Zum Kampf der Führung der KPD gegen die faschistische Geschichtsideologie und die Miserekonzeption in der deutschen Geschichte 1939—1945, in: ZfG, XVII. Jg. (1969), H. 6, S. 689—703.

Werner Berthold, Die Konzipierung von Richtlinien für den Unterricht in deutscher Geschichte in der Arbeitskommission des Politbüros des ZK der KPD und in ihrem Auftrag (1944/45), in: JbG, Bd. 3, Berlin[-Ost] 1969, S. 307—321 [zitiert: Berthold, Zum Geschichtsbild der KPD].

Werner Berthold, Marxistisches Geschichtsbild — Volksfront und antifaschistisch-demokratische Revolution. Zur Vorgeschichte der Geschichtswissenschaft der DDR und zur Konzeption der Geschichte des deutschen Volkes, Berlin[-Ost] 1970 [zitiert: Berthold, Marxistisches Geschichtsbild].

Lew Besymenski, Sonderakte Barbarossa. Dokumente, Darstellung, Deutung, Stuttgart 1968.

Karl Bittel, Das gescheiterte Projekt einer deutschen Zentralregierung (1944/45), in: UZ, Jg. 1962, H. 4, S. 424—432.

A. Blank/B. Level', Naša cel' — svobodnaja Germanija. Iz istorii antifašistskogo dviženija „Svobodnaja Germanija" (1943—1945 gg.), Moskau 1969 [zitiert: Blank/Level', Naša cel'].

A. S. Blank, Dviženie „Svobodnaja Germanija" i Kommunističeskaja partija Germanii (1943—1945 gg.), in: VI KPSS 1962, H. 4, S. 130—142.

A. S. Blank, Nacional'nyj komitet „Svobodnaja Germanija" — centr antifašistskoj bor'by nemeckich patriotov (1943—1945 gg.), Vologda 1963.

A. S. Blank, Kommunističeskaja partija Germanii v bor'be protiv fašistskoj diktatury (1933—1945), Moskau 1964 [zitiert: Blank, KPG v bor'be].

A. S. Blank, KPG — organizator antifašistskoj bor'by v Germanii, in: VI KPSS 1968, H. 7, S. 74—83.

John Morton Blum, Deutschland ein Ackerland? Morgenthau und die amerikanische Kriegspolitik 1941—1945. Aus den Morgenthau-Tagebüchern, Düsseldorf 1968.

Joachim Böhm, Zur Deutschlandpolitik der Westmächte während des zweiten Weltkrieges (1941—1945), in: Die Volksmassen — Gestalter der Geschichte. Festgabe für Prof. Dr. Dr. h. c. Leo Stern zu seinem 60. Geburtstag, Berlin[-Ost] 1962, S. 470—489.

Helmut Bohn, Die patriotische Karte in der sowjetischen Deutschlandpolitik, o. O. 1955 (Sonderdruck).

Evgenij Boltin/Grigorij Deborin/German Lekomcev, Entstehung und Wirken der Antihitlerkoalition in den Jahren des zweiten Weltkrieges, in: JbG UdSSR, Bd. 5, Berlin [-Ost] 1961, S. 43—69.

Ju. V. Borisov, Sovetsko-francuzskie otnošenija (1924—1945 gg.), Moskau 1964.

Yves Brancion, Die Oder-Neiße-Linie. Eine Kriegsgrenze, Stuttgart 1969.

Reinhard Brühl/Willy Wolff, Zur Teilnahme deutscher Antifaschisten am bewaffneten Widerstandskampf gegen den deutschen Faschismus im zweiten Weltkrieg, in: Bulletin, Nr. III (1965), S. 15—26.

Diane S. Clemens, Yalta. A Study in Soviet-American Relations, New York 1971.

John Connell, The „Office". A Study of British Foreign Policy and its Makers 1919—1951, London 1958.

Arthur Conte, Die Teilung der Welt, Düsseldorf o. J. [1970].

G. A. Deborin, Meždunarodnye otnošenija v gody Velikoj Otečestvennoj vojny (1941—1945), Moskau 1948.

A. W. DePorte, De Gaulle's Foreign Policy 1944—1946, Harvard 1968.

Ernst Deuerlein, Die Einheit Deutschlands, Bd. I: Die Erörterungen und Entscheidungen der Kriegs- und Nachkriegskonferenzen 1941—1949. Darstellung und Dokumente, Frankfurt a. M. ²1961 [zitiert: Deuerlein I].

Ernst Deuerlein, Das Problem der „Behandlung Deutschlands". Umrisse eines Schlagwortes des Epochenjahres 1945, in: PZ, Nr. 18/65 vom 5. 5. 1965, S. 26—46 [zitiert: Deuerlein, Behandlung Deutschlands].

Ernst Deuerlein, Ursprünge der alliierten Deutschlandpolitik, in: Die politische Meinung, 12. Jg. (1967), H. IV (121), S. 23—32 [zitiert: Deuerlein, Ursprünge].

Ernst Deuerlein, Die Präjudizierung der Teilung Deutschlands 1944/45, in: DA, 2. Jg. (1969), H. 4, S. 353—369 [zitiert: Deuerlein, Präjudizierung].

Stefan Doernberg, Die Geburt eines neuen Deutschland 1945—1949. Die antifaschistisch-demokratische Umwälzung und die Entstehung der DDR, Berlin[-Ost] 1959.

Stefan Doernberg, Die Teilnahme deutscher Antifaschisten am Großen Vaterländischen Krieg der Sowjetunion — Ausdruck des proletarischen Internationalismus und wahren Patriotismus, in: Ostlandreiter ohne Chance. Beiträge zur Geschichte des faschistischen Überfalls auf die Sowjetunion, Berlin[-Ost] 1963, S. 129—138.

Walter L. Dorn, Die Debatte über die amerikanische Besatzungspolitik für Deutschland (1944—45), in: VfZ, 6. Jg. (1958), H. 1, S. 60—77.

Klaus Drobisch, Zur Tätigkeit der Beauftragten des ZK der KPD in Berlin 1939—1941, in: ZfG, XI. Jg. (1963), H. 3, S. 535—551.

Horst Duhnke, Stalinismus in Deutschland. Die Geschichte der sowjetischen Besatzungszone, Köln 1955.

V. Egorov, Zagovor protiv „Evriki", Moskau 1968.

Johannes Emmerich, Die Entstehung demokratischer Selbstverwaltungsorgane und ihr Kampf um die antifaschistisch-demokratische Ordnung in Chemnitz (I), in: Beiträge zur Heimatgeschichte von Karl-Marx-Stadt, H. 19, Karl-Marx-Stadt 1972, S. 7—22.

Werner Erfurt [i. e. Werner v. Lojewski], Die sowjetrussische Deutschland-Politik. Eine Studie zur Zeitgeschichte, Eßlingen ⁴1959.

A. S. Erusalimskij, Krymskaja konferencija, Moskau 1945.

Keith Eubank, The Summit Conferences 1919—1960, Norman 1966.

Philipp W. Fabry, Der Hitler-Stalin-Pakt. Ein Beitrag zur Methode sowjetischer Außenpolitik, Darmstadt 1962.

Philipp W. Fabry, Die Sowjetunion und das Dritte Reich. Eine dokumentierte Geschichte der deutsch-sowjetischen Beziehungen von 1933 bis 1941, Stuttgart 1971.

Rudolf Falkenberg, Zur Arbeit des Nationalkomitees „Freies Deutschland" unter den jungen deutschen Kriegsgefangenen in der Sowjetunion, in: Für ein besseres Deutschland, Berlin[-Ost] 1966, S. 97—110.

Herbert Feis, Churchill-Roosevelt-Stalin, The War They Waged and the Peace They Sought, Princeton, N. J. 1957.

Herbert Feis, Zwischen Krieg und Frieden. Das Potsdamer Abkommen, Frankfurt a. M./ Bonn 1962.

Heinz Fiedler, Der sowjetische Neutralitätsbegriff in Theorie und Praxis. Ein Beitrag zum Problem des Disengagement, Köln 1959.

Rudolf Fiedler, Würfelspiel um Deutschland 1944—1956. Eine kritische Untersuchung der Zerstückelungs- und Wiedervereinigungspolitik, Düsseldorf 1957.

Alexander Fischer, Varianten der sowjetischen Deutschlandpolitik 1941—1945, in: DA, 6. Jg. (1973), H. 4, S. 382—400.

A. A. Galkin/D. E. Mel'nikov, SSSR, zapadnye deržavy i germanskij vopros (1945— 1965), Moskau 1965.

Felix-Heinrich Gentzen, Das Nationalkomitee „Freies Deutschland" als Verwirklichung der Beschlüsse des VII. Weltkongresses und der Reichskonferenzen von Brüssel und Bern, in: WZ Leipzig, 9. Jg. (1959/60), H. 5, S. 691—695.

Felix-Heinrich Gentzen, Die Ostpolitik des Nationalkomitees „Freies Deutschland" und ihre Traditionen, in: MAeO, Jg. 1963, H. 10 (Oktober), S. 8—10.

Peter Gosztony, Über die Entstehung der Nationalkomitees und der nationalen Militärformationen der osteuropäischen Nationen in der Sowjetunion während des Zweiten Weltkrieges, in: MGM, H. 2/1973, S. 31—56.

Pjotr Grigorenko, Der sowjetische Zusammenbruch 1941, Frankfurt a. M. 1969.

Olaf Groehler, Das Nationalkomitee „Freies Deutschland" und die Westmächte, in: MAeO, Jg. 1963, H. 8 (August), S. 10—12.

Olaf Groehler, Krieg im Westen. Die Haltung der herrschenden Kreise der USA und Großbritanniens zur politischen und militärischen Vorbereitung der zweiten Front (1942—1944), Berlin[-Ost] 1968.

Karl-Heinz Günther/Gottfried Uhlig, Geschichte der Schule in der Deutschen Demokratischen Republik 1945 bis 1968, Berlin[-Ost] 1970.

Louis J. Halle, Der Kalte Krieg. Ursachen, Verlauf, Abschluß, Frankfurt a. M. 1969.

Jens Hacker, Legenden um das Potsdamer Abkommen, in: Macht und Recht im kommunistischen Herrschaftssystem. Boris Meissner zum 50. Geburtstag, Köln 1965, S. 77—93.

E. M. Herrmann, Zur Theorie und Praxis der Presse in der Sowjetischen Besatzungszone Deutschlands. Berichte und Dokumente, Berlin 1963.

Andreas Hillgruber, Hitlers Strategie. Politik und Kriegführung 1940—1941, Frankfurt a. M. 1965.

Andreas Hillgruber, Der Zweite Weltkrieg, 1939—1945, in: Osteuropa-Handbuch Sowjetunion, Bd. I, Köln/Graz 1974, S. 270—342 [zitiert: OEH Sowjetunion].

Wolfgang Hoffmann, Zur Problematik der nationalen Frage 1945 und der Stellung der Mittelschichten, in: BzG, 7. Jg. (1965), H. 3, S. 458—463.

V. L. Israeljan, Diplomatičeskaja istorija Velikoj Otečestvennoj vojny 1941—1945 gg., Moskau 1959.

V. L. Israeljan, Antigitlerovskaja koalicija (Diplomatičeskoe sotrudničestvo SSSR, SŠA i Anglii v gody vtoroj mirovoj vojny), Moskau 1964.

L. N. Ivanov, Očerki meždunarodnych otnošenij v period vtoroj mirovoj vojny (1939— 1945 gg.), Moskau 1958.

I. F. Ivašin, Očerki istorii vnešnej politiki SSSR, Moskau 1958.

Emil Jeschonnek, Wo der Landser denken lernte. Die sowjetische Kriegsgefangenschaft im Spiegel der Zeitung „Nachrichten", Berlin[-Ost] 1959.

Bruno Kalnins, Der sowjetische Propagandastaat. Das System und die Mittel der Massenbeeinflussung in der Sowjetunion, Stockholm 1956.

Gerhard Keiderling/Percy Stulz, Berlin 1945—1968. Zur Geschichte der Hauptstadt der DDR und der selbständigen politischen Einheit Westberlin, Berlin[-Ost] 1970.

Gabriel Kolko, The Politics of War. Allied Diplomacy and the World Crisis of 1943—1945, London 1969.

Fritz Kopp, Kurs auf ganz Deutschland? Die Deutschlandpolitik der SED, Stuttgart 1965.

Otto Korfes, Das Nationalkomitee „Freies Deutschland", seine Kritiker und seine Gegner, in: MAeO, Jg. 1960, H. 9 (September), S. 10—12 [zitiert: Korfes, National-komitee].

Otto Korfes, Das Nationalkomitee Freies Deutschland, in: Alfred Anderle/Werner Basler (Hrsg.), Juni 1941. Beiträge zur Geschichte des hitlerfaschistischen Überfalls auf die Sowjetunion, Berlin[-Ost] 1961, S. 343—366.

Siegfried Koß, Vorstellungen der Alliierten von Nachkriegsdeutschland. Planungen zwischen 1943 und 1945, in: PZ, Nr. 42—43/72 vom 14. 10. 1972, S. 15—30.

Hans-Günter Kowalski, Die „European Advisory Commission" als Instrument alliierter Deutschlandplanung 1943—1945, in: VfZ, 19. Jg. (1971), H. 3, S. 261—293.

P. Krajnov, Upročnenie meždunarodnogo položenija Sovetskogo Sojuza v dni Velikoj Otečestvennoj vojny, Moskau 1945.

Luise Kraushaar, Zur Tätigkeit und Wirkung des „Deutschen Volkssenders" (1941—1945), in: BzG, 6. Jg. (1964), H. 1, S. 116—133.

Helmut Krausnick/Hermann Graml, Der deutsche Widerstand und die Alliierten, in: Vollmacht des Gewissens, Bd. II, Frankfurt a. M./Berlin 1965, S. 475—521.

Heinz Kühnrich/Gerhard Nitzsche, Gehütet als kostbarstes Gut. Lenins Werk und Kampf lebte in der deutschen antifaschistischen Widerstandsbewegung, in: BzG, 12. Jg. (1970), H. 2, S. 247—265.

Bruce Kuklick, The Genesis of the European Advisory Commission, in: JCH, Vol. 4, No 4 (October 1969), S. 189—201.

V. M. Kuliš, Istorija vtorogo fronta, Moskau 1971.

Olga Kusnezowa/Konstantin Selesnjow, Der politisch-moralische Zustand der faschistischen deutschen Truppen an der sowjetisch-deutschen Front in den Jahren 1941—1945, in: ZfM, 9. Jg. (1970), H. 5, S. 598—608.

Valentina Kutschinskaja, Die politische Bedeutung der Berliner Operation der Sowjetarmee und die Haltung der Westmächte, in: WZ Berlin, XIX. Jg. (1970), H. 2, S. 169—175.

Horst Laschitza, Über Inhalt und Programm eines Blocks der kämpferischen Demokratie, in: BzG, 6. Jg. (1964), H. 6, S. 1037—1041 [zitiert: Laschitza, Inhalt und Programm].

Horst Laschitza, Die unmittelbare Vorbereitung des ZK der KPD am Ende des zweiten Weltkrieges auf die antifaschistisch-demokratische Umwälzung in Deutschland, in: TuP, 11. (14.) Jg. (1965), H. 2, S. 9—14 [zitiert: Laschitza, Vorbereitung].

Horst Laschitza, Kämpferische Demokratie gegen Faschismus. Die programmatische Vorbereitung auf die antifaschistisch-demokratische Umwälzung in Deutschland durch die Parteiführung der KPD, Berlin[-Ost] 1969 [zitiert: Laschitza, Kämpferische Demokratie].

Horst Laschitza, Zum antifaschistischen Widerstandskampf und zur programmatischen Vorbereitung auf die antifaschistisch-demokratische Umwälzung in Deutschland unter Führung der KPD, in: Bulletin, Nr. 1/2 (1970), S. 37—60 [zitiert: Laschitza, Widerstandskampf].

I. M. Lemin, Vnešnjaja politika Sovetskogo Sojuza v period Velikoj Otečestvennoj vojny, Moskau 1947.

Wolfgang Leonhard, Kreml ohne Stalin, Köln 1959.

Gerhard Leschkowitz, Zu einigen Fragen des Nationalkomitees „Freies Deutschland", in: ZfG, X. Jg. (1962), Sonderheft, S. 182—198.

Henrik Lindgren, Adam von Trotts Reisen nach Schweden 1942—1944. Ein Beitrag zur Frage der Auslandsverbindungen des deutschen Widerstandes, in: VfZ, 18. Jg. (1970), H. 3, S. 274—291.

Bruno Löwel, Der Kampf der KPD um die Schaffung der notwendigen Voraussetzungen für die Gründung des Nationalkomitees „Freies Deutschland", in: Der deutsche Imperialismus und der zweite Weltkrieg, Bd. 4, Berlin[-Ost] 1961, S. 557—586 [zitiert: Löwel, Der Kampf der KPD].

Bruno Löwel, Die Gründung des NKFD im Lichte der Entwicklung der Strategie und Taktik der KPD, in: BzG, 5. Jg. (1963), H. 4, S. 613—631 [zitiert: Löwel, Gründung].

Wolfgang Marienfeld, Konferenzen über Deutschland. Die alliierte Deutschlandplanung und -politik 1941—1949, Hannover 1962.

Bernd Martin, Deutschland und Japan im Zweiten Weltkrieg. Vom Angriff auf Pearl Harbor bis zur deutschen Kapitulation, Göttingen 1969.

Vojtech Mastny, Stalin and the Prospects of a Separate Peace in World War II, in: AHR, Vol. 77, No 5 (December 1972), S. 1365—1388.

Maurice Matloff/Edwin M. Snell, Strategic Planning for Coalition Warfare 1941—1942, Washington, D.C. 1953.

William Hardy McNeill, America, Britain and Russia. Their Cooperation and Conflict 1941—1946, London 1953.

James McSherry, Stalin, Hitler, and Europe. Vol. II: The Imbalance of Power 1939—1941, Cleveland/New York 1970.

Boris Meissner, Stalin und die Oder-Neiße-Linie, in: OE, 1. Jg. (1951), H. 1, S. 2—11.

Boris Meissner, Der Kreml und das Ruhrgebiet, in: OE, 1. Jg. (1951), H. 2, S. 81—88.

Boris Meissner, Rußland, die Westmächte und Deutschland. Die sowjetische Deutschlandpolitik 1943—1953, Hamburg ²1954 (Abhandlungen der Forschungsstelle für Völkerrecht und ausländisches Öffentliches Recht der Universität Hamburg, Bd. 5) [zitiert: Meissner, Rußland].

Boris Meissner, Die Vereinbarungen der Europäischen Beratenden Kommission über Deutschland von 1944/45, in: PZ, Nr. 46/70 vom 14. 11. 1970, S. 3—14.

Karl-Heinz Minuth, Sowjetisch-deutsche Friedenskontakte 1943, in: GWU, 16. Jg. (1965), H. 1, S. 38—45.

Günter Moltmann, Amerikas Deutschlandpolitik im zweiten Weltkrieg. Kriegs- und Friedensziele 1941—1945, Heidelberg 1958 (Beihefte zum Jahrbuch für Amerikastudien, 3) [zitiert: Moltmann, Amerikas Deutschlandpolitik].

Günter Moltmann, Die amerikanisch-sowjetische Partnerschaft im zweiten Weltkrieg, in: GWU, 15. Jg. (1964), H. 3, S. 164—179.

Frank Moraw, Die Parole der „Einheit" und die Sozialdemokratie. Zur parteiorganisatorischen und gesellschaftspolitischen Orientierung der SPD in der Periode der Illegalität und in der ersten Phase der Nachkriegszeit 1933—1948, Bonn-Bad Godesberg 1973.

Philip E. Mosely, Dismemberment of Germany. The Allied Negotiations from Yalta to Potsdam, in: FA, Vol. 28, No 3 (April 1950), S. 487—498.

Philip E. Mosely, The Occupation of Germany. New Light on How the Zones Were Drawn, in: FA, Vol. 28, No 4 (July 1950), S. 580—604.

Renate Nagel-Kohler, Die Atlantik-Konferenz vom August 1941, München 1967.

A. M. Nekrič, 1941, 22 ijunja, Moskau 1965.

J. Peter Nettl, Die deutsche Sowjetzone bis heute. Politik/Wirtschaft/Gesellschaft, Frankfurt a. M. 1953.

William L. Neumann, Making the Peace 1941—1945. The Diplomacy of the Wartime Conferences, Washington 1950.

Günter Nollau, Die Komintern. Vom Internationalismus zur Diktatur Stalins, in: PZ, Nr. 2—3/64 vom 8. 1. 1964.

Fred Oldenburg, Konflikt und Konfliktregelung in der Parteiführung der SED 1945/46—1972, Köln 1972 (Berichte des BBI, Nr. 48/72).

Karl O. Paetel, Das Nationalkomitee „Freies Deutschland", in: Politische Studien, 6. Jg., H. 69 (Januar 1965), S. 7—26 [zitiert: Paetel, Nationalkomitee].

Karl O. Paetel, Versuchung oder Chance? Zur Geschichte des deutschen Nationalbolschewismus, Göttingen 1965 [zitiert: Paetel, Versuchung].

Postwar Foreign Policy Preparation 1939—1945, Washington 1949 [zitiert: Postwar Foreign Policy].

L. V. Pozdeeva, Anglo-amerikanskie otnošenija v gody vtoroj mirovoj vojny 1941—1945, Moskau 1969.

Jesco v. Puttkamer, Irrtum und Schuld. Geschichte des Nationalkomitees „Freies Deutschland", Neuwied 1948.

Partijno-političeskaja rabota v sovetskich vooružennych silach v gody Velikoj Otečestvennoj vojny 1941—1945. Kratkij istoričeskij obzor, Moskau 1963 [zitiert: Partijno-
političeskaja rabota].

Günter Raue, Im Dienste der Wahrheit. Ein Beitrag zur Pressepolitik der sowjetischen
Besatzungsmacht 1945—49, Leipzig 1966.

Bodo Rehboldt, Jenseits des Grabens, Berlin[-Ost] 1964.

Hans Roos, Deutschland, Polen und die Sowjetunion im Zweiten Weltkrieg, in: PZ,
Nr. 10/64 vom 4. 3. 1964, S. 26—39.

G. L. Rosanow, Der Kampf der Sowjetunion für die Bildung und Festigung einer antifaschistischen Koalition und ihre Rolle bei der Zerschlagung des faschistischen Deutschland, in: Ostlandreiter ohne Chance. Beiträge zur Geschichte des faschistischen Überfalls auf die Sowjetunion, Berlin[-Ost] 1963, S. 114—128.

German Rosanow, Das Ende des Dritten Reiches, Berlin[-Ost] 1965 (Wahrheiten über
den deutschen Imperialismus, Bd. 16).

Gerhard Rossmann, Der Kampf der KPD um die Einheit aller Hitlergegner, Berlin
[-Ost] 1963.

Joachim Rottmann, Der Viermächte-Status Berlins, Bonn/Berlin 1959.

Siegfried Ruch/Hans Schürer, Die Rolle der Sowjetarmee bei der Entstehung eines
neuen Deutschlands, in: TuP, 11. (14.) Jg. (1965), H. 2, S. 27—33.

Karl-Heinz Ruffmann, Das Gewicht Deutschlands in der sowjetischen Außenpolitik bis
zum Ende des Zweiten Weltkrieges, in: PZ, Nr. 2/70 vom 10. 1. 1970.

Harrison E. Salisbury, 900 Tage. Die Belagerung von Leningrad, Frankfurt a. M. 1970.

Heinz Günther Sasse, Die ostdeutsche Frage auf den Konferenzen von Teheran bis
Potsdam, in: JbGMOD, Bd. 2, Tübingen 1954, S. 211—282.

Bodo Scheurig, Freies Deutschland. Das Nationalkomitee und der Bund Deutscher Offiziere in der Sowjetunion 1943—1945, München 1960 [zitiert: Scheurig, Freies Deutsch-
land].

Bodo Scheurig, Das Manifest von Krasnogorsk, in: ders., Um West und Ost. Zeitgeschichtliche Betrachtungen, Hamburg 1969, S. 63—68.

A. M. Schewtschenko, Die antifaschistische Propaganda innerhalb der Truppen und der
Bevölkerung Deutschlands während des Großen Vaterländischen Krieges, in: Bulletin,
Nr. 1/2 (1972), S. 40—49.

Karl-Heinz Schöneburg/Karl Urban, Das Entstehen der antifaschistisch-demokratischen
Staatsmacht (Mai 1945 bis Ende 1946), in: StuR, 14. Jg., H. 5 (Mai 1965),
S. 698—719.

Hans-Peter Schwarz, Vom Reich zur Bundesrepublik. Deutschland im Widerstreit der
außenpolitischen Konzeptionen in den Jahren der Besatzungsherrschaft 1945—1949,
Neuwied/Berlin 1966.

Horst Schützler, Die Unterstützung der Sowjetunion für die demokratischen Kräfte
Berlins in den ersten Nachkriegsmonaten, in: ZfG, XIII. Jg. (1965), H. 3, S. 396—418.

Gerhard Seifert, Der Kampf der KPD um die Befreiung der deutschen Nation von
Faschismus und Krieg, in: WZ Leipzig, 9. Jg. (1959/60), H. 5, S. 689—691.

I. A. Seleznev, Krieg und ideologischer Kampf. Psychologische Kriegführung in sowjetischer Sicht, Bern o. J. [zitiert: Seleznev, Krieg und ideologischer Kampf].

Robert E. Sherwood, Roosevelt und Hopkins, Hamburg 1950 [zitiert: Sherwood, Roose-
velt].

John L. Snell, Wartime Origins of the East-West Dilemma over Germany, New Orleans
1959.

John L. Snell, Illusionen und Realpolitik. Die diplomatische Geschichte des Zweiten Weltkrieges, München 1966 [zitiert: Snell, Illusionen].

S. B. Sosinskij, Akcija „Argonavt" (Krymskaja konferencija i ee ocenka v SŠA), Moskau
1970.

Harold Stein (Hrsg.), American Civil-Military Decisions. A Book of Case Studies,
Birmingham, Alabama 1963.

Rolf Stöckigt, Der Kampf der KPD um die demokratische Bodenreform Mai 1945 bis
April 1946, Berlin[-Ost] 1964.

Arnold Sywottek, Deutsche Volksdemokratie. Studien zur politischen Konzeption der
KPD 1935—1946, Düsseldorf 1971 (Studien zur modernen Geschichte, Bd. 1).

Charles W. Thayer, Die unruhigen Deutschen, Bern/Stuttgart/Wien 1958.

Richard Thilenius, Die Teilung Deutschlands. Eine zeitgeschichtliche Analyse, Hamburg 1957 (rde, Bd. 55).

Siegfried Thomas, Von der EAC zum Bruch der Abkommen über den Kontrollmechanismus und die Besatzungszonen in Deutschland durch die Westmächte, in: ZfG, VII. Jg. (1959), H. 4, S. 842—857 [zitiert: Thomas, EAC].

Siegfried Thomas, Der Wiederbeginn des politischen Lebens in Berlin und die Aktionseinheit der Arbeiterparteien (Mai bis Juli 1945), in: ZfG, VIII. Jg. (1960), H. 6, S. 1310—1341.

Siegfried Thomas, Die Rolle der Aktionseinheit zwischen KPD und SPD beim Beginn der antifaschistisch-demokratischen Umwälzung bei der Überwindung der Kriegsfolgen in Berlin (Juni-Dezember 1945), in: ZfG, IX. Jg. (1961), H. 2, S. 373—404.

Siegfried Thomas, Entscheidung in Berlin. Zur Entstehungsgeschichte der SED in der deutschen Hauptstadt 1945/46, Berlin[-Ost] ²1967 [zitiert: Thomas, Entscheidung].

S. I. Tjulpanov, Die Rolle der Sowjetischen Militäradministration im demokratischen Deutschland, in: 50 Jahre Triumph des Marxismus-Leninismus. Die Große Sozialistische Oktoberrevolution und die Entwicklung des Marxismus-Leninismus, Berlin[-Ost] 1967, S. 30—69.

Sergej Ivanovič Tjulpanov, Die Rolle der SMAD bei der Demokratisierung Deutschlands, in: ZfG, XV. Jg. (1967), H. 2, S. 240—252.

V. G. Truchanovskij, Vnešnjaja politika Anglii v period vtoroj mirovoj vojny (1939—1945 gg.), Moskau 1965.

V. G. Truchanovskij, Uinston Čerčill'. Političeskaja biografija, Moskau 1968.

Karl Urban, Die Herausbildung der Arbeiterklasse und der demokratischen Selbstverwaltungsorgane unter Führung der KPD in der Provinz Brandenburg (Ende April bis Anfang Juni 1945), in: BzG, 5. Jg. (1963), H. 5/6, S. 881—897.

Alfred Vagts, Unconditional Surrender — vor und nach 1945, in: VfZ, 7. Jg. (1959), H. 3, S. 280—309.

Viktoria Vierheller, Polen und die Deutschland-Frage 1939—1949, Köln 1970.

Walter Vogel, Die Ursprünge der Teilung Deutschlands in der Kriegszielpolitik der Alliierten, in: GWU, 18. Jg. (1967), H. 4, S. 183—212.

F. D. Volkov, SSSR-Anglija 1929—1945 gg. Anglo-sovetskie otnošenija nakanune i v period vtoroj mirovoj vojny, Moskau 1964.

Heinz Voßke, Über die Initiativgruppe des Zentralkomitees der KPD in Mecklenburg-Vorpommern (Mai bis Juli 1945), in: BzG, 6. Jg. (1964), H. 3, S. 424—437 [zitiert: Voßke, Initiativgruppe].

Heinz Voßke, Zum Kampf um die Vereinigung der KPD und SPD zur SED in Mecklenburg/Vorpommern — Mai 1945 bis April 1946. Thesen zur Dissertation, in: TuP, 11. (14.) Jg. (1965), H. 2, S. 73—78.

Wolfgang Wagner, Die Entstehung der Oder-Neiße-Linie in den diplomatischen Verhandlungen während des Zweiten Weltkrieges, Stuttgart ³1964 (Die deutschen Ostgebiete. Ein Handbuch, Bd. 2) [zitiert: Wagner, Entstehung].

Wolfgang Wagner, Die Teilung Europas. Geschichte der sowjetischen Expansion bis zur Spaltung Deutschlands 1918—1945, Stuttgart ²1960 [zitiert: Wagner, Teilung].

Helfried Wehner, Die Unterstützung der sowjetischen Militärorgane für die deutschen Antifaschisten im Mai 1945 in Sachsen, in: ZfG, XVIII. Jg. (1970), H. 4, S. 513—526.

Gerhard L. Weinberg, Germany and the Soviet Union 1939—1941, Leiden 1954.

Erich Weinert, Das Nationalkomitee „Freies Deutschland" 1943—1945. Bericht über seine Tätigkeit und seine Auswirkung, Berlin[-Ost] 1957 [zitiert: Weinert, Nationalkomitee].

Alexander Werth, Rußland im Krieg 1941—1945, München/Zürich 1965.

Gerhard Wettig, Die Parole der nationalen Einheit in der sowjetischen Deutschlandpolitik 1942—1967, Köln 1967 (Berichte des BBI, Nr. 33/67).

Gerhard Wettig, Entmilitarisierung und Wiederbewaffnung in Deutschland 1943—1955. Internationale Auseinandersetzungen um die Rolle der Deutschen in Europa, München 1967 (Schriften des Forschungsinstituts der Deutschen Gesellschaft für Auswärtige Politik, Bd. 25).

Der antifaschistische Widerstandskampf unter Führung der KPD in Mecklenburg 1933 bis 1945, Rostock 1970.

Walter Wimmer, Das Bild von Deutschland (II), in: BzG, 9. Jg. (1967), H. 1, S. 3—13.

Willy Wolff, Zur Beratung der 158 kriegsgefangenen deutschen Soldaten im Oktober 1941 in der Sowjetunion, in: ZfM, 2. Jg. (1963), H. 1, S. 42—52 [zitiert: Wolff, Zur Beratung].

Willy Wolff, Die erste Konferenz antifaschistischer deutscher Offiziere in der Sowjetunion, in: ZfG, XIII. Jg. (1965), H. 2, S. 277—289 [zitiert: Wolff, Die erste Konferenz].

Willy Wolff, Die Reaktion des Oberkommandos der Wehrmacht auf die Gründung und Wirksamkeit des Nationalkomitees „Freies Deutschland", in: MAeO, Jg. 1965, H. 7 (Juli), S. 14—16.

Willy Wolff, An der Seite der Roten Armee. Zum Wirken des Nationalkomitees „Freies Deutschland" an der sowjetisch-deutschen Front 1943 bis 1945, Berlin[-Ost] 1973 [zitiert: Wolff, An der Seite].

Gottfried Zieger, Die Atlantik-Charter, Hannover 1963.

Gottfried Zieger, Alliierte Kriegskonferenzen 1941—1943. Die Verhandlungen der Regierungschefs in Washington, Moskau, Casablanca und Quebec über Kriegs- und Nachkriegsprobleme, Hannover 1964.

Gottfried Zieger, Die Teheran-Konferenz, Hannover 1967 [zitiert: Zieger, Teheran].

Gerhard Zirke, Im Tosen des Krieges geschrieben. Zur publizistischen Tätigkeit der deutschen Kommunisten und des Nationalkomitees „Freies Deutschland" in der Sowjetunion während des Großen Vaterländischen Krieges, Berlin[-Ost] 1964 (Schriftenreihe des Verbandes der Deutschen Journalisten, H. 25).

Abkürzungen

AdG	Archiv der Gegenwart
AHR	American Historical Review
APB	Auslands-Presse-Bericht
BA/MA	Bundesarchiv/Militärarchiv
BBC	British Broadcasting Corporation
BBI	Bundesinstitut für ostwissenschaftliche und internationale Studien, Köln
BfZ	Bibliothek für Zeitgeschichte (Weltkriegsbücherei), Stuttgart
Bulletin	Bulletin des Arbeitskreises „Zweiter Weltkrieg"
BzG	Beiträge zur Geschichte der Arbeiterbewegung
DA	Deutschland Archiv
DAF	Deutsche Arbeitsfront
DAP	Deutsche Außenpolitik
EA	Europa-Archiv
EAC	European Advisory Commission
EKKI	Exekutivkomitee der Kommunistischen Internationale
FA	Foreign Affairs
FRUS	Foreign Relations of the United States. Diplomatic Papers
Gestapo	Geheime Staatspolizei
GlavPURKKA	Glavnoe političeskoe upravlenie Raboče-krest'janskoj Krasnoj Armii (Politische Hauptverwaltung der Roten Arbeiter- und Bauernarmee)
GWU	Geschichte in Wissenschaft und Unterricht
IfZ	Institut für Zeitgeschichte, München
Inf.Div.	Infanteriedivision
JbG	Jahrbuch für Geschichte
JbGMOD	Jahrbuch für Geschichte Mittel- und Ostdeutschlands
Jb UdSSR	Jahrbuch für Geschichte der UdSSR und der volksdemokratischen Länder Europas
JCH	Journal of Contemporary History
K.G.	Kampfgeschwader
Komintern	Kommunistische Internationale
KPD	Kommunistische Partei Deutschlands
KPdSU	Kommunistische Partei der Sowjetunion
KPG	Kommunističeskaja Partija Germanii (Kommunistische Partei Deutschlands)
MAeO	Mitteilungsblatt der Arbeitsgemeinschaft ehemaliger Offiziere
MGM	Militärgeschichtliche Mitteilungen
MŽ	Meždunarodnaja žizn'
NKFD	Nationalkomitee „Freies Deutschland"
NNI	Novaja i novejšaja istorija
NSDAP	Nationalsozialistische Deutsche Arbeiterpartei
NVA	Nationale Volksarmee
OEH	Osteuropa-Handbuch
OKW	Oberkommando der Wehrmacht

PA	Politisches Archiv des Auswärtigen Amtes
PZ	Aus Politik und Zeitgeschichte. Beilage zur Wochenzeitung „Das Parlament"
RFB	Roter Frontkämpferbund
RSHA	Reichssicherheitshauptamt
SA	Sturmabteilung
SAJ	Sozialistische Arbeiterjugend
SBZ	Sowjetische Besatzungszone
SD	Sicherheitsdienst
SDAPR	Sozialdemokratische Arbeiterpartei Rußlands
SED	Sozialistische Einheitspartei Deutschlands
SMAD	Sowjetische Militäradministration in Deutschland
SPD	Sozialdemokratische Partei Deutschlands
SPN	Sonderdienst Politischer Nachrichten
SS	Schutzstaffel
StuR	Staat und Recht
TuP	Theorie und Praxis
UZ	Unsere Zeit
VAA	Vertreter des Auswärtigen Amtes
VDA	Volksbund für das Deutschtum im Ausland
VfZ	Vierteljahrshefte für Zeitgeschichte
VI KPSS	Voprosy istorii KPSS
VIŽ	Voenno-istoričeskij žurnal
Wz Berlin	Wissenschaftliche Zeitschrift der Humboldt-Universität zu Berlin. Gesellschafts- und sprachwissenschaftliche Reihe
Wz Leipzig	Wissenschaftliche Zeitschrift der Karl-Marx-Universität Leipzig. Gesellschafts- und sprachwissenschaftliche Reihe
ZfG	Zeitschrift für Geschichtswissenschaft
ZfM	Zeitschrift für Militärgeschichte
ZK	Zentralkomitee

Sachregister

Personenregister

Studien zur Zeitgeschichte

Reinhard Bollmus

Das Amt Rosenberg und seine Gegner
Studien zum Machtkampf im nationalsozialistischen Herrschaftssystem
1970. 360 Seiten

Shlomo Aronson

Reinhard Heydrich und die Frühgeschichte von Gestapo und SD
1971. 340 Seiten

Günter Plum

Gesellschaftsstruktur und politisches Bewußtsein in einer katholischen Region 1928–1933
Untersuchung am Beispiel des Regierungsbezirks Aachen
1972. 319 Seiten

Lothar Kettenacker

Nationalsozialistische Volkstumspolitik im Elsaß
1973. 389 Seiten

Conrad F. Latour/Thilo Vogelsang

Okkupation und Wiederaufbau
Die Tätigkeit der Militärregierung in der amerikanischen Besatzungszone Deutschlands 1944–1947
1973. 227 Seiten

Michael H. Kater

Das Ahnenerbe der SS 1935–1945
Ein Beitrag zur Kulturpolitik des Dritten Reiches
1974. 523 Seiten

Marie Elise Foelz-Schroeter

Föderalistische Politik und nationale Repräsentation 1945–1947
Westdeutsche Länderregierungen, zonale Bürokratien und politische Parteien im Widerstreit
1974. 251 Seiten

Über alle weiteren Veröffentlichungen des
INSTITUTS FÜR ZEITGESCHICHTE
informieren wir Sie gerne.

Schreiben Sie uns!

Deutsche Verlags-Anstalt
Abteilung VB
7 Stuttgart 1, Postfach 209

Schriftenreihe der Vierteljahrshefte für Zeitgeschichte

Die **Schriftenreihe der Vierteljahrshefte für Zeitgeschichte** ist auch im
Abonnement zu ermäßigtem Preis erhältlich. Sie erhalten dann regelmäßig
zwei neue Bände im Jahr.

Neu in der Reihe

»Quellen und Darstellungen zur Zeitgeschichte«

Das Diensttagebuch des deutschen Generalgouverneurs in Polen 1939–1945

Herausgegeben von Werner Präg und Wolfgang Jacobmeyer
1027 Seiten. DM 198.–

Das Diensttagebuch des Generalgouverneurs Hans Frank ist eine in ihrer Art einmalige Quelle: eine detaillierte und zuverlässige Selbstdarstellung der nationalsozialistischen Besatzungspolitik in Polen. Franks Drang nach monumentaler Dokumentation seiner »historischen« Rolle hat ein Tagebuch von insgesamt 11367 Seiten entstehen lassen, in dem mit minutiöser Regelmäßigkeit und in der ungeschminkten Sprache der deutschen Machthaber die Gewaltpolitik im sogenannten »Generalgouvernement« festgehalten ist und eine zynische Herrschaftstechnik, die auf die vollständige Verfügbarkeit des unterworfenen polnischen Volkes abzielte, rückhaltlos offengelegt wird. Die deutsche Zivilverwaltung hatte sich blind auf den kommandierten Raubbau an der Menschen- und Wirtschaftskraft des eroberten Gebiets verpflichten lassen, so daß eine rationale Verwaltungspraxis, die auch anderen Zwecken als der Auspowerung hätte dienen können, von vorneherein ausgeschlossen war. Die von der Zivilverwaltung ins Werk gesetzten oder doch mitverantworteten Volkstums- und Ausbeutungsprogramme im Generalgouvernement folgten alle der Parole vom minderwertigen »slawischen Untermenschen«. Zwangsarbeiteraushebung, Massenumsiedlung, Deportationen großen Stils, die Judenvernichtung und die administrative Terrorisierung – um nur einige der im Diensttagebuch belegten Schwerpunkte zu nennen – wirkten aber auch auf die deutschen Herren selbst zurück. Anfangs siegesbewußt und bedenkenlos, standen sie wenig später ratlos vor Widersprüchen, die sie mit ihrem Anspruch auf totale Verfügungsgewalt selbst geschaffen hatten und an denen sie endlich scheitern mußten.